Das Reichsgesetz

zur

Bekämpfung des unlauteren Wettbewerbs

vom 27. Mai 1896

nebst den

ergänzenden Bestimmungen des Bürgerlichen Gesetzbuchs.

Kommentar

von

Justizrat Albert Pinner,
Rechtsanwalt in Berlin.

Berlin 1903.
J. Guttentag, Verlagsbuchhandlung,
G. m. b. H.

Vorwort.

Aus den Bedürfnissen der Praxis hervorgegangen, für das gewerbliche Leben bestimmt, hat das Gesetz vom 27. Mai 1896 in den mehr als sechs Jahren seiner Geltung seine Feuerprobe bestanden.

Die fast unübersehbare Zahl der ergangenen Entscheidungen hat am besten die Notwendigkeit des Gesetzes erwiesen; andererseits erschwert aber auch die Fülle des vielfach zerstreuten Materials die Übersicht und hindert damit die sachgemäße Anwendung.

Der vorliegende Kommentar hat es sich zur Aufgabe gestellt, in Zusammenfassung dessen, was Theorie und Praxis zur Auslegung herbeigetragen haben, und unter wissenschaftlicher Gliederung des Stoffes das Gesetz aus der Praxis heraus zu interpretieren. — Herangezogen ist nicht nur dasjenige, was an Material speziell für dieses Gesetz vorhanden ist, sondern es ist auch in ausgiebigster Weise Literatur und Gerichtspraxis derjenigen Gesetze, aus denen Begriffe herübergenommen sind, insbesondere des Strafgesetzbuches, des Warenzeichengesetzes, des Patentgesetzes, der Civilprozeßordnung benutzt.

Den Bestimmungen des Bürgerlichen Gesetzbuchs, die die Weiterentwicklung des gesetzgeberischen Gedankens enthalten, ist ein besonderer Anhang gewidmet.

Das Gesetz gibt dem ehrlichen Gewerbetreibenden eine Waffe gegen unlautere Machenschaften gewerblicher Freibeuter; eine solche Waffe muß, um wirksam zu sein, leicht gehandhabt und kräftig angewendet werden können.

Diese Handhabung des Gesetzes durch wissenschaftliche Durcharbeitung des vorhandenen Materials sowohl dem Juristen, der es anzuwenden hat, als dem Gewerbetreibenden, zu dessen Schutz es gegeben ist, zu erleichtern, ist der Zweck dieser Arbeit.

Berlin im April 1903.

Der Verfasser.

Inhalts-Verzeichnis.

Verzeichnis der Abkürzungen.

A. Archiv für gewerbliche Rechtspflege, herausgegeben von Beckmann.

A.D. Annalen des kgl. sächsischen Oberlandesgerichts Dresden.

A.P. Archiv für die zivilistische Praxis.

Arch.Rh. Archiv für Zivil- und Kriminalrecht der Rheinprovinz.

Bachem und Roeren. Kommentar zum Gesetz vom 27. 5. 1896 von Bachem und Roeren. 3. Auflage.

Birkenbihl. Der unlautere Wettbewerb, erläutert durch die Rechtsprechung, von F. Birkenbihl.

Bauer. Zeitschrift für Aktiengesellschaften und der Handelsgesellschafter, herausgegeben von Josef Bauer.

Bauer. Der unlautere Wettbewerb und seine Behandlung im Recht, von Dr. Paul Bauer, München 1902.

Bl. Blatt für Patent-, Muster- und Zeichenwesen.

Bl.f.R. Blätter für Rechtspflege im Bezirk des Kammergerichts.

Bolze. Die Praxis des Reichsgerichts in Civilsachen von A. Bolze.

Born. Reichspreßgesetz vom 7. 5. 1874, Kommentar von A. Born.

Brandis. Rechtsschutz der Zeitungs- und Büchertitel, Berlin 1898.

Breslau. Zeitschrift der Anwaltskammer im Oberlandesgerichtsbezirk Breslau.

Calker. Die Delikte gegen das Urheberrecht von Dr. Fritz von Calker, Halle 1894.

Daniel. Darstellung des Verbrechens des unlauteren Wettbewerbs, von Alfons Daniel, München 1900.

Dernburg. Das bürgerliche Recht des Deutschen Reichs und Preußens, von Heinrich Dernburg.

E.L. Juristische Zeitschrift für Elsaß-Lothringen.

Finger. Kommentar zum Gesetz vom 27. 5. 1896, von Chr. Finger.

Fuld. Kommentar zum Gesetz vom 27. 5. 1896, von Dr. Ludwig Fuld.

G.A. Goltdammer, Archiv für Strafrecht.

Gareis. Die gerichtlichen und patentamtlichen Entscheidungen in Patentsachen, von Gareis.

Gaupp und Stein. Die Civilprozeßordnung für das Deutsche Reich, erläutert von Gaupp und Stein. 5. Auflage.

Geitel. Die Praxis des Gesetzes zum Schutze der Warenbezeichnungen, von Geitel.

G.R. Gewerblicher Rechtsschutz und Urheberrecht.

Gruchot. Beiträge zur Erläuterung des Deutschen Rechts, jetzt herausgegeben von Rassow, Küntzel und Eccius.

Gumbel. Der Betrugsparagraph und seine Ergänzung durch das Gesetz zur Bekämpfung des unlauteren Wettbewerbs von Siegfried Gumbel, Tübingen 1897.

Hauß. Kommentar zum Gesetz vom 27. 5. 1896, von C. Hauß.

Holdheim. Monatsschrift für Handelsrecht und Bankwesen, herausgegeben von Dr. Paul Holdheim.

Isaac. Der Schutz des Namensrechts nach den Reichsgesetzen, Berlin 1901.
J.W. Juristische Wochenschrift, Organ des deutschen Anwaltsvereins.
J.Z. Deutsche Juristenzeitung.
Kahn. Kommentar zum Gesetz vom 27. 5. 1896, von Dr. Julius Kahn.
Katz. Gesetz zum Schutz der Warenbezeichnungen und unlauterer Wettbewerb, von Dr. Edwin Katz, Berlin 1899.
Kent. Das Reichsgesetz zum Schutz der Warenbezeichnungen, erläutert von Dr. Paul Kent.
M. M. Kohler. Das Verbrechen des unlauteren Wettbewerbs, von Dr. Michael Martin Kohler, Breslau 1901.
Kunreuther. Kommentar zum Gesetz vom 27. 5. 1896, von Dr. Heinrich Kunreuther.
Loewe. Strafprozeßordnung, kommentiert von Loewe. X. Auflage von A. Hellweg.
Lobe. Das Gesetz zur Bekämpfung des unlauteren Wettbewerbs, systematisch dargestellt von Dr. Adolf Lobe.
Meyer. Kommentar zum Gesetz vom 27. 5. 1896, von Dr. Alexander Meyer.
Mittler. Illoyale Konkurrenz im Markenschutz, von Dr. Heinrich Mittler jun., Wien 1896.
Müller. Kommentar zum Gesetz vom 27. 5. 1896, von Dr. Ernst Müller.
Mugdan. Die Rechtsprechung der Oberlandesgerichte auf dem Gebiete des Civilrechts, herausgegeben von Mugdan und Falkmann.
Olshausen. Kommentar zum Strafgesetzbuch, von Dr. Justus Olshausen. 6. Aufl.
Th. Olshausen. Das Verhältnis des Namensrechts zum Firmenrecht, Berlin 1900.
Osterrieth. Kommentar zum Gesetz vom 27. 5. 1896, von Osterrieth.
Passow. Die Kreditgefährdung des § 187 Str.G.B., Breslau 1902.
Planck. Bürgerliches Gesetzbuch, erläutert von Dr. G. Planck.
Poeschl. Die Praxis des Gesetzes zur Bekämpfung des unlauteren Wettbewerbs, von Heinrich Poeschl, Berlin 1908.
Rausnitz. Der Gesetzentwurf zur Bekämpfung des unlauteren Wettbewerbs, von Julius Rausnitz, Berlin 1895.
Recht. Zeitschrift „Das Recht“.
Reuling. Sind Zeitungstitel Warenzeichen? Berlin 1896.
R.G. C. Entscheidungen des Reichsgerichts in Civilsachen.
R.G.Str. Entscheidungen des Reichsgerichts in Strafsachen.
Rhenius. Gesetz zum Schutz der Warenbezeichnungen, erläutert von Dr. W. Rhenius.
Sächs. Sächsisches Archiv für bürgerliches Recht und Prozeß.
Schmid. Die Gesetze zum Schutz des gewerblichen Eigentums, von Paul Schmid.
Schuler. Die concurrence déloyale, von Dr. Hans Schuler, Zürich 1895.
Seuffert. Seufferts Archiv für Entscheidungen der obersten Gerichte.
Simon. Die concurrence déloyale, von Dr. Alfred Simon, Berlin 1894.
Staub. Kommentar zum Handelsgesetzbuch, von Dr. Hermann Staub. 6./7. Auflage.
Stegemann. Unlauteres Geschäftsgebahren, von Dr. Stegemann, Braunschweig 1894.
Stenglein. Die strafrechtlichen Nebengesetze des Deutschen Reichs. 3. Aufl. S. 941 ff. Kommentar zum Gesetz vom 27. 5. 1896.
Stephan. Kommentar zum Gesetz vom 27. 5. 1896, von Dr. Heinrich Stephan.
Th. Blätter für Rechtspflege in Thüringen und Anhalt.
U.W. Unlauterer Wettbewerb. Monatsschrift für gewerblichen Rechtsschutz, herausgegeben von Dr. Lubszinsky.
Weiß. Die concurrence déloyale, von Dr. Theodor Weiß, Basel 1894.
Wolff. Über die falsche Reklame, von Theodor Wolff im Archiv für bürgerliches Recht. Bd. 13 S. 13 ff.

Einleitung.

Inhaltsangabe.

Vorbemerkung.

I. Grund des Rechtsschutzes gegen unlauteren Wettbewerb.

Jeder kultivierte Staat schützt das Eigentum seiner Untertanen gegen rechtswidrigen Eingriff. Wer ein materielles Gut auf rechtlich anerkanntem Wege erworben hat, kann verlangen, daß ihm der Schutz der Gesetze gegen jeden unbefugten Störer gewährt wird. Je höher ausgebildet die gewerbliche und geistige Tätigkeit eines Volkes ist, desto weiter wird der Begriff des „Rechtsgutes", das geschützt wird, gefaßt werden. Ausgehend von den materiellen Gütern erstrecken sich Schutzrecht und Schutzpflicht auch auf geistige Erzeugnisse. Sobald sich diese in Produkten verkörpern, breiten sich über sie, obgleich ein Eigentum im eigentlichen Sinne an ihnen nicht vorhanden ist, die Flügel des Gesetzes, sie gegen jeden unberechtigten Eingriff schützend. So entstanden die Gesetze zum Schutze des Urheberrechtes, der Patente, Muster, Modelle.

Aber auch hierin erschöpft sich der Schutz nicht, den der Bürger eines Staates verlangen kann. Es gibt ein Recht der Persönlichkeit, ein Individualrecht, das Recht eines jeden Individuums, zu verlangen, daß seine Persönlichkeit nicht angetastet, daß ihm das Recht gewährt wird, die Früchte seiner Tätigkeit, ungestört durch der guten Sitte nicht entsprechende Handlungen anderer, ausschließlich zu genießen.

Soweit sich dieses Recht der Individualität im Namen, in der Firma, oder in dem seit altersher geübten Gebrauch einer Marke, als Unterscheidungsmerkmal von Waren, verkörpert, ist es den oben bezeichneten materiellen Gütern insoweit ähnlich, als es bestimmte äußere Formen angenommen hat; es unterscheidet sich aber von ihnen insofern, als Name, Firma und Marke an sich vermögensrechtlichen Wert nicht haben und trotzdem den Schutz der Gesetze genießen.

Doch auch in diesen, durch gewisse Formen an die Äußerlichkeit tretenden Betätigungen erschöpft sich das Recht der Persönlichkeit nicht. Das Recht des einzelnen Individuums, seine Tätigkeit nach Maßgabe seiner Kräfte auszuüben, ein Recht, daß sich im Gebiete des Handels und Gewerbes im Prinzip der Gewerbefreiheit verkörpert, hat seine tatsächliche Schranke in dem Rechte der anderen Staatsbürger, in gleicher Weise ihre Tätigkeit auszunutzen, also in der Konkurrenz der anderen. Der Staat gibt, soweit er nicht aus bestimmten, meist rechtspolizeilichen, Gründen Beschränkungen eintreten läßt, allen seinen Bürgern das Recht der freigewählten Tätigkeit. Ein jeder hat die Befugnis, seine Kräfte in vollstem Maße auszunutzen, selbst wenn andere, die sich auf demselben Gebiete betätigen, hierdurch Schaden erleiden. Jeder Wettbewerb daher, der aus der gleichmäßigen Tätigkeit vieler zu demselben Zwecke hervorgeht, ist gestattet. Nur darf dieser Wettbewerb nicht durch unrechtmäßige Mittel, durch Antastung der Persönlichkeit des anderen, geschehen. Unrechtmäßig aber ist nicht nur der Wettbewerb, der gegen bestimmte Rechtsvorschriften verstößt, der z. B. strafrechtlich verbotene Handlungen wie Betrug, Verleumdung ꝛc. anwendet, sondern auch derjenige, der **unlauter**, unredlich, ist, der, wie man jetzt nach der Begriffsbestimmung der neueren Gesetze sagen kann, gegen **die guten Sitten** verstößt insbesondere der, der unrechtmäßig die Arbeitskräfte wie die Arbeitserfolge des anderen für eigene Zwecke ausnutzt. (Über den Begriff „unlauter" vgl. Schmid in G.R. 1900 S. 252ff.)

Es ist nach dem heut als richtig anerkannten Staatsrechte im allgemeinen nicht Aufgabe des Staates, in die freie Entwicklung der Konkurrenz regelnd einzugreifen; wohl aber gebietet es sein Interesse als Hüter des Rechtes, dafür zu sorgen, daß Unlauterkeit und Unredlichkeit aus dem Verkehr entfernt werde.

Er hat daher das Persönlichkeitsrecht des einzelnen so weit zu schützen, daß der Gebrauch des Rechtes des einzelnen kein Mißbrauch wird, daß die Schranke, die der eine in dem Wettbewerb des anderen findet, nicht durch Anwendung unlauterer Mittel erhöht wird.

So sagt das Reichsgericht (St.Bd. 33, S. 8): „Alle Verbote des Gesetzes vom 27. Mai 1896 verfolgen gleichmäßig den Zweck, zu verhindern, daß die Erwerbstätigkeit des einen vor der konkurrierenden des anderen durch unlautere Mittel den Vorrang erreicht".

Dies ist der Rechtsgrund des Schutzes gegen unlauteren Wettbewerb, wie ihn in Deutschland vor allem Kohler, insbesondere in seinem grundlegendem Buche über den Markenschutz, festgestellt hat. (Vgl. über die einzelnen Theorien Daniel S. 15 ff., ferner Schlechte, die Stellung des unlauteren Wettbewerbes im System des Strafrechtes in der Zeitschrift für die gesamte Strafrechtwissenschaft, Band 21.)

Das Recht der Geltendmachung der eigenen Persönlichkeit kann gestört werden einesteils durch Handlungen, die zwar in dies Recht eingreifen aber sich nicht selbst Rechte des anderen anmaßen (z. B. bei Verletzung des § 1), oder aber durch Anmaßung gewisser dem anderen zustehenden Individualrechte (z. B. gemäß § 8). Ob das eine oder das andere der Fall ist, ist bei den einzelnen Bestimmungen zu untersuchen und nicht ohne Bedeutung für die aus der Verletzung entstehenden Rechte (s. z. B. S. 60).

Verwirrend und dem einfachen und klaren Prinzip widersprechend ist, wenn verschiedene Schriftsteller in dem Bemühen, dem Individualitätsrechte ein gewisses, dingliches Substrat zu geben, den unlauteren Wettbewerb in der Schädigung eines „persönlichen Rechtes mit vermögensrechtlicher Bedeutung" (Müller S. 19) oder in der „unlauteren Vernichtung des Rechtes auf die Kundschaft" (Lobe S. 18, Roeren, Notiz im G.Z. 99 S. 1690) sehen. (Vgl. Schüler in G.R. 1901 S. 98 über die in verschiedener Weise vorbildlichen Bestimmungen des Schweizer Rechtes.)

Sowohl nach den dargelegten allgemeinen Grundsätzen, wie auch nach unserem bestehenden Recht, ist diese Begriffsbestimmung zu eng. Mag auch das Gesetz vom 27. 5. 1896 im wesentlichen von der unlauteren Verletzung von Rechten ausgehen, die vermögensrechtliche Bedeutung haben, mag dieses Gesetz mit seinen Bestimmungen, die den Geschäftsbetrieb betreffen, vornehmlich die Bewerbung um die Kundschaft zum Gegenstand haben, die neuere Gesetzgebung, die im B.G.B. verkörpert ist, hat sich von dieser Beschränkung freigemacht und gibt, wie noch näher dargelegt werden wird, den Schutz jedem, dem in einer gegen die guten Sitten verstoßenden Weise von einem anderen vorsätzlich Schaden zugefügt wird, oder dem, der durch üble Nachrede in seinem Erwerbe oder Fortkommen gestört wird (§§ 823, 824 B.G.B.). Es abstrahiert von allen anderen Erfordernissen und statuiert den Schutz gegen unlautere Machenschaften lediglich als Ausfluß des Rechtes auf Geltendmachung der eigenen Persönlichkeit. Kohler hat mit seinen Ausführungen dem Gesetzgeber den Weg gewiesen, den dieser zwar spät aber schließlich doch gegangen ist. Seine Auffassung des Prinzipes, die erst durch das Sondergesetz vom 27. 5. 1896, dann durch die generelle Bestimmung des B.G.B. ihre glänzende Rechtfertigung gefunden hat, und die in vieler Beziehung auch für die Auslegung des Gesetzes in der Praxis von Wichtigkeit ist, ist den folgenden Darlegungen zu Grunde gelegt.

II. Der Schutz gegen unlauteren Wettbewerb vor Erlaß des Reichsgesetzes.

In der außerdeutschen Jurisprudenz, namentlich in Frankreich (vgl. über dieses und andere Rechte namentlich Kohler, Markenschutz; über französisches Recht auch Mayer in Goldschmidt, Zeitschrift für Handelsrecht 1892 S. 363 und Schmitz in U.W. I S. 18 ff.) hat seit langer Zeit die Rechtsprechung den Kampf gegen den unlauteren Wettbewerb mit Erfolg geführt. Nicht besondere gesetzliche Vorschriften waren es, die dem Richter zur Verfolgung dienten, sondern meist allgemeine Vorschriften, die jeden für den durch seine Schuld entstandenen Schaden haftbar machten. So ist in Frankreich grundlegend für die ganze Materie der **§ 1382 des code civil** geworden, der sagt:

> Tout fait quelconque de l'homme, qui cause à autre un dommage, oblige celui, par la faute duquel il est arrivé, à réparer.

Anknüpfend an diese allgemeine Bestimmung hat die französische Jurisprudenz einen ausgedehnten und umfassenden Schutz gegen concurrence déloyale entwickelt. Anders im deutschen Recht. Trotzdem sich im gemeinen Recht und fast allen deutschen Partikularrechten (für preußisches Recht vergl. §§ 8, 10 I 6 A.L.R. und über die Entwickelung in Preußen Traeger bei Gruchot 1892 S. 196, vergl. ferner § 116 des bürgerlichen Gesetzbuches für das Königreich Sachsen) ähnliche allgemeine Gesetzesbestimmungen finden, hat der deutsche Richter, abgesehen von vereinzelten Ausnahmen, sich nicht entschließen können, aus diesen allgemeinen Bestimmungen einen speziellen Schutz des Gewerbetreibenden gegen unlautere Konkurrenz zu folgern. Die deutsche Rechtsprechung erklärte übereinstimmend, daß erlaubt sei, was nicht spezielle Gesetzesvorschriften verbieten. Insbesondere hat das Reichsgericht diesen Grundsatz dauernd festgehalten. So sagt dasselbe in Entsch. Bd. 6 S. 176:

> „Nach dem in Deutschland geltenden Rechte ist nicht, wie z. B. in Frankreich, dem Gewerbetreibenden Schutz gewährt gegen betrügliche Nachahmungen sonstiger Kennzeichen der Ware (Art der Verpackung, Etiquettierung ꝛc.) und ist, abgesehen von der Firma, das Warenzeichen das einzige Mittel, um sich gegen ein illoyales Verhalten von Konkurrenten zu schützen (ebenso Bd. 18 S. 101, Bd. 17 S. 101, Bd. 25 S. 120).

Auch inbetreff des Firmenschutzes ist (Bd. 29 S. 61) ausgeführt, daß derselbe im Handelsgesetzbuch erschöpfend geregelt und daneben eine Klage wegen unlauterer Konkurrenz unzulässig ist.

Selbst für die Landesteile, in denen französisches Recht galt, hielt das Reichsgericht die allgemeinen Bestimmungen neben den Gesetzen über Firmen- und Markenschutz für unanwendbar (Entsch. Bd. 3 S. 69, Bd. 20 S. 175).

Endlich ist in Bd. 35 S. 169 unzweideutig erklärt, daß der Gewerbebetrieb als solcher nicht Anspruch auf rechtlichen Schutz gegen Konkurrenz in ähnlicher Weise hat, wie Eigentum und Besitz gegen Eingriffe anderer.

Allmählich entwickelte sich in der Reichsgesetzgebung ein Schutz gegen Verletzung immaterieller Güter, z. B. des Urheberrechtes, Patentrechtes, Muster- und Modellrechts und auch des Rechtes an Warenzeichen. In einzelnen dieser Gesetze finden sich, wie z. B. im Patentgesetz § 40, im Warenzeichengesetz §§ 15 und 16, auch in der Gewerbeordnung § 125, Bestimmungen, die besondere Verletzungen, welche sich als unlauterer Wettbewerb charakterisieren, behandeln; einen allgemeinen Schutz aber hat weder die Gesetzgebung noch die Jurisprudenz vor Erlaß des Gesetzes vom 27. Mai 1896 gewährt.

III. Prinzip des Gesetzes vom 27. Mai 1896.

Aus der Erkenntnis, daß der Gewerbestand eines Schutzes bedürfte gegen den mit der Hebung des Verkehrs immer gefährlicher werdenden Wettbewerb, der mit unehrlichen Mitteln den Konkurrenten zu verdrängen suchte und den reellen Handel sowohl wie die Volksmoral auf das empfindlichste schädigte, ging das Gesetz vom 27. Mai 1896 hervor.

(Über die Vorgeschichte und Entwicklung des Gesetzes vgl. insbesondere Bachem u. Roeren. S. 5 ff., Hauß S. 15 ff., M. M. Kohler S. 47 ff.)

Der Titel des Gesetzes lautet: „Gesetz zur Bekämpfung des unlauteren Wettbewerbes“.

Es könnte demnach scheinen, als wenn das Gebiet des unlauteren Wettbewerbes abschließend und ausschließlich geregelt sei. Die besonders mit Rücksicht auf die Bestimmungen des B.G.B. praktisch sehr wichtige Frage, ob dies wirklich der Fall ist, ist von den bisherigen Bearbeitern des Gesetzes nicht einheitlich beantwortet worden. Ziemlich allseitig wird anerkannt, daß das Gesetz nur einzelne Erscheinungsformen des Wettbewerbes treffe (z. B. Bachem u. Roeren S. 53, Lobe S. 29, Finger S. 9); ob aber innerhalb dieser Erscheinungsformen der Schutz ein ausschließlicher ist, erscheint vielen (z. B. Fuld S. 37, Lobe S. 30, Kunreuther S. 15) zweifelhaft.

Es ist hierbei von folgenden Erwägungen auszugehen:

Wenn ein Gesetz ein Rechtsinstitut ausschließlich regelt, kommen allgemeine Vorschriften anderer oder späterer Gesetze, die sich auf die ausschließlich geordneten Rechtsinstitute beziehen, nicht subsidiär zur Anwendung. Es fragt sich also zunächst, ob eine derartige ausschließliche Regelung gewollt war. Hierbei ist die dem Entwurf beigegebene Begründung in Betracht zu ziehen. Dieselbe beschäftigt sich zunächst mit der Frage, ob nach dem Urbild des französischen Rechtes ein allgemeiner Rechtsgrundsatz aufgestellt werden sollte etwa dahin, daß der „unlautere Wettbewerb“ zu verbieten sei; dies wird mit der Motivierung verneint:

> „daß es zur Zeit nur darauf ankommen kann, bestimmte nach den bisherigen Erfahrungen für den redlichen Erwerbsgenossen besonders nachteilige Mißbräuche zu verhindern. Auch liege es im dringenden Interesse der Rechtssicherheit, die Scheidelinie zwischen Erlaubtem und dem Unerlaubten im Gesetz selbst in klar erkennbarer Weise festzulegen“.

Es wird dann weiter ausgeführt:

> „Man würde Unmögliches anstreben, wenn man versuchen wollte, im Handel und Wandel jedem Verstoß gegen die gute Sitte schlechthin durch gesetzliche Bestimmungen vorzubeugen. Nur insoweit, als gewisse Mittel, welche moralisch verwerflich, wenngleich vom Gesetz bisher nicht verboten sind, zu dem Zwecke angewendet werden, um unberechtigte Vorteile gegenüber den Konkurrenten zu gewinnen, ist Abhilfe nötig und erreichbar“.

Demnach ist die Absicht des Gesetzgebers gewesen, gewisse Erscheinungsformen des unlauteren Wettbewerbes zu treffen, nicht aber den Gegenstand abschließend zu regeln. In ähnlicher, wenn auch etwas gewundener Weise äußerte sich ein Regierungsvertreter in der Kommission auf die Frage, ob nicht neben dem Gesetz auch die Vorschriften des allgemeinen bürgerlichen Rechtes zur Anwendung kommen könnte. Er führte als seine persönliche Ansicht, allerdings nur für das Reklamewesen, aus, daß nur, wenn der Entwurf eine Generalklausel enthielte, das ganze Feld eingenommen wäre und für die Anwendung des bürgerlichen Rechtes kein Raum bliebe.

Nun ist allerdings entgegen dem früheren Entwurf eine Art Generalklausel in den § 1 des Gesetzes hereingekommen, in dem die unlautere Reklame verboten ist, wenn sie sich auf „geschäftliche Verhältnisse" bezieht. Diese Klausel ist aber keine Generalklausel in dem Sinne, daß sie auch nur das Gebiet der verbotenen Reklame unbedingt abschließt (dagegen Müller S. 24), viel weniger eine Generalklausel gegen den unlauteren Wettbewerb als solchen. Nur der Gegenstand, auf den eine gewisse in ihren Voraussetzungen eingeschränkte Reklame sich bezieht, ist damit erweitert worden. (Vergl. Bachem u. Roeren S. 89.)

Ebensowenig findet sich sonst irgend wo im Gesetz eine Vorschrift, die erkennen läßt, daß der Gesetzgeber über seine Absicht, bestimmte Verfehlungen zu treffen, hinausgegangen ist, im Gegenteil treten einzelne Bestimmungen in § 5, § 7 und § 9 aus dem Rahmen des unlauteren Wettbewerbes heraus (R.G. St. Bd. 31 S. 88).

Demnach steht fest, einerseits, daß es nicht die Absicht des Gesetzgebers war, generell den unlauteren Wettbewerb zu regeln, andererseits, daß die Interpretation des Gesetzes selbst zu einer derartigen Annahme in keiner Weise zwingt; es bliebe also nur noch der Hinweis, daß der Titel des Gesetzes einer derartigen Annahme Vorschub leistet.

Man braucht nicht zu dem Argument von M. M. Kohler (S. 75) zu greifen, daß der Titel im vorliegenden Falle, weil im Reichsgesetzblatt vor dem Gesetzesbefehl: „Wir Wilhelm rc., verordnen rc." stehend, nicht als Gesetz gilt; es genügt vielmehr, darauf hinzuweisen, daß der Titel hier lediglich als Sammelbezeichnung für die einzelnen im Gesetz enthaltenen Bestimmungen gemeint ist.

Wenn im Gesetz einige Vorschriften über eine bestimmte Materie vorhanden sind, und diese im Titel unter einer Gesamtbezeichnung zusammengefaßt werden, so kann für die Frage, ob das Gesetz die ganze Materie ordnen wolle, nur dies und nicht der Titel maßgebend sein.

Hiernach ergibt sich folgendes Resultat:

Das Gesetz vom 27. Mai 1896 hat **einige Erscheinungsformen** des unlauteren Wettbewerbes geregelt; soweit ein Fall seinem Tatbestande nach unter das Gesetz fällt, ist dies nicht durch eine etwaige allgemeine Bestimmung eines anderen Gesetzes aufgehoben; denn soweit gilt der Satz lex posterior generalis non derogat legi priori speciali; soweit aber ein Fall des unlauteren Wettbewerbes vom Gesetz nicht betroffen wird, treten ergänzend die allgemeinen Vorschriften der Reichsgesetze, da die Landesgesetze seit dem 1. Januar 1900 außer Kraft getreten sind (Art. 55 E.-Gesetz zum B.G.B.), insbesondere die des B.G.B., hinzu.

Das Reichsgericht, das mit Recht in der Frage des Markenschutzes in konstanter Praxis davon ausgeht, daß neben dem Warenzeichengesetz, da dies die Materie ausschließlich regelt, die Anwendung anderer Gesetze ausgeschlossen ist, teilt den oben dargelegten Standpunkt. In der Bd. 48 S. 114 abgedruckten Entscheidung hat es erklärt, **daß dem Wettbewerbsgesetz die Bestimmungen des B.G.B. ergänzend zur Seite treten.** Es ist damit den vielfach erhobenen Klagen über Lücken im Gesetze die Veranlassung genommen. Die Frage, inwieweit die Ergänzung durch die Bestimmungen des B.G.B. sich erstreckt, von deren Beantwortung der weitere Ausbau des im Gesetz zunächst durch Spezialbestimmungen, dann im B.G.B. durch Aufstellung eines allgemeinen Prinzipes geordneten Rechtsinstituts abhängt, soll an anderer Stelle (S. 169) im Zusammenhang erörtert werden.

IV. Rückwirkung des Gesetzes.

An sich haben neue Gesetze rückwirkende Kraft nicht, soweit nicht das Gesetz ausdrücklich dies bestimmt, oder der Wille des Gesetzes aus den Umständen hervorgeht (R.G. C. Bd. 40 S. 314, R.G. in J.W. 1898 S. 665).

Eine Rückwirkung auch ohne ausdrückliche Gesetzesbestimmung wird angenommen, wenn das neue Gesetz ein Rechtsgeschäft als gegen die guten Sitten verstoßend für nichtig erklärt (R.G. in J.W. 1901 S. 1); jedoch nicht, „wenn mit einer allgemeinen Verfeinerung der Sitte und einer Steigerung des sittlichen Bewußtseins dasjenige, was Anstandspflicht gewesen, sich zu einem Gebot der guten Sitten erhebt" (R.G. C. Bd. 46 S. 178; vgl. auch Bd. 46 S. 152).

Dieser Fall liegt hier vor. Wie oben dargelegt, ging die Judikatur im deutschen Rechtsgebiete von der Anschauung aus, daß unlauterer Wettbewerb zwar moralisch verwerflich, aber, soweit nicht positive Rechtsnormen verletzt waren, nicht auf dem Rechtswege angreifbar sei. Wenn jetzt das Gesetz gewisse Handlungen verbietet und dem Verletzten Rechtsschutz gewährt, so sollte damit nicht ausgesprochen werden und ist nicht ausgesprochen, daß auch Handlungen vor Inkrafttreten des Gesetzes in gleicher Weise verfolgt werden können. In diesem Sinne hat das Reichsgericht (in J.W. 1900 S. 76 Nr. 14, 1898 S. 300 Nr. 66; vergl. auch Rausnitz in G.R. 1897 S. 17) angenommen, daß für die Anwendung des Gesetzes nur Handlungen, die nach Inkrafttreten vorgekommen sind, in Betracht kommen.

Ebenso verhält es sich mit der Anwendung der hierher gehörenden Bestimmungen des B.G.B.

Die Rechtsentwicklung ist fortgeschritten; es ist ein allgemeiner Grundsatz aufgestellt, der gewisse Handlungen verbietet und schadensersatzpflichtig macht, die vorher nach allgemeiner Auffassung diese Wirkung nicht hatten. Auch hier ist aus dargelegten Gründen ein Rückgreifen auf Handlungen vor dem 1. Januar 1900 ausgeschlossen.

V. Persönliches Geltungsgebiet des Gesetzes

(vergl. auch Dr. Schanze im Sächsischen Archiv 1896 S. 717).

Das Gesetz bezeichnet sich „Zur Bekämpfung des unlauteren Wettbewerbes“, ein Ausdruck, der noch mehrfach in einzelnen Bestimmungen wiederkommt (§ 6, § 9, § 10). Es spricht von „geschäftlichen Verhältnissen“, von „Waren- und gewerblichen Leistungen“ (§ 1, § 4, § 6, § 7), berechtigt zur Verfolgung nach § 1 „Gewerbetreibende“, erwähnt im § 6 und § 7 „Erwerbsgeschäfte“, in § 8 „geschäftlichen Verkehr“ und verfolgt nach § 9 und § 10 Angestellte eines „Geschäftsbetriebes“, die „Geschäfts- und Betriebsgeheimnisse“ verraten.

Es ist demnach ein Gesetz zum Schutz des Handels- und Gewerbestandes. Über die Auslegung dieses Begriffes herrscht Streit. Die Begründung und die Verhandlungen in der Kommission und dem Reichstag geben ein zweifelfreies Resultat nicht (ausführliche Darstellung bei Schmid S. 274 ff.); nur ist das ohne Widerspruch festgestellt worden, daß Gewerbe nicht im Sinne der Gewerbeordnung, sondern weitergehend im Sinne des täglichen Lebens aufzufassen ist. Dies wird auch ziemlich allgemein (Schmid S. 280, Müller S. 26 ꝛc.) angenommen, nur Wolff (S. 40) geht von dem aus der Gewerbeordnung sich ergebenden Begriff aus; er schließt dies aus der durch nichts gerechtfertigten Behauptung, daß das Gesetz sich an die Gewerbeordnung anschließt (vgl. dagegen Finger S. 31).

Während demnach als allgemeine Ansicht angesehen werden kann, daß Gewerbetreibende im weitesten Umfange des Wortes d. h. alle diejenigen, die ihre Tätigkeit des Erwerbes wegen ausüben, den Schutz des Gesetzes genießen, liegt eine gleiche Übereinstimmung inbetreff der Frage der Abgrenzung des Gewerbes gegen die sogenannte operae liberales nicht vor. Ob auf Künstler, Schriftsteller, Redakteure, Schauspielunternehmer, Ärzte, Anwälte rc. das Gesetz aktiv und passiv Anwendung findet, wird bezweifelt. Finger, Fuld, Hauß, Stephan, Daniel stehen auf dem einschränkenden Standpunkt, daß wissenschaftliche und künstlerische Tätigkeit nicht unter das Gesetz fällt, während Müller, Mayer, Osterrieth, Lobe den entgegengesetzten Standpunkt haben.

Wenn man die Frage objektiv in Erwägung ziehen will, muß man sich zunächst von der Vorstellung freimachen, daß es etwas Herabziehendes hat, wenn man bei einem Künstler, einem Schriftsteller, einem Anwalt von einem Gewerbe spricht. Auch die geistige Tätigkeit wird zum Erwerbe betrieben, wenigstens wird niemand im Ernst von einem Künstler u. s. w. verlangen, daß er das Werk seiner Tätigkeit, durch welches er vielen nützt oder reichen Genuß schenkt, unentgeltlich darbietet. Ein Zweck oder mindestens ein Nebenzweck jeder Aufwendung von auch geistiger Arbeit ist der Entgelt, den der Empfänger zu zahlen hat. Je idealer die Tätigkeit des wissenschaftlich oder künstlerisch Arbeitenden von ihm aufgefaßt wird, desto mehr wird der Nebenzweck zurücktreten, seinen Lohn aber wird er, von verschwindenden Ausnahmen abgesehen, aus dem Ertrage seiner Arbeit suchen. Daß Anstand und Sitte für die Art der Ausnutzung dieses Erwerbes gewisse Grenzen gezogen haben, ändert an der Tatsache nichts.

Gibt man dieses Resultat realer Betrachtung des menschlichen Erwerbslebens zu, vergegenwärtigt man sich ferner, daß gerade in Kreisen der Kunst und Wissenschaft unlauterer Wettbewerb durchaus nicht so selten ist, so sieht man nicht ein, warum dem Künstler rc. der Nutzen eines Gesetzes, welches jede gewerbliche Tätigkeit zu schützen bestimmt ist, entzogen sein soll. Auch er hat eine Tätigkeit, die neben idealen Zwecken dem Erwerbe dient; auch er kann in dieser Erwerbstätigkeit durch unlautere Mittel gestört werden oder selbst die Tätigkeit anderer stören. Bei ihm und gegen ihn ist danach begrifflich unlauterer Wettbewerb genau so möglich, wie in jedem anderen Zweige menschlicher Erwerbstätigkeit.

Dazu kommt folgendes:

Die Grenze zwischen wissenschaftlicher und künstlerischer Tätigkeit einerseits und gewerblicher Tätigkeit andererseits ist durchaus nicht leicht zu ziehen; in den Grenzgebieten wird sich eine solche Linie überhaupt nicht finden lassen. Wenn ein großer Künstler ein Bild malt, ist dies zweifellos Ausfluß seiner künstlerischen Tätigkeit; wenn derselbe aber, was in den Tagen der angewendeten Kunst nicht selten ist, Entwürfe für ein Möbelstück liefert, und dies nach seinen Angaben Angefertigte verkauft wird, dürfte wohl ebenso zweifellos gewerbliche Tätigkeit vorliegen. Gerade im Gebiete des Kunstgewerbes, das selbst die Anhänger der einschränkenden Theorie für Gewerbe erachten, ist die Frage, ob Kunst oder Gewerbe vorherrscht, oft kaum oder nur nach rein subjektivem Ermessen zu beantworten.

Ebenso im Gebiete des Theaterwesens. Nach Fuld S. 59 sind die artistischen Produktionen der Spezialitätenbühnen als gewerbliche Leistungen aufzufassen, während der Gewerbebetrieb des kleinsten Theaters nicht hierunter verstanden werden soll. Auch hier ist die Grenzlinie, was Theatervorstellung ist und was nicht, nicht klar zu ziehen. Seit der Erfindung des Überbrettls gibt es Mittelstufen, die jeder, je nach seinem Geschmack, der einen oder der anderen Gattung zuweisen wird.

Ebenso liegt es bei der Schriftstellerei, die Kunst oder Gewerbe sein kann.

Weder aus dem Wortlaut noch aus dem Zweck des Gesetzes ist man genötigt, zu derartigen Unterscheidungen zu greifen, die zu Spitzfindigkeiten und Ungerechtigkeiten führen.

Der Künstler 2c., der einen unlauteren Wettbewerb treibt, mag die Folgen tragen; der aber, der durch ihn geschädigt ist, soll für seines Geistes Arbeit denselben Schutz genießen, wie der Kaufmann, der seine Ware vertreibt.

Die Praxis hat, wenn auch bisher nur in vereinzelten Fällen, sich der weiteren Auslegung angeschlossen. (Dagegen z. B. Schöffengericht Erfurt im G.R. 1898 S. 287, welches auf Dekorationsmaler nur deswegen das Gesetz anwendet, weil sie ihre Tätigkeit jedem gegen Entgelt zur Verfügung stellen.)

So hat das Reichsgericht (J.W. 1897 S. 212 Nr. 30) die Anfertigung eines Adreßbuches als gewerbliche Leistung erachtet, indem sie diese generell als „jede wirtschaftlich abzuschätzende Leistung, auch wenn sie einer literarischen Tätigkeit entspringt" definiert.

Was hier von literarischer Tätigkeit gesagt ist, gilt in gleicher Weise von künstlerischer und wissenschaflicher Tätigkeit.

Im einzelnen ist anzuführen:

1. Was **Aerzte** betrifft, so ist in der Reichstagskommission als zweifellos hingestellt und auch allgemein (dagegen Fuld S. 58) anerkannt, daß auf sie sich das Gesetz bezieht (vergl. auch R. G. in J Z. VII S. 534 und R.G.Str. Bd. 35 S. 271), da sie unter die Gewerbeordnung fallen. Der Schutz gegen die Kurpfuscher, gegen die das Gesetz schon vielfach angerufen ist (vgl. S 27), erfordert dies auch dringend.

2. Sehr zweifelhaft erscheint die Frage betreffs der **Rechtsanwälte.** Hier ist die allgemeine Ansicht gegen die Anwendung (Schmid S. 283, Lobe S. 41, Finger S. 33, Wolff S. 40, dafür Müller S. 27, Osterrieth S. 33). Es wird einerseits hervorgehoben, daß Anwälte eine öffentliche Stellung haben (Rausnitz in G.R. 1898 S. 92), was in dieser Allgemeinheit nicht richtig ist, da sie nur gewisse öffentlichrechtliche Funktionen besitzen, andererseits, daß die Rechtsanwaltsordnung ausschließlich ihre Tätigkeit ordne. Auch letzter Grund vermag nicht zu überzeugen.

Die Anwaltsordnung regelt das Verhältnis des Rechtsanwaltes zu seinen Klienten und bestimmt ferner für pflichtwidriges Verhalten Disziplinarstrafen. Das erstere kommt bei der Frage nicht in Betracht, da das Gesetz über unlauteren Wettbewerb nur für das Verhältnis der Gewerbetreibenden unter sich gegeben ist, das letztere nicht, weil der Umstand, daß eine Handlung nach anderen Gesetzen mit Strafe bedroht ist, nicht hindert, daß nach dem vorliegenden Gesetz ein Vorgehen hergeleitet wird. Da Rechtsanwälte neben ihren sonstigen Funktionen im obenbezeichneten Sinne gewerblich tätig sind, so findet daher auch auf sie das Gesetz Anwendung. Nähme man dies nicht an, so würde ihnen auch der Schutz gegen etwaigen unlauteren Wettbewerb der Winkelkonsulenten nicht gegeben sein, ein Konsequenz, die Wolff (S. 40) zieht.

3. **Beamte** sind keine Gewerbetreibende; sie haben daher weder Rechte noch Pflichten aus dem Gesetz. Dies trifft auch dann zu, wenn sie eine vom Gesetz ihnen gestattete gewerbliche Tätigkeit ausüben, z. B. **Notare** und **Gerichtsvollzieher** bei Abhaltung freiwilliger Verkäufe, da sie auch hierbei in amtlicher Funktion tätig sind (dagegen Wolff S. 41).

4. Dagegen kann der **Fiskus** Gewerbetreibender sein. So hat z. B. das R.G. (U.W. I S. 94) die Klage des Reichsfiskus als Herausgeber des amtlichen „Patentblattes“ zugelassen, da dies im geschäftlichen Verkehr geschehe.

VI. Geltung des Gesetzes gegen Ausländer und bei im Ausland begangenen Handlungen.

1. Das Gesetz enthält nur im § 16 Bestimmungen über Ausländer. Diese beschäftigen sich aber nur mit der Frage, inwiefern **Ausländer** im Sinne dieses Paragraphen **berechtigt** sind, den Schutz des Gesetzes zu verlangen. Inwiefern gegen Ausländer oder gegen im Auslande begangene Handlungen vorgegangen werden kann, ist im Gesetz nicht bestimmt. Es greifen daher die allgemeinen Grundsätze statt.

2. Die **Begehung** einer der nach §§ 4, 7, 9 und 10 des Gesetzes **strafbaren Handlungen im Auslande**, (§ 5 kommt als Übertretung nicht in Betracht), ist nach § 4 des Strafgesetzbuchs nur verfolgbar, wenn der Täter ein Deutscher ist und die Handlung durch die Gesetze des Orts, an dem sie begangen ist, mit Strafe bedroht ist. Nicht nötig ist, daß die Handlung dort aus demselben Gesichtspunkt, dem des unlauteren Wettbewerbs, unter Strafe gestellt ist; es genügt, wenn sie überhaupt strafrechtlich verfolgt wird, z. B. wenn ein Vergehen gegen § 4 des Gesetzes im Auslande als Betrug, gegen § 7 als Beleidigung angesehen wird (R.G.Str. Bd. 5 S. 424).

Wird der Täter erst nach Begehung der Tat Deutscher, so ist seine Verfolgung zulässig, wenn ein Antrag der zuständigen Behörde des Landes, in dem die Handlung begangen ist, vorliegt; auch ist in diesem Fall das ausländische Strafgesetz anzuwenden, soweit es milder ist. Demnach können Ausländer, die im Ausland das Gesetz verletzen, nicht strafrechtlich verfolgt werden. (Über den Einfluß der Pariser Union und der Brüsseler Zusatzakte, die jedoch nur jedem Angehörigen der Vertragsstaaten dasselbe Recht wie dem Inländer gewährleisten, daher an dem Grundsatze, der hier in Frage steht, nichts ändern, s. S. 167).

3. **Zivilrechtlich erstreckt sich der Schutz des Gesetzes auch auf im Ausland begangene Handlungen.** Das Reichsgericht hat für das Warenzeichengesetz (C. Bd. 18 S. 31, vgl. Bd. 45 S. 145, Bd. 51 S. 267) das Prinzip aufgestellt, daß der Schutz immaterieller Güter räumlich unbeschränkt gilt, daher ihre Verletzung, auch wenn sie im Auslande geschieht, verfolgt werden kann. In dem speziellen Fall handelte es sich um einen Deutschen, der im Ausland die Verletzung begangen hat; die Gründe aber gelten in gleicher Weise auch bei einer Begehung durch einen Ausländer (Müller S. 207). Ebenso

ist aus gleichen Gründen bei dem vorliegenden Gesetz zu entscheiden und hat auch das Reichsgericht (J.W. 1901 S. 851 Nr. 37) das Prinzip auch hier für anwendbar erklärt.

Demnach ist es gleichgültig, ob die das Gesetz verletzende Handlung von einem Inländer oder Ausländer, ob sie im Inland oder Ausland begangen ist (über den Ort der Begehung s. S. 66); sie kann im Inland zivilrechtlich verfolgt werden, soweit hier ein Gerichtsstand begründet ist.

§ 1.

Wer in öffentlichen Bekanntmachungen oder in Mitteilungen, welche für einen größeren Kreis von Personen bestimmt sind, über geschäftliche Verhältnisse, insbesondere über die Beschaffenheit, die Herstellungsart oder die Preisbemessung von Waren oder gewerblichen Leistungen, über die Art des Bezuges oder die Bezugsquelle von Waren, über den Besitz von Auszeichnungen, über den Anlaß oder den Zweck des Verkaufs unrichtige Angaben tatsächlicher Art macht, welche geeignet sind, den Anschein eines besonders günstigen Angebots hervorzurufen, kann auf Unterlassung der unrichtigen Angaben in Anspruch genommen werden. Dieser Anspruch kann von jedem Gewerbetreibenden, der Waren oder Leistungen gleicher oder verwandter Art herstellt oder in den geschäftlichen Verkehr bringt, oder von Verbänden zur Förderung gewerblicher Interessen geltend gemacht werden, soweit die Verbände als solche in bürgerlichen Rechtsstreitigkeiten klagen können.

Neben dem Anspruch auf Unterlassung der unrichtigen Angaben haben die vorerwähnten Gewerbetreibenden auch Anspruch auf Ersatz des durch die unrichtigen Angaben verursachten Schadens gegen denjenigen, der die Angaben gemacht hat, falls dieser ihre Unrichtigkeit kannte oder kennen mußte. Der Anspruch auf Schadensersatz kann gegen Redakteure, Verleger, Drucker oder Verbreiter von periodischen Druckschriften nur geltend gemacht werden, wenn dieselben die Unrichtigkeit der Angaben kannten.

Die Verwendung von Namen, welche nach dem Handelsgebrauch zur Benennung gewisser Waren dienen, ohne deren Herkunft bezeichnen zu sollen, fällt unter die vorstehenden Bestimmungen nicht.

Im Sinne der Bestimmungen des Absatzes 1 und 2 sind den Angaben tatsächlicher Art bildliche Darstellungen und sonstige Veranstaltungen gleich zu achten, die darauf berechnet und geeignet sind, solche Angaben zu ersetzen.

Unter Waren im Sinne dieses Gesetzes sind auch landwirtschaftliche Erzeugnisse, unter gewerblichen Leistungen auch landwirtschaftliche zu verstehen.

Inhaltsangabe.

A. Prinzip.

1. **§ 1 behandelt die Ausschreitungen im Reklamewesen.** Der erste Entwurf war in mehreren Punkten von dem Gesetz verschieden. Zunächst fehlte die Voraussetzung, daß als verbotene Reklame nur die gilt, die in öffentlichen Bekanntmachungen oder in für einen größeren Kreis bestimmten Mitteilungen erfolgt, ferner fehlte die Generalklausel des Tatbestandes der Mitteilungen „geschäftliche Verhältnisse", es fehlten die Bestimmungen über Redakteure 2c., über das Klagerecht der Verbände, über die Herkunfts- und Gattungsbezeichnungen. Alles dies ist teils in den späteren Entwürfen, teils bei der Beratung des Reichstags hinzugekommen.

Der erste Entwurf lautete in § 1:

§ 1.

„Wer es unternimmt, im geschäftlichen Verkehr durch unrichtige Angaben tatsächlicher Art über die Beschaffenheit oder die Preisbemessung von Waren und gewerblichen Leistungen, über die Bezugsquelle von Waren, über den Besitz von Auszeichnungen, über die Menge der Vorräte oder den Anlaß zum Verkauf den Anschein eines besonders günstigen Angebots hervorzurufen, kann auf Unterlassung der unrichtigen Angaben in Anspruch genommen werden. Dieser Anspruch kann von jedem Gewerbetreibenden, der Waren oder Leistungen gleicher Art herstellt oder in den geschäftlichen Verkehr bringt, und von Verbänden Gewerbetreibender geltend gemacht werden. Zur Sicherung des Anspruchs können einstweilige Verfügungen erlassen werden, wenn auch die in den §§ 814, 819 (jetzt 935, 940) der Civilprozeßordnung bezeichneten besonderen Voraussetzungen nicht zutreffen.

Neben dem Anspruch auf Unterlassung der unrichtigen Angaben haben die vorerwähnten Gewerbetreibenden auch Anspruch auf Ersatz des durch die unrichtigen Angaben verursachten Schadens gegen den Urheber der Angaben, falls dieser ihre Unrichtigkeit kannte oder kennen mußte.

Im Sinne der vorstehenden Bestimmungen sind den Angaben tatsächlicher Art solche Veranstaltungen gleich zu achten, die darauf berechnet und geeignet sind, derartige Angaben zu ersetzen".

Aus der **Begründung** ist folgendes als für die Auslegung des Gesetzes wesentlich hervorzuheben:

„Das Verlangen nach gesetzgeberischem Einschreiten gegen unredliche Geschäftsgepflogenheiten ist hauptsächlich durch die zunehmenden Ausschreitungen auf dem Gebiete des Reklamewesens veranlaßt worden. Die hiergegen gerichteten Bestimmungen sind daher an die Spitze des vorliegenden Entwurfs gestellt.

Die Reklame ist ein im Geschäftsleben allgemein verbreitetes und als unentbehrlich geltendes Hilfsmittel zur Heranziehung von Kunden. Ihre Bedeutung beruht in der Neigung des Publikums, bei der Entschließung über den Erwerb von Waren und bei der Auswahl unter den verschiedenen Erwerbsgelegenheiten dem in augenfälliger und anpreisender Form sich kundgebenden Angebot Gehör zu schenken. Die Vermehrung der Verkehrsmittel, mannigfache Erleichterungen in der Benutzung derselben, die wachsende Ausbreitung des Zeitungswesens, die Entwickelung der polygraphischen Gewerbe haben mit anderen Umständen zusammengewirkt, um die Publizität geschäftlicher Ankündigungen zu erleichtern und hiermit deren Bedeutung für das Verkehrsleben zu erhöhen.

Solange die Reklame sich innerhalb der durch die Anforderungen von Treu und Glauben gezogenen Grenzen bewegt, ist kein Grund vorhanden, ihr Hindernisse in den Weg zu legen. Den Gewohnheiten und Bedürfnissen des heimischen und des internationalen Verkehrs entsprechend muß, — wie die Wahl der Form für geschäftliche Angebote, so auch die lobende Beurteilung der eigenen Waren oder Leistungen jedem Gewerbetreibenden freistehen. Selbst Übertreibungen in dieser Richtung können von der Rechtsordnung nicht gehindert werden; der Versuch die Verwendung von Bezeichnungen wie „ausgezeichnete Qualität, reichste Auswahl, billige Preise" und dergleichen im Wege einer gesetzlichen Zwangsvorschrift auf diejenigen Fälle einzuschränken, in denen dieses Urteil objektiv berechtigt ist, müßte — von anderen Bedenken abgesehen — an der Schwierigkeit einer hierauf bezüglichen Feststellung scheitern.

Anders liegt die Sache, sobald die Reklame zur Vorspiegelung unwahrer Tatsachen greift. Sie hat alsdann nach der allgemeinen Rechtsauffassung wie auch nach den Anschauungen des Verkehrs die Grenze des Erlaubten überschritten; ein Eingreifen der Gesetzgebung ist also grundsätzlich gerechtfertigt und überdies prozessual durchführbar, da hier der Nachweis der objektiven Unrichtigkeit im allgemeinen unschwer zu führen ist. Es würde indessen über die Ziele des Gesetzes hinausgreifen, wenn man unwahre tatsächliche Angaben schlechthin wegen ihrer Unwahrhaftigkeit und ohne Rücksicht auf die Wirkung, welche sie im Vehrkehr ausüben können, zur Verantwortung ziehen wollte. Ein praktisches Bedürfnis zur

Verfolgung besteht nur insoweit, als Unwahrheiten nach dem Gegenstande, auf den sie sich beziehen, geeignet sind, das Angebot als ein besonders günstiges erscheinen zu lassen und dadurch zum Nachteile redlicher Mitbewerber Kunden anzulocken".

2. Hierdurch wird folgendes als Absicht des Gesetzes festgestellt.

a) **Die Reklame als erlaubtes Hilfsmittel des Gewerbes und Handels wird anerkannt und die Benutzung in weitestem Umfange freigestellt.** Verboten ist nur die öffentlich erfolgende, unrichtige Angaben tatsächlicher Art gebrauchende Reklame, die durch diese unrichtigen Angaben den Anschein eines besonders günstigen Angebots hervorrufen will. Es kann darüber gestritten werden, ob zum Begriff der Reklame, wie er historisch geworden ist, der Begriff der Öffentlichkeit gehört (so M.M. Kohler S. 97), jedenfalls ist für das positive Recht des Gesetzes entgegen dem ersten Entwurf nur die für die Öffentlichkeit oder einen größeren Kreis von Personen bestimmte Reklame in Betracht zu ziehen.

Ebenso kann begrifflich auch eine Reklame, die sich in marktschreierischen Anpreisungen nicht tatsächlicher Art betätigt, den guten Sitten widersprechend und unlauter sein, unter das Gesetz fällt sie nicht und keinem ist die lobende und selbst übertreibende Beurteilung seiner eignen Leistungen verboten. (R.G. bei J.W. 1901 S. 827 Nr. 14.)

b) Ferner geht aus der Begründung und dem Gesetz hervor, **daß der Schutz dem Konkurrenten gegeben ist**, nicht dem konsumierenden Publikum (vergl. Fuld S. 46), „Der Schutz des konsumierenden Publikums", sagt die Begründung, „ist nicht

> der unmittelbare Zweck eines gegen den unlauteren Wettbewerb gerichteten Gesetzes, wenngleich Maßregeln, die in den gegenseitigen Beziehungen der Gewerbetreibenden Treu und Glauben zu befestigen bestimmt sind, mittelbar auch dem Interesse ihrer Abnehmer entgegenkommen werden."

Und ferner:

> „Eine Klage im Sinne des § 1 steht nur dem Wettbewerber, nicht aber dem durch die trügerische Vorspiegelung geschädigten Käufer zu. Die Ansprüche des letzteren zu regeln, liegt nicht im Rahmen des Entwurfs. Maßgebend hierfür bleiben bis zur Verabschiedung des bürgerlichen Gesetzbuchs die zivilrechtlichen Bestimmungen der Landesgesetzgebungen."

Dem Konkurrenten aber wird der Schutz des § 1 auch nur gegeben, insofern dessen Voraussetzungen d. i. vor allem unwahre Tatsachen vorliegen; sonstigen Schutz des einen Konkurrenten gegen Eingriffe in sein Gebiet durch einen anderen Konkurrenten gibt lediglich § 8 nicht § 1 (R.G. in U.W. I. S. 77).

3. Aus dem Gesagten folgt als Prinzip des § 1, **daß nur die einen bestimmten im Gesetz vorgeschriebenen Tatbestand enthaltende Reklame verboten** ist und den Täter dem Konkurrenten gegenüber schadensersatzpflichtig macht. Soweit hiernach das vorhanden ist, was man eine Lücke des Gesetzes genannt hat, d. h. soweit das Gesetz bewußt den Schutz und das Recht auf Schadensersatz nicht gewährt hat, tritt das B.G.B. insbesondere § 823, § 826, ergänzend, ein.

4. Während § 1 die zivilrechtlichen Folgen der unlauteren Reklame regelt, enthält § 4 den **strafrechtlichen Tatbestand,** auf dessen Unterschiede von § 1 in den Bemerkungen zu § 4 eingegangen werden wird. (Beispiele typischer Reklamefälle bei Stegemann B. I S. 112 fg.).

B. Voraussetzungen.

Ia) Öffentliche Bekanntmachungen.

1. **Der Begriff „öffentlich"** wird sehr vielfach in den Gesetzen, besonders auch im Strafgesetzbuch gebraucht. (Eine dem vorstehenden Paragraphen ähnliche Anwendung

findet sich in § 40 Patentgesetz „öffentliche Anzeigen".) Mit Recht hat aber das Reichsgericht (Str. Bd. I S. 357) darauf hingewiesen, daß der Begriff des Öffentlichen ein sehr mannigfaltiger ist, und es daher untunlich erscheint, aus der speziellen Bedeutung in einem Gesetzesparagraphen Schlüsse auf einen gleichsinnigen Gebrauch in anderen Gesetzen zu ziehen. Es ist daher der Begriff lediglich aus dem Gesetze selbst zu erklären.

Über den Begriff der Öffentlichkeit sagt die Begründung:

„Die Angaben müssen ferner in Gestalt von Bekanntmachungen, von Rundschreiben, Zirkularen, Plakaten, die auf der Straße, an den Schaufenstern, in den Läden u. s. w. ausgehängt werden, oder in einer ähnlichen auf die Kenntnisnahme eines größeren Personenkreises berechneten Form für die Öffentlichkeit bestimmt sein. Es ist selbstverständlich, daß auch mündliche Angaben unter der Voraussetzung der Öffentlichkeit, z. B. bei Auktionen, unter den Begriff fallen".

2. **Alles also, was sich an das Publikum, d. h. an eine prinzipiell unbegrenzte Anzahl von Personen wendet, fällt unter das Gesetz,** so außer den oben angeführten Beispielen: verteilte Schriften, Inserate, Mitteilung durch Ausrufen, Mitteilungen in oder am Laden, im Schaufenster (über Schaufensterofferten vgl. U.W. I S. 47 u. 129), Reklamen an oder auf den Häusern, auf dem Straßenpflaster, an Theatervorhängen, an besonders in das Auge fallenden Punkten, selbst wenn sie nicht in der Nähe des Domizils der Gewerbetreibenden sind 2c. Bei Zeitungen ist es gleichgültig, ob dies allgemeine oder Fachzeitungen sind (R.G. Str. Bd. 26 S. 194). Es ist auch nicht ausgeschlossen, daß die Bekanntmachung sich auf der Ware selbst befindet, z. B. wenn die Ware ein Preßerzeugnis ist, das veröffentlicht ist. So hat das O.L. München (bei Mugdan=Falkmann I S. 469) in der Bezeichnung einer Novelle als „autorisiert" eine Verfehlung gegen § 1 erblickt; ebenso wäre bei Mitteilungen auf einer im Schaufenster ausliegenden Ware zu entscheiden (anders für § 40 Pat.Ges. R.G. Str. Bd. 25 S. 78). Ferner ist Aufdruck auf Sohlen von Stiefeln, die Personen zum Kauf offeriert werden, als Bekanntmachung angesehen (L.G. Berlin I in Bl. f. R. 1901 S. 10.)

In einer zu § 14 Ges. vom 12. Mai 1894 ergangenen Entscheidung, die hier analog anzuwenden ist, hat das Landgericht Berlin I (Bl. 1894/95 S. 277) erkannt, daß Bierwagen, die Inschriften über die Art des verkauften Biers haben, als Träger von Ankündigungen an das Publikum anzusehen sind.

Die Aufzählung wird stets unvollständig sein, weil die Reklame, deren Wirkung in steter Neuheit und steter Sensation besteht, täglich neue Formen erfindet, um sich bemerklich zu machen.

Ob tatsächlich die Reklame vielen Personen bekannt wird, oder nicht, ist gleichgültig; es kommt nach dem Wortlaut und Sinn des Gesetzes nur darauf an, ob Angaben in öffentlichen Bekanntmachungen, d. h. solchen, die für die Öffentlichkeit bestimmt sind, gemacht werden, nicht ob auch die Öffentlichkeit von ihnen Kenntnis nimmt (G.R. 1898 S. 217).

3. Da die Mitteilung der Tatsachen in öffentlichen Bekanntmachungen gemacht sein muß, so kommt bei Beurteilung nur dasjenige in Frage, **was in den Bekanntmachungen steht, nicht auch sonstige Umstände,** die außerhalb derselben liegen, z. B. hat das Reichsgericht (in J.W. 1898 S. 368 Nr. 64) entschieden, daß für die Frage, ob die Anzeige eines „Totalausverkaufs" unrichtig sei, lediglich der Inhalt der Anzeige zu Grunde zu legen ist, ebenso ist entschieden, daß, wenn im Prospekte einer Modenzeitung gewisse Vorteile angekündigt sind, im Blatte selbst aber ein Vermerk vorhanden ist, der anders lautet, dies gleichgültig ist, da der Prospekt zum Ankauf anreizt (A.D. 1900 S. 38).

Daß die Bekanntmachung von dem Gewerbetreibenden selbst ausgeht, ist nicht nötig, wohl aber muß er für sie verantwortlich sein (vgl. S. 52 Anm. 4 ff.). Dies ist nicht der Fall, wenn die Annonce rc. gegen seinen Willen veröffentlicht ist, auch von ihm nicht gebilligt ist (R.G. in J.W. 1898 S. 545 Nr. 47); wohl aber, wenn Auszeichnungen im Schaufenster oder in Sachen auf Versehen von Angestellten beruhen, da der Chef für eine in offenem Laden oder in der Auslage sichtbaren Angaben als verantwortlich anzusehen ist (O.L. Kiel bei Seuffert N.F. Bd. 24 S. 38).

Der Umstand, daß die Bekanntmachung teilweise Wahrheiten enthält, schließt das Merkmal der Unwahrheit nicht aus (R.G. Str. Bd. 34 S. 164 Schmid S. 296.)

4. Endlich ist die Frage zu untersuchen, **wann die Bekanntmachung als erfolgt und beendet** gilt. Es ist dies aus dem Grunde wesentlich, weil von der Feststellung die Beantwortung der weiteren Frage abhängt, ob die Bekanntmachung als die Bekundung über etwas Gegenwärtiges oder Künftiges anzusehen ist. Als Anfang der Bekanntmachung ist derjenige Zeitpunkt anzusehen, in dem das Publikum in der Lage ist, von der Bekanntmachung Kenntnis zu nehmen; also bei Inseraten der Tag der Ausgabe der Zeitung, bei Plakaten die Anheftung rc. Mit diesem Zeitpunkt endet aber die Bekanntmachung nicht. Wie das Reichsgericht (C. Bd. 46 S. 55) mit Recht ausführt, wirkt eine derartige für das Publikum bestimmte Bekanntmachung erfahrungsgemäß auf längere oder kürzere Zeit nach. Bei Plakaten endet die Bekanntmachung erst mit dem Entfernen; bei Inseraten mit dem Zeitpunkt, in dem erfahrungsgemäß die betreffende Nummer vom Publikum nicht mehr gelesen wird. Das Reichsgericht hat in dem speziellen Fall festgestellt, daß eine am 28. Februar erschienene Annonce über „Spezialtage“ am 3., 4. und 5. März sich für diese Tage auf Gegenwärtiges bezog, falls das in Betracht kommende Publikum an diesen Tagen die fragliche Nummer erfahrungsgemäß noch gelesen hat.

Ib) Mitteilungen, die für einen größeren Personenkreis bestimmt sind.

1. Der Unterschied zwischen den „öffentlichen Bekanntmachungen“ und den „Mitteilungen“ liegt darin, daß bei ersteren, die sich an das Publikum als solches wenden, es eines weiteren Beweises dafür, daß sie für einen größeren Personenkreis bestimmt sind, nicht bedarf, dagegen bei Mitteilungen diese Bestimmung notwendig ist. Als **Mitteilungen** sind insbesondere Zirkulare, gleichviel ob dieselben gedruckt, mechanisch vervielfältigt oder geschrieben sind, anzusehen, ferner Prospekte, Listen, geschäftliche Mitteilungen rc. auch Jahresberichte von Gesellschaften, insbesondere von Versicherungsgesellschaften gehören hierher (L.G. Dresden in G.R. 1898 S. 287). Ebenso, wie die öffentlichen Bekanntmachungen können auch die Mitteilungen auf der Ware angebracht sein; so z. B. sind Etiquetten dann als derartige Mitteilungen angesehen worden, wenn sie für größere Kreise bestimmt sind (so Kohler in A.P. 1898 S. 251, L.G. Breslau bei Gareis III S. 787, R.G. in J.W. 1898 S. 393 Nr. 28, O.L. Hamburg bei Birkenbihl S. 32 Nr. 70, anders Müller S. 23 und das in Anm. I daselbst zitierte Erkenntnis des L.G. Cleve).

2. Die **Bestimmung** der Mitteilungen **für einen größeren Personenkreis** ist wesentlich. Dem gegenüber steht die private Reklame, die nach der Begründung, unter Aufhebung der im ersten Gesetzentwurf enthaltenen Bestimmung, diesem Gesetz nicht unterliegen soll. Es ist daher scharf zu unterscheiden zwischen Angaben gegenüber einer Allgemeinheit und gegenüber Einzelpersonen (vergl. O.L. Dresden in A.D. 1900 S. 405). Ob das eine oder andere der Fall ist, wird vielfach Tatfrage sein. Jedenfalls fallen auch Mitteilungen an einzelne Personen unter das Gesetz, wenn sie bestimmt waren, verbreitet zu werden, z. B. wenn ein Kaufmann einzelnen Personen

Mitteilungen zugehen läßt, mit der Bitte, sie zu verbreiten; während, wenn ein Empfänger einer Mitteilung sie verbreitet, ohne hierzu veranlaßt zu sein, das Gesetz versagt. So ist angenommen worden, daß Mitteilungen, die auf zur Verpackung der Ware an einzelne Käufer bestimmte Kuverts gedruckt waren, nicht verfolgbar sind, da sie nur Mitteilungen an einzelne bezwecken (U.W. I S. 141).

8. Auch Mitteilungen, die für das **Ausland** bestimmt sind, fallen unter § 1. Dies hat das Reichsgericht (bei Seuffert III Folge Bd. I S. 808) entschieden. Ein in Deutschland geschriebener, nach dem Ausland gesendeter Brief, der eine unerlaubte Handlung darstellt, begründet ein einheitliches Delikt, dessen Tatbestand sich örtlich an zwei verschiedene Punkte knüpft. Beide Orte sind Orte der Begehung. Falls daher auch nur einer dieser Orte in Deutschland liegt, kommt das deutsche Gesetz zur Anwendung (analog R.G. C. Bd. 23 S. 305).

IIa) Angaben tatsächlicher Art.

1. Die Begründung zum Gesetz rechtfertigt die in diesen Worten bezeichnete Beschränkung wie folgt:

„Den Gewohnheiten und Bedürfnissen des heimischen und des internationalen Verkehrs entsprechend muß, — wie die Wahl der Form für geschäftliche Angebote, so auch die lobende Beurteilung der eigenen Waren oder Leistungen jedem Gewerbetreibenden freistehen. Selbst Übertreibungen in dieser Richtung können von der Rechtsordnung nicht gehindert werden; der Versuch, die Verwendung von Bezeichnungen wie „ausgezeichnete Qualität, reichste Auswahl, billige Preise" und dergleichen im Wege einer gesetzlichen Zwangsvorschrift auf diejenigen Fälle einzuschränken, in denen dieses Urteil objektiv berechtigt ist, müßte — von anderen Bedenken abgesehen — an der Schwierigkeit einer hierauf bezüglichen Feststellung scheitern".

Mit Recht ist hervorgehoben (Wolff S. 82), daß die Begründung in diesem Punkte nicht ohne weiteres zur Interpretation des Gesetzes benutzt werden kann. Bei dem Entwurf fehlte noch die Generalklausel „über geschäftliche Verhältnisse", so daß nur ganz bestimmte Reklame-Äußerungen getroffen wurden. Nachdem jetzt generell jede Äußerung in dem weiten Rahmen des geschäftlichen Verhältnisses getroffen ist, muß die Interpretation unter Berücksichtigung dieses Umstandes weitergefaßt werden.

2. **Die Beschränkung aber, daß nur „Angaben tatsächlicher Art" in Frage kommen, besteht auch nach dem jetzigen Inhalt des Gesetzes fort.** Der gebrauchte Ausdruck ist um eine Nuance weitgehender als der im Strafgesetzbuch (vergl. insbesondere §§ 131, 263, 186) vielfach vorkommende Begriff „Behauptung, Verbreitung oder Benutzung von Tatsachen" (vergl. R.G. in J.W. 1901 S. 125 Nr. 19). Die Angaben sollten nicht nur getroffen werden, wenn sie Tatsachen enthalten, sondern auch, wenn sie tatsächlicher Art sind, z. B. wenn es sich um Urteile handelt, die auf bestimmten Tatsachen basieren.

Bei der Interpretation des Begriffes soll von der Feststellung dessen, was „Tatsache" ist, ausgegangen und dann die Abgrenzung gegen Urteile und marktschreierische Anpreisungen erörtert werden.

3. Den Begriff **„Tatsachen"** faßt die Praxis bei der Auslegung des Strafgesetzbuchs ziemlich weit. Da die Angaben tatsächlicher Art, wie bemerkt, zwar weitergehen, als Angabe über Tatsachen, immerhin aber den Begriff „Tatsachen" mit enthalten, so kann auf die hierzu ergangenen Entscheidungen zurückgegangen werden (vergl. im allgemeinen Olshausen zu den bezeichneten Paragraphen, besonders zu § 131). Im 22. Bd. Str. S. 159 sagt das Reichsgericht:

„Tatsache ist eine Begebenheit, ein konkreter Vorgang, der in der Vergangenheit oder Gegenwart in Erscheinung getreten und dadurch Gegenstand der Wahrnehmung geworden ist. Innere Vorgänge, deren Dasein und Art dargetan und damit wahrnehmbar gemacht werden kann, sind daher aus dem Kreise der Tatsachen nicht ausgeschlossen, wohl aber alle Ergebnisse abstrakter Schlußfolgerungen".

ferner Str. Bd. 16 S. 369:

„Tatsache umfaßt nicht nur die in die äußere Erscheinung tretenden Ereignisse, sondern auch die im Innern des Menschen sich vollziehenden Vorgänge, wie Beweggründe, Absichten und Ziele (ebenso Bd. 24 S. 301, Bd. 1 S. 305)".

4. **Demnach fallen unter den Begriff „Tatsachen" auch Vorgänge, die innerer Natur und nicht körperlich wahrnehmbar sind;** also besonders der mit einer bestimmten Handlung beabsichtigte Zweck, das Motiv (Wolff S. 34). Alle die in der Reklame so häufig vorkommenden Erklärungen: zum Zweck des Ausverkaufs, wegen Todesfalls des Besitzers, wegen Räumung des Ladens rc. sind danach Angaben tatsächlicher Art. Ebenso ist die Behauptung vom Vorhandensein einer Absicht anzusehen, namentlich, wenn das Vorhandensein der Absicht aus einer gleichfalls behaupteten äußeren Tatsache gefolgert wird (R.G. in J.W. S. 124 Nr. 19).

5. **Geht eine Ankündigung auf etwas Künftiges**, z. B.: In 8 Tagen findet ein Ausverkauf statt, so liegt eine falsche Angabe tatsächlicher Art vor, wenn der in der Ankündigung liegende Zweck zur Zeit der Ankündigung nicht beabsichtigt war, oder, wie es das R.G. (C. Bd. 46 S. 54) ausdrückt, „wenn nach der objektiven Sachlage im Zeitpunkt der Ankündigung davon auszugehen war, daß sie nicht pünktlich werde erfüllt werden".

Andererseits kommt es nur darauf an, daß die tatsächliche Angabe zur Zeit der Veröffentlichung unrichtig war, nicht aber darauf, ob sie künftig vielleicht richtig werden würde. Die Angabe, daß eine Zeitung 10000 Abonnenten habe, ist eine unrichtige Angabe tatsächlicher Art, wenn zur Zeit des Erscheinens die Auflage falsch angegeben ist, selbst wenn später die Höhe möglicherweise zu erreichen ist (R.G. in J.W. 1901 S. 212 Nr. 15).

6. **Nicht unter den Begriff fallen Urteile** (R.G. Str. Bd. 30 S. 411). Die Feststellung, ob etwas als Angabe tatsächlicher Art oder als Urteil anzusehen ist, wird oft schwierig sein. Ist ein Urteil aus bestimmten angegebenen Tatsachen gefolgert, oder stellt es etwas als geschehen oder vorhanden hin, das nachgeprüft werden kann (vergl. R.G. in J.W. 1901 S. 658 Nr. 23, 1900 S. 476 Nr. 22), so liegen zugleich in dem Urteile Angaben tatsächlicher Art und es findet das Gesetz Anwendung. So wird die Behauptung, daß die Ware des Klägers bestimmte aufgeführte Eigenschaften hat, tatsächliche Angabe sein, selbst wenn hieraus ein Urteil über die Ware gefolgert wird (R.G. in J.W. 1901 S. 124 Nr. 19 zu § 6 des Gesetzes, hier analog anzuwenden, ebenso R.G. C. Bd. 31 S. 67). Wenn ferner z. B. in einem Rundschreiben eines Fabrikanten gesagt ist, daß der Kaffee-Röstprozeß seines Apparates derart sei, daß die Wirkung der des holländischen Verfahrens gleiche und daß dies seinen Grund in der Gleichartigkeit der die Güte des Kaffees begründenden Momente habe, so ist damit nicht nur ein Urteil, eine theoretische Behauptung, aufgestellt, sondern es enthält auch die tatsächliche Angabe, daß etwas wirklich sei und mit dem Apparat erreicht werde (R.G. in J.W. 1901 S. 859 Nr. 17). Die behauptete Befähigung zu gewerblichen Leistungen kann entweder als bloßer Ausdruck subjektiver Anschauung oder in dem Sinne aufgestellt werden, daß damit etwa eine vorausgegangene Ausbildung, der Besitz gewisser Mittel oder eines bestimmten Verfahrens rc. vorgespiegelt wird. Im letzteren Fall liegt eine Behauptung tatsächlicher Art vor, dieselbe muß aber stets in irgendeiner Weise tatsächlichen Inhalt haben. Das „Sich-Rühmen" allein gibt

diesen Inhalt nicht (R.G. in J.W. 1901 S. 827 Nr. 14 über Kurpfuscher). Nur wenn lediglich eine Ansicht geäußert ist, z. B. wenn eine Ware als „Ersatz für" eine andere angepriesen (O.L. Jena in G.R. 1898 S. 313), wenn erklärt wird, der Preis werde demnächst steigen 2c., liegen Urteile vor, die nach dem Gesetze nicht verfolgbar sind.

Nimmt das Gericht an, daß in dem abgegebenen Urteil tatsächliche Angaben liegen, so müssen letztere festgestellt werden. Nichtfeststellung ist Revisionsgrund (R.G in J.Z. VII S. 28).

7. Ähnlich verhält es sich mit der Abgrenzung gegen **marktschreierische Ankündigungen.** Äußerungen, die mit Redensarten allgemeiner Art lediglich Lobeserhebungen der eigenen Ware oder Tätigkeit enthalten, insbesondere gerade solche hochtrabenden Bezeichnungen, die die Übertreibung offensichtlich dartun, sollten nicht durch das Gesetz getroffen werden. Aber auch hier sind nur die **rein marktschreierischen** Äußerungen ausgeschlossen (vgl. Roeren in G.R. 1899 S. 170) z. B. non plus ultra, hochfein, enorm billig; ferner „Institut ersten Ranges" (Ob. Colmar im Recht 1901 S. 596), Worte wie „größte", „beste", „schönste", „erste", „vorzüglichste" 2c. (Ob. Dresden in J.Z. Bd. V S. 532); „in jeder Weise überlegen", „außerordentlich haltbar" (R.G. in J.W. 1898 S. 300 Nr. 65); „mittelst des neuesten Patentverfahrens hergestellt" (R.G. in J.W. 1898 S. 301 Nr. 68) „sehr billig" (R.G. Str. Bd. 33 S. 442) 2c.

Wo dagegen in derartigen Lobeserhebungen der eigenen Ware bestimmte tatsächliche Behauptungen liegen, fällt die Ausnahme fort (vgl. R.G. Str. Bd. 33 S. 442, wenn der „sehr billige" Verkauf motiviert ist mit Abreise des Besitzers). Insbesondere wird dies bei Benennung der Qualität als prima, I, 00 2c. (vgl. auch Kohler in A.P. 1898 S. 255) da der Fall sein, wo handelsüblich mit diesen Bezeichnungen bestimmte Qualitätsmerkmale verbunden sind. Wird im Verkehr mit dem Ausdruck Primabutter eine ganz besonders geartete Qualität bezeichnet, so ist die Bezeichnung einer anderen Sorte Butter als Prima eine falsche Angabe tatsächlicher Art. So ist angenommen, daß „beste Terpentinseife" nicht nur lobender Zusatz, sondern feststehende Qualitätsbezeichnung ist (R.G. in J.Z. Bd. IV S. 422), ferner, daß staunend billige Taxpreise einen Hinweis auf stattgehabte Taxierung enthalten. (R.G. Str. Bd. 35 S. 235.)

8. Bei Beurteilung der Frage, ob einer Bezeichnung eine bestimmte Bedeutung anhaftet, bezüglich wie sie zu verstehen und ob sie zur Täuschung geeignet ist, kommt es nach feststehender Praxis lediglich darauf an, **wie das konsumierende Publikum und zwar speziell derjenige Teil desselben, für den die fragliche Reklame bestimmt ist, dieselbe versteht** (R.G. C. Bd. 44 S. 12, Rg. in J.W. 1900 S. 635 Nr. 11, R.G. in U.W. Bd. I S. 61 und R.G. in J.W. 1902 S. 547 Nr. 17), und zwar ist auf das durchschnittliche Urteilsvermögen, auf die Gewohnheiten zu achten; eine das übliche Maß übersteigende Prüfung und Erkundigung ist nicht zu unterstellen (R.G. bei Bauer Bd. VIII S. 68). Ob ein Sachverständiger oder ein mit besonderer Kenntnis ausgestatteter Beobachter einen anderen Sinn erraten würde, ist gleichgültig. Die Angabe bleibt unrichtig, wenn das Publikum sie unrichtig verstehen soll und versteht. Es kommt vor, daß der Sprachgebrauch in gewissen Gewerbekreisen strenger ist als in anderen und ist dies zu berücksichtigen z. B. beim Uhrmachergewerbe (O.L. Dresden in G.R. 1901 S. 7).

9. Aus der reichen Praxis der Gerichte sollen über die Frage, was unter „Angaben tatsächlicher Art" zu verstehen ist, folgende **Beispiele** gegeben werden; nur ist immer hierbei zu beachten, daß, da die Auslegung nach der Qualität des Publikums, an das sich die Ankündigung wendet, eine verschiedene sein kann, eine unbedingt analoge Anwendung einer Entscheidung auf andere Fälle nicht ohne weiteres zulässig erscheint.

Es sind als **Angaben tatsächlicher Art** erachtet:

Die Erklärung, daß an bestimmten Tagen gewisse Waren zu herabgesetzten Preisen verkauft werden, da hierin außer der Erklärung des Willens die Ankündigung liege, daß die Waren zu derartigen Preisen verkauft werden würden (R.G. C. Bl. 46 S. 52); daß ein Geschäft einzige Verkaufsstelle sei (R.G. C. Bd. 8 S. 166 nach altem Recht). Auch Mitteilungen über geschäftliche Verhältnisse des Konkurrenten können als Angaben tatsächlicher Art über die eigenen Waren angesehen werden, wenn sich aus der Vergleichung beider die Absicht ergibt, die eigenen Waren unrichtig besonders günstig darzustellen (R.G. in J.W. 1901 S. 211 Nr. 14); „gegründet 1781“ ist tatsächliche Angabe (R.G. C. Bd. 24 S. 17, ebenso O.L. Dresden in J.Z. IV S. 364), ferner Verkauf wegen „Ehescheidung, zurückgegangene Verlobung“ (Schwurgericht Nürnberg G.R. 1897 S. 110) „unter dem Selbstkostenpreis“ (G.R. 1897 S. 145 Anm.), „Waren bei einem Brande durch Wasser beschädigt“ (L.G. Essen in G.R. 1898 S. 157), „nur ein Preis“ (L.G. Nürnberg bei Poeschl S. 94); „Konkursmassenausverkauf“, wenn es sich nur um den Verkauf von aus einer Konkursmasse erworbenen Waren handelt (Schöffengericht Prenzlau in G.R. 1899 S. 365). „Schuhwaren eigener Anfertigung“, weil hierdurch behauptet wird, daß die Waren nicht von anderen bezogen, sondern durch die Firma angefertigt werden (Kammergericht in J.Z. III S. 811). „Übernahme weitgehendster Garantie“ ist Angabe tatsächlicher Art, wenn damit Einzelheiten in Verbindung gesetzt werden, die in mehr oder weniger bestimmter Weise deren Umfang erkennen lassen, z. B. hinsichtlich des Preises der Waren, Zeit der Garantie, Umtauschmöglichkeit &c. „Weitgehendste“ allein gilt als Urteil (O.L. Dresden in A.D. 1900 S. 42). Ferner ist das Verkaufen fremder Waren als eigene als falsche tatsächliche Angabe angesehen (O.L. Dresden in G.R. 1901 S. 7); ebenso die Behauptung, ein Photograph benutze einen „Retouchierapparat, der bloße Maschinenarbeit leiste“, da dies sowohl das Urteil der Brauchbarkeit, als auch die Tatsache, daß ein bestimmtes Verfahren eingeschlagen werde, enthalte (R.G. in G.R. 1901 S. 266); in gleicher Weise die Behauptung, eine Fabrik beschäftige eine bestimmte Anzahl Arbeiter, während die Arbeiter nicht in der Fabrik beschäftigt, sondern Handarbeiter oder Gefangene sind (G.R. 1898 S. 218). Der Verkauf von Paketen mit Nicht-Vollinhalt in einer Weise, die auf Vollzähligkeit deutet, zu einem geringeren Preise, ist eine derartig falsche Angabe, da der Anschein erweckt wird, die vollzählige Ware werde zu niederem Preise verkauft und Vollständigkeit bezüglich Unvollständigkeit zur Beschaffenheit gehört (Kohler in A.P. 1898 S. 260).

Als im Fall der Unrichtigkeit unerlaubte Geschäftsreklamen führt Schmid (in G.Z. 1900 S. 256) aus der Praxis noch an: Verkauf zu Engrospreisen, zu Einkaufspreisen; einziges Geschäft am Platze, das nicht vorschlägt; nur ein Preis; Verkauf wegen Todesfalls, Zwangsversteigerung; einziges Hotel in der Geschäftslage; on parle français &c.

Dagegen sind als **Urteile** bezüglich erlaubte marktschreierische Äußerungen angesehen: „beste leistungsfähige Fabrik auf diesem Gebiet“ (R.G. in J.W. 1898 S. 613 Nr. 49), „größtes Lager der Residenz“ (R.G. in J.W. 1897 S. 476 Nr. 50), die Bezeichnung „echt“ in Fällen, in denen dieser Zusatz nicht feststehend eine bestimmte Warengattung bezeichnet, anders z. B. bei „echtem“ Pilsener Bier (O.L. Karlsruhe in J.Z. III S. 476), ferner die Äußerung, das Bier habe „keinen reinen Geschmack“, während die Behauptung „das Bier gäre im Magen“ als tatsächlich angesehen ist (O.L. Jena in J.Z. III S. 476). „Spottbillige Preise“ wird im allgemeinen als marktschreierisch anzusehen sein (R.G. in J.Z. Bd. VIII S. 56). Es ist aber Auslegungsfrage, ob die Bezeichnung nicht im

Zusammenhang mit anderen Angaben aus diesem Rahmen heraustritt. So kann es im speziellen Fall als „billiger als bisher" gedeutet werden und ist dann Angabe tatsächlicher Art (O.L. Jena in Th. N.F. Bd. 27 S. 248).

10. Als Beispiele für **Auslegung gewisser Ausdrücke** seien angeführt: Hamburger Engroslager bedeutet nur, daß ein großes Lager vorhanden ist und daß besonders billig verkauft wird. Dies seien lediglich subjektive Äußerungen (R.G. C. Bd. 44 S. 12). Die Entscheidung ist bedenklich, weil der tatsächliche Begriff „Engroslager" nicht genügend gewürdigt erscheint (vgl. auch zur Kritik dieses Urteils Bachem und Roeren S. 74).

Stammhaus gegründet 1781 bedeutet eine Kontinuität des von dem Stammvater gegründeten und bis jetzt fortgesetzten Geschäfts (R.G. in J.W. 1898 S. 392 Nr. 25).

Fabrik im Gegensatz zu Handlung ist nicht in volkswirtschaftlichem oder technischem Sinne zu verstehen; für das kaufende Publikum ist Fabrik (im vorliegenden Fall eine Fahrradfabrik) die Anstalt, in der das Fahrrad hergestellt ist, im Gegensatz zur Handlung; nicht wie sonst im Gegensatz zum Handwerk. Es ist daher gleichgültig, ob die Herstellung in großem oder kleinem Umfange erfolgt (O.L. Karlsruhe bei Bauer VII S. 266, anders für Handschuhfabrik, L.G. Breslau in U.W. I S. 28).

An sich ist die Bezeichnung Fabrik nur gerechtfertigt, wenn ein Fabrizieren von Gegenständen durch Arbeitskräfte vorliegt, die in einem Abhängigkeitsverhältnis zu dem stehen, für den die Bearbeitung geschieht (J.W. 1899 S. 239 Nr. 44). Zu diesen abhängigen Personen gehören auch Lohnweber, die auf eigenen Stühlen arbeiten (J.W. 1901 S. 657 Nr. 22). Derjenige, der einen Artikel vom Erzeuger, wenn auch auf Grund eines Monopolvertriebsvertrages bezieht, darf sich nicht als Fabrikant bezeichnen (L.G. Berlin I bei Poeschl S. 62).

Seidenhaus ist nicht Angabe tatsächlicher Art, aus der etwa zu entnehmen ist, daß der Betreffende nur mit Seidenwaren handle oder eine Seidenfabrik besitze (O.L. Dresden bei Poeschl S. 59).

Partiewarengeschäft ist ein Geschäft, das in erster Linie sich mit Erwerb und Veräußerung von Partiewaren befaßt; es verliert den Charakter nicht dadurch, daß es im Fall zeitweiser Unmöglichkeit, solche Waren zu erhalten, aushilfsweise reguläre Waren veräußert (L.G. Dortmund in G.R. 1901 S. 238).

Erstes deutsches Reisebureau kann doppelt verstanden werden. Soweit es „ältestes" bedeutet, ist es tatsächliche Angabe, soweit „bestes", erlaubtes Reklamelob (L.G. Berlin I in U.W. I S. 29).

„Älteste süddeutsche Spezialfabrik für Pflüge" ist richtig, wenn andere Fabriken noch andere Fabrikationszweige betreiben, es sei denn, daß letztere so untergeordneter Art sind, daß sie nicht in Betracht kommen (R.G. in J.W. 1898 S. 613 Nr. 49).

Aus der „ersten Münchener Firma stammend" ist als unrichtige tatsächliche Angabe angesehen, wenn die Firma nicht zu den ersten zählt (L.G. München in G.R. 1898 S. 157).

„Schwestergeschäfte" ist unrichtig, wenn nicht Filialen oder Zweiggeschäfte bestehen, sondern nur ein gewisser äußerer Zusammenhang vorhanden ist (L.G. Halle in U.W. I S. 95); ebenso hat das Kammergericht (in G.R. 1897 S. 32) entschieden, daß die Erklärung „52 große Geschäfte in den ersten Städten" nur dahin gedeutet werden kann, daß der Inhaber zahlreiche Zweiggeschäfte oder Kaufhäuser habe; sie sei aber unrichtig, wenn er nur einer Vereinigung angehöre, die gemeinsam den Einkauf besorgt.

Als „Uhrmacher" kann sich nach dem Sprachgebrauch des Lebens und der betreffenden Kreise nur der bezeichnen, der eigenhändig Uhren anfertigt oder wenigstens fachmännisch bearbeiten kann und eine Ausbildung in diesem Handwerk genossen hat, die für dessen zuverlässige Ausübung Gewähr leistet, nicht aber der, der ohne diese Ausbildung mit Uhren handelt (O.L. Dresden in G.R. 1901 S. 7).

„Balletmeister" ist der, der ein Ballet einüben kann. Es ist im allgemeinen weder ein Titel, noch ein Amt, ist auch als tatsächliche Angabe nicht anzusehen (Hans. O.L. im Recht 1900 S. 196).

„Fabrikpreis ohne Handelszuschlag" bedeutet nach volkswirtschaftlichen Begriffen den von Fabrikanten für die Herstellung angesetzten Preis, also ausschließlich des Geschäftsgewinns. Im gewöhnlichen Leben aber kann angenommen werden, daß unter Fabrikpreis der Preis verstanden wird, zu dem der Fabrikant an Alleinverbraucher verkaufen kann (O.L. Stuttgart bei Mugdan II S. 285).

Die Anzeige, an Ausnahmetagen gelangen Waren zu niedrigeren Preisen zum Verkauf, ist unrichtig, wenn, ohne daß diese Beschränkung in der Annonce enthalten ist nur einzelne Waren billiger verkauft werden (O.L. Dresden bei Seuffert N.F. Bd. 25, S. 403, vgl. über Spezialtage auch U.W. I S. 53).

Die Bezeichnungen „Anstalt, Institut, Bank" sind häufig zu dem Zweck gebrauchte Ausdrücke, um den Geschäften den Anschein besonderer Wichtigkeit zu geben. Sie sind nur Aufputz, keine tatsächlichen Angaben (O.L. Dresden in J.Z. V S. 532, vgl. auch A.D. 1899 S. 28).

Über Konsumanstalt vgl. Fuld in U.W. I S. 151. Derselbe führt mit Recht aus, daß dies als Angabe tatsächlicher Art anzusehen ist.

Spezialfabrik ist die Fabrik, die sich ausschließlich mit Herstellung gewisser Waren beschäftigt (R.G. in J.W. 1899 Nr. 49 S. 613). Die Bezeichnung Hopfenbauverein seitens eines einzelnen Hopfenhändlers ist eine falsche tatsächliche Angabe, selbst wenn dem Händler durch Vertrag mit dem Verein die Führung des Titels gestattet ist (A.G. Nürnberg in U.W. I S. 142). Ebenso ist entschieden bei der Bezeichnung „Gastwirtsbureau" (R.G. in U.W. I S. 76) und für „Magazin der Tischlermeister" (A.G. Posen in G.Z. 1901 S. 266).

„Generalagent", „Generaldepositar" einer Fabrik weist auf die Gesamtheit der von der Fabrik hergestellten Artikel, nicht aber auf die Ausschließlichkeit des Betriebes hin. Der Titel kann also auch gebraucht werden, wenn die Fabrik mehrere Depositare hat (O.L. Hamburg bei Mugdan II S. 285).

„Direkter Importeur" ist der, der Waren im produzierenden Ausland aufkauft und als sein Eigentum für eigene Rechnung und Gefahr vom Ausland empfängt (R.G. in W.W. II S. 59).

Inbetreff der Bedeutung gewisser Warenbezeichnungen ist anzuführen:

Mit der Bezeichnung „Brunnen, Quelle, Sprudel, Sauerbrunnen" verbindet man im allgemeinen den Begriff natürlicher Mineralwasser (Bl. III S. 245). (Über die Bedeutung des Ausdrucks „natürlich kohlensaures Mineralwasser" vgl. R.G. in J.W. 1901 S. 13 Nr. 20). „Natürliches Originalselters" gilt im Verkehr als Wasser aus dem fiskalischen Brunnen zu Niederselters (R.G. in Bl. 1897 S. 200).

Unter „Holländischem Bittern" versteht man ein in Holland hergestellten Bittern (Bl. 1898 S. 15).

Die Bezeichnung „trade mark" enthält nicht die Angabe, daß die Ware englischen Ursprungs ist (Bl. I S. 311).

Die Hinzusetzung eines Namens zu einem Präparat ist dann unrichtig, wenn der Betreffende die Ware weder erfunden noch empfohlen hat (Bl. III S. 246).

Diese letzteren Beispiele sind zum Teil Entscheidungen des Patentamts über die

Frage der Verwechselungsgefahr bei Warenzeichen; sie sind hier analog anzuwenden. (Weitere Beispiele bei Seitel, die Praxis des Gesetzes zum Schutz der Warenbezeichnungen S. 249.)

11. Über **einzelne Untergebiete des Reklamewesens** sind folgende Entscheidungen zu bemerken:

a) Ausverkauf vgl. Seite 44,

b) Bezeichnung als patentiert vgl. Seite 42,

c) im **Zeitungsgewerbe.**

Wenn eine Zeitung erklärt, sie erscheine in einer bestimmten Auflage, so kommt es nur darauf an, ob zur Zeit der Bekanntmachung diese Auflage erreicht ist; ob später vielleicht die Auflage erreicht wird, ist gleichgültig. Wird zur Zeit der Veröffentlichung die Auflage nicht erreicht, so liegt eine unrichtige tatsächliche Angabe vor und kann auf Unterlassung geklagt werden. Wird später die Auflage erreicht, so ist Klage aus § 767 C.P.O. zulässig (R.G. in J.W. 1901, S. 212 Nr. 15).

Bezeichnungen einer Zeitung als Amtsblatt, Kreisblatt ꝛc. sind Angaben tatsächlicher Art; ebenso Mitteilungen über das Alter der Zeitung (Fuld in U.R. I S. 40).

Eine Bekanntmachung im Prospekt einer Modenzeitung „Schnittmuster gratis verabfolgt" ist Behauptung tatsächlicher Art. Die Ankündigung der Gratislieferung ist streng auszulegen; als unentgeltlich ist eine Sendung nicht zu bezeichnen, wenn außer dem Ersatz der Portoauslagen noch eine weitere Vergütung beansprucht wird (A.D. 1900 S. 38).

Wenn sich ein Blatt als „Organ für die amtlichen Bekanntmachungen" ꝛc. bezeichnet, so ist das nach einem Erkenntnis des L.G. Berlin I nicht unrichtig, wenn das Blatt die amtlichen Bekanntmachungen bringt, da mit der Bezeichnung nicht gesagt sei, daß die Behörde das Blatt als Organ benutze (U.W. I S. 73). Diese Entscheidung ist nicht zu billigen, da sie den Ausdruck „Organ" zu eng interpretiert, sie ist vom Kammergericht (U.W. II S. 12) aufgehoben. Schon der Abdruck amtlicher Bekanntmachungen an gleicher Stelle, wie dem von der Behörde benutzten Blatt, kann als unerlaubte Reklame angesehen werden (A.D. 1900 S. 48).

Über Füllinserate s. S. 32.

d) **Kurpfuscherei** (vgl. Küster in U.W. I S. 115 und Erlaß des preußischen Justizministers vom 27. 12. 1901 in U.W. I S. 156, ferner Finger in U.W. II S. 45).

Die Bezeichnung „in Amerika promovierter Doktor der Zahnheilkunde" ist auch dann unrichtige Angabe tatsächlicher Art, wenn der Betreffende von einem vorübergehend in Amerika bestandenen Institut, das einen Freibrief zur Erteilung von Doktordiplomen erhalten hatte, den Titel erlangt hat. Denn das Prädikat „Dr." wird als ein Titel aufgefaßt, der von einem ernstlich der Pflege der Wissenschaft gewidmeten Institut verliehen wird. Zeigt sich trotz der formellen Erteilung des Titels, daß er von einem Schwindelunternehmen ausging, so fehlt die Berechtigung zur Führung (R.G. in J.W. 1900 S. 447 Nr. 25, ebenso R.G. in J.W. 1898 S. 393 Nr. 26).

Über marktschreierische Anpreisungen eines Kurpfuschers vgl. R.G. in J.W. 1901 S. 327 Nr. 14. Die Behauptung, daß durch Behandlung die in Frage stehenden Krankheiten unter allen Umständen geheilt werden würden, ist nicht als Angabe tatsächlicher Art angesehen (ebenso L.G. Colmar U.W II S. 45), in gleicher Weise nicht die Behauptung der Fähigkeit, gewisse Krankheiten zu heilen, wenn nicht auf bestimmte tatsächliche Vorgänge, wie Ausbildung, Besitz dienlicher Mittel, Erreichung bestimmter Erfolge hingewiesen ist. Der Hinweis auf „langjährige bewährte Heilmethode" ist nicht für genügend erachtet (R.G. in U.W II S. 58), wohl aber in einem anderen Fall vom L.G. Bautzen (mitgeteilt von Finger U.W. II S. 46) die

Behauptung, daß der Betreffende praktische Erfahrung besitze und nach seiner besonderen Methode dauernde Heilungen erzielt habe (vergl. auch R.G. Str. Bd. 35 S. 270 und J.W. 1903 S. 147 Nr. 57).

Es muß Finger a. a. O. (S. 46) recht gegeben werden, daß die Auslegung, die die Gerichte dem Begriff tatsächliche Angaben bei Vergehen der Kurpfuscher geben, zu eng und geeignet ist, diesen schädlichen Auswuchs der Heilpflege zu fördern.

e) **Im Versicherungswesen.**

Als Beispiele für falsche Angaben in Prospekten von Versicherungsgesellschaften führt das L.G. Dresden (in G.R. 1898 S. 287) an: Bei Angabe des Betrages, den vorhandene Staatspapiere und Kasse ergeben, die Erhöhung durch Zurechnung von Forderungen und Außenständen, bei Angabe des Betrags gezahlter Schäden, Berücksichtigung von Schäden, die nicht an Versicherte gezahlt sind.

f) **Hypothekenmakler:** Angaben über Kapitalien, die derselbe zu bestimmtem Zinsfuß zu verleihen habe, sind Angaben tatsächlicher Art (R.G. in U.W. I S. 126).

g) Streitig ist, inwiefern das sogenannte **Gutschein(Hydra)system** dem Gesetze unterliegt. Das Reichsgericht hat in einem speziellen Fall (R.G. Str. Bd. 34 S. 148) das Gesetz nicht für anwendbar erklärt, während das Kammergericht (in G.A. Bd. 48, S. 316) gegenteiliger Ansicht ist (vgl. Alexander Katz in U.W. I S. 98 und G.R. 1902 S. 17, Finger in U.W. II S. 8).

IIb) Unrichtigkeit der tatsächlichen Angaben.

1. **Objektive Unrichtigkeit ist erforderlich und genügend.** Während der erste Entwurf mit den Worten begann „Wer es unternimmt, durch unrichtige Angaben &c.", wurde dies im Gesetz dahin geändert: „Wer ... unrichtige Angaben tatsächlicher Art macht". In der ersten Fassung ist Gewicht auf die subjektive Seite gelegt; nach dem Wortlaut und Sinn des Gesetzes kommt es nur auf die objektive Tatsache der Unrichtigkeit an, ohne daß, soweit der Anspruch auf Unterlassung in Frage kommt (bei Schadensersatz und strafrechtlicher Verfolgung sind Spezialvorschriften gegeben), es von Bedeutung ist, ob der Täter dolos oder fahrlässig gehandelt hat. Selbst wenn er beweisen kann, daß er in gutem Glauben gewesen ist, gibt ihm dies einen Einwand gegen die Unterlassungsklage nicht (R.G. C. Bd. 46 S. 54, ferner R.G. in U.W. II S. 14).

Demnach ist es gleichgültig, welchen Sinn der Täter seinen Angaben beigemessen hat (R.G. in J.W. 1902 S. 547 Nr. 17, dagegen O.L. Hamm bei Poeschl S. 52). Wie oben (Seite 28) dargelegt ist, kommt es bei der Auslegung der gemachten Angaben auf die Ansicht des beteiligten Publikums an. Ist die Angabe in dessen Sinn unrichtig, so kommt nicht in Betracht, ob der Urheber der Angabe davon ausgehen konnte, daß sie anders verstanden werden würde (R.G. in U.W. II S. 14).

2. Aus demselben Grunde findet das Gesetz Anwendung, selbst **wenn die falsche Angabe verschleiert ist.** Wenn eine Annonce fettgedruckt eine bestimmte Erklärung, dann aber in unauffälligem kleinen Druck Angaben enthält, die die erste Angabe beschränken, so ist zu untersuchen, ob das Publikum, bei dem besondere Aufmerksamkeit nicht vorauszusetzen ist, sich durch die Annonce konnte täuschen lassen. Ist dies der Fall, dann liegt eine falsche Angabe vor (O.L. Breslau in G.R. 1901 S. 286). So ist zwar ferner anzunehmen, daß das Publikum bei der Auffassung des Sinns einer Annonce von der abstrakten Bedeutung der gebrauchten Worte ausgehen wird; haben aber Worte im Verkehr bereits eine andere konkrete Bedeutung angenommen, und konnte sie das Publikum so verstehen, so kann die Angabe dadurch eine falsche werden (R.G. in J.W. 1901 S. 14 Nr. 21, J.W. 1902 S. 547 Nr. 17). Auch wenn ein Aus-

druck gebraucht ist, der mehrfacher Deutung fähig ist, so kommt es lediglich darauf an, ob ein erheblicher Teil des beteiligten Publikums diesen Ausdruck in falschem Sinne verstehen kann (R.G. in U.W. I S. 76). Aus dem Gesagten folgt, daß selbst tatsächlich oder abstrakt richtige Angaben unter das Gesetz fallen, wenn sie nur von den Beteiligten falsch verstanden werden. Es genügt sogar, wenn trotz vollständiger Richtigkeit aller einzelnen Angaben sich aus der Zusammensetzung ein falsches Bild ergibt, wie z. B. in dem von Bachem-Roeren (S. 60) angeführten Fall, daß ein Pfandleiher unter besonderer Hervorhebung dieser seiner Eigenschaft Waren zum Verkauf anbietet. Hier können die Beteiligten annehmen, daß diese Waren verfallene Pfänder sind, und liegt eine unrichtige Angabe vor, wenn dies nicht der Fall ist.

Ebenso steht es mit Abkürzungen. So gilt die Bezeichnung der Ware mit D.R.P. a. oder DRPA als irreführend, da das Publikum darunter nicht „angemeldete", sondern erteilte Patente, und das A etwa als „Abteilung" versteht (so zu § 40 Pat.Ges. R.G. in Bl. 1898 S. 144 und L.G. Berlin I in Bl. 1901 S. 14).

3. Ob die **Unterdrückung einer Tatsache** unter das Gesetz fällt, ist unter den Kommentatoren streitig. Nach dem Gesagten kann es keinem Bedenken unterliegen, die Irreführung, die durch Verschweigen richtiger Tatsachen geschieht, der gleich zu stellen, die durch Vorspiegelung falscher Tatsachen erfolgt, ähnlich, wie es in § 263 St.G.B. der Fall ist. Eine unrichtige tatsächliche Angabe macht nicht nur, der fälschlich erklärt, er sei Dr. der Zahnheilkunde, sondern auch der, welcher diese Tatsache richtig angibt, aber verschweigt, daß er von einem Schwindelinstitut den Doktortitel erlangt habe. Es wird sich überhaupt schwer die Grenze zwischen Fälschung und Unterdrückung wahrer Tatsachen ziehen lassen, da die Irreführung vielfach dadurch geschieht, daß bei an sich wahrheitsgemäßer Angabe wichtige Momente verschwiegen werden. Die Seite 24 ff. angegebenen Beispiele erweisen, daß die Praxis sich auf derartige Unterscheidungen nicht eingelassen hat.

IIc) Geeignet, den Anschein eines besonders günstigen Angebots hervorzurufen.

1. **Nicht jede unrichtige tatsächliche Angabe gilt als unerlaubte Reklame.** „Es würde über die Zwecke des Gesetzes hinausgreifen, wenn man unwahre tatsächliche Angaben schlechthin wegen ihrer Unwahrhaftigkeit und ohne Rücksicht auf die Wirkung, welche sie im Verkehr ausüben können, zur Verantwortung ziehen wollte. Ein praktisches Bedürfnis zur Verfolgung besteht nur insoweit, als Unwahrheiten nach dem Gegenstand, auf den sie sich beziehen, geeignet sind, das Angebot als ein besonders günstiges erscheinen zu lassen und dadurch zum Nachteile redlicher Mitbewerber Kunden anzulocken." (Begründung.)

Selbstverständlich müssen nebst dem Anschein des Angebots die anderen Voraussetzungen des § 1 vorhanden sein. Es ist demnach gestattet, diesen Anschein durch Reklame hervorzurufen, wenn nur wahre Tatsachen verbreitet werden, ebenso kann man selbst unwahre Tatsachen mit dem Anschein besonders günstigen Angebots mitteilen, wenn dies nicht durch öffentliche Bekanntmachungen oder durch Mitteilungen für einen größeren Kreis von Personen geschieht, es sei denn, daß etwa eine andere gesetzliche Vorschrift z. B. der Betrugsparagraph verletzt wird.

Im einzelnen ist Folgendes hervorzuheben, wobei betont wird, daß die Seite 24 ff. gegebenen Beispiele auch hier heranzuziehen sind, da die Gerichte in den meisten dort angeführten Fällen sich auch über die hier zu behandelnde Frage ausgesprochen haben.

2. Die Frage, was als ein **besonders günstiges Angebot** anzusehen ist, ist unter den Kommentatoren kontrovers (vgl. die Zitate bei Bachem u. Roeren S. 62).

Jedenfalls ist nach Wortlaut des Gesetzes nicht anzunehmen, daß jedes Angebot genügt, das günstig, d. h. in irgend einem Punkte besser als das Angebot der Konkurrenz ist. Nehme man dies an, so wäre das Wort „besonders" überflüssig. Dies Wort kann nur bedeuten, daß in irgend einer Weise das günstigere Angebot zu einem das übliche übersteigenden also zu einem nicht gewöhnlichen wird. Es ist also ein besonders günstiges Angebot dasjenige, welches die Konkurrenz im allgemeinen nicht gewährt.

Dagegen zwingt nichts zu der Annahme, daß ein erheblicher, außergewöhnlicher Nutzen in Aussicht gestellt sein muß (so L.G. Hamburg in U.W. II S. 37, dagegen O.L. Dresden bei Poeschl S. 90).

Die Reklame im Kleinhandel, die besonders getroffen werden sollte, operiert sehr häufig und gerade dann am gefährlichsten, wenn sie verhältnismäßig kleine Vorteile, Rabatte rc. unter Benutzung unwahrer Tatsachen anbietet. Es würde in einem großen Teil der Fälle die Wirkung des Gesetzes beseitigen, wollte man nur das Anpreisen bedeutenden Nutzens treffen.

Nur wenn der anpepriesene Vorteil minimal und für den Käufer nicht ins Gewicht fallend ist, kann von der Verfolgung abgesehen werden. Es wird Tatfrage sein, die bei verschiedenen Waren verschieden zu beantworten ist, ob ein Vorteil als ein derartig unerheblicher und nicht zu beachtender anzusehen ist.

Wie auch sonst vielfach im Gesetz ist auch diese Bestimmung danach eine Frage der tatsächlichen Beurteilung jedes einzelnen Falls. Als Norm ist festzuhalten, daß ein besonders günstiges Angebot vorliegt, wenn Vorteile in Aussicht gestellt sind, die sonst im allgemeinen nicht gewährt werden, die jedoch an sich nicht ganz unbedeutend sind; daß es aber abgesehen hiervon gleichgültig ist, ob die Vorteile erheblich sind oder nicht. (Vgl. über diese Frage R.G. bei Bauer VI S. 162: „wenn die Waren oder Leistungen des Anbietenden über das Gewöhnliche hervortretend angesehen werden," ferner O.L. Dresden in G.R. 1901 S. 242: „besonders erheblich", „wirtschaftliche Vorteile" und R.G. vom 4. 3. 1898 bei Bachem u. Roeren S. 63 und bei Birkenbihl S. 21 Nr. 1: „ein Angebot, das dem Publikum in Aussicht stellt, es würde seinen Bedarf bei dem Anbietenden besser decken, als an anderer Stelle.")

3. **Was ein günstiges Angebot ist, entscheidet sich nach dem Urteil der im speziellen Fall beteiligten Kreise** (vgl. S. 28). Natürlich wird das Moment des Günstigen meist in der Preisbemessung liegen. Dem Käufer wird vorgespiegelt, daß er aus irgend welchen Gründen billiger kauft, als bei der Konkurrenz. Dieser Normalfall ist aber durchaus nicht der einzige (vgl. O.L. Hamburg bei Mugdan II S. 286). Der Anschein kann in der Beschaffenheit der Ware (R.G. in J.W. 1901 S. 14 Nr. 20), in der Art des Verkaufs z. B. Fingierung eines Schuldverhältnisses, durch welches eine Pfändung und Verkauf durch den Gerichtsvollzieher bewirkt wird (R.G. Str. Bd. 33 S. 326); ferner in der Gewähr der Fachkunde (O.L. Dresden in G.Z. 1901 S. 215 Bezeichnung eines Uhrenhändlers als „Uhrmacher"), oder besonderer Geltung und Stellung des Anzeigenden (L.G. Breslau in G.R. 1898 S. 157 „Hofjuwelier des Königs von Italien"), oder auch in der Bezeichnung als „Alleinfabrikant" (R.G. in J.W. 1902 S. 594 Nr. 20) liegen. Es kann eine weitergehende Garantie für Haltbarkeit, als wirklich gewährt wird, vorgespiegelt werden (L.G. München in G.R. 1901 S. 87). Überhaupt genügt es, wenn die Angaben solche sind, auf die im Verkehr besonderer Wert gelegt wird und die geeignet sind, das Urteil des kaufenden Publikums über Güte und Preiswürdigkeit der zu kaufenden Waren oder der Reellität und Vertrauenswürdigkeit des Anzeigenden zu beeinflussen (R.G. in J.W. 1898 S. 392 Nr. 25).

Die Gerichte sind, wie die angeführten Beispiele (vgl. auch die Entscheidungen Seite 24 ff.) erweisen, mit Recht in dieser Beziehung möglichst weit gegangen.

4. **Die Tatsachen müssen geeignet sein, den Anschein zu erwecken.**

Nicht nötig ist es, wie aus dem Worte „geeignet" hervorgeht, daß der Anschein erweckt oder jemand angelockt wird, die Tat ist vollendet mit dem Zeitpunkt der Veröffentlichung von an sich geeigneten Tatsachen (O.L. Dresden bei Poeschl S. 64). Andererseits genügt aber auch nicht, daß tatsächlich ein günstiges Angebot vorliegt, wenn nicht unrichtigerweise der Anschein eines solchen vorgespiegelt wird, z. B. wenn ein Warenhaus Originalfabrikate billiger verkauft als der Fabrikant (R.G. in U.W. I S. 73).

Mit Recht wird (von Hauß S. 46, dagegen Finger S. 51, vgl. Stenglein Anm. 12 zu § 1 und R.G. in U.W. II S. 66) hervorgehoben, daß selbst wenn das Angebot in Wirklichkeit so günstig ist, wie es angepriesen wird, dennoch das Gesetz eintritt, wenn falsche Tatsachen verbreitet sind. Das Gesetz wollte unwahre Reklame treffen. Diese liegt auch dann vor, wenn dem Publikum wirklich vorhandene Vorteile unter falscher Motivierung angekündigt werden. Wenn also z. B. fälschlich ein Verkauf als „Konkursmassenausverkauf" angekündigt ist, so nutzt es dem Anzeigenden nichts, wenn er auch nachweist, daß er zu denselben billigen Preisen verkauft hat, die bei Konkursausverkäufen üblich sind (ebenso R.G. Str. Bd. 35 S. 235).

III. Bildliche Darstellungen und sonstige Veranstaltungen.

1. **Abs. 4 des Paragraphen enthält eine Erweiterung des Begriffs der „Tatsachen".** Die Begründung sagt hierüber:

„Sie (d. h. die Reklame) benutzt zu diesem Zweck auch bildliche oder sonstige Darstellungen. So findet man nicht selten in den Schaufenstern die Abbildung von Arbeitsgeräten, z. B. eines Webstuhls, oder von Fabrikanlagen in der Absicht angebracht, bei dem Publikum den Irrtum zu erregen, daß der Besitzer des Geschäfts die ausgelegten Waren selbst oder in der bildlich dargestellten Fabrik erzeuge. Solche Veranstaltungen können das kaufende Publikum über die Güte des Angebots in gleichem Maße irreführen, wie unwahre Angaben, die sich in Worte kleiden; sie sind daher im Schlußabsatz des § 1 den Angaben tatsächlicher Art gleichgestellt".

Es sind danach die bildlichen Darstellungen und Veranstaltungen nicht ohne weiteres den tatsächlichen Angaben gleich erachtet; sie müssen vielmehr a) subjektiv darauf berechnet, b) objektiv geeignet sein, die Angaben zu ersetzen.

2) Als **bildliche Darstellungen** sind außer den in der Begründung herangezogenen Beispielen besonders Ausstellungsmedaillen auf Zirkularen, die den Glauben erwecken sollen, daß die Ware bei Ausstellungen prämiiert sei (A.D. 1899 S. 117), ferner symbolische Darstellungen, verbreitete Zeichen für Waren (Osterrieth S. 40) 2c. anzusehen. Die Frage, ob derartige Bilder geeignet sind, den Anschein besonders günstigen Angebots zu erwecken, ist nach deren Wirkung auf das in Frage kommende konsumierende Publikum (vgl. Seite 23) zu prüfen. Gerade bei diesen bildlichen Darstellungen ist der Phantasie oft freier Lauf gelassen und wird das Publikum schon an sich die darin enthaltenen Behauptungen auf das richtige Maß zurückführen. Man pflegt den Bildern bei Jahrmarktsbuden, bildlichen Reklamen über Wirkungen von irgendwelchen kosmetischen Mitteln keinen übertriebenen Wert beizulegen. Der Richter wird sich daher immer fragen müssen, ob wirklich in derartigen Fällen der Anschein günstigen Angebots gegeben ist. Wird diese Frage verneint, so ist die bildliche Darstellung als solche nicht zu verfolgen; nicht ausgeschlossen ist aber, daß sie als Erläuterung daneben vorhandener wörtlicher Angaben herangezogen werden kann (R.G. Str. Bd. 30 S. 418, ebenso A.D. 1899 S. 119).

Für die Frage, ob eine bildliche Darstellung **geeignet** ist, tatsächliche Angaben zu ersetzen und den Anschein günstigen Angebots hervorzurufen, können die Entscheidungen des Patentamts sinngemäß verwendet werden, die sich über die Frage der Täuschungsgefahr beim Markenschutz verbreiten.

So ist dort angenommen worden, daß die Darstellung eines Butterfasses durch einen Margarinehändler, das Bild einer Biene durch einen Syruphändler die Gefahr einer Täuschung begründe (diese und andere Entscheidungen bei Geitel, Markenschutz S. 249 ff.).

3. **Veranstaltungen sind „in die äußere Erscheinung tretende Kundgebungen"** (R.G. in J.W. 1901 S. 255 Nr. 16). Der Gesetzgeber hat absichtlich einen möglichst weiten Begriff genommen, um alle diejenigen Fälle der Reklame zu treffen, die sich nicht als mündliche, schriftliche oder bildliche charakterisieren lassen. Alles, was nach außen in die Erscheinung tritt, fällt, wenn hierdurch fälschlicherweise der Anschein besonders günstigen Angebots hervorgerufen wird, und wenn es darauf berechnet und geeignet ist, tatsächliche Angaben zu ersetzen, unter das Gesetz, so z. B. wenn dem Verkauf das Ansehen einer Auktion auch ohne besondere Ankündigung gegeben wird (Müller S. 67), wenn die Ausstattung eines Ladens einen Trauerfall markiert (Lobe S. 50), wenn ein Gewerbetreibender in einem großen Laden verkauft, der anscheinend mit Ware gefüllt ist, während in Wirklichkeit nichts vorhanden ist ꝛc. Die Praxis hat anscheinend von der weiten Ausdehnung des Begriffs noch wenig Gebrauch gemacht; im wesentlichen wird nur bei Reklame im Zeitungswesen mit dem Begriff „Veranstaltungen" operiert. So ist angenommen, daß der Abdruck öffentlicher Bekanntmachungen in gleicher Weise, wie sie das Organ der Behörden bringt, als eine derartige Veranstaltung anzusehen ist. Das Publikum lege erhebliches Gewicht darauf, welches Blatt Behörden zu ihren Publikationen benutzen, es liege daher in der Vorspiegelung, ein derartiges Organ zu sein, ein Anschein besonders günstigen Angebots.

Vor allem aber ist der Begriff bei den sogenannten „Füllinseraten" verwendet. Eine Zeitung druckt Inserate aus einer anderen Zeitung ab. Diese Veranstaltung kann die tatsächliche Angabe ersetzen, die Inserate seien der Zeitung in Auftrag gegeben, und sie kann den Anschein besonders günstigen Angebots enthalten, da das Publikum annimmt, eine Zeitung mit viel Inseraten habe auch eine besonders große Verbreitung (so R.G. in J.W. 1901 S. 255 Nr. 16, dagegen L.G. Berlin I in U.W. I S. 72, aufgehoben durch K.G. in U.W. II S. 10, welches sich auf den Standpunkt des R.G. stellt).

Ob ein einmaliger Abdruck genügt, oder ob derselbe eine gewisse Zeit hindurch fortgesetzt werden müsse, ist tatsächliche Frage. Die Entscheidung hängt davon ab, ob der betreffende Leserkreis schon in einem Abdruck ein besonders günstiges Angebot steht (verneint in einem speziellen Fall von L.G. Hamburg in U.W. II S. 37).

IV. Über

a) Geschäftliche Verhältnisse.

1. Der erste Entwurf des Gesetzes zählte als Gegenstände der Reklame folgende Angaben auf: „über die Beschaffenheit oder die Preisbemessung von Waren oder gewerblichen Leistungen, über die Bezugsquelle von Waren, über den Besitz von Auszeichnungen, über die Menge der Vorräte oder den Anlaß zum Verkauf". Der vom Bundesrat dem Reichstag vorgelegte Entwurf änderte dies dahin, daß Angaben über die Beschaffenheit, die Herstellungsart oder die Preisbemessung von Waren oder gewerblichen Leistungen, über die Art des Bezugs oder die Bezugsquelle von Waren, über den Besitz von Auszeichnungen, über den Anlaß oder Zweck des Verkaufs unter das Gesetz fallen sollten. Die Begründung verkennt nicht, daß diese Aufzählung nicht vollzählig ist. Sie führt aus:

„Es ist zuzugeben, daß die vorstehend erläuterte Aufzählung nicht alle Erscheinungsformen der unwahren Reklame umfaßt. Neben den namentlich aufgeführten Fällen gibt es noch andere geschäftliche Verhältnisse und Beziehungen, die in der Absicht, Käufer anzulocken, nicht selten zum Gegenstande unrichtiger Angaben gemacht werden. Als Beispiele seien genannt: die Menge der vorhandenen Vorräte, das Alter, die Ausdehnung, der Absatz eines Geschäfts, der Besitz von Zweigniederlassungen, von Dankschreiben und Anerkennungen.

Wenn der Entwurf von einer entsprechenden Erweiterung des Verzeichnisses abgesehen hat, so war hierfür die Erwägung bestimmend, daß falsche Angaben über die letztgenannten Tatsachen, obwohl auch sie den Stempel eines unredlichen Geschäftsgebarens an sich tragen können, doch im allgemeinen weniger bedenklich, weil für die Beurteilung eines geschäftlichen Angebots von minderem Gewicht sind. Der Entwurf will den Verkehr nur von solchen Mißbräuchen säubern, die sich erfahrungsgemäß für die redlichen Mitbewerber als besonders schädlich erwiesen haben. Nach diesem Gesichtspunkte ist auf die Gefahr hin, einzelne Fälle nicht zu treffen, in denen unter besonderen Verhältnissen eine Schädigung eintreten kann, der Tatbestand möglichst eng abgegrenzt. Dies dürfte den Wünschen der Beteiligten im allgemeinen entsprechen; so ist bei der öffentlichen Erörterung des früheren Entwurfs von vielen Seiten der Wunsch geäußert worden, die Menge der Vorräte in der Aufzählung gestrichen zu sehen."

Es ist danach die Beschränkung auf ganz bestimmte Tatbestände die ausdrücklich ausgesprochene Absicht des Entwurfs gewesen. Die Reichstagskommission und mit ihr der Reichstag haben sich aber diesen Erwägungen nicht angeschlossen. Der Abgeordnete Roeren, dessen Ausführungen von dem Berichterstatter der Kommission als authentische Interpretation der neuen Bestimmung bezeichnet sind, beantragte die Hinzufügung der Generalklausel: „über geschäftliche Verhältnisse", indem er die Einschränkungen des Entwurfs als verderblich bekämpfte. „Der Gegenstand, auf den sich die Angabe beziehe, sei nebensächlich, wesentlich sei nur, daß die Angabe unwahr und zur Irreführung des Publikums geeignet sei." (Näheres bei Bachem und Roeren S. 57.) Demgemäß wurde in der endgültigen Fassung des Gesetzes in § 1 **(im Gegensatz zu § 4)** die Generalklausel eingeschaltet und die einzelnen Beispiele mit „insbesondere" hinzugefügt. Diese Beispiele sind in doppelter Beziehung wesentlich; einesteils geben sie dem Richter Anhaltspunkte für die Beurteilung, anderenteils ist bei ihnen authentisch deklariert, daß in den besonders hervorgehobenen Fällen unter allen Umständen die dort hervorgehobenen Angaben solche über geschäftliche Verhältnisse sind. Wenn z. B. ein Gewerbetreibender mitteilt, daß er einen Betrag in der Lotterie gewonnen habe, und infolgedessen imstande sei, seine Waren gegen bar und daher mit besonders hohem Rabatt zu beziehen, sie demgemäß auch billiger als die Konkurrenz zu verkaufen, so ist dies als eine Angabe über Preisbemessung, falls sonst die Voraussetzungen des Gesetzes vorliegen, zu verfolgen, obgleich in der Angabe des Lotteriegewinns an sich nicht eine Angabe über geschäftliche Verhältnisse enthalten zu sein braucht.

2. Wo dagegen eines der besonders bezeichneten Beispiele nicht in Frage kommt, ist zu untersuchen, ob die gemachte Angabe eine solche über geschäftliche Verhältnisse ist. Der Begriff ist so weit wie möglich zu interpretieren. Die einzige Begrenzung liegt im Begriff „geschäftlich". Die Angaben müssen also zum Geschäft direkt oder indirekt in Beziehung stehen (vergl. die Definition bei Hauß S. 41). Alles, was auf das Geschäft selbst, auf die Person des Inhabers im Hinblick auf diese seine Eigenschaft, auf die verkauften Waren sich bezieht, ist Angabe über geschäftliche Verhältnisse. Was sich auf die Person des Inhabers als solche bezieht, kann eine solche Angabe enthalten, wenn die Angaben über die Person derart gemacht sind, daß das

Publikum daraus ein besonders günstiges Angebot inbetreff der Waren folgern kann (so inbetreff der Erklärung eines Kaufmanns, daß er eine Erbschaft gemacht habe, Finger S. 47, dagegen Wolff S. 81 und Fuld S. 52, welche Schriftsteller Angaben über personelle und familiäre Angelegenheiten unter allen Umständen ausscheiden wollen).

3. Die **Praxis** hat entsprechend dem Zweck der eingefügten Bestimmung von dem Begriff weitgehendsten Gebrauch gemacht, so daß die von den ersten Kommentatoren des Gesetzes gehegten Zweifel über den Umfang des Begriffes jetzt als beseitigt gelten können. Aus den S. 24 f. zitierten Erkenntnissen sind als Beispiele hervorzuheben:

Als Angaben über geschäftliche Verhältnisse gelten: Behauptung der Befähigung des Inhabers zu gewerblichen Leistungen, Bezeichnung als Fabrikant, Uhrmacher 2c., Erklärung, daß das Geschäft das einzige mit besonderen Eigenschaften, das älteste am Platze sei, daß es Filialen oder Schwestergeschäfte habe, daß das Geschäft seitens eines Vereins betrieben werde, ferner Angaben über das Gründungsjahr, über Beziehung zu früheren bewährten Geschäften, Bezeichnung des Geschäftes als Fabrik; Benennung der Zahl der beschäftigten Arbeiter; bei einer Zeitung Angabe über Höhe der Auflage; Bezeichnung als Kreisblatt, oder als Organ für amtliche Bekanntmachungen. Ebenso fallen Angaben über Atteste, Bescheinigungen 2c. unter diese Bestimmung.

Nicht zweifelhaft kann auch sein, daß Angaben über Größe der Vorräte und Waren hierher gehören; zu prüfen wird nur sein, ob es sich nach Ansicht des Publikums bei Ankündigungen wie „10000 Schlafröcke auf Lager" um Angaben tatsächlicher Art oder lediglich um marktschreierische Reklamen handelt (vergl. S. 23).

Angaben über persönliche Beziehungen des Inhabers, die Bedeutung für seine geschäftliche Qualifikation haben, wie Lehrer, Schüler, „früherer Sozius" 2c. sind nach obigen Ausführungen Angaben über geschäftliche Verhältnisse, sie sind daher, wenn sie unrichtig sind und die sonstigen Voraussetzungen des § 1 vorhanden sind, nach diesem zu verfolgen (Lobe S. 55, Finger S. 48). Sind die Angaben wahr, so kann, selbst wenn der Gewerbetreibende sich derart ohne Erlaubnis dessen, als dessen Schüler 2c. er sich bezeichnet, benennt, nach § 1 nicht eingeschritten werden, da dieser Paragraph nur unrichtige Angaben verfolgt; ob nach § 8 vorgegangen werden kann, ist dort zu untersuchen (vergl. S. 107 Nr. III, 1).

IV b. Beschaffenheit, Herstellungsart.

1. Die Begründung führt aus:

„Falsche Angaben über die Beschaffenheit von Waren oder gewerblichen Leistungen bilden eines der häufigsten und wirksamsten Mittel zur Heranziehung von Kunden. Wenn beispielsweise halbseidene Stoffe unter der Bezeichnung als reinseidene zu einem Preise ausgeboten werden, der dem wirklichen Werte der halbseidenen Ware entspricht, so ist diese Art der Ankündung geeignet, das berechtigte Interesse von Mitbewerbern, welche eine solche Täuschung verschmähen, in demselben Maße zu beeinträchtigen, wie sie in den Kreisen der minder erfahrenen Konsumenten die Kauflust anregt. In Fällen dieser Art versagt die Betrugsbestimmung des Strafgesetzbuchs, wenn der durch die falsche Vorspiegelung in einen Irrtum versetzte Käufer einer Vermögensbeschädigung nicht ausgesetzt war. Den Angaben über die Beschaffenheit von Waren oder gewerblichen Leistungen sind Angaben über die Herstellungsart gleichzustellen; es ist beispielsweise für die Würdigung einer Ware oft von erheblichem Einfluß, ob sie als Natur- oder als Kunstprodukt, als eigenes oder fremdes Erzeugnis, als Hand- oder Fabrikarbeit bezeichnet wird."

2. **Der Begriff „Beschaffenheit"**, der sich auch im Warenzeichengesetz (§ 4, § 13)

findet, **umfaßt alle Angaben über die Natur der Ware und Leistungen und deren äußere und innere Eigenschaften** (R.G. Str. Bd. 33 S 442: Die „Beschaffenheit“ einer Ware umfaßt alle deren Eigenschaften, körperliche wie unkörperliche, die bei der Würdigung ihrer Brauchbarkeit in Betracht kommen); der Begriff **„Herstellungsart“** enthält alles, was sich auf das Verfahren zur Herstellung bezieht; erstere zeigt also Waren und Arbeiten, wie sie sind; letztere, wie sie entstanden. Eine genaue Abgrenzung ist nicht zu geben, auch nicht notwendig, da beide Begriffe gleicherweise dem Gesetz unterstehen.

3. Zur **Beschaffenheit** gehört außer den einzelnen Eigenschaften auch die Brauchbarkeit, die Echtheit im Gegensatz zu Surrogaten, ferner der Name, soweit aus ihm eine Eigenschaft zu schließen ist, ebenso Bezeichnungen, die besondere Qualität ausdrücken, soweit solche Bezeichnungen nicht lediglich Urteile oder marktschreierische Anpreisungen enthalten (vergl. S. 23 und Kohler im A.P. 1898 S. 251). Über die Frage, wann derartige Bezeichnungen als Angaben über Beschaffenheit anzusehen sind, können die Entscheidungen des Patentamts zu § 4 des Warenzeichengesetzes analog herangezogen werden, jedoch ist hierbei immer zu berücksichtigen, daß durch die Bestimmungen in § 4 jenes Gesetzes schon jede Störung oder Beunruhigung des Verkehrs verhindert werden soll, während § 1 auf dem Prinzip beruht, daß nur wirklich falsche tatsächliche Angaben über die Beschaffenheit und Herstellungsart haftbar machen. Dies vorausgeschickt, hat das Patentamt u. a. die Bezeichnung bezüglich den Zusatz Eichel bei Kakao, Cuvée (Verschnitt) bei Schaumwein, Weldleß (ungeschweißt) bei Stahlrohren, Terpentin für Britannia und Zinnwaren, Zephir-Sammet für Sammete, Wellenbadschaukel für Badewannen, Doppelseife für Seifen, Staffelrad für Fahrräder für Beschaffenheitsangaben erklärt (weitere Beispiele bei Geitel S. 230 ff. und Rhenius, Kommentar zum Warenzeichengesetz Anm. 14 zu § 4). Werden derartige Bezeichnungen fälschlich gebraucht, so fallen sie, vorausgesetzt, daß die sonstigen Bedingungen des § 1 vorhanden sind, unter das Gesetz.

Auch die äußere Ausstattung der Ware kann Beschaffenheit sein, wenn nach den Anschauungen des Verkehrs die Ausstattung, Verpackung, Verzierung der Ware als etwas Wesentliches für die Ware anzusehen ist.

4. Zur **Herstellungsart** gehören Angaben über die fabrikmäßige Herstellung, über Handarbeit, Gefängnisarbeit, ferner die Erklärung fremder Ware für selbst hergestellte, die Bemerkung, daß die Herstellung nach dem System, dem Rezept rc. hergestellt sei u. s. w. Ferner ist mit Rücksicht darauf, daß auch literarische Werke dem Gesetz unterliegen (S. 9 f.) die Bemerkung bei einem Adreßbuch: „einzig nach amtlichen Quellen bearbeitet“, als Herstellungsangabe anzusehen (R.G. in J.W. 1898 S. 212 Nr. 30).

5. Als **Beispiele** für die Anwendung der Begriffe können aus den S. 24 f. zitierten Entscheidungen dienen: Schuhwaren eigener Anfertigung, Bezeichnung fremder Waren als eigene, Angaben über Wirkung des Röstprozesses auf Eigenschaften des Kaffees, Verkauf von Paketen mit nicht vollständigem Inhalt als vollinhaltliche, Bezeichnung „Brunnen, Quelle, Sauerbrunnen“ für nicht natürliche Mineralwässer rc. (Typische Beispiele für falsche Beschaffenheitsangaben bei Stegemann S. 14 ff.).

6. Eine falsche Beschaffenheits- oder Herstellungsangabe kann, wenn es sich um **Nahrungs- oder Genußmittel** handelt, der Bestrafung gemäß Gesetz vom 14. Mai 1879 unterliegen. Eine Bestrafung nach diesem Gesetz schließt die Geltendmachung der Rechte nach § 1 nicht aus, da das Gesetz vom 14. Mai 1879 lediglich Strafgesetz ist, ferner aber § 1 den Schutz des Konkurrenten bezweckt, dessen Rechte nicht dadurch ausgeschlossen werden, daß die Handlung außerdem strafbar ist (Roeren S. 69, Finger S. 27). Nähme man dies nicht an, so käme man zu dem widersinnigen Resultate,

daß der Seidenhändler einen Konkurrenten verfolgen kann, der Halbseide als Ganzseide verkauft, nicht aber der Butterhändler den, der verfälschte Butter als gute in den Verkehr bringt.

7. Ebensowenig wird die Anwendung des § 1 ausgeschlossen, wenn die Handlung, die nach § 1 verfolgt werden soll, sich als **Betrug** darstellt. Liegt ein solcher vor, so hat der Geschädigte die nach dem bürgerlichen Recht (§§ 123 ff. B.G.B.) ihm zustehenden Rechte; daneben und unabhängig davon bleiben die Rechte des Konkurrenten aus § 1 dieses Gesetzes bestehen.

(Über die strafrechtlichen Fragen vergl. zu § 4.)

8. Über falsche **Ortsbezeichnungen**, die unter Umständen auch als Beschaffenheitsangaben anzusehen sind, vergl. S. 39 Nr. 5.

IV c. Preisbemessung.

1. Als **Beispiele für Angaben über Preisbemessung** führt die Begründung an, wenn Waren als unter dem Einkaufspreis erhältlich ausgeboten werden (vgl. O.L. Stuttgart in G.R. 1899 S. 363), oder wenn etwa in den Auslagen der Schaufenster billigere Preise zur Ankündigung gelangen, als sie tatsächlich in Rechnung gestellt werden. Ferner gehören hierher alle Angaben über Engrospreise, Fabrikpreise (O.L. Stuttgart bei Mugdan II S. 285), Rabatte, Prozente, Abzahlungsbedingungen, Stundungen, Gratiszugaben oder sonstigen Vergütungen, Bons 2c.; auch Erklärungen, daß die Preise infolge gewisser Umstände niedriger gestellt werden können. Überhaupt liegt eine Angabe über Preisbemessung dann vor, wenn die behaupteten Vorkommnisse oder Zustände den Schluß nahelegen, mit Rücksicht auf sie sei der Preis für den Abnehmer besonders vorteilhaft angesetzt (R.G. in J.Z. Bd. VIII S. 56). Von den Seite 23 gegebenen Beispielen sind zu erwähnen: „Unter Selbstkostenpreis", „Übernahme von Garantie", „Ausnahmetage", „Gratislieferung von Schnittmustern zu einer Modenzeitung". Ferner z. B. die Annonce: „Trauerhüte 50 Pf., jeder Käufer erhält einen Kinderschulhut gratis" (K.G. bei J.Z. V S. 398) und „zu staunend billigen festen Taxpreisen" (weil dort die Vornahme einer Taxe behauptet wird, R.G. Str Bd. 35 S. 235).

Eine Täuschung inbetreff der Preisbemessung liegt auch z. B. vor, wenn annonciert wird, dem Inhaber seien infolge Akkordes die Hälfte seiner Schulden erlassen, er könne daher auch die Waren zum halben Preise abgeben, und festgestellt wurde, daß die früheren Preise gefordert worden sind, allerdings auch geringere Angebote angenommen wurden. Das Inserat erweckte den Anschein, daß die ausgeworfenen Preise um die Hälfte reduziert seien, ohne daß es eines Feilschens bedurfte, was der Wirklichkeit nicht entsprach (K.G. in G.R. 1899 S. 126).

2. **Die Preisbemessung selbst unterliegt vollständig dem Belieben des Verkäufers**, es ist lediglich seine Sache, die Preise zu bestimmen; er kann auch anstandslos gewisse Waren (sogen. Fangartikel Hauß S. 42) unter dem Einkaufspreise anbieten, nur muß er sich falscher Angaben enthalten.

IV d. Waren und gewerbliche Leistungen.

1. Es ist bereits (Seite 9 ff.) hervorgehoben, daß das Gesetz auf **alle Gewerbetreibenden im weitesten Sinne**, also auch auf diejenigen, die Kunst, Wissenschaft, Technik zum Zweck oder zum Nebenzweck des Erwerbes ausüben, Anwendung findet. In Konsequenz dieser Ausführung ist auch Ware und gewerbliche Leistung in weitestem Sinne zu definieren. „Jedes Erzeugnis, das Gegenstand des Handels sein kann, ist Ware; jede wirtschaftlich abzuschätzende Leistung gewerblich" (R.G. in J.W. 1897 S. 212

Nr. 30) oder wie das Kammergericht (in J.Z. III S. 250) definiert: „Ware ist jedes Erzeugnis, das aus einem auf Gewinn abzielenden Unternehmen im Bereiche der Produktion oder des Handels in den wirtschaftlichen Verkehr gebracht wird". Alles, was die Gewerbetreibenden in dem Seite 9 ff. bestimmten Sinne erwerbsmäßig produzieren oder leisten, ist Ware oder gewerbliche Leistung. Nur amtliche oder zu rein idealen Zwecken produzierte Waren oder Leistungen kommen nicht in Betracht. Im übrigen fällt das ganze Gebiet menschlicher Tätigkeit von dem Ewigkeitsbilde des berühmten Künstlers, dem Drama des klassischen Dichters bis zum Pfennigverkauf des Trödlers unter das Gesetz.

3. **Landwirtschaftliche Erzeugnisse und Leistungen** unterliegen nach ausdrücklicher Bestimmung (Abs. 5) dem Gesetz. Die besondere Hervorhebung, die der Reichstag gewünscht hat, ist überflüssig, weil die Bestimmung selbstverständlich ist. Irgend welche Schlüsse aus der Hervorhebung gerade des landwirtschaftlichen Gewerbes auf andere nicht ausdrücklich erwähnte sind nicht zu ziehen.

IV e. Art des Bezugs, Bezugsquellen.

1. Als Angaben über **Art des Bezugs** erwähnt die Begründung z. B., daß die Ware direkt und ohne Zwischenhändler, in Eis verpackt, in der Originalverpackung des Erzeugungsorts, durch Karawane (Tee) bezogen sei. Auch hier ist die Abgrenzung gegen Beschaffenheit, Herstellungsart, Bezugsquelle, Anlaß und Zweck des Angebots oft sehr schwierig; aber auch hier ist eine strikte Abgrenzung wegen der gleichen Wirkung aller derartigen Angaben und wegen der Generalklausel nicht nötig.

2. **Der Ausdruck „Bezugsquelle" umfaßt alle Herkunftsbezeichnungen** und zwar begrifflich sowohl Herkunft von bestimmten Personen (z. B. ein Bild von einem Maler, ein Möbelstück hergestellt von einem Künstler, Bier von einem bestimmten Produzenten, R.G. in J.W. 1898 S. 393 Nr. 27), als auch aus bestimmten Erwerbsgelegenheiten (z. B. Domänenbutter R.G. Str. Bd. I S. 269, ferner: direkt ohne Zwischenhändler) und endlich aus bestimmten Orten. Nach der Begründung soll sich aber der Begriff nur auf Ursprungsangaben nicht geographischen Charakters erstrecken. Dieselbe führte aus:

„Der Begriff „Bezugsquelle" soll sich auf Ursprungsangaben nicht geographischen Charakters erstrecken. Die fälschliche Verwendung von Ortsnamen in geschäftlichen Ankündigungen ist bereits durch § 16 des Warenbezeichnungsgesetzes in einem dem Bedürfnis des redlichen Verkehrs genügenden Umfange eingeschränkt worden; bei dem gegenwärtigen Anlaß kann es sich nur noch darum handeln, Täuschungen entgegenzuwirken, wie solche durch anderweitige falsche Hinweise auf die Herkunft von Waren (z. B. Domänenbutter — aus einem Konkurse, einem Nachlasse herrührend — direkt ohne Zwischenhändler) häufig versucht werden."

§ 14 des Warenzeichengesetzes bestimmt:

„Wer Waren oder deren Verpackung oder Umhüllung, oder Ankündigungen, Preislisten, Geschäftsbriefe, Empfehlungen, Rechnungen oder dergleichen fälschlich mit einem Staatswappen oder mit dem Namen oder Wappen eines Ortes, eines Gemeinde- oder weiteren Kommunalverbandes zu dem Zweck versieht, über Beschaffenheit und Wert der Waren einen Irrtum zu erregen, oder wer zu dem gleichen Zweck derartig bezeichnete Waren in Verkehr bringt oder feilhält, wird mit Geldstrafe von einhundertfünfzig bis fünftausend Mark oder mit Gefängnis bis zu sechs Monaten bestraft.

Die Verwendung von Namen, welche nach Handelsgebrauch zur Benennung gewisser Waren dienen, ohne deren Herkunft bezeichnen zu sollen, fällt unter diese Bestimmung nicht".

Es ist zunächst die für die Auslegung des Gesetzes sehr wichtige Frage zu untersuchen, ob die Ansicht der Begründung, daß als „Bezugsquelle" Bezeichnungen geographischen Charakters nicht getroffen werden, richtig ist. Der größte Teil der Kommentatoren schließt sich dieser Ansicht an, meist allerdings nur unter Hinweis auf die Begründung; eine Minderzahl (Finger S. 35, Lobe S. 61, Wolff S. 29, M. M. Kohler S. 107, Osterrieth S. 34, ferner Kent S. 15) widerspricht und zwar mit Recht. Zunächst spricht der Wortlaut des Gesetzes gegen die Beschränkung. Nicht nur der ganz allgemeine Begriff „Bezugsquelle", der, ohne dem Worte Zwang anzutun, nicht mit der Einschränkung: soweit nicht geographische Angaben in Betracht kommen, interpretiert werden kann, sondern auch die Hinzufügung des Abs. 3 des Gesetzes spricht für den Willen des Gesetzgebers deutlich genug. Es bedarf garnicht des Hinweises darauf, daß nachträglich die Generalklausel aufgenommen ist, da auch ohne diese das Gesetz nicht zur Einschränkung zwingt. Spricht also demnach der **Wortlaut** des Gesetzes nicht gegen die hier vertretene Ansicht, so ist ferner zu untersuchen, ob § 16 des Warenzeichengesetzes wirklich eine jede andere Bestimmung ausschließenden Charakter hat. Erwägungen, wie sie M. M. Kohler S. 107, ferner Fuld (falsche Herkunftsbezeichnungen in G.R. 1898 S. 355) anstellen, daß § 16 sehr eng gefaßt ist und z. B. Anwendung von Ländernamen 2c. nicht umfaßt, können hier nicht in Betracht kommen. Denn wenn § 16 die betreffende Materie ausschließlich regeln wollte und geregelt hat, so ist eben kein Raum für weitergehende Bestimmungen in anderen Gesetzen. Ebensowenig ist der Grund von Finger (S. 35), der ausführt, daß § 16 strafrechtlichen Charakter hat, während § 1 den zivilrechtlichen Schutz ergänzend bestimmt, zu billigen, weil auch nach § 16 zivilrechtliche Klage zulässig ist (R.G. C. Bd. 38 S. 165 für preußisches Recht; ebenso für B.G.B. gültig). Der Grund, aus welchem § 16 nicht eingreift, ist vielmehr lediglich der, daß er entgegen der Behauptung der Begründung ausschließlichen Charakter nicht hat. Zuzugeben ist, daß das Gesetz vom 12. 5. 94, soweit es sich um eingetragene Warenzeichen handelt, einen ausschließlichen Charakter hat (R.G. C. Bd. 36 S. 14 und die dort zitierten Entscheidungen, vgl. jedoch Bd. 48 S. 289. Näheres Seite 116 Nr. E). Es hat diesen Charakter, weil ein Institut, das der Warenzeichen, umfassend geregelt ist und keinen Raum für Hinzufügungen anderer Gesetze bietet. Aus diesem Rahmen heraus fallen aber § 15 und § 16 des Gesetzes. Sie sind nach der Begründung dazu bestimmt, gewissen Mißbräuchen des unlauteren Wettbewerbs vorzubeugen, indem zugleich der Vertreter der Regierung in Aussicht stellte, demnächst einen umfassenden Gesetzentwurf einzubringen. Es wird also nicht eine Materie, ein Rechtsgebiet abschließend in diesem Paragraphen behandelt, sondern es werden einzelne besonders hervortretende Mißstände vorweggenommen und das weitere allgemeiner Regelung vorbehalten. Tritt dann diese allgemeine Regelung ein, wie es durch Gesetz vom 27. 5. 96 geschehen ist, so hat dies seiner Bestimmung nach die Befugnis, auch in das vorweggenommene Gebiet einzugreifen.

Demnach fallen geographische Bezeichnungen unter den Begriff Bezugsquellen (ebenso R.G. vom 19. 12. 1899 bei A. 1900 S. 330, allerdings ohne Angabe von Gründen, vgl. auch R.G. Bd. 38 S. 170, dagegen O.L. Hamburg bei Seuffert N.F. Bd. 23 S. 273).

3. **Der Begriff „Bezugsquelle"** in örtlicher Beziehung ist weitergehend als der in § 16 des Warenzeichengesetzes gebrauchte Begriff „Ort". Er umfaßt, außer Ortsnamen auch Länderbezeichnungen, Angabe über Bezirke 2c. Ob die Bezugsquelle eine deutsche oder ausländische ist, ist gleichgültig, da § 16 des Gesetzes hier nicht in Betracht kommt (vgl. Kent S. 455).

IV f) Herkunftsbezeichnungen als Sortennamen (Abs. 3 des § 1).

1. In § 16 des Warenzeichengesetzes befindet sich die Bestimmung, daß die Verwendung von Namen, die **handelsgebräuchlich nicht als Herkunftsangaben** anzusehen sind, nicht unter das Gesetz fällt. Bei der Beratung des Wettbewerbgesetzes wurde die Aufnahme der gleichen Bestimmung beantragt und durchgesetzt, obgleich mit Recht deren Überflüssigkeit hervorgehoben wurde (Bachem u. Roeren S. 85). Besteht im Publikum nicht die Meinung, daß z. B. Wiener Würste aus Wien stammen, sondern wird damit nur eine gewisse Beschaffenheit der Ware ausgedrückt, so wird durch die Bezeichnung keine unrichtige Angabe tatsächlicher Art über geschäftliche Verhältnisse, insbesondere nicht über die Bezugsquelle gemacht, da eben bei dem Ausdruck niemand an den Ursprungsort sondern an die Qualität denkt. Auch der Umstand, daß hier auf einen „Handelsgebrauch“ zurückgegangen wird, während im allgemeinen es auf die Meinung des beteiligten Publikums ankommt (vgl. S. 23), ergibt keine Divergenz, da von einem Handelsgebrauch im Sinne dieses Gesetzes nur geredet werden kann, wenn eine derartige Auslegung in dem Kreise des bei dem betreffenden Artikel als Konsumenten interessierten Publikums gebräuchlich ist (R.G. in U.W. I S. 44, vgl. auch Bachem u. Roeren l. c., a. A. Kent S. 470 Nr. 762).

2. **Voraussetzung ist ein Handelsgebrauch in dem bezeichneten Sinne.** Auch hier kommt es nicht auf allgemeine Gebräuche, sondern auf den Gebrauch der betreffenden Verkehrskreise an (R.G. in A. 1900 S. 331, ferner R.G. in U.W. I S. 60). Mißbräuchliche Gewohnheiten im Kreise der Produzenten, die noch nicht dem konsumierenden Publikum bekannt geworden sind, sind nicht als Handelsgewohnheiten anzusehen (vgl. analog R.G. Str. Bd. 25 S. 117, Bd. 14 S. 428).

3. **Die Herkunftsbezeichnung muß zum Gattungsnamen gewisser Waren geworden sein.** Das was von einer bestimmten Ware der Warengattung gilt, kann nicht ohne weiteres auf andere übertragen werden. Wenn z. B. auch angenommen ist, daß Karlsbader Salz natürliche und künstliche Produkte in sich schließt, so gilt dies noch nicht für andere Bezeichnungen z. B. Pralinées de Karlsbad (R.G. in Bl. 1898 S. 268).

4. Ob Herkunftsbezeichnungen zu Gattungsnamen geworden sind, wird oft zweifelhaft sein; der Richter hat, soweit er nicht aus eigener Kenntnis entscheiden kann (vgl. das Erkenntnis des O.L. Colmar bei Birkenbihl S. 41 Nr. 96 über Straßburger Gänseleberpastete), durch Gutachten von Sachverständigen, Handelskammern ꝛc. den Gebrauch der beteiligten Kreise festzustellen.

5. Ist die Herkunftsbezeichnung zum **Gattungsnamen**, zur Sortenbezeichnung geworden, so fällt die Anwendung des § 1 nur insofern fort, als die fälschliche Bezeichnung des Herkunftsortes nicht verfolgt werden kann. Wohl aber kann der Gattungsname eine bestimmte Beschaffenheit dokumentieren; in diesem Fall liegt, wenn die Ware nicht die in der Bezeichnung liegenden Eigenschaften hat, eine falsche Angabe über die Beschaffenheit vor. Unter „Thorner Pfefferkuchen“, „Schweizer Käse“ versteht der Verkehr Waren gewisser Art mit bestimmten Eigenschaften. Haben sie diese Eigenschaften nicht, so liegt die Täuschung in der Angabe über die Beschaffenheit.

6. Werden **täuschende Zusätze** zu den Gattungsnamen gemacht, die erkennen lassen sollen, daß die Ware wirklich aus dem betreffenden Orte stammt, z. B. „echt“ oder sonstige Bezeichnungen, Zusätze ꝛc., so treten die Ausnahmebestimmungen des Gesetzes nicht ein, da dann eine wirkliche Herkunftsbezeichnung vorliegt (Kent S. 472 Nr. 766).

7. Aus der Literatur der Praxis des Patentamts und der Gerichte werden inbetreff häufig vorkommender Fälle folgende **Beispiele** angeführt, die aber mit Rücksicht

auf den Wechsel der Anschauungen sowie darauf, daß die beteiligten Kreise nicht immer dieselben sind, nur relativen Wert haben:

Bei der Beratung des Warenzeichengesetzes sind u. a. folgende Bezeichnungen als Gattungsnamen anzusehen: Berliner Blau, Schweinfurter Grün, Thorner Pfefferkuchen, Schweizer Käse, Westfälischer Schinken, Braunschweiger Wurst, Teltower Rüben, Aachener Printen, Mainzer Sauerkraut, Cognac, Wiener Würste 2c., ferner Jauersche Würste, Königsberger Marzipan, Harzer Käse, Italienischer Salat.

Im einzelnen:

Bier (Paul Dehn: Erlaubte und unerlaubte Bierbezeichnungen in G.R. 1896 S. 240). Inbetreff dieses liegt eine ziemlich abschließende Entwickelung für die hauptsächlich in Betracht kommenden Bierarten vor. Als bairisches Bier gilt im Verkehr das nach bairischer Art gebraute, so daß dies als Gattungsname gilt. Bei Münchener Bier ist die Entwicklung noch nicht so weit gediehen; es gilt im deutschen Verkehr noch als Herkunftsbezeichnung (für Hamburg angenommen in J.W. 1902 S. 598 Nr. 19), während z. B. für überseeischen Verkehr (in Bl. 1900 S. 331) das Reichsgericht festgestellt hat, daß in der Bezeichnung lediglich Gattungsname liegt. Daß Angaben wie Löwenbräu, Tucher, Hofbräu 2c. keine Gattungsnamen geworden sind, ist unzweifelhaft (Müller S. 65). Der Ausdruck Münchener Bräu bedeutet die örtliche Herkunft, weil der Zusatz „Bräu" auf die Produktion in München hindeutet (Patentamt in Bl. 1898 S. 135). Bei „Pilsener Bier" nimmt die Praxis jetzt an, daß es noch Herkunftsbezeichnung ist, doch kann der Name auch bei nicht in Pilsen gebrautem Bier dann gebraucht werden, wenn aus deutlichen Zusätzen zweifelsfrei sich ergibt, daß es nicht in Pilsen hergestellt ist, daß also das Wort nur als Gattungsname in dem Sinne von „nach Pilsener Art gebraut" verstanden wird (Patentamt im Bl. 1897 S. 74, O.L. Hamburg bei Mugdan III S. 272, R.G. in U.W. I S. 44).

Im Verkehr mit **Wein** haben sich vielfach Sortenbezeichnungen gebildet. Bordeaux. Medoc, St.' Julien, Madeira, Malaga, Porto, Rüdesheimer, Niersteiner, Trabener (vgl. Kent S. 475 Nr. 470, Kahn S. 49) sollen nur auf gewisse Beschaffenheit und Preislage hindeuten. Bei anderen bekannten Weinsorten, wie Chateau Beycheville, Montrose, Mouton Rothschild, Chateau d'Yquem, Lafitte, Bernkastler Doktor, Winkler Hasensprung, Markobrunner Auslese, hat das Reichsgericht (in Bl. 1900 S. 37) einen derartigen Handelsgebrauch für nicht festgestellt erachtet, so daß diese Namen als Herkunftsbezeichnungen gelten.

Champagner gilt als Gattungsname für Schaumweine (Kent S. 476), kann daher auch für deutschen Schaumwein verwendet werden. Dagegen ist als französischer Champagner nur der aus französischen Trauben in Frankreich hergestellte Schaumwein anzusehen. Es ist daher unzulässig, deutsche Schaumweine in dieser Art zu bezeichnen, ebenso auch französische Firmen auf Etiquetten 2c. zu benennen, da hierdurch über die Herkunft Irrtum erregt wird. Zulässig ist letzteres, wenn die Trauben aus Frankreich stammen und in unzweifelhafter in die Augen fallenden Weise ein Zusatz gemacht ist, der darauf deutet, daß die Fabrikation in Deutschland stattgefunden hat z. B. „auf Flaschen gefüllt in" . . . . oder „mise en bouteille á . . . ." (R.G. Str. Bd. 28 S. 353, vgl. auch O.L. Frankfurt bei Geitel S. 893 und Patentamt eb. S. 256, Fuld in G.R. 1896 S. 307, vgl. ferner § 6 Ges. vom 24. Mai 1901 und Finger in U.W. I S. 17).

Cognac gilt in Deutschland lediglich als Gattungsname (nicht aber „französischer Cognac" der nur für französische Produkte zulässig ist, Fuld in U.W. II S. 82); auch hier ist es aber unzulässig, Bezeichnungen hinzuzufügen, die inbetreff der Herkunft täuschen sollen, wie z. B. die Beifügung einer französischen bestehenden oder nicht bestehenden Firma (Fuld in U.W. I S. 89: „Die Eintragungen von Phantasienamen in Cognac“).

Von anderen **Spirituosen** ist bei Chartreuse festgestellt, daß es Herkunftsangabe geblieben ist (Patentamt bei Gareis II S. 306); ebenso bei holländischem Bittern (Patentamt in Bl. 1898 S. 15); dagegen gilt holländischer Punsch als Gattungsnahme (eb.).

Selterwasser ist ebenfalls Gattungsname, doch die Bezeichnung „natürliches original Selters“ gilt im Verkehr als Wasser aus dem fiskalischen Brunnen von Niederselters (R.G. in Bl. 1897 S. 200).

Für **Tabak und Zigarren** ist bei den Beratungen des Warenzeichengesetzes hervorgehoben, daß „Pariser Schnupftabak“ ferner Bezeichnung wie „Havanna=“, „Amsterdam=“, „Kubazigarren“ Sortenangaben geworden sind. Inbetreff des Wortes „Havanna=“ und „Kubazigarren“ dürfte dies zu bezweifeln sein (Lobe S. 69, Kent S. 477, Stenglein Anm. 8 zu § 1).

Gnadenfreier Pfefferminzküchel gilt noch als Herkunftsbezeichnung (L.G. Breslau bei Gareis III S. 791).

Hallesche Zichorie gilt als Gattungsname für eine gewisse fettreiche Ware (R.G. in Bl. 1898 S. 38).

Bullrich=Salz ist lediglich Synonym für natron bicarbonicum, ohne daß an das Fabrikat gerade des ursprünglichen Herstellers gedacht wird (R.G. in U.W. I S. 138).

Wörrishofener ist als Gattungsname für Waren anzusehen, die im Sinne der Vorschriften Kneipps hergestellt sind (O.L. Karlsruhe in J.Z. III S. 475). Über Kneippkaffee K.G. in U.W. I S. 174.

Bei dem Namen **Liebig** hat das O.L. Hamburg (in G.R. 1898 S. 314) dahingestellt gelassen, ob derselbe zu einer Qualitätsbezeichnung für Fleischextrakt geworden ist: jedenfalls knüpft sich an diesen Namen eine Gemeingut gewordene Erfindung. In der Benutzung dieses Namens allein mit deutlicher Hervorhebung der Bezugsquelle ist daher das Gesetz nicht verletzt.

IV g. Besitz von Auszeichnungen.

1. Die Begründung führt folgendes aus:

„Auch das fälschliche Berühmen mit dem Besitz von Auszeichnungen ist in diesem Zusammenhange zu nennen. Das Strafgesetz bedroht in § 360 Ziffer 8 nur denjenigen mit Übertretungsstrafen, welcher unbefugt einen Orden u. s. w. trägt oder Titel und Würden annimmt. Die hin und wieder vorkommende unberechtigte Verwendung einer Ordensabbildung zu geschäftlichen Zwecken ist straffrei. Vor allem aber bedarf es eines Schutzes gegen den mit gewerblichen Auszeichnungen betriebenen Schwindel. Mag auch, wie von einzelnen Sachverständigen behauptet wird, die Wertschätzung der von Ausstellungen und ähnlichen Veranstaltungen, von gewerblichen Vereinen oder Versammlungen verliehenen Medaillen und Diplome im Abnehmen begriffen sein, so bleibt doch noch immer die Zahl derer erheblich, welche in einer solchen Auszeichnung eine Gewähr für die Güte der Waren eines Gewerbetreibenden erblicken wollen.“

In der Theorie besteht Streit, ob der **Begriff der „Auszeichnung“** weiter („alles, was einen Gewerbetreibenden vor den anderen Konkurrenten heraushebt“, Lobe S. 54, ebenso Daniel S. 117 und auch Biberfeld in G.R. 1896 S. 276) oder enger („von zuständigen Behörden oder Personen verliehene Anerkennung“, Finger S. 87, ebenso M. M. Kohler, Damm in G.R. 1897 S. 282 und die meisten Kommentatoren;

zu verstehen ist. Mit Rücksicht auf den Wortlaut: „Besitz" von Auszeichnungen, sowie auf die Beispiele, die in der Begründung gegeben sind und welche den Willen des Gesetzgebers deutlich erkennen lassen, ist der engeren Auffassung der Vorzug zu geben. Auch die Praxis (vgl. K.G. in J.Z. B. V S. 302 und die Entscheidungen, daß die Behauptung eines Patents nicht eine Erklärung über den Besitz von Auszeichnungen enthält), hat sich im allgemeinen dieser Ansicht angeschlossen. (Die Entscheidung des Reichsgerichts Str. Bd. 30 S. 412 steht nicht entgegen, da es sich dort um ein von der Behörde verliehenes Prädikat handelt und die Worte „das Gesetz unterscheidet in keiner Weise verschiedene Arten von Auszeichnungen" nur in dem Sinne, daß es sich um verliehene Prädikate, also Auszeichnungen im engeren Sinne handelt, zu verstehen sind.)

Im übrigen ist zu bemerken, daß die Frage der weiteren oder engeren Auslegung für § 1 unerheblich ist, da Auszeichnungen im weiteren Sinne (z. B. Patente, Empfehlungen, nicht verliehene Titel rc.) als Angaben über geschäftliche Verhältnisse aufzufassen sind (vgl. S. 34), also unter allen Umständen unter das Gesetz fallen. Für § 4, welcher die Generalklausel nicht hat, ist dagegen die Frage wesentlich.

2. **Unrichtig** sind die Angaben über den Besitz von Auszeichnungen, **wenn der Erklärende nicht berechtigt ist, die Auszeichnung zu führen.** Berechtigt ist derjenige, dem sie verliehen ist. Ist die Verleihung eine persönliche, so haftet sie an der Person und kann nicht übertragen werden; ein anderer kann sie auch nicht mit Einwilligung dessen, dem sie verliehen ist, gebrauchen (Müller S. 37); ist die Auszeichnung einer Firma erteilt, so gehört sie dieser und nicht den einzelnen Inhabern, sie geht unter, wenn die Firma erlischt, kann aber mit dem Geschäft übertragen werden, soweit nicht die Erteilungsurkunde dies verbietet (Lobe S. 53). Ist die Auszeichnung für bestimmte Waren erteilt, so darf sie nicht für andere, ist sie für die Gesamtleistung gegeben, nicht für einzelne Waren verwendet werden, wenn der Anschein erweckt wird, sie sei gerade für diese zugeteilt worden (R.G. in U.W. 1 S. 180: ein Fabrikant erhielt eine Medaille für die beste Gesamtleistung und veröffentlichte: I. Preis: Kultivatorenkonkurrenz).

Nicht berechtigt ist ferner der, der eine ihm entzogene Auszeichnung weiter führt oder der einen höheren Grad der Auszeichnung behauptet, als ihm erteilt ist.

Berechtigt, eine Auszeichnung zu führen, ist der, der sie erhalten, nicht etwa der der sie in Wirklichkeit verdient, aber nicht bekommen hat (O.L. Dresden in R.G. 1901 S. 278).

3. Als **Beispiele** sind anzuführen außer den in den Motiven angegebenen Diplomen und Medaillen, Bezeichnungen als Hoflieferant (als solcher darf man sich nur, wenn der Titel verliehen ist, bezeichnen; nicht etwa, wenn an den betreffenden Hof etwas geliefert ist, oder wenn ein Anerkennungsschreiben erteilt ist. L.G. Breslau in G.A. 1898 S. 157), als Dr. oder Professor (Schöffenger. Erfurt in G.R. 1898 S. 287), nicht aber die Beilegung des Titels als „gerichtlicher Sachverständiger" (K.G. in J.Z. Bd. V S. 302), ferner Benutzung von Wappen von Fürsten und Staaten (Lobe S. 54, vgl. § 16 Warenzeichengesetz). Der Gebrauch des kaiserlichen Adlers auf Waren und Etiketten ist gestattet, jedoch ist die Form eines Wappenschildes ausgeschlossen (Erlaß v. 16. 3. 1872, Bekanntmachung vom 11. 4. 1872). Die Bezeichnung „k. k. privilegiert" in Verbindung mit einer Abbildung des österreichischen Adlers hat das Reichsgericht (Str. Bd. 30 S. 412) als Auszeichnung angesehen. Anerkennungen, Briefe, Atteste gelten nicht als Auszeichnungen, können aber unter die Generalklausel als Angaben über geschäftliche Verhältnisse fallen (s. S. 34).

4. **Die Bezeichnung eines Gegenstandes als „patentiert" gilt,** wie oben dargelegt, **nicht als Anmaßung einer Auszeichnung,** weil es sich nicht um Vergleich

zwischen mehreren Leistungen handelt und das Patent bei dem Vorhandensein gesetzlicher Voraussetzungen erteilt werden **muß** (so Damm in G.R. 1897 S. 282, **Seligsohn**, Patentrecht S. 364, **Kohler**, Handbuch des deutschen Patentrechts S. 930, Daniel S. 117 und die meisten Kommentatoren, dagegen Lobe in Sächs. Archiv Bd. 7). **Jedoch** fällt die Bezeichnung unter die Generalklausel. In dieser Beziehung berührt sich das Gesetz mit § 40 Patentgesetz. Letzteres bestimmt:

„Mit Geldstrafe bis zu eintausend Mark wird bestraft:

1. wer Gegenstände oder deren Verpackung mit einer Bezeichnung versieht, welche geeignet ist, den Irrtum zu erregen, daß die Gegenstände durch ein Patent nach Maßgabe dieses Gesetzes geschützt seien;
2. wer in öffentlichen Anzeigen, auf Aushängeschildern, auf Empfehlungskarten oder in ähnlichen Kundgebungen eine Bezeichnung anwendet, welche geeignet ist, den Irrtum zu erregen, daß die darin erwähnten Gegenstände durch ein Patent nach Maßgabe dieses Gesetzes geschützt seien".

Wenn auch § 40 nur strafrechtliche Verfolgung anordnet, so ist doch aus ihm ebenfalls die Gewährung des zivilrechtlichen Schutzes auf Unterlassung abzuleiten (R.G. in J.W. 1896 S. 709 Nr. 56, 1901 S. 13 Nr. 18; ferner nach der allgemeinen Bestimmung der G.O. § 1 R.G. C. Bd. 45 S. 59). Insoweit der Tatbestand beider Gesetze vorliegt, kann aus beiden vorgegangen werden. § 40 ist aber enger als § 1. Unter ersteren fällt nicht die Berühmung mit einem ausländischen Patent, oder mit einem Gebrauchs- oder Geschmacksmuster, ferner nicht die Erklärung, daß ein Patent angemeldet sei. Alle diese Tatsachen können aber Gegenstand des § 1 sein.

Im einzelnen ist zu bemerken:

Wie der Anschein erweckt wird, daß ein Gegenstand patentiert ist, ist gleichgültig (Seligsohn S. 362); es genügen die Worte: „patentiert", D.R.P. „pat.", „Patentlampen" (R.G. Str. Bd. 26 S. 192) rc. Daß die Hinzufügung der Buchstaben D.R.G.M. (Deutsches Reichs-Gebrauchsmuster) die Irrtumserregung nicht ausschließt, hat das Reichsgericht (in dem zit. Erk. Str. Bd. 26) angenommen. Die Bezeichnung „patentamtlich geschützt" oder Kaiserliches Patent Nr. X, ist eine falsche, selbst wenn ein auch vom Patentamt erteilter Gebrauchsmusterschutz vorliegt, da das Publikum an das Bestehen eines Patentschutzes glauben kann (L.G. Berlin 1 und K.G. in Bl. 1900 S. 166 und Schöffengericht Straßburg in Bl. 1902 S. 46). Die Bezeichnung „patentiert", ist irreführend, wenn nur Auslandspatente, aber kein deutsches Patent vorliegt (Schöffengericht Dresden in Bl. 1897 S. 287), ebenso unter gleicher Voraussetzung die Bezeichnung „in den meisten Staaten patentiert" (Landgericht Zwickau in Bl. 1897 S. 889). Die Bezeichnung „gesetzlich geschützt" wird vom Publikum im allgemeinen auf die Ware bezogen; ist daher nur die Ausstattung geschützt, so liegt eine unrichtige Angabe vor (Patentamt in Bl. 1900 S. 204). Die Bezeichnung mit einem gültigen und daneben mit mehreren erloschenen Patenten unterliegt der Strafandrohung des § 40 nicht (R.G. Str. Bd. 28 S. 14), kann aber die Anwendung des § 1 begründen.

Sehr häufig ist die Angabe: „D.R.P.a." oder „D.R.P.A." (d. h. angemeldet). Dies ist mehrfach als irreführend erachtet worden, da das Publikum nicht weiß, was A. bedeutet, und darunter eine Abteilung des Patentamts verstehen kann (L.G. Berlin I in Bl. 1901 S. 14, R.G. in Bl. 1898 S. 144).

5. Es wird vielfach über das Überhandnehmen des **Ausstellungs- und Medaillenschwindels** geklagt. Neben großen Ausstellungen werden Scheinausstellungen, oder es werden selbständige Ausstellungen veranstaltet, die auf die Anziehung spekulieren, die Ausstellungsmedaillen für große Kreise des Gewerbestandes haben (vgl. von Boenigk in U.W. I S. 82). Soweit die Frage hier in Betracht kommt, ist hervorzuheben, daß

sehr wohl im Anschluß an die Entscheidungen des Reichsgerichts (vgl. S. 27), welche das Recht zur Führung eines Doktortitels dem absprechen, der denselben von einer Schwindeluniversität erhalten hat, gegen diejenigen auf Grund des § 1 vorgegangen werden kann, die sich des Besitzes von Auszeichnungen rühmen, die von Schwindelausstellungen herrühren. Ob letztere vorliegen ist Tatfrage.

IV h) Anlaß oder Zweck des Verkaufs.

1. Sehr häufig werden unrichtige Angaben über **Anlaß und Zweck des Verkaufs** zur Täuschung des Publikums verwendet. Als Beispiele führt die Begründung an: „wegen Aufgabe des Geschäfts", „wegen Abbruchs des Hauses", „Fortzugshalber", „anläßlich des Ankaufs einer Konkursmasse", Erklärung, daß es sich um „gelegentliche" Verkäufe von Privatpersonen handelt, daß „Ware durch Wasser oder Feuer beschädigt", daß sie durch „strafbare Handlungen" erworben sei (vgl. typische Fälle bei Stegemann S. 34 ff. und die Beispiele S. 24).

2. Ein sehr beliebtes Mittel der Heranlockung der Käufer ist die Anzeige eines **„Ausverkaufs"** (vgl. Kahn in U.W. I S. 54, Fuld in J.Z. VI S. 128, derselbe in G.R. 1900 S. 155, derselbe in U.W. I S. 162). Die Erbitterung des Gewerbestandes über diese vielfach schwindelhafte Geschäftsgebahrung und die Schädigung des reellen Geschäfts war mit ein Hauptgrund für den Erlaß des Gesetzes. Die Begründung führt folgendes aus:

> „Zu dem gleichen Zweck bedient sich der unlautere Wettbewerb mit besonderer Vorliebe des Mittels, den Verkauf von Waren als Ausverkauf in augenfälliger Form anzukündigen, während in Wirklichkeit ein Ausverkauf, d. h. eine Veräußerung der vorhandenen Vorräte zum Zweck der Beendigung, sei es des Geschäftsbetriebes im ganzen, sei es des Verkaufs einer gewissen Warengattung, nicht beabsichtigt ist, vielmehr eine regelmäßige oder gelegentliche Vervollständigung des Lagers durch Beschaffung (Nachschiebung) neuer Waren stattfindet. Diese sogenannten permanenten Ausverkäufe sind namentlich in den mittleren Schichten unserer Gewerbetreibenden Gegenstand vielfacher Beschwerden, die vom Standpunkte des ehrenhaften Wettbewerbes aus völlig berechtigt erscheinen. Sie fallen unter den Tatbestand des Entwurfs, sofern durch die Vorspiegelung eines Ausverkaufs der Wahrheit zuwider der Anschein erweckt werden soll, als ob die Räumung von Vorräten, die nicht wieder ergänzt und daher billig abgegeben werden sollen, beabsichtigt sei. Hinsichtlich der nachträglich beschafften Waren aber, deren Angebot unter dem Aushängeschild eines fortgesetzten Ausverkaufs erfolgt, wird die Anwendbarkeit des Gesetzes je nach der Sachlage dadurch begründet sein, daß über Anlaß oder Zweck des Verkaufs, oder über die Bezugsquelle unrichtige Angaben gemacht sind."

Danach sollte festgestellt werden, daß die Ankündigung eines Ausverkaufs, sofern ein solcher tatsächlich nicht stattfand, unter das Gesetz fallen sollte. Wesentlich für den Begriff des Ausverkaufs ist nach der Definition der Begründung (vgl. auch R.G. Str. Bd. 30 S. 259), daß der Verkauf des ganzen Lagers oder bestimmter Teile desselben zum Zweck der Beendigung des ganzen oder eines teilweisen Geschäftsbetriebs erfolgt, und zwar, wie hinzuzusetzen ist, mit Beschleunigung des Verkaufs unter Gewährung bestimmter Vorteile für den Käufer (O.L. Hamburg in G.A. Bd. 46 S. 63).

Die wichtigste Frage ist die, ob Nachschübe von Waren dem Begriffe des Ausverkaufs widersprechen. Die Begründung nimmt dies augenscheinlich an, auch die Kommentatoren des Gesetzes sind dieser Ansicht (dagegen Daniel S. 116); in der Praxis hat das Reichsgericht (Str. Bd. 30 S. 258 und R.G. im Recht 1902 S. 488 Nr. 2297 und in U.W. II S. 51) Nachschübe im gewissen Umfang für zulässig erklärt, ebenso das O.L. Darmstadt (bei Mugdan 1900 S. 368), L.G. Berlin I (in G.R. 1897 S. 145), O.L. Karlsruhe (in D.J. Bd. V S. 235). Das bezeichnete Erkenntnis des Reichsgerichts hat lebhaften Widerspruch gefunden (Kritik desselben Bachem u. Roeren S. 27, Stephan S. 43, Fuld in U.W. I S. 165, Kahn in U.W. I S. 35).

Es läßt sich nicht leugnen, daß das Urteil inbetreff der Zulassung von Nachschüben so interpretiert werden kann, daß der eigentliche Zweck des Gesetzes, der unlauteren Anzeige eines Ausverkaufs entgegenzutreten, gefährdet wird. Die Praxis insbesondere der unteren Gerichte scheint in der Auslegung sehr weit gegangen zu sein und Nachschübe von Waren ohne die auch vom Reichsgericht angenommene Beschränkung für zulässig erklärt zu haben, so daß ein Regierungsvertreter der Petitionskommission des Reichstages vor zu weiter Auslegung des reichsgerichtlichen Urteils warnte und in ähnlicher Weise das Oldenburgische Ministerium eine Erläuterung des Urteils bekannt gab (beides in U.W. I S. 139, 140). Im März 1903 hat der Reichstag eine Petition, Nachschübe zu verbieten, der Regierung zur Berücksichtigung überwiesen.

Andererseits kann begrifflich denen nicht zugestimmt werden, die jeden Nachbezug von Waren für unzulässig erklären. Zuzugeben ist, daß diese Auslegung am besten vor schwindelhaften Ausverkäufen schützen würde; andererseits aber muß hervorgehoben werden, daß der Ausverkauf als solcher nicht verboten ist (vgl. R.G. in J.W. 1897 S. 327 Nr. 18), die Auslegung daher nie so weit gehen darf, reelle Ausverkäufe zu erschweren oder unmöglich zu machen. An sich liegt im sprachlichen und handelsüblichen Begriff des Ausverkaufs, daß die vorhandenen Waren durch beschleunigten Verkauf fortgeschafft werden sollen. Nun ist es möglich, daß die vorhandenen Waren ohne eine gewisse Ergänzung gar nicht verkauft werden können, wenn z. B. bei Waren, die nur dutzendweise verkauft werden können, weniger als zwölf Stück vorhanden sind; wenn einem Service einige Stücke fehlen ꝛc. Hier ist der Nachbezug unbedenklich, denn er dient direkt dem Zwecke des Ausverkaufs. Soweit dieser enge Zusammenhang, der allerdings den Zwecken des Gesetzes entsprechend sehr eng zu interpretieren ist, nicht vorliegt, wenn also insbesondere der Nachbezug erfolgt, um unter dem Deckmantel des Ausverkaufs möglichst viel neuangeschaffte Waren zu verkaufen (vgl. O.L. Dresden in G.R. 1901 S. 26), so widerstrebt der Nachbezug dem Begriff des Ausverkaufs. Ob der vom Reichsgericht entschiedene Fall — es hatte jemand einzelne besonders gangbare Artikel in kleinen Quantitäten nachbezogen um den Verkauf weniger gangbarer zu fördern — als wirklicher Ausverkauf anzusehen ist, ist Tatfrage; jedenfalls nötigt die reichsgerichtliche Entscheidung, die auf der nicht anfechtbaren tatsächlichen Feststellung des ersten Richters beruhte, in keiner Weise zu der Annahme, daß das Reichsgericht davon ausgegangen ist, daß Nachbezug auch dann zulässig sei, wenn er nicht direkt dem Zweck des Ausverkaufs dient.

3. Im einzelnen ist zu bemerken:

a) **Verboten ist nicht der unreelle Ausverkauf als solcher, sondern die dem Gesetz widersprechende Ankündigung eines solchen.** Diese muß falsche Tatsachen enthalten. Soweit sich daher die Ankündigung nicht auf Gegenwärtiges bezieht (über diesen Begriff vgl. R.G.C. Bd 46 S. 54), ist zu prüfen, ob nach der objektiven Sachlage im Zeitpunkt der Ankündigung davon auszugehen war, daß sie nicht würde erfüllt werden. Bei der Beurteilung dieser Frage ist das gesamte Geschäftsgebaren auch nach der Ankündigung in Betracht zu ziehen, da es einen Schluß auf die frühere Sachlage zuläßt (vgl. das zit. R.G.-Erkenntnis und R.G. in J.W. 1898 S. 368 Nr. 64).

b) **Es kommt nicht auf den gebrauchten Ausdruck „Ausverkauf" „Totalausverkauf" ꝛc. an,** ebenso wenig ist nötig, daß der Grund des Ausverkaufs angegeben wird (Bachem u. Roeren S. 78); es genügt, wenn aus der Ankündigung hervorgeht, daß eine schleunige Räumung des ganzen oder eines Teiles des Lagers beabsichtigt wird. Der Ausdruck „Totalausverkauf", besonders wenn hinzugefügt ist „wegen Räumung des Ladens" oder „wegen Auflösung der Firma" deutet auf die Absicht, den Geschäftsbetrieb im ganzen zu beendigen (O.L. Dresden in Seuffert N.F. Bd. 25 S. 283 und in A.D. 1900 S. 345); doch kann diese Auslegung durch die deutlich erkennbaren Beschränkungen modifiziert werden (R.G. in J.W. 1897 S. 327 Nr. 17).

c) In der Aufnahme bereits vorbestellter Waren in die zum Ausverkauf gelangenden Vorräte liegt keine unzulässige Ergänzung der Waren (O.L. München in G.R. 1898 S. 315).

d) Wenn jemand annonciert, daß er verschiedene Artikel gänzlich ausverkaufe, ohne bestimmte zu benennen, so genügt es, wenn er wirklich eine Anzahl Artikel ausverkauft (R.G. Str. Bd. 30 S. 260).

C. Folgen der Verletzung des § 1.

I. Allgemeines.

1. Gegen denjenigen, der entgegen den Bestimmungen des § 1 unrichtige Angaben gemacht hat, gibt das Gesetz drei Rechtsmittel:

a) **die Zivilklage auf Unterlassung,**

b) **die Klage auf Schadensersatz,**

c) **strafrechtliches Vorgehen** (§ 4).

Die erste Klage setzt weder dolus noch Fahrlässigkeit voraus, sie kann von Gewerbetreibenden, die Waren oder Leistungen gleicher oder verwandter Art, wie der Täter, herstellen oder vertreiben, ferner aber von den im § 1 bezeichneten Verbänden verfolgt werden, die Klage auf Schadensersatz erfordert Kennen oder Kennenmüssen des Täters und steht nur den betreffenden Gewerbetreibenden, nicht den Verbänden zu; die Strafverfolgung hat Wissentlichkeit zur Voraussetzung (über letztere vgl. zu § 4).

2. **Welche von beiden zivilrechtlichen Klagen anzustellen ist, liegt in der Wahl des Klägers;** er kann jede von ihnen allein, er kann beide in gesonderten Prozessen, auch beide gemeinsam (§ 260 C.P.O.) anstellen. Die Voraussetzungen beider Klagen sind auch, abgesehen von den bezeichneten beiden die Aktivlegitimation und die Kenntnis des Täters von der Unrichtigkeit betreffenden Punkten, verschieden, da die Schadensersatzklage den Nachweis des Schadens verlangt, anderer Verjährung unterliegt 2c. (vgl. § 11 Abs. 2). Auch ihre Wirkungen sind, den gestellten Ansprüchen gemäß, durchaus anders geartet; es müssen daher beide gesonders behandelt werden.

Da für beide Klagen die Voraussetzungen und Wirkungen verschieden sind, demgemäß gleiche Ansprüche nicht vorliegen, so steht der einen Klage, falls die andere schwebt, nicht der Einwand der Rechtshängigkeit, falls die andere entschieden ist, nicht der Einwand der Rechtskraft entgegen. (So hat das R.G. in Bl. 1901 S. 259 für die Unterlassungsklage bei patentrechtlichen Ansprüchen entschieden.)

Eine Umwandlung der Unterlassungsklage in die Schadensersatzklage ist jetzt nach § 264 C.P.O. zulässig (vgl. auch Seligsohn, Patentrecht S. 105).

3. Ihrem **Rechtsgrunde** nach sind die zivilrechtlichen Ansprüche Forderungen aus einer durch das Gesetz als unerlaubt erklärten Handlung, es kommen also für die Frage der Täterschaft, Haftbarkeit Dritter 2c. die allgemeinen Grundsätze des Zivilrechts über unerlaubte Handlungen (§§ 828 ff. B.G.B.) zur Anwendung (Müller S. 48. Für die Klagen auf Unterlassung weitergehend. R.G. in J.W. 1903 S. 128 Nr. 16.)

II. Der Unterlassungsanspruch.

a) Allgemeines.

1. **Die Klage auf Unterlassung ist eine Leistungsklage,** da sie eine Verurteilung zu einem bestimmten Nicht-Handeln bezweckt und erreicht; sie ist daher nicht als Feststellungsklage im Sinne des § 256 C.P.O. anzusehen (so in Anerkennung allgemeiner Praxis R.G. C. Bd. 25 S. 378, ferner R.G. C. Bd. 33 S. 138 analog für § 13 Warenzeichengesetz). Es bedarf demnach nicht des Nachweises eines rechtlichen Interesses an der alsbaldigen Feststellung.

Wenn, bevor die in § 1 verbotene Tat begangen ist, ein Gewerbetreibender ein Interesse daran hat, alsbald festzustellen, daß die Tat dem § 1 widersprechen würde, kann vor der Unterlassungsklage die Feststellungsklage gegeben sein; z. B. wenn ein Konkurrent Zirkulare mit nicht erlaubten Erklärungen drucken läßt, oder wenn er unrichtige tatsächliche Erklärungen zunächst nicht in der Öffentlichkeit abgibt, aber zu befürchten ist, daß er sie öffentlich wiederholen werde (vgl. Finger S. 65). In diesem Fall lautet der Klageantrag: Beklagten zu verurteilen, anzuerkennen, daß er nicht berechtigt ist, die Tatsachen öffentlich zu verbreiten. Für diese Klage ist nach § 256 C.P.O. der Nachweis des Interesses an der alsbaldigen Feststellung notwendig.

Die Feststellungsklage kann auch begründet sein, wenn verbotene Erklärungen zwar vorlagen, aber beseitigt sind und Kläger aus der Tatsache der früheren Vergehen Rechte für sich herleiten will, die er zur Zeit noch nicht erheben kann (Vgl. R.G. in J.W. 1900 S. 555 Nr. 8)

2. **Der Unterlassungsanspruch ist kein selbständiger Anspruch.** Er ist geknüpft an die Tatsache, daß Kläger ein gleiches oder verwandtes Gewerbe betreibt (vgl. hierzu Wolff S. 17 ff.). Daraus folgt:

a) Der Anspruch kann nicht übertragen werden, weil sein Inhalt ein anderer wird, wenn ein Dritter ihn geltend macht (§ 399 B.G.B.).

b) Er ist aus gleichen Gründen nicht pfändbar (§ 851 C.P.O.) und nicht vererblich.

c) Er besteht nur so lange, als der Benachteiligte sein Gewerbe fortsetzt. Löst er dasselbe während der Dauer des Prozesses auf, so ist der Prozeß in der Hauptsache erledigt und es kann nur noch über die Kosten gestritten werden. Tritt die Auflösung nach Erlaß eines Urteils vor Einlegung des Rechtsmittels ein, so ist die Einlegung unzulässig (Gaupp-Stein Anm. 10 zu § 99).

d) Mit dem Übergang des ganzen Geschäfts mit Aktiven geht der an den Betrieb des Gewerbes geknüpfte Anspruch auf Unterlassung auf den Erwerber über; der Übergang tritt mangels abweichender Bestimmung kraft Gesetzes ein, wenn der Erwerber das bisherige Geschäft unter derselben Firma fortführt (H.G.B. § 25). Der Erwerber kann daher auch gegen Handlungen, die vor dem Erwerbe durch ihn stattgefunden haben, Unterlassungsklage erheben. Schwebt zur Zeit des Übergangs bereits ein Prozeß, so muß angenommen werden, daß eine Fortsetzung desselben nicht möglich ist. Der bisherige Kläger kann in der Hauptsache nicht weiter verhandeln, weil er das Gewerbe nicht mehr betreibt; der Erwerber kann gemäß § 265 C.P.O. nicht eintreten: es bleibt also nur Anstellung einer neuen Klage durch den Erwerber möglich (Wolff S. 18 nimmt an, daß der Erwerber in den Prozeß eintritt und der bisherige Kläger wegen der Kosten Partei bleibt. Dies widerspricht aber § 265 C.P.O., dessen Worte: „den geltend gemachten Anspruch abzutreten" sich entgegen Wolffs Auffassung auch auf den Fall des Übergangs von Ansprüchen bei Fortführung eines Handelsgeschäfts beziehen, vgl. Gaupp-Stein Anm. III zu § 265).

e) Kommt der Inhaber des Gewerbes in Konkurs, so kann er, da er das Gewerbe nicht fortsetzt, einen Prozeß auf Unterlassung nicht anstellen; der Konkursverwalter kann, soweit er das Gewerbe fortsetzt, Prozesse anstellen und angestellte weiter verfolgen; soweit aber das Gewerbe nicht fortgesetzt wird, hat er diese Befugnis deswegen nicht, weil der Unterlassungsanspruch, als der Vollstreckung nicht unterliegend, nicht zur Konkursmasse gehört (§ 1, § 10 K.O., ebenso Wolff S. 18; dagegen Müller S. 49). Nur, wenn der Anspruch auf Unterlassung zum Schutz gegen Vermögensgegenstände des Kridars treffende Äußerungen erhoben ist, z. B., wenn der Beklagte behauptet, seine Ware sei allein aus einer bestimmten Fabrik, während Kläger ebenfalls von dort bezieht, kann der Prozeß als ein den Wert der Ware und damit die Konkursmasse betreffender angesehen werden, in den der Verwalter gemäß § 10 K.O. eintreten kann (so implizite R.G. C. Bd. 45 S. 374, welches sogar das Bestreiten des Kridars gegen den Untersagungsanspruch eines anderen als einen von ihm erhobenen Anspruch auf unbeschränkte Ausübung eines Rechts charakterisiert und dem Verwalter das Recht des Eintritts gibt). Da aber derartige Fälle meist unter § 6 fallen, und ihre Subsummierung unter § 1 sehr selten sein wird, so ist im allgemeinen ein Eintrittsrecht des Verwalters in die für den Kridar schwebenden Unterlassungsklagen aus § 1 zu verneinen.

II b) Voraussetzungen.

1. **Es ist notwendig, daß zur Zeit der Zustellung der Klage die Bedingungen des § 1 vorhanden sind;** hat der Beklagte verbotene Erklärungen veröffentlichen wollen und demnächst von denselben Abstand genommen, so ist ein Klagerecht auf Unterlassung nicht vorhanden (vgl. R.G. in J.W. 1900 S. 555 Nr. 8). Hat dagegen eine Veröffentlichung bereits stattgefunden, so genügt die Beseitigung derselben und das private Versprechen, derartige Erklärungen zu unterlassen, nicht, da dann die Störung des Rechts der anderen Gewerbetreibenden bereits eingetreten ist und der Öffentlichkeit gegenüber gewirkt hat, es ist daher trotz der Beseitigung Klage auf Unterlassung weiterer derartiger Erklärungen gegeben (O.L. Kiel bei Seuffert N.F. 24 S. 37, O.L. Dresden bei Poeschl S. 64, dagegen R.G. in J.W. 1897 S. 328 Nr. 18, R.G. bei Mugdan II, 162 und L.G. Hamburg in Bl. 1900 S. 827, letzteres für Ansprüche aus dem Markenschutzgesetz; ferner Marcus in J.Z. VIII S. 172). Ebenso ist es gleichgültig, wenn der Beklagte im Laufe des Prozesses die Erklärungen widerruft oder die unrichtige Tatsache wahr wird (R.G. in J.W. 1900 S. 318 Nr. 20. Über die Kosten im Fall des Anerkenntnisses vgl. S. 55 Nr. II i).

Ein Nachweis der Besorgnis weiterer Beeinträchtigungen ist nicht nötig (L.G. Berlin I in U.W. I S. 179, dagegen O.L. Frankfurt im Recht 1902 S. 376 Nr. 1826).

2. Es ist nicht der Nachweis irgend eines persönlichen oder vermögensrechtlichen **Interesses** seitens des Klägers erforderlich. Jeder Gewerbetreibende oder Verein der in § 1 bezeichneten Art gilt ohne weiteres als berechtigt, die Unterlassungsklage anzustellen.

3. Voraussetzung des Anspruchs ist nur, daß der Täter die Angaben, so wie sie objektiv gemacht sind, **vorsätzlich** gemacht hat. Weder ist nötig, daß er die Unrichtigkeit der von ihm angegebenen Tatsachen kannte oder daß er sie fahrlässigerweise nicht gekannt hat, noch braucht er sich des Vorliegens der übrigen Tatbestandsmerkmale des § 1 bewußt gewesen zu sein (R.G. in U.W. II S. 13, ferner A.D. 1900 S. 40, R.G. in J.W. 1901 S. 13 Nr. 20, und in J.W. 1902 S. 369 Nr. 35, R.G. C. Bd. 46 S. 51). Der Beklagte kann sich daher selbst nicht mit der bewiesenen Behauptung, daß er guten Glaubens gewesen und daß er die Unrichtigkeit der von ihm gemachten Angaben gar nicht hätte erkennen können, entschuldigen.

Dies gilt aber nur von der Unterlassungsklage im Gegensatz zur Klage auf Schadensersatz, die Vorsatz oder Versehen voraussetzt (s. S. 61).

IIc) Berechtigter, Kläger.

1. Den Anspruch auf Unterlassung kann **der Gewerbetreibende, der Waren oder Leistungen gleicher oder verwandter Art herstellt oder in den geschäftlichen Verkehr bringt**, erheben. Dieser Anspruch ist, wie die Begründung hervorhebt, an den Nachweis eines besonderen rechtlichen Interesses nicht geknüpft. Der Umstand, daß jemand Konkurrent im Sinne des Gesetzes ist, genügt, ihn zur Klage zu legitimieren. Dagegen gibt das Gesetz dem Käufer und Konsumenten ein Recht nicht. Diese haben lediglich die ihnen nach dem bürgerlichen Recht zustehenden Befugnisse auf Rücktritt oder Preisminderung rc. wegen Mängel, Betruges rc. Auch §§ 823 ff. B.G.B. kann ihnen zur Seite stehen. Im einzelnen ergibt sich über die Aktivlegitimation folgendes:

2. **Gewerbe ist im weitesten Sinne zu interpretieren** (vgl. S. 9 ff); nur muß die Tätigkeit, wenn sie als gewerblich aufgefaßt werden soll, auf Gewinn gerichtet sein (daher in den „geschäftlichen" Verkehr bringt in § 1); geschieht sie unentgeltlich, aus Wohltätigkeit oder nur für den eigenen Bedarf, so liegt kein Gewerbe vor, deshalb sind Konsumvereine (Gesetz vom 12. August 1896), die nur an ihre Mitglieder verkaufen dürfen, und Kasinos, Kantinen, eingetragene Genossenschaften (Gesetz vom 1. Mai 1889, vgl. Wolff S. 48) nicht als Gewerbetreibende im Sinne dieses Gesetzes anzusehen.

Der Betrieb eines verbotenen Gewerbes gewährt den Schutz des Gesetzes nicht.

3. **Das Gewerbe muß betrieben werden** und zwar, wie aus den Worten „der ..... herstellt oder in Verkehr bringt" hervorgeht, ist nur der berechtigt, der es selbständig betreibt. Weder der Angestellte, noch der Direktor einer Gesellschaft hat des Recht, wohl aber der Kommissionär, der Agent (G.R. 1901 S. 87 Anm.), ferner auch der Generalvertreter einer ausländischen Firma, soweit er in seinen eigenen Interessen geschädigt ist (O.L. Hamburg in G.R. 1898 S. 83). Selbstverständlich können auch juristische Personen Gewerbetreibende sein und dann die Rechte aus § 1 ausüben.

4. Die Waren oder Leistungen müssen **hergestellt** oder in den **geschäftlichen Verkehr gebracht** werden. Unter den ersteren Begriff fallen alle Produzenten und zwar sowohl fabrik- als handwerksmäßige. Der Ausdruck „in den Verkehr bringen", der sich ähnlich auch in §§ 12 und 14 des Warenzeichengesetzes und § 4 des Patentgesetzes befindet, bedeutet jeden Eintritt in den Verkehr durch die Tätigkeit des Gewerbetreibenden (R.G. Str. Bd. 11 S. 242), jede Handlung, durch welche die Ware oder Leistung auf Grund eines im Gewerbebetriebe abgeschlossenen Rechtsgeschäfts in das Eigentum eines anderen übertragen wird (R.G. C. Bd. 13 S. 425). Wenn auch im vorliegenden Gesetz der Ausdruck „feilhalten", den die anderen bezeichneten Vorschriften haben, nicht ausdrücklich mitgebraucht ist, so ist nicht zu bezweifeln, daß auch das Angebot der Waren und Leistungen als Gewerbebetrieb im Sinne des Gesetzes anzusehen ist (Finger S. 56, Kahn S. 43).

5. **Der Ort des Gewerbebetriebes ist gleichgültig** (über Ausland vgl. S. 13, Nr. 3). Das Gesetz enthält eine räumliche Beschränkung nicht, so daß z. B. ein Gewerbetreibender in Berlin gegen einen in Dresden wohnhaften Klage erheben kann. Es folgt dies daraus, daß, soweit es sich um gleiche oder verwandte Gewerbe handelt, ein Nachweis eines besonderen Interesses nicht gefordert wird.

6. Der Gewerbebetrieb des Klägers muß Waren oder Leistungen **gleicher oder**

verwandter Art umfassen, wie die sind, inbetreff deren unrichtige Angaben gemacht worden sind. Es kommt auf die objektive Tatsache des Gewerbebetriebs in derartigen Waren an; ob sich der Kläger fälschlich anders bezeichnet, ist gleichgültig (R.G. in J.W. 1899 S. 447 Nr. 48: ein Goldwarenhändler hatte sich als Fabrikant bezeichnet); ebenso ob die gleichen oder verwandten Waren zu gleichen oder geringeren Preisen abgegeben werden (R.G. in J.W. 1899 S. 706 Nr. 22).

Der Begriff „**verwandter Art**" ist weitergehender, als der in § 5 des Warenzeichengesetzes gebrauchte Ausdruck „gleichartig"; es sind daher die hierzu ergangenen Entscheidungen des Patentamts (vgl. Geitel S. 268) insoweit heranzuziehen, als Waren, die dort als gleichartig bezeichnet sind, sicherlich als verwandt angesehen werden müssen. Als solche hat das Patentamt z. B. erklärt: Echte Gold- und Silberwaren mit unechten, Rauchtabak und Zigarren, ferner z. B. deutschen und französischen Champagner, dänischen Sprit und sonstige Likörfabrikate (O.L. Hamburg bei Seuffert N.F. Bd. 28 S. 277), Apparate und deren einzelne Teile z. B. Schreibmaschinen und Farbbänder (Patentamt in Bl. 1902 S. 28). Waren, die als Genußmittel dienen (Branntwein), sind nicht gleichartig mit Waren, die bestimmungsmäßig technischen Zwecken dienen (Brennspiritus), selbst wenn in Ausnahmefällen eine Benutzung der letzteren Art Ware zu Genußzwecken stattfindet (O.L. Hamburg in A. 1901 S. 153). Ebenso reicht der Umstand, daß beide Waren aus gleichem Stoff sind, nicht aus, um sie als gleichartig zu bezeichnen (Gummikämme und Gummilineale Bl. 1902 S. 197).

Es wird nicht so sehr auf technische oder chemische Verwandtschaft zu sehen sein, wie darauf, ob nach der Anschauung im Handel und Verkehr eine Gleichartigkeit als bestehend angenommen wird (R.G. in Bl. 1901 S. 264 und 265).

II d) Verbände zur Förderung gewerblicher Interessen als Kläger.

1. § 1 bezweckt an sich nur den Konkurrenten zu schützen, will aber, wie das ganze Gesetz, auch im öffentlichen Interesse den Auswüchsen des Wettbewerbs entgegentreten. Es ist daher das Klagerecht auf Unterlassung, (nicht auch das auf Schadensersatz), nicht lediglich dem einzelnen Mitbewerber gegeben, sondern es sollen zur Klage auch die parteifähigen **Verbände zur Förderung gewerblicher Interessen** befugt sein und zwar, wie die Begründung ausführt, „ohne Unterscheidung, ob ein solcher Verein den Schutz des durch die Reklame betroffenen Gewerbezweiges sich zur besonderen Aufgabe macht oder Ziele allgemeiner Art verfolgt".

2. **Der Verein muß die Fähigkeit haben, als solcher klagen zu können, also parteifähig sein** (§ 50 C.P.O.). Parteifähigkeit setzt Rechtsfähigkeit voraus.

a) Rechtsfähig sind auch die **juristischen Personen**, denen durch Gesetz oder staatliche Verleihung (§ 22 B.G.B.) Rechtsfähigkeit gegeben ist, ferner Vereine, deren Zweck nicht auf einen wirtschaftlichen Geschäftsbetrieb gerichtet ist, falls sie in das Vereinsregister eingetragen sind. Als solche Vereine sind die anzusehen, die lediglich zur Förderung gewerblicher Interessen oder zur Bekämpfung des Wettbewerbs gebildet sind (Wolff S. 51), so daß inbetreff dieser Vereine das Klagerecht durch Eintragung in das Vereinsregister gegeben ist.

b) Kraft gesetzlicher Vorschrift haben Rechtsfähigkeit die Innungen (§ 86 G.O. vom 26. Juli 1900), die gemäß ihrer Bestimmung „zur Förderung der gemeinsamen gewerblichen Interessen" (§ 81) aus § 1 vorgehen können; ferner die Innungsverbände und Innungsausschüsse, falls ihnen die Parteifähigkeit ausdrücklich verliehen ist (§ 101 Abs. 3 § 104g G.O.).

c) Eingeschriebene Hilfskassen haben zwar Parteifähigkeit (§ 5 Gesetz vom

7. April 1876); sie bezwecken aber nicht die Förderung gewerblicher Interessen, sondern nur Unterstützung für den Fall der Krankheit; ihnen steht daher das Klagerecht nicht zu (dagegen Finger S. 60).

d) Erwerbs- und Wirtschaftsgenossenschaften, die gemäß § 1 des Gesetzes vom 1. Mai 1889 die Förderung des Erwerbes oder der Wirtschaft ihrer Mitglieder bezwecken, erfüllen die Bedingungen des § 1. Sie deswegen auszuschließen, weil sie nur die Interessen ihrer Mitglieder fördern (Wolff S. 50), findet im Gesetz keinen Anhalt.

e) Die auf der Arbeiterschutzgesetzgebung beruhenden Verbände wie Berufsgenossenschaften und Krankenkassen verfolgen keine gewerblichen Interessen, sind daher hier nicht klageberechtigt (so Finger S. 61, Stephan S. 46, dagegen Osterrieth S. 44).

f) Was die Handelskammern und Gewerbekammern betrifft, so ging bisher die allgemeine Ansicht dahin, daß diese nicht zur Klage berechtigt sind, weil sie Korporationen des öffentlichen Rechts sind (so alle Kommentatoren außer Schmid S. 301, Osterrieth S. 44). Der Ansicht muß auch beigetreten werden, da öffentliche Behörden – und um solche handelt es sich bei den Kammern — nie als Verbände angesehen werden können, vielmehr unter letzteren nur private Vereinigungen zu verstehen sind. In neuerer Zeit aber geht durch Literatur und Praxis das Bestreben, den Handelskammern das Recht der Klage einzuräumen. Fuld (in U.W. I S. 142), Dove (ebenda II S. 18), Stegemann (II S. 19) sprechen sich dafür aus, indem sie sich darauf berufen, daß die Handelskammern ebenfalls der Förderung gewerblicher Zwecke dienen. Ferner hat das O.L. Karlsruhe (G.Z. 1901 S. 243) den Handelskammern des badischen Rechts und das Reichsgericht in einer beiläufigen Bemerkung den preußischen Handelskammern die Klagebefugnis gewährt (R.G. Str. Bd. 35 S. 269); ebenso das Kammergericht (in J.Z. Bd. 7 S. 534) und das Reichsgericht (Str. Bd. 35 S. 268) den Ärztekammern, bei denen gleiche Bedenken obwalten.

3. Verfolgt der Verband **allgemeine Ziele** oder umfaßt er allgemein die Vertretung von Handel und Gewerbe, oder den Schutz gegen unlauteren Wettbewerb, so kann er ohne Beschränkung gegen jede Verletzung des § 1 vorgehen; umfaßt er nur **bestimmte Klassen** von Gewerbetreibenden, so beschränkt sich sein Klagerecht auf die von Angehörigen gleicher oder verwandter Gewerbe veranlaßten Verfehlungen. Wenn auch der Wortlaut des Gesetzes eine weitergehende Interpretation nicht ausschließt und die Begründung dieselbe begünstigt, so ist doch der Sinn des Gesetzes der, daß nur derjenige vorzugehen das Recht hat, der ein Interesse an der Verfolgung hat. Bei Personen wird das Interesse präsumiert für Gewerbetreibende gleicher und verwandter Gewerbe, es würde prinzipwidrig sein, diese Beschränkung nicht auch bei Verbänden, die nur die Interessen bestimmter Gewerbe schützen, eintreten zu lassen (Wolff S. 49, dagegen Finger S. 60).

II e) Täter, Beklagter.

1. Die Begründung sagt folgendes:

„Der Anspruch richtet sich gegen denjenigen, der unwahrer Angaben sich schuldig gemacht hat, mag er der Inhaber oder der Angestellte, Gehilfe, Reisende eines Geschäfts sein. Auch dritte Personen, welche zu Gunsten eines Erwerbsgeschäfts unwahre Angaben verbreiten, werden von dem Anspruche getroffen. Inwieweit der Geschäftsherr für die von seinen Angestellten u. s. w. oder von dritten Personen gemachten unwahren Angaben haftet, bestimmt sich nach allgemeinen Rechtsgrundsätzen.“

Das Gesetz bestimmt lediglich: „Wer . . . Angaben macht“; ebenso macht es im zweiten Absatz für den Schaden den verantwortlich, der „die Angaben gemacht hat“, welche Fassung die Reichstagskommission statt der ursprünglichen Worte „den Urheber der Angaben" gewählt hat, um eine möglichst ausdehnende Interpretation zu sichern. Demnach ist Täter und der zu Verklagende derjenige, der in eigenem oder fremdem Interesse die falschen Angaben macht oder verbreitet; der, auf dessen Willen sie zurückzuführen sind, und der, welcher sich als Anstifter oder Gehilfe beteiligt (§ 830 Abs. 2 B.G.B., vgl. R.G. C. Bd. 33 S. 189), oder der für den Täter verantwortlich ist.

2. **Täter wird in der Mehrzahl der Fälle der Konkurrent sein.** Es ist aber nicht notwendig, daß der Verbreiter der unwahren Tatsachen dies im eigenen Interesse tut (vgl. R.G. Str. Bd. 35 S. 417). Wer veröffentlicht, daß die Ware eines anderen besonders billig zu haben sei, haftet ebenso, als wenn er die eigene Ware angepriesen habe. Ebenso haftet der Kolporteur und jeder sonstige Verbreiter (über Haftung bei Preßartikeln Seite 62).

3. **Der Angestellte eines Kaufmanns,** der sich zur Verbreitung falscher Nachrichten hergibt, **haftet selbst.** Es wird allgemein angenommen, daß diese Haftung fortfällt, falls die Angestellten die Handlung lediglich unter dem Zwange ihres Brotherrn begehen (z. B. Lobe S. 44, Fuld S. 77, Finger S. 99). Dem kann nicht beigetreten werden. Allerdings, insoweit die Angestellten lediglich tatsächliche Botendienste versehen, oder insofern ein direkter Zwang vorhanden ist, der die freie Willensbestimmung ausschließt, fällt die Haftung fort. In anderen Fällen aber, in denen der Angestellte zwar auf Anordnung seines Chefs, aber nach eigener Selbstbestimmung handelt, haftet er, da es keinen allgemeinen Grundsatz gibt, der den Angestellten gestattet, andere zu schädigen, wenn es der Geschäftsherr befohlen hat.

4. Eine hiervon verschiedene Frage ist die der **Haftung des Geschäftsherrn für Handlungen der Angestellten** (Kohler in U.W. I S. 2). Zunächst ist die Haftung vorhanden, wenn Geschäftsherr und Angestellter die Handlung gemeinsam begangen haben (§ 830 Abs. 1 B.G.B.), ferner wenn der Geschäftsherr Anstifter oder Gehilfe ist (§ 830 Abs. 2 B.G.B.). Der Begriff des gemeinschaftlichen Handelns und der Hilfeleistung ist aber dem Sinn und Zweck des Gesetzes entsprechend weiter zu nehmen, als dies im strafrechtlichen Sinne geschieht. Das Gesetz statuiert in § 1 die Verpflichtung jedes Gewerbetreibenden, die dort näher bezeichneten unrichtigen Angaben zu unterlassen. Ein Geschäftsmann, der ein ohne sein Wissen erschienenes Inserat nachträglich gutheißt (R.G. in J.W. 1899 S. 545 Nr. 47), derjenige ferner, in dessen Gegenwart und ohne dessen Widerspruch durch Dritte Behauptungen aufgestellt werden (O.L. München G.R. 1898 S. 156), oder der sich nicht darum bekümmert, welche Angaben in seinen Schaufenstern oder in seinem Laden von seinen Angestellten gemacht sind (O.L. Kiel in Seuffert N.F. Bd. 24 S. 38), handelt der im § 1 statuierten Verpflichtung ebenso zuwider, wie wenn er die Angaben selbst gemacht hätte. Daher macht Genehmigung, Geschehenlassen, Nichtanwendung der im Verkehr üblichen Sorgfalt nach § 1 haftbar und kann in diesen Fällen gegen den Inhaber des Gewerbes auf Unterlassung vorgegangen werden (vgl. Müller S. 50, Wolff S. 54 und R.G. in J.W. 1903 S. 128 Nr. 16).

5. **Noch weiter geht die Haftung des Geschäftsherrn aus § 831 B.G.B.** Nach diesem Paragraphen haftet der, der einen anderen zu einer Verrichtung bestellt, für den Schaden, den der andere in Ausführung dieser Verrichtung einem Dritten widerrechtlich zufügt, es sei denn, daß der Geschäftsherr nachweisen kann, daß er bei der Auswahl der bestellten Person die im Verkehr erforderliche Sorgfalt beobachtet hat. Eine derartige Haftung ist z. B. anzunehmen, wenn ein Reisender auf seiner Reise nach § 1 verbotene Tatsachen verbreitet, wenn ein angestellter Verkäufer im Laden dies tut rc., natürlich insoweit sonst die Voraussetzungen des § 1 vorliegen. In diesen Fällen haftet der Chef direkt, es sei denn, daß er beweisen kann, daß er bei der An=

stellung des Reisenden oder Verkäufers oder bei der Leitung der Verrichtung die übliche Sorgfalt angewendet hat. Zur „Leitung" gehört auch die Anweisung über das Verhalten bei Ausführung des Geschäfts (Kohler in U.W. I S. 2, dagegen Wassermann in U.W. I S. 53). Immerhin werden, da der letztbezeichnete Beweis meist schwer zu führen sein wird, die Anwendungsfälle dieses Paragraphen nicht allzuhäufig sein; die Geltung der Bestimmung aber für die Unterlassungsklage vollständig auszuschließen (vgl. Finger S. 68) liegt kein Grund vor. § 881 handelt allerdings nur von der Verpflichtung zum Schadensersatz; er spricht aber ein allgemeines Prinzip aus, welches analog auch für die Unterlassungsklage Anwendung findet.

6. **Mehrere Täter sowie Anstifter und Gehilfen haften als Gesamtschuldner** (§ 830 B.G.B.), ebenso haften diejenigen, deren Haftung in § 831 ausgesprochen ist (§ 840 Abs. 1). Werden dieselben zusammen verklagt, so liegt Streitgenossenschft vor (§§ 59, 60 C.P.O.), die aber keine notwendige im Sinne des § 62 C.P.O. ist, da das Rechtsverhältnis jedem einzelnen gegenüber verschieden festgestellt werden kann (O.L. Kolmar in J.Z. IV S. 340).

7. **Erben haften wie der Erblasser**, da kein Grund vorhanden ist, von der allgemeinen Haftung der Erben (§ 1967 B.G.B.) inbetreff der auf Unterlassung gerichteten Klage, die in dem Verhalten des Erblassers ihren Grund hat, eine Ausnahme zu machen (ebenso Müller S. 54, dagegen Lobe S. 141 und Seligsohn, Patentrecht S. 105, die die Erbenhaftung nur anerkennen, wenn der Anspruch vor dem Tode rechtshängig geworden ist).

8. Wenn bei einer **offenen Handelsgesellschaft** einer der vertretungsberechtigten Gesellschafter bei Ausübung einer für die Gesellschaft vorgenommenen Tätigkeit (Staub S. 406 Anm. 2) eine der nach § 1 verbotenen Handlungen vornimmt, so kann sowohl er, als auch die Gesellschaft auf Unterlassung in Anspruch genommen werden (R.G. C. Bd. 15 S. 128).

9. **Juristische Personen, Vereine, Aktiengesellschaften** haften für die Handlungen ihrer gesetzlichen Vertreter, die in Ausführung der ihnen zustehenden Verrichtungen begangen sind (R.G. in J.W. 1900 S. 21 Nr. 37). Sie können daher wegen derartiger Erklärungen ihrer Vertreter neben diesen belangt werden (§ 31 B.G.B.). Nicht rechtsfähige Vereine haben zwar passive Parteifähigkeit gemäß § 50 C.P.O., für sie gilt aber der Satz des § 31 B.G.B. nicht, so daß hier nur die wirklichen Täter oder Teilnehmer haften.

10. Durch den **Konkurs** des Beklagten tritt weder eine Unterbrechung des Verfahrens, noch eine Aufnahme durch den Verwalter ein, da der Prozeß nicht die Konkursmasse betrifft (§ 240 C.P.O., § 11 K.O., ebenso K.G. in Bl. 1900 S. 394). Der Prozeß bleibt daher gegen den Kridar anhängig (dagegen Müller S. 54).

11. Ob der Täter Inländer oder **Ausländer** ist, ist gleichgültig (vgl. S. 18).

II f) Rechtshängigkeit und Rechtskraft.

1. Die Bestimmung des früheren Gesetzentwurfs, daß, wenn eine Klage auf Unterlassung angestellt ist, andere Interessenten nur als Streitgenossen beitreten können, ist fallen gelassen; jeder nach dem Gesetz Berechtigte hat jetzt seinen Anspruch aus eigenem Recht, unabhängig von den Ansprüchen der anderen. Dies gilt für Personen sowohl wie für die nach § 1 berechtigten Vereine; es gilt auch für das Verhältnis der Vereine zu ihren Mitgliedern. Es kann daher keinem Kläger der Einwand, daß ein anderer bereits geklagt habe (**Rechtshängigkeit**), oder daß ein anderer bereits ein Urteil erlangt habe (**Rechtskraft**), entgegengesetzt werden, da die Voraussetzung beider Einwendungen, daß derselbe Anspruch vorliegt, fehlt. Es ist hierfür weder eine

Ausnahme dahin zu machen, daß, wenn ein Konkurrent rechtskräftig die Unterlassung durchgesetzt hat, ein anderer nicht mehr klagen darf (Müller S. 49 Anm. 2), noch dahin, daß eine Klage eines Verbandes die Klagen seiner Mitglieder konsumiert (Lobe S. 140, dagegen Finger S. 65). Daß sich durch Häufung der Klagen gewisse Mißstände herausstellen können, ist richtig, doch kann dies nicht dazu führen, das Prinzip des Gesetzes von dem eigenen Rechte jedes, der nach § 1 als verletzt gilt, zu durchbrechen, da das Gesetz Ausnahmen nicht zugelassen hat.

2. Ebensowenig ist anzunehmen, daß ein Urteil, welches den Unterlassungsanspruch abweist, weil Kläger entweder nicht zur Klage berechtigt ist, oder weil die Angaben des Beklagten nicht unter das Gesetz fallen, Rechtskraft für die Schadensersatzklage zwischen denselben Parteien macht und umgekehrt. Beide Ansprüche stehen nicht derart zueinander, daß der eine die Voraussetzung des anderen ist, sondern beide haben eine Voraussetzung, die Störung des Rechts des Gewerbetreibenden (so R.G. E. Bd. 49 S. 83 für Patentrecht, analog hier anzuwenden).

II g) Beweis.

Kläger hat bei der Unterlassungsklage zu beweisen

1. daß er ein gleiches und verwandtes Gewerbe, wie der Beklagte, betreibt, oder daß der klagende Verein zu den in § 1 benannten gehört;

2. daß die Behauptungen des Beklagten tatsächlicher Art und unrichtig sind, sich auf geschäftliche Verhältnisse beziehen, geeignet sind, den Anschein eines besonders günstigen Angebots hervorzurufen und im Sinne des § 1 verbreitet sind;

3. bei bildlichen Darstellungen und sonstigen Veranstaltungen, daß sie geeignet und darauf berechnet sind, tatsächliche Angaben zu ersetzen. Letzteres, daß sie auf derartiges berechnet sind, ist das einzige subjektive vom Kläger zu beweisende Moment.

Der Beweis ad 2 über die Unrichtigkeit der vom Beklagten verbreiteten Tatsachen kann dann schwierig sein, wenn Beklagter Angaben über seine Geschäftsverhältnisse oder seine Waren gemacht hat, die nicht ohne weiteres nachzuprüfen sind. Eine Verpflichtung des Beklagten, z. B. seine Waren zwecks Prüfung, ob seine Erklärung richtig ist, vorzulegen, oder dem Sachverständigen die Besichtigung seiner Fabrik zu gestatten, besteht nicht. Der Ansicht von Bachem u. Roeren (S. 80), daß § 809 B.G.B. zur Anwendung kommt, ist nicht beizustimmen, da es sich hier keinesfalls um einen „Anspruch in Ansehung einer Sache" handelt. Ebensowenig treffen §§ 260 ff. B.G.B., deren Voraussetzungen ebenfalls nicht vorliegen, hier zu.

Was die Vorlegung der **Handlungsbücher** betrifft, so kann sie der Kläger gemäß § 422 C.P.O., § 810 B.G.B. nicht fordern, da dieselben nicht als gemeinschaftliche Urkunde anzusehen sind. Dagegen kann gemäß der das frühere Recht erheblich erweiternden Bestimmung des § 45 H.G.B. das Gericht in geeigneten Fällen die Vorlegung der Bücher fordern.

Wenn Kläger den Beweis durch Zeugen oder in anderer Weise nicht führen kann, wird ihm oft nichts übrig bleiben, als dem Beklagten darüber, daß die von ihm aufgestellte Behauptung der Wahrheit nicht entspricht, den Eid zuzuschieben.

II h) Klageantrag, Urteilstenor.

1. Der **Antrag** der Unterlassungsklage und demgemäß der **Tenor der Verurteilung** geht auf Unterlassung der behaupteten Angaben: es kann ferner beantragt werden, in das Urteil eine Strafandrohung für den Fall der Zuwiderhandlung aufzunehmen (§ 890 Abs. 2 C.P.O.); auch kann der Schuldner auf Antrag des Gläubigers zur Bestellung einer Sicherheit für den durch fernere Zuwiderhandlung

entstehenden Schaden auf bestimmte Zeit verurteilt werden (§ 890 Abs. 3 C.P.O.). Letzteres ist aber erst zulässig, nachdem die erste Verurteilung zur Geldstrafe oder Haft erfolgt ist, da die Sicherheitsleistung nur für fernere Zuwiderhandlungen bestellt wird (Gaupp-Stein Anm. IV zu § 890 C.P.O.).

2. Der Antrag kann nicht auf **Vernichtung** der verbotenen Inserate, Etiketten 2c. gehen, da eine derartige gesetzliche Bestimmung für den Zivilrechtsstreit nicht vorhanden ist (dagegen Osterrieth S. 43 ohne nähere Begründung); doch wird ein Bestehenlassen der Anzeigen 2c. als eine Zuwiderhandlung gegen die Verurteilung auf Unterlassung anzusehen sein, die durch die Zwangsvollstreckung zu beseitigen ist (Wolff S. 20).

3. Ebensowenig kann mangels gesetzlicher Vorschrift eine **Berichtigung** oder sonstige positive Erklärung gefordert werden (Finger S. 66, Hauß S. 47).

4. Über den **Wortlaut** des Antrages und des Tenors ist zu bemerken:

a) **Die Unterlassung kann nur inbetreff der unrichtigen Tatsachen gefordert werden.** Das Urteil darf daher keine Erklärungen untersagen, deren Unrichtigkeit nicht dargetan ist (R.G. in J.W. 1900 S. 760 Nr. 33). Tenor und Urteil müssen aber bestimmt lauten (R.G. in J.W. 1902 S. 100 Nr. 48 für § 8 und S. 276 Nr. 32 für § 6).

b) **Das Urteil darf nicht mehr und nicht anderes zusprechen, als beantragt ist** (R.G. in J.W. 1900 S. 858 Nr. 18), z. B. ist ein Antrag zugelassen und demgemäß erkannt: „Beklagten zu verurteilen, Anzeigen zu unterlassen, daß er einen vollständigen Ausverkauf veranstaltet, ohne hinzuzufügen, daß Stapelartikel nachbezogen werden“ (O.L. Karlsruhe in J.Z. Bd. V S. 235).

c) **Das Verbot muß sich auf die Angaben beziehen, wie sie gemacht sind** (R.G. in U.W. I S. 181), nicht wie sie vom Publikum verstanden werden (R.G. vorige Entscheidung, dagegen R.G. in U.W. II S. 13 am Ende).

d) Dagegen braucht das Urteil keine wörtliche Wiedergabe der Erklärungen zu geben; es genügt, wenn sie dem wesentlichen Inhalte nach wiedergegeben sind (R.G. in J.W. 1901 S. 65 Nr. 17 und 1899 S. 168 Nr. 25; beide Entscheidungen zu § 6, doch auch für § 1 anwendbar, ferner R.G. in U.W. II S. 13 und im Recht 1902 S. 79 Nr. 389).

e) Es kann nur Unterlassung der Erklärungen in öffentlichen Bekanntmachungen oder denen gleichstehenden Mitteilungen beantragt werden (O.L. Dresden in G.R. 1901 S. 215).

5. Urteile auf Unterlassung sind auf Antrag für vorläufig vollstreckbar zu erklären (§ 709 Nr. 4 C.P.O.), da es sich um vermögensrechtliche Ansprüche handelt (R G. C. Bd. 40 S. 413). Wer aus dem vorläufig vollstreckbaren Urteil vollstreckt, haftet, falls das Urteil aufgehoben wird, für den entstandenen Schaden ohne Rücksicht auf Verschulden (§ 717 C.P.O.).

6. Über Veröffentlichung des Urteils vgl. Seite 157.

II i) Kosten.

Die Kosten hat der unterliegende Teil zu tragen (§ 91 C.P.O.). Nach § 93 C.P.O. fallen, falls der Beklagte den Anspruch anerkennt, dem Kläger die Prozeßkosten zur Last, wenn ersterer nicht durch sein Verhalten zur Klage Veranlassung gegeben hat. Wer aber durch unrichtige Angaben sich einer Unterlassungsklage aussetzt, hat allein durch die Tatsache der Verbreitung zur Klage Veranlassung gegeben, gleichviel ob er die Unrichtigkeit gekannt hat oder nicht. Denn die Tatsache genügt, daß das nach § 1 bestimmte Recht der anderen Gewerbetreibenden verletzt ist, und aus ihr fließt deren Befugnis, durch Urteil den Zwang der Unterlassung festgestellt zu sehen. Selbst wenn also Beklagter vorher nicht zur Unterlassung aufgefordert ist und den Anspruch sofort anerkennt, treffen ihn die Kosten (so O.L. Dresden in Bl. 1901 S. 147 für § 4 Gesetz vom 1. 6. 91 und O.L. Hamburg bei Mugdan III S. 278, sowie L.G. Berlin I Bl. f. R. Bd. 12 S. 10 für das vorliegende Gesetz; ebenso Finger S. 68).

II k) Sachliche Zuständigkeit, Wert des Streitgegenstandes.

1. **Zuständig** sind in erster Instanz, je nachdem das Objekt 300 Mark übersteigt oder nicht, die Land- und Amtsgerichte. Für die bei letzteren schwebenden Sachen ist das Landgericht als Berufungsgericht letzte Instanz; gegen die von den Landgerichten in erster Instanz erlassenen Urteile ist Berufung an das Oberlandesgericht, gegen deren Urteile Revision an das Reichsgericht zulässig; letzteres jedoch nur, wenn das Objekt 1500 Mark übersteigt.

2. Sowohl für die Frage der sachlichen Zuständigkeit in erster Instanz als für die der Zulässigkeit der Revision ist die **Festsetzung des Streitgegenstandes** wichtig. Zunächst ist festzustellen, daß nach konstanter Praxis des Reichsgerichts der Unterlassungsanspruch als ein vermögensrechtlicher anzusehen ist (C. Bd. 40 S. 413, ferner R.G. in U.W. I S. 127, und L.G. Bochum in G.R. 1899 S. 363 gegen A.G. Bochum G.R. 1901 S. 243), daher für die Wertschätzung nicht § 10 des Gerichtskostengesetzes, sondern § 3 der C.P.O. maßgebend ist. Dieser bestimmt:

> Der Wert des Streitgegenstandes wird von dem Gericht nach freiem Ermessen festgesetzt.

Maßgebend für die Wertfestsetzung ist der Wert des durch die Klage festzustellenden Rechtsverhältnisses, d. h. bei der Unterlassungsklage der Wert, den die Unterlassung der beanstandeten Mitteilungen für den Kläger hat. Dieser Wert wird im allgemeinen dem Vorteil gleichkommen, den zu ziehen der Beklagte durch die Unterlassung verhindert wird (R.G. in U.W. I S. 126, ferner in G.R. 1898 S. 156), und zwar gilt dies in gleicher Weise, wenn ein einzelner Gewerbetreibender, wie wenn ein Verein klagt. Den Wert hat das Gericht zu schätzen und kann es zur Feststellung sowohl eine beantragte Beweisanordnung, wie von Amtswegen die Annahme des Augenscheins und die Begutachtung durch Sachverständige anordnen (§ 3 C.P.O.). Zu berücksichtigen wird bei der Festsetzung des Wertes auch sein, in welcher Höhe Kläger die Strafandrohung für den Fall der Zuwiderhandlung bemißt, denn hierin dokumentiert er das Interesse, das er an der Verurteilung hat.

II l) Vollstreckung.

1. **Maßgebend ist § 890 C.P.O.** (vgl. R.G. C. Bd. 15 S. 343). Derselbe lautet:

> „Handelt der Schuldner der Verpflichtung zuwider, eine Handlung zu unterlassen, oder die Vornahme einer Handlung zu dulden, so ist er wegen einer jeden Zuwiderhandlung auf Antrag des Gläubigers von dem Prozeßgerichte erster Instanz zu einer Geldstrafe bis zu fünfzehnhundert Mark oder zur Strafe der Haft bis zu sechs Monaten zu verurteilen. Das Maß der Gesamtstrafe darf zwei Jahre Haft nicht übersteigen.
>
> Der Verurteilung muß eine Strafandrohung vorausgehen, welche, wenn sie in dem die Verpflichtung aussprechenden Urteile nicht enthalten ist, auf Antrag von dem Prozeßgerichte erster Instanz erlassen wird.
>
> Auch kann der Schuldner auf Antrag des Gläubigers zur Bestellung einer Sicherheit für den durch fernere Zuwiderhandlung entstehenden Schaden auf bestimmte Zeit verurteilt werden."

(Vgl. im einzelnen Gaupp-Stein zu § 890).

Danach muß eine Strafandrohung vorhergehen, ehe die Vollstreckungsmaßregeln zur Anwendung kommen. Diese Androhung kann im Urteil enthalten sein (eine Androhung in einem gerichtlichen Vergleich steht der im Urteil nicht gleich, R.G.C. Bd. 40 S. 413) oder sie ist vom Gericht auf Antrag zu erlassen. Diese nach dem Urteil erfolgende Androhung ist bereits eine Maßregel im Zwangsvollstreckungsverfahren; der Schuldner ist gemäß § 891 C.P.O. vorher zu hören; er hat gegen die Androhung das Rechtsmittel der sofortigen Beschwerde (R.G. C. Bd. 42 S. 419).

2. Eine **Zuwiderhandlung** gegen Urteil und Strafandrohung, die nach denselben erfolgt, rechtfertigt die Festsetzung der Strafe. Notwendig ist der Nachweis der Zuwiderhandlung; Glaubhaftmachung genügt nicht (R.G. in J.W. 1899 S. 180 Nr. 18 und Kammergericht in U.W. I S. 79). Das Gericht kann Beweise über die Behauptungen erheben (zit. R.G. in J.W. 1899).

Als Zuwiderhandlung gilt es auch, wenn der Beklagte die Annoncen 2c. nicht beseitigt (S. 55 Nr. 2).

3. Auf das Verfahren zur Erzwingung der Unterlassung kommen in gewisser Weise strafrechtliche Grundsätze zur Anwendung. Eine Strafe ist nicht festzusetzen, wenn die Zuwiderhandlung dem Beklagten nicht zur subjektiven Verschuldung anzurechnen ist; eine solche liegt aber schon dann vor, wenn ihm das Verbot durch seine oder seines Vertreters Schuld nicht rechtzeitig zur Kenntnis gelangt ist (R.G. C. Bd. 36 S. 419); ferner, wenn weitere Zuwiderhandlungen zwar nicht direkt von ihm ausgehen, wohl aber mit seinem Wissen oder seinem Zutun erfolgen (O.L. Braunschweig in G.R. 1901 S. 242).

4. Ist eine Zuwiderhandlung nach erfolgter Strafandrohung erwiesen, **so setzt das Gericht die Strafe fest.** Ist bereits im Urteil oder in der Strafandrohung eine bestimmte Strafe angedroht, so gilt diese als Höchstbetrag; ob diese oder nach den Umständen des Falls eine geringere Strafe festzusetzen ist, bleibt dem Ermessen des Gerichts überlassen (R.G. C. Bd. 36 S. 420). Eine Umwandlung der Geldstrafe in Haft bei Uneinziehbarkeit ist unzulässig, es kann aber, wenn die Geldstrafe nicht zum Resultat führt, nachträglich Haft nach erfolgter Androhung beschlossen werden (R.G. C. Bd. 7 S. 360).

5. Gegen juristische Personen als solche ist Festsetzung von Geldstrafen zulässig (R.G. C. Bd. 43 S. 407).

6. Ist ein für vorläufig vollstreckbares Urteil aufgehoben oder die Vollstreckung eingestellt, so kann auch wegen der vor dem Aufhebungsurteil begangenen Handlungen keine Strafe festgesetzt werden (R.G. C. Bd. 38 S. 422, Bd. 43 S. 396).

7. Wenn nach Erlaß des Urteils Umstände eintreten, die die für die Zukunft verbotenen Angaben nunmehr als wahr erscheinen lassen, z. B. wenn eine Zeitung, der die Verbreitung der Behauptung, daß sie 10000 Abonnenten habe, untersagt ist, nachträglich diese Zahl erreicht, so hat die Beklagte gemäß § 767 C.P.O. Einwandsklage bei dem Prozeßgericht erster Instanz zu erheben (R.G. in J.W. 1901 S. 212 Nr. 15).

III. Schadensersatzanspruch.

a) Allgemeines.

1. **Im Gegensatz zum Unterlassungsanspruch ist der Anspruch auf Schadensersatz ein selbständiger.** „Der Anspruch auf Entschädigung ist ein mit der Existenz der betreffenden verletzenden Handlung wohlerworbenes, auf die Erben des Verletzten transmissibles Privatvermögensrecht des Verletzten.“ (R.G. C. Bd. 16 S. 15 für Ansprüche aus Patentverletzung, hier analog anzuwenden.) Es ist daher auch selbständig mit und ohne Übertragung des Gewerbes übertragbar; kann vom Konkurs-

verwalter verfolgt werden und unterliegt der Pfändung. Gibt der Verletzte vor dem Rechtsstreit oder während desselben sein Gewerbe auf, so kann trotzdem der Anspruch eingeklagt oder fortgesetzt werden. Dies erweist, abgesehen von den aus der Natur des Anspruchs hervorgehenden Gründen, der Wortlaut des Gesetzes. Denn nach diesem kann der Unterlassungsanspruch von jedem Gewerbetreibenden 2c. „geltend gemacht werden", den Anspruch auf Entschädigung dagegen „haben" die bezeichneten Gewerbetreibenden (vgl. Wolff S. 23).

2. **Veräußert** ein Gewerbetreibender sein Geschäft mit allen Aktivis, so geht mangels entgegengesetzter Abrede der Anspruch mit über, denn er ist eine „im Betriebe begründete Forderung" (§ 25 H.G.B., vgl. Staub Anm. 16 zu § 22, dagegen Wolff S. 24).

III b) Kläger und Beklagte.

1. **Kläger** sind die im Gesetz bezeichneten Gewerbetreibenden (vgl. hierüber S. 49), nicht aber die Verbände. Nach allgemeinen Grundsätzen hat aber auch nur der Gewerbetreibende einen Anspruch, der einen Schaden erlitten hat. „Es ist also nicht begründet, wenn bei der öffentlichen Erörterung des Entwurfs hier und da der Besorgnis Ausdruck gegeben ist, daß die Zulassung des Ersatzanspruches auch für Unbeteiligte den Anreiz zu chikanösen Klagen geben werde." (Begründung.)

2. **Beklagter** ist der, der die unrichtigen Angaben gemacht oder verbreitet hat. Es gilt hier alles S. 51ff. gesagte, insbesondere auch inbetreff der Haftung dritter Personen.

III c) Höhe und Beweis des Schadens.

1. Die Begründung führt aus:

„Über die Frage, ob ein Schaden entstanden ist, und wie hoch sich derselbe beläuft, ist im Streitfalle vom Gericht nach Maßgabe des § 260 der Zivilprozeßordnung zu entscheiden. Daß das Gericht bei der ihm obliegenden freien Würdigung aller Umstände auch die Verhältnisse des Verkehrslebens in Betracht zu ziehen hat, ist selbstverständlich und braucht nicht besonders ausgesprochen zu werden. Auch erscheint es nicht angängig, das nach den Prozeßordnungen den Gerichten zustehende freie Ermessen in der Zuziehung und Auswahl von Sachverständigen für den Bereich des Entwurfs durch bindende Vorschriften einzuschränken."

§ 260 (jetzt § 287 C.P.O.) bestimmt:

„Ist unter den Parteien streitig, ob ein Schaden entstanden sei, und wie hoch sich der Schaden oder ein zu ersetzendes Interesse belaufe, so entscheidet hierüber das Gericht unter Würdigung aller Umstände nach freier Überzeugung. Ob und inwieweit eine beantragte Beweisaufnahme oder von Amtswegen die Begutachtung durch Sachverständige anzuordnen sei, bleibt dem Ermessen des Gerichts überlassen. Das Gericht kann anordnen, daß der Beweisführer den Schaden oder das Interesse eidlich schätze. In diesem Falle hat das Gericht zugleich den Betrag zu bestimmen, welchen die eidliche Schätzung nicht übersteigen darf.

Die Vorschriften über den Schätzungseid werden aufgehoben."

Ferner kommen in Betracht

§ 249 B.G.B.: „Wer zum Schadensersatze verpflichtet ist, hat den Zustand herzustellen, der bestehen würde, wenn der zum Ersatze verpflichtende Umstand nicht eingetreten wäre. Ist wegen Verletzung einer Person oder wegen Beschädigung einer Sache Schadensersatz zu leisten, so kann der Gläubiger statt der Herstellung den dazu erforderlichen Geldbetrag verlangen."

§ 251. „Soweit die Herstellung nicht möglich oder zur Entschädigung des

Gläubigers nicht genügend ist, hat der Ersatzpflichtige den Gläubiger in Geld zu entschädigen. Der Ersatzpflichtige kann den Gläubiger in Geld entschädigen, wenn die Herstellung nur mit unverhältnismäßigen Aufwendungen möglich ist."

§ 252. „Der zu ersetzende Schaden umfaßt auch den entgangenen Gewinn. Als entgangen gilt der Gewinn, welcher nach dem gewöhnlichen Laufe der Dinge oder nach den besonderen Umständen, insbesondere nach den getroffenen Anstalten und Vorkehrungen, mit Wahrscheinlichkeit erwartet werden konnte."

§ 253. „Wegen eines Schadens, der nicht Vermögensschaden ist, kann Entschädigung in Geld nur in den durch das Gesetz bestimmten Fällen gefordert werden."

2. **Durch diese Bestimmungen wird an sich die Beweislast des Klägers im allgemeinen nicht verändert.** Er hat den Beweis zu führen, sowohl, daß eine die Bestimmungen des § 1 verletzende Handlung geschehen ist, als auch, daß Beklagter für dieselbe hafte, und daß er die Unrichtigkeit der verbreiteten Tatsache kannte oder kennen mußte. Er hat ferner zu beweisen, daß ihm ein Schaden entstanden ist, daß zwischen der schädigenden Handlung und seinem Schaden ein Kausalzusammenhang besteht und wie hoch sein Schade ist. Inbetreff dieser letzteren Punkte aber ist nach der im § 287 gegebenen Regel, die allerdings bei deutschen Gerichten noch immer nicht die vom Gesetzgeber gewünschte und erstrebenswerte Anwendung gefunden hat, der Beweis erleichtert. Ein strikter Beweis dafür, daß gerade durch eine bestimmte Handlung ein Schade entstanden ist und welchen Umfang derselbe hat, ist in den seltensten Fällen zu führen. „Man kann von dem Kläger nicht den apodiktischen Beweis von etwas, das überhaupt nicht apodiktisch bewiesen werden kann, verlangen. Es ist daher das Ergebnis der Beweisaufnahme nach allgemeiner Lebenserfahrung zu beurteilen." (L.G. Augsburg in Bl. 1894/95); oder wie es Dernburg (Bd. II S. 62) ausdrückt „Der Richter ist befugt, sich an den Gesamteindruck zu halten, ihm müssen die Natur der Dinge und die praktischen Anforderungen des Lebens die leitenden Gesichtspunkte sein." Gerade bei einem Gesetz, nach welchem die schädigende Handlung gegen so schwer faßbare Güter wie Kredit und Kundschaft gerichtet ist, muß das Ermessen des Richters den weitesten Spielraum haben, der Richter muß aber auch, wenn ihm das Gesetz eine solche weitgehende Befugnis gibt, von derselben ausgiebigsten Gebrauch machen.

3. Soweit § 287 in Betracht kommt, hat der Richter seine Entscheidung **unter Würdigung aller Umstände** zu fällen. Es muß ihm anheimgestellt werden, ob und inwieweit er die von den Parteien angeführten Tatsachen für berücksichtigungswert erachtet oder ob er von Amtswegen eine Begutachtung durch Sachverständige oder eine eidliche Schätzung anordnen will. Keinesfalls kann er die Klageforderung wegen mangelnder Substanzierung zurückweisen, ohne die Schritte zu tun, die nach seinem Ermessen geeignet sind, ihm die für seine Entscheidung erforderlichen Grundlagen zu verschaffen; insbesondere hat er in vollem Umfange sich des richterlichen Fragerechts zu bedienen. Der Kläger wird gut tun, seinen Anspruch möglichst eingehend zu begründen und dem Richter das zu seiner Beurteilung nötige Material anzugeben; eine formelle Verpflichtung zur Substanzierung aber besteht nicht (R.G. C. Bd. 10 S. 405, Bd. 25 S. 78 2c., vgl. auch Gaupp-Stein Anm. III zu § 287).

4. Diese freie richterliche Würdigung erstreckt sich zunächst auf die Frage des ursächlichen **Zusammenhangs zwischen der schädigenden Handlung und dem Schaden** (so allgemeine Ansicht, vgl. z. B. R.G. C. Bd. 21 S. 92). Hierbei ist zu bemerken, daß nach früherer Praxis, die für die Bestimmungen des B.G.B., welche das Prinzip nicht geändert haben, ebenfalls gilt, zwar nur der Schaden zu ersetzen ist, der als eine wirkliche Folge der zum Ersatz verpflichtenden Tatsache erscheint, daß der Schaden aber ebensowenig eine notwendige Folge dieser Tatsache, als letztere die alleinige

und ausschließliche Ursache des Schadens zu sein braucht (vgl. R.G. C. Bd. 18 S. 66, Bd. 29 S. 140 und Dernburg Bd. 2 S. 67). Dies ist gerade für das vorliegende Gesetz wichtig, da sich der zweifellose Beweis des Zusammenhangs meist schwer wird feststellen lassen. Wenn also z. B. ein Konkurrent einen Ausverkauf fälschlich anzeigt und bei dem Kläger während des Ausverkaufs der Verkauf zurückgegangen ist, wird der ursächliche Zusammenhang für dargetan zu erachten sein, ohne daß etwa bewiesen werden muß, daß Kunden des Klägers zum Beklagten gegangen sind.

5. **Vor allem tritt aber die Vorschrift des § 287 in Kraft für die Frage der Höhe des Schadens.** Nach den Vorschriften des B.G.B. ist, da bei den hier in Betracht kommenden Fällen von einer Wiederherstellung des früheren Zustandes (§ 249) kaum die Rede sein kann, eine Entschädigung zu fordern (§ 251 B.G.B.). Als Schaden gelten zunächst die Aufwendungen, die zur Richtigstellung der vom Beklagten behaupteten falschen Tatsachen gemacht werden, Inserate, Zirkulare rc. (L.G. Hirschberg bei Breslau 1895 S. 67 und Wolff S. 26). Ferner aber ist zu ersetzen der entgangene Gewinn, sofern derselbe nach dem gewöhnlichen Lauf der Dinge oder nach den besonderen Umständen mit Wahrscheinlichkeit zu erwarten war (B.G.B. § 252). Was also dem Kläger durch das Verhalten des Beklagten an Kundschaft, an notwendiger Herabsetzung seiner Preise, oder sonst verloren ist, ist ihm zu ersetzen, ohne daß es darauf ankommt, ob die schuldhafte Handlung unmittelbare oder mittelbare Veranlassung war (Dernburg S. 65).

Dagegen kann Kläger nicht (wie Müller S. 56 II annimmt) in allen Fällen Herausgabe dessen verlangen, was Beklagter durch die unerlaubte Handlung erworben hat. Allerdings hat das Reichsgericht für das Gebiet des Urheber- und Patentrechts (vgl. R.G. C. Bd. 35 S. 70, Bd. 43 S. 56, Str. Bd. 6 S. 278 rc.) diesen Grundsatz ausgesprochen und zwar aus dem Grunde, weil sich in diesen Fällen Beklagter durch Benutzung eines dem Kläger zustehenden Rechts bereichert hat. Dies ist aber bei den Vergehungen gegen § 1 nicht der Fall.

Es ist oben (S. 2 ff.) als Rechtsgrund des Schutzes gegen unlauteren Wettbewerb die Störung des Individualrechts jedes Gewerbetreibenden auf freie Betätigung im Gewerbe bezeichnet. Dies Recht kann verletzt werden durch Anmaßung der von dem anderen gebrauchten Bezeichnungen (§ 8); oder durch Verbreiten unwahrer Behauptungen (§ 6) oder endlich durch unwahre Erklärungen inbetreff der eigenen Ware rc. (§ 1). In diesem letzteren, hier zu erörternden Fall maßt sich also der Verletzer nicht das einem anderen zustehende Recht an; er schädigt denselben vielmehr nur dadurch, daß er über seinen eigenen Geschäftsbetrieb Behauptungen aufstellt. Ein Anspruch auf Heraus-, gabe des durch eine unerlaubte Handlung Erworbenen setzt aber begriffsgemäß voraus daß der Täter ein fremdes Eigentum oder Recht für sich benutzt hat (vgl. R.G. C. Bd. 43 S. 56); ein Fall, der nach § 1 nicht vorliegt. Dazu kommt die positive Bestimmung des Gesetzes, daß jeder Gewerbetreibende, der Waren gleicher oder verwandter Art herstellt, Schadensersatzansprüche erheben kann. Nähme man an, daß der Täter alles herausgeben muß, was er durch die Reklame erzielt hat, so käme man entweder dazu, denselben so oft zur Herausgabe zu verurteilen, als Gewerbetreibende geschädigt sind, oder zu einer Teilung unter die verschiedenen Kläger, die völlig untunlich wäre.

Demnach kann nach § 1 der Beschädigte nur verlangen, daß ihm der Schaden ersetzt wird, den er in seinem Betriebe erlitten hat (zu demselben Resultat kommt für § 15 des Warenzeichengesetzes, R.G. C. Bd. 47 S. 100).

6. Aus den zu Nr. 5 dargelegten Gründen kann daher auch nicht vom Beklagten **Rechnungslegung** über den von ihm erzielten Gewinn gefordert werden (vgl. das zu Nr. 5 zit. Erk. des R.G. und Marcus in U.W. I S. 19).

7. Eine Minderung der Schadensersatzpflicht kann der Beklagte durch die Einrede

eigenen Verschuldens des Klägers erreichen. Auch über diese Frage hat der Richter gemäß § 287 nach freier Überzeugung zu urteilen (Gaupp=Stein Anm. II, 3 zu § 287).

Das B.G.B. bestimmt in § 254:

„Hat bei der Entstehung des Schadens ein Verschulden des Beschädigten mitgewirkt, so hängt die Verpflichtung zum Ersatze sowie der Umfang des zu leistenden Ersatzes von den Umständen, insbesondere davon ab, inwieweit der Schaden vorwiegend von dem einen oder dem anderen Teile verursacht worden ist. Dies gilt auch dann, wenn sich das Verschulden des Beschädigten darauf beschränkt, daß er unterlassen hat, den Schuldner auf die Gefahr ungewöhnlich hohen Schadens aufmerksam zu machen, die der Schuldner weder kannte noch kennen mußte, oder daß er unterlassen hat, den Schaden abzuwenden oder zu mindern. Die Vorschrift des § 278 findet entsprechende Anwendung."

Bei der Entstehung des Schadens kann ein eigenes Verschulden des Klägers z. B. mitwirken, wenn er selbst die falschen Mitteilungen des Beklagten veranlaßt oder wenigstens begünstigt hat; der Hauptanwendungsfall der Bestimmung wird aber Satz 2 des § 254 sein, wenn der Kläger, obwohl er weiß, daß Beklagter eine ihm zukommende Auszeichnung &c. führt, dies längere Zeit duldet, ohne den Beklagten auf den hohen Schadensersatz, den er fordern kann, aufmerksam zu machen.

8. **Der Antrag bei der Schadensersatzklage muß auf eine bestimmte Summe gehen** oder es muß der Anspruch wenigstens so spezialisiert sein, daß die Identität des Schadens zweifellos ist und der Richter gemäß § 287 C.P.O. denselben feststellen kann (R.G. C. Bd. 21 S. 387). Eine Klage auf Schadensersatz „vorbehaltlich Feststellung" ist an sich unzulässig; es sei denn, daß die Voraussetzungen der Feststellungsklage vorliegen, wenn also z. B. Kläger den Schaden noch nicht feststellen kann, aber etwa durch Ablauf der Verjährungsfrist zur Klage genötigt wird.

9. Ein Antrag auf Zuerkennung von Schadensersatz für den Fall künftiger Schädigung ist unzulässig, da nur wegen bereits begangener Handlungen Ersatz zu leisten ist (R.G. im Recht 1902 S. 242 Nr. 1299 für § 14 Warenzeichengesetz, aber auch hier gültig).

III d) Kennen und Kennenmüssen der Unrichtigkeit.

1. **Schadensersatzpflichtig ist nur derjenige, der die Unrichtigkeit der verbreiteten Tatsache kennt oder kennen muß.** Dies folgert die Begründung „aus allgemeinen Rechtsgrundsätzen". Kläger hat daher die Kenntnis oder das Kennenmüssen des auf Schadensersatz Verklagten zu beweisen, im Gegensatz zu den Vorschriften der Unterlassungsklage, bei der Kläger nur die objektive Unrichtigkeit der behaupteten Tatsache zu beweisen hat (vgl. S. 48 Nr. 3).

2. **Das Kennen der Unrichtigkeit der gemachten Angaben genügt;** nicht nötig ist, daß man gewußt hat, daß die Verbreitung unerlaubt ist, auch nicht nötig, daß man den Schaden voraussah oder voraussehen konnte (Bachem=Roeren S. 81). Da hier der Ausdruck „Kennen" im Gegensatz zu „wissentlich" (§ 4) und „wider besseres Wissen" (§ 7) gebraucht ist, kann die Frage, ob der dolus eventualis, bei dem die Möglichkeit eines Erfolges in den Willen mit aufgenommen ist, als „Kennen" anzusehen ist, nicht aufgeworfen werden. Kennen ist nicht eine Tätigkeit des Willens, sondern ein Insichaufnehmen gewisser Tatumstände; es liegt daher nur vor, wenn die Unrichtigkeit der Tatsachen dem Täter wirklich zum Bewußtsein gekommen ist. Dagegen wird der Umstand, daß der Täter zwar nicht weiß, daß die Tatsachen unrichtig sind, sich aber mit der Möglichkeit abfindet, daß sie es vielleicht sein könnten, meist als „Kennenmüssen" anzusehen sein.

3. Der Ausdruck **„Kennenmüssen"** kommt vielfach im B.G.B. vor (vgl. die Beispiele bei Planck 1 S. 88) und bedeutet dort (§ 122 Abs. 2) **ein infolge von Fahrlässigkeit nicht Kennen.** Fahrlässig handelt nach § 276 B.G.B., wer die im Verkehr erforderliche Sorgfalt außer acht läßt.

Wenn auch dahingestellt bleiben kann, ob die im B.G.B. enthaltene Definition direkt zur Interpretation angewendet werden kann, so entspricht dieselbe ihrem Wesen nach den hier gegebenen Vorschriften und ist aus diesem Grunde zu benutzen. Das Gesetz unterscheidet nicht zwischen bestimmten Graden der Fahrlässigkeit; es verlangt nicht, wie das Reichsgericht (J.W. 1900 S. 760 Nr. 33) zu Unrecht ausführt, einen so hohen Grad von Fahrlässigkeit, daß er der Wissentlichkeit gleich zu erachten ist. Es bestimmt vielmehr nur, daß der, der kennen müßte, dem, der kannte, gleich zu erachten ist. Die Frage, wer kennen muß, ist lediglich nach individuellen Gesichtspunkten zu entscheiden. Ein Großkaufmann wird andere Erkundigungen einziehen müssen, ehe er eine Ware in bestimmter Weise bezeichnet, als ein Krämer, der sie mit dieser Bezeichnung bezogen hat. Wie vielfach in diesem Gesetz, so ist auch hier das im Verkehr Übliche und Erforderliche entscheidend. Es kann daher denen nicht unrecht gegeben werden, die nicht jede geringe Unachtsamkeit für genügend erachten (Finger S. 72); nur ist eine derartige geringe Unachtsamkeit, wenn der Verkehr sie nicht für erforderlich erachtet, eben keine Fahrlässigkeit im gesetzlichen Sinne. Als Prinzip aber ist aufzustellen, daß jede Fahrlässigkeit genügt, um den Täter haftbar zu machen. Hiernach regelt sich auch die Frage, wieweit die Erkundigungspflicht Dritter geht, die die ihnen gemachten Angaben wiederholen. Ist die mitgeteilte Tatsache und der, der sie mitteilt, bedenkenfrei, so macht die Wiederholung der Behauptung nicht schadensersatzpflichtig; liegt aber in der Nichterkundigung ein Außerachtlassen der verkehrsüblichen Sorgfalt, oder wird die Erkundigung unterlassen, um nicht den guten Glauben zu erschüttern, so tritt die Haftung ein.

4. Nach denselben Grundsätzen ist die Frage zu entscheiden, **ob die Fortdauer der Verbreitung falscher Behauptungen nach Anstellung der Unterlassungsklage ohne weiteres schadensersatzpflichtig macht.** Lediglich die Tatsache kommt in Betracht, ob die klägerischen Angaben derart sind, daß der Beklagte eine Fahrlässigkeit begeht, indem er sie unbeachtet läßt. Die Tatsache der Klageanstellung als solcher ergibt weder sein Kennen noch Kennenmüssen (so für Patentrecht Seligsohn S. 345, R.G. C. Bd. 21 S. 68).

5. Bei **offenen Handelsgesellschaften, juristischen Personen, rechtsfähigen Vereinen** (vgl. S. 53 Nr. 8 und 9) kommt es auf Kennen bezüglich Kennenmüssen des die Handlung vornehmenden Geschäftsführers an, falls die Gesellschaft für dessen Handlungen verantwortlich ist (vgl. Staub Anm. 2 zu § 126 H.G.B.).

IV. Haftung der Redakteure, Verleger, Drucker und Verbreiter periodischer Druckschriften.

1. Für die **Unterlassungsklage** macht es keinen Unterschied, wenn die falsche Tatsache in einer periodischen Druckschrift veröffentlicht ist. Alle diejenigen, die bei einer Veröffentlichung als Täter oder Teilnehmer (vgl. S. 51 ff.) beteiligt sind, können auf Unterlassung in Anspruch genommen werden (so allgemeine Ansicht, Finger S. 75), Voraussetzung ist nur, daß die Angaben vorsätzlich gemacht sind (vgl. S. 48 Nr. 3), nicht, daß der, der sie veröffentlicht, deren Unrichtigkeit kannte. Mit dieser Maßgabe kann demnach der Redakteur oder Verleger, der Drucker, der Verbreiter auf Unterlassung weiterer Veröffentlichung verklagt werden (vgl. R.G. C. Bd. 50 S. 110 zu § 6, doch auch für § 1 anwendbar).

Fraglich ist nur, ob (wie Wolff S. 20 annimmt), **die Bestimmungen der § 20 Abs. 2 und § 21 des Reichspreßgesetzes,** nach denen der verantwortliche Redakteur als Täter, derselbe sowie ferner Verleger, Drucker, Verbreiter wegen Fahrlässigkeit unter gewissen Voraussetzungen haften, auch für die Unterlassungsklage gelten, so daß, soweit diese Voraussetzungen vorhanden sind, den bezeichneten Personen der Vorsatz nicht bewiesen zu werden braucht. Es ist dies anzunehmen. Das Preßgesetz regelt allerdings nur die strafrechtliche Verantwortung (vgl. R.G. C. Bd. 50 S. 110). Jedoch hat das Reichsgericht mehrfach ausgesprochen, daß, wenn das Gesetz ein Tun mit Strafe bedroht, derjenige, der ein Interesse an der Beseitigung der Fortdauer der strafbaren Handlung hat, auch, ohne daß dies im Gesetz ausdrücklich gesagt ist, auf Unterlassung klagen kann (vgl. z. B. R.G. C. Bd. 38 S. 379, S. 165, Bd. 25 S. 347, J.W. 1901 S. 13 Nr. 18, R.G. Str. Bd. 35 S. 26, R.G. in U.W. II S. 50).

Nun hat das Preßgesetz in § 20, 2 eine Vermutung für die Täterschaft des verantwortlichen Redakteurs (R.G. Str. Bd. 22 S. 65), in § 21 ein selbständiges preßrechtliches Delikt (R.G. Str. Bd. 13 S. 319) geschaffen, welches in Verbindung mit einer durch die Presse begangenen strafrechtlichen Handlung die dort bezeichneten Personen wegen Fahrlässigkeit haftbar macht. Soweit demnach ein Fall der unerlaubten Reklame vorliegt, der nach § 4 des Gesetzes strafbar ist, haften Redakteur, Verleger, Drucker, Verbreiter nach dem Preßgesetz und ist nach dem oben bezeichneten allgemeinen Grundsatz gegen sie in gleicher Weise, wie sie strafrechtlich haften, auch die Unterlassungsklage zulässig.

2. Inbetreff der **Schadensersatzklage** ist der periodischen Presse durch Reichstagskommission und Reichstag eine Ausnahmestellung eingeräumt. Ausgehend von der berechtigten Erwägung, daß man der Presse nicht zumuten könne, bei jedem Inserat sich erst durch Erkundigungen von der Richtigkeit zu überzeugen, ist bestimmt worden, daß bei periodischen Druckschriften Redakteure, Verleger, Drucker und Verbreiter nur haften, wenn sie die Unrichtigkeit der Angaben kannten.

Selbstverständlich haftet jede der bezeichneten Personen nur soweit, als sie die Unrichtigkeit kannte. Kenntnis der anderen Personen schadet dem, der nicht kannte, nicht (dagegen Stephan S. 48 Note 24). Fahrlässigkeit begründet die Haftbarkeit nicht.

Im einzelnen ist zu bemerken (Näheres über die preßrechtlichen Begriffe in den Kommentaren zum Preßgesetz und den ergangenen Entscheidungen, zitiert bei Born, Reichspreßgesetz):

a) **Die Ausnahmebestimmung gilt nur bei periodischen Druckschriften,** d. h. nach § 7 des Preßgesetzes bei „Zeitungen und Zeitschriften, die in monatlichen oder kürzeren, wenn auch unregelmäßigen Fristen erscheinen" (Unterschied von Lieferungswerken R.G. St. Bd. 14 S. 279). Bei sonstigen Druckschriften, insbesondere Zirkularen, bestimmt sich die Haftung von Herausgebern, Verbreitern, Druckern nach allgemeinen Grundsätzen.

b) **Redakteur** ist derjenige, der die Redaktionstätigkeit leitet und zusammenfaßt und die letzte Bestimmung über Aufnahme und Nichtaufnahme trifft (Born S. 50). Da das Gesetz allgemein von Redakteuren spricht, so betrifft die Ausnahmebestimmung nicht allein den verantwortlichen (§ 7 des Preßgesetzes), sondern jeden, der tatsächlich als Redakteur anzusehen ist (Finger S. 76, dagegen Kunreuther S. 26).

c) **Verleger** ist derjenige, der, sei es mit Recht oder ohne Recht, die Verlagstätigkeit inbetreff der periodischen Druckschrift ausgeübt (R.G. Str. Bd. 19 S. 358), d. h. derjenige, der die Druckschrift vervielfältigt und vertrieben hat.

d) **Drucker** ist derjenige, der den Druck einer Druckschrift besorgt, in der Regel der Inhaber der Anstalt, in der die Vervielfältigung hergestellt wird (R.G. Str. 16 S. 145).

e) **Verbreiter** ist der, der Tätigkeit entfaltet, um die Druckschrift dem Publikum zur Kenntnis zu bringen, insbesondere gilt nach § 6 des Preßgesetzes Anschlagen, Ausstellen oder Auslegen an Orten, die dem Publikum zugänglich sind, als Verbreitung.

f) Die Ausnahmebestimmung bezieht sich auf die bezeichneten Personen natürlich nur insofern, als sie als Verleger 2c. handeln Soweit sie eigene Behauptungen verbreiten, haften sie nach den allgemeinen Bestimmungen (O L. Frankfurt im Recht 1902 S 376 Nr. 1826)

§ 2.

Für Klagen auf Grund des § 1 ist ausschließlich zuständig das Gericht, in dessen Bezirk der Beklagte seine gewerbliche Niederlassung oder in Ermangelung einer solchen seinen Wohnsitz hat Für Personen, welche im Inlande weder eine gewerbliche Niederlassung noch einen Wohnsitz haben, ist ausschließlich zuständig das Gericht des inländischen Aufenthaltsortes, oder wenn ein solcher nicht bekannt ist, das Gericht, in dessen Bezirk die Handlung begangen ist.

A. Allgemeines.

1. Die Begründung führt zur Rechtfertigung des hier konstituierten ausschließlichen Gerichtsstandes folgendes aus.

„Da das Klagerecht jedes einzelnen Mitbewerbers und Verbandes selbstständig und unabhängig von dem Klagerecht der übrigen besteht, so ist die Möglichkeit nicht ausgeschlossen, daß wegen eines Aktes der unlauteren Reklame gegen denjenigen, welcher ihn unternommen hat, von verschiedenen Seiten Prozesse angestrengt und einstweilige Verfügungen erwirkt werden. Um den Folgen einer derartigen Häufung der Prozesse tunlichst vorzubeugen bedarf es einer besonderen Vorschrift Zwar sind die Gerichte nach § 138 der Civilprozeßordnung in der Lage, die Verbindung gleichartiger Prozesse anzuordnen. Aber diese Befugnis versagt, wenn die Klagen bei verschiedenen Gerichten anhängig gemacht werden Um dieser Möglichkeit wenigstens für die große Mehrzahl der Fälle vorzubeugen, soll durch § 2 ein ausschließlicher Gerichtsstand begründet und hierdurch das Gericht zur Verbindung der Prozesse in den Stand gesetzt werden.“

Eine ferner vorgeschlagene Verbindung der Prozesse derart, daß, wenn einmal auf Unterlassung geklagt ist, ein weiterer Anspruch auf Unterlassung wegen derselben Angabe nicht in einem besonderen Prozeß, sondern nur durch Beitritt zu dem schwebenden Verfahren zulässig sei, wurde nicht in das Gesetz aufgenommen

Als Mittel, entgegengesetzte Entscheidungen zu vermeiden. bleibt daher lediglich nach dem Gesetze die gemäß § 147 (früher § 138 C P.O) dem Gerichte zustehende Befugnis, mehrere bei ihm anhängige Prozesse aus demselben Tatbestande des § 1 dieses Gesetzes zu verbinden. Das Gericht handelt hierbei nach freiem Ermessen („kann“ in § 147). Eine Anfechtung der über die Verbindung ergehenden Entscheidung des Gerichts findet nicht statt, gleichviel ob die Verbindung angenommen oder abgelehnt ist (§ 567 C P O, Gaupp-Stein Bd I S 361 II). Mit Rücksicht darauf, daß in einzelnen Fällen verschiedene Gerichte zuständig sein können, wie weiter unten nachgewiesen wird, ist allerdings die Absicht des Gesetzes, einer Häufung der Prozesse und verschiedener Entscheidung vorzubeugen, nicht in allen Fällen erreicht

2. **Die Gerichtsstände des § 2 sind ausschließlich** und zwar nach dem zweifellosen Wortlaut des Gesetzes sowohl derart, daß an einem anderen als an einem der im Gesetz angegebenen vier Gerichtsständen überhaupt nicht geklagt werden kann, als auch, daß Kläger nicht etwa die Wahl unter den vier Gerichtsständen hat, sondern nur, falls die Voraussetzungen des einen versagen, den folgenden wählen kann, aber auch wählen muß.

Die Ausschließlichkeit hat zur Folge, daß auch die **Vereinbarung der Parteien** über andere als im Gesetz gegebene Gerichtsstände oder über deren Reihenfolge unzulässig ist (§ 40 Abs. 2 C.P.O.) und daß das Gericht von Amtswegen seine Zuständigkeit zu prüfen hat. Für die Berufungs- und Revisionsinstanz vgl. §§ 528, 566 C.P.O.

3. **Der Gerichtsstand muß zur Zeit der Zustellung der Klage vorhanden sein;** spätere Änderung der Niederlassung, des Wohnorts ꝛc. ist gleichgültig (§ 268 Nr. 2 C.P.O.).

4. Die Bestimmung des § 2 gilt nur für **die Klage** und damit gemäß § 919 C.P.O. auch für **Arreste;** für letztere mit der Maßgabe, daß das nach § 2 zuständige Gericht als Gericht der Hauptsache gilt, neben welchem das in § 919 bezeichnete Amtsgericht, in dessen Bezirk der mit Arrest zu belegende Gegenstand oder die in ihrer persönlichen Freiheit zu beschränkende Person sich befindet, zuständig ist. Über **einstweilige Verfügungen** bestimmt § 3 (vgl. Seite 67).

B. Die einzelnen Gerichtsstände.

1. **In erster Reihe zuständig ist das Gericht, in dessen Bezirk sich die gewerbliche Niederlassung des Beklagten befindet.** Während die C.P.O. als allgemeinen Gerichtsstand den des Wohnsitzes bestimmt, ist hier, da es sich um Tätigkeit im Gewerbebetrieb handelt, der der gewerblichen Niederlassung, die nicht mit dem Wohnsitz identisch zu sein braucht (R.G. C. Bd. 30 S. 350), vorangestellt. Der Begriff der Niederlassung, der auch in § 21 C.P.O. und in H.G.B. (besonders § 29 und 31) vorkommt, ist weder in diesen Gesetzen noch in der Gewerbeordnung, die nur in § 42, 2 eine negative Vorschrift enthält, definiert. Eine Niederlassung liegt vor, wenn ein Mittelpunkt der gesamten oder eines Teils der gewerblichen Tätigkeit geschaffen ist, dem durch Organisation oder Einrichtungen eine gewisse Ständigkeit gegeben ist. Es ist nicht nötig, daß der Gewerbetreibende selbst sich dort aufhält, oder dort tätig ist; nur muß der Betrieb für seine Rechnung gehen; ebensowenig ist eine handelsgerichtliche Eintragung notwendig. Der Begriff ist inbetreff der Niederlassungen, die nicht Hauptniederlassungen sind, weiter, als der in der C.P.O. und dem H.G.B. gegebene, denn bei diesen beiden Gesetzen wird für eine Zweigniederlassung begrifflich der Betrieb selbständiger Geschäfte gefordert, was hier nicht wesentlich ist. Auch derjenige, der ein Musterlager an einen Ort legt und durch Vertreter Offerten entgegennehmen läßt, über die er sich die Entscheidung vorbehält, hat dort eine gewerbliche Niederlassung. Auch eine ständige Vertretung durch einen Agenten kann zur Begründung der Niederlassung genügen (die Entscheidung des R.G. in J.W. 1899 Seite 2 Nr. 4 steht nicht entgegen, weil sie auf das in der C.P.O. hervorgehobene Moment des unmittelbaren Geschäftsschlusses, das hier fehlt, gegründet ist). Im übrigen ist die Frage, wann eine Niederlassung vorliegt, tatsächlicher Natur; das Vorhandensein eines Lokals (O.L. München bei Mugdan Bd. I S. 470), eines Warenbestandes, von Vertretern, Zahlung der Gewerbesteuer, regelmäßiger Geschäftsbetrieb (R.G.Str. Bd. 19 S. 283) ꝛc. sind Momente, die zum Beweise herangezogen werden können. Dagegen genügt es nicht, wenn keine gewerbliche Tätigkeit entfaltet, sondern etwa nur Waren zur Absendung an die Fabrik angenommen und ausgehändigt werden (R.G. C. Bd. 44 S. 362).

Das Gesetz spricht von „seiner" (des Beklagten) gewerblichen Niederlassung. Unter den Kommentatoren herrschte Streit darüber, ob hiermit nur die Hauptniederlassung gemeint sei, oder ob auch bei dem Gericht einer Zweigniederlassung geklagt werden kann. Die Praxis hat sich mit Recht insofern auf den letzteren Standpunkt gestellt, als sie das Gericht derjenigen Niederlassung ebenfalls für zuständig erachtet, auf deren Geschäftsbetrieb sich die unlautere Reklame beziehe (R.G. C. Bd. 44 S. 868), oder von der sie ausgeht (O.L. München bei Mugdan Bd. I S. 470). Daß daneben in jedem Fall auch das Gericht der Hauptniederlassung zuständig ist, kann nach Wortlaut und Sinn des Gesetzes nicht bezweifelt werden.

2. **In Ermangelung einer Niederlassung ist das Gericht des Wohnsitzes zuständig.** Wenn daher der Beklagte, der an seinem Wohnsitz belangt ist, beweist, daß er an einem anderen Orte eine gewerbliche Niederlassung hat, so ist die Klage wegen Unzuständigkeit abzuweisen, selbst wenn Kläger die Niederlassung nicht gekannt oder trotz Nachforschens nicht ermittelt hat („In Ermangelung" im Gegensatz zu „nicht bekannt ist" im letzteren Satz dieses Paragraphen).

Der Begriff des Wohnsitzes ist für dieses Gesetz ebenso wie für die C.P.O. nach dem bürgerlichen Recht zu bestimmen (R.G. C. Bd. 30 S. 348, Dernburg I S. 142, II). § 7 B.G.B. bestimmt:

> „Wer sich an einem Ort ständig niederläßt, begründet an diesem Ort seinen Wohnsitz.
>
> Der Wohnsitz wird aufgehoben, wenn die Niederlassung mit dem Willen aufgehoben wird, sie aufzugeben."

(Über Wohnsitz der Geschäftsunfähigen, Kinder und Ehefrauen vgl. B.G.B. §§ 8, 10, 11.)

Als Wohnsitz ist der Ort anzusehen, an welchem jemand seinen Aufenthalt nimmt, in der Absicht, an diesem Ort zu bleiben und diesen Ort zum Mittelpunkte seines Lebens zu machen (R.G. C. Bd. 30 S. 348). Zum Aufgeben des Wohnorts genügt die Absicht, aufzugeben, allein nicht; es müssen Tatsachen hinzutreten, durch die diese Absicht verwirklicht wird (R.G. in J.W. 1899 S. 28 Nr. 4). Hat eine Person mehrere Wohnsitze (§ 7 Satz 2 B.G.B.), so ist jedes Gericht, in dessen Bezirk ein Wohnsitz liegt, zuständig.

3. Besteht im Inland weder Niederlassung noch Wohnsitz, so ist das Gericht des **inländischen Aufenthaltsorts** zuständig. Auch hier kommt es auf die objektive Tatsache des Nichtvorhandenseins von Niederlassung und Wohnung an (vgl. oben zu 2).

Der Begriff des „Aufenthaltsorts" (vgl. auch § 16 C.P.O.) ist ein rein tatsächlicher. Es kommt allein darauf an, daß jemand sich an einem Orte betreffen läßt, also auf das körperliche Sein an einem Orte. Ob die Anwesenheit von der Person gewollt ist, ob das Verweilen ein längeres oder vorübergehendes ist, ist irrelevant (R.G. in J.W. 1897 S. 302 Nr. 2). Es genügt zur Begründung des Gerichtsstandes, wenn dem Beklagten an dem Ort die Klage persönlich zugestellt ist (§ 180 Abs. 1 C.P.O.)

Über den Begriff des Inlands vgl. zu § 16.

4. **Eventuell ist der Gerichtsstand des Orts der begangenen Handlung zuständig.** Voraussetzung dieses ist nach den Worten des Gesetzes sowohl, daß Niederlassung und Wohnort des Beklagten im Inlande nicht vorhanden und daß ein inländischer Aufenthalt nicht bekannt ist. Inbetreff des letzteren kommt es daher nicht auf die Tatsache, daß Beklagter sich im Inlande aufgehalten hat, sondern auf die Unkenntnis des Klägers von dem Aufenthalt an. Kläger hat diejenigen Schritte zu tun, die von ihm vernünftigerweise einzuschlagen waren, um einen Aufenthalt im Inlande zu ermitteln und diese Schritte nachzuweisen; blieben sie erfolglos, so liegt die im Gesetz erforderte Unkenntnis vor (R.G.C. Bd. 27 S. 401, J.W. 1900 S. 410 Nr. 2).

Begangen ist die Handlung (vgl. § 32 C.P.O.) an dem Ort, an dem die unrichtige Angabe gemacht ist. Der Ort, an dem die Handlung vorbereitet ist (R.G. C. Bd. 13 S. 424), z. B. die Zirkulare gedruckt sind, kommt ebensowenig in Betracht, wie der Ort, an dem die Schädigung des Klägers erfolgt ist.

Gemacht ist die Angabe bei brieflichen oder durch die Presse gemachten Mitteilungen sowohl an dem Ort, wo die Absendung vorgenommen, die Verbreitung begonnen ist, als auch an dem Ort, an dem die Mitteilung dem Empfänger ausgehändigt ist. Es liegt eine einheitliche Handlung vor, die beginnt mit der Absendung und endigt mit dem Empfang (R.G. im Recht 1901 S. 125, C. Bd. 27 S. 419 und die dort zitierten Entscheidungen).

5. Aus dem Gesagten folgt, daß trotz der Bestimmung des § 2 vielfach Klagen bei **mehreren Gerichten** angestellt werden können, z. B. wenn Beklagter mehrere Niederlassungen oder Wohnsitze hat, wenn bei Klagen im Gerichtsstand der begangenen Handlung die Tat als an mehreren Orten begangen gilt, wenn, nachdem der Täter von einer Person verklagt wird, er seinen Wohnsitz 2c. ändert, daher an einem anderen als den Ort seines jetzigen Wohnsitzes verklagt werden muß 2c.

6. Wie Seite 14 dargelegt, ist es gleichgültig, ob der Täter **Inländer** oder **Ausländer** ist; ebenso steht im Prinzip nichts im Wege, Diejenigen, die im **Auslande** gegen § 1 gefehlt haben, zu verfolgen. Nur muß zur Verfolgung im Inland ein Gerichtsstand gemäß § 2 gegeben sein. Besitzt ein Ausländer im Inlande Niederlassung (auch Zweigniederlassung R.G. C. Bd. 44 S. 368), Wohnsitz oder hält er sich hier auf, so kann die Klage angestellt werden; ist dies nicht der Fall, so kommt es darauf an, ob die Handlung im Inland als begangen gilt. Wenn daher vom Ausland ein Brief in das Inland gesendet wird, der gegen § 1 verstößt, so kann Klage an dem Empfangsort erhoben werden; ebenso wenn die Verbreitung des verbotenen Inserats durch die ausländische Presse im Inland geschieht. Wenn dagegen Personen, die im Inland keinen Gerichtsstand haben, lediglich im Ausland unrichtige Tatsachen verbreiten, so ist ein Gerichtsstand in Deutschland nicht gegeben.

§ 3.

Zur Sicherung des im § 1 Absatz 1 bezeichneten Anspruchs können einstweilige Verfügungen erlassen werden, auch wenn die in den §§ 814, 819 der Civilprozeßordnung (jetzt §§ 935, 940) bezeichneten Voraussetzungen nicht zutreffen. Zuständig ist auch das Amtsgericht, in dessen Bezirk die den Anspruch begründende Handlung begangen ist; im übrigen finden die Vorschriften des § 820 der Civilprozeßordnung (jetzt § 942) Anwendung.

A. **Sicherungsmaßregeln sind nach den zivilprozessualen Bestimmungen sowohl bei der Schadensersatz- wie bei der Unterlassungsklage zulässig.** Bei ersterer ist im allgemeinen der Arrest das gegebene Sicherungsmittel, da, wie S. 60 Nr. 5 nachgewiesen, der Schadensersatzanspruch fast immer auf eine Geldforderung geht (§ 916 C.P.O.). Der Arrest findet jedoch nur statt, wenn zu besorgen ist, daß ohne dessen Verhängung die Vollstreckung des Urteils vereitelt oder wesentlich erschwert werden würde, insbesondere wenn das Urteil im Ausland vollstreckt werden müßte (§ 917 C.P.O.). Der Arrest folgt den allgemeinen Regeln; der Anspruch und Arrestgrund sind glaubhaft zu machen, die Glaubhaftmachung kann ersetzt werden durch Sicherheitsleistung (§ 920, 921 C.P.O.). Zuständig ist das Gericht der Hauptsache, d. h. dasjenige Gericht bei dem die Klage anhängig ist, oder, da es nicht nötig ist, daß sie schon angestellt ist, wo sie nach dem Gesetze (§ 2 dieses Gesetzes) anzustellen ist (R.G. C. Bd. 31 S. 372). Daneben ist dasjenige Amtsgericht zuständig, in dessen Bezirk der mit Arrest zu belegende Gegenstand oder die in ihrer Freiheit zu beschränkende Person sich befindet (§ 919 C.P.O.).

B. **Für die Unterlassungsklage ist lediglich Erlaß einer einstweiligen Verfügung zulässig,** da es sich um keine Geldforderung handelt.

Für die einstweiligen Verfügungen zur Sicherung des Unterlassungsanspruches aus § 1 (nicht aus den anderen Paragraphen des Gesetzes, vgl. R.G. in J.W. 1898 S. 440 Nr. 22 und 1901 S. 85 Nr. 4), hat das Gesetz in § 3 zwei Besonderheiten statuiert, nämlich die Befreiung von den Voraussetzungen der §§ 935 und 940 (früher §§ 814, 819) C.P.O. und die Bestimmung der Zuständigkeit auch für das Gericht, in dessen Bezirk die Handlung begangen ist. Im übrigen gelten die allgemeinen Vorschriften über einstweilige Verfügungen auch hier (R.G. C. Bd. 43 S. 397). Im einzelnen ist folgendes zu bemerken:

1. Als Grund für die Erleichterung der einstweiligen Verfügung führt die Begründung an, daß es häufig darauf ankommen wird, eine gegen das Gesetz verstoßende Form der geschäftlichen Ankündigung möglichst schnell und ehe sie anderen Gewerbetreibenden Schaden zufügen kann, zu beseitigen. Von den beiden Arten der einstweiligen Verfügung wird danach wesentlich die des § 935 C.P.O. („in Beziehung auf den Streitgegenstand", d. h. in diesem Fall in Beziehung auf die unrichtige Angabe) praktisch sein, während die des § 940 („zur Regelung eines einstweiligen Zustandes in Bezug auf das streitige Rechtsverhältnis") nur in Ausnahmefällen zur Anwendung kommen dürfte, da es sich bei dieser Vorschrift um dauernde Rechtsverhältnisse handelt.

2. Bei **Stellung des Antrages** ist weder der Nachweis erforderlich, daß die Verwirklichung des klägerischen Rechts vereitelt oder wesentlich erschwert werden würde (§ 935), noch daß die Verfügung zur Abwendung wesentlicher Nachteile nötig ist (§ 940); es genügt zum Erlaß der Verfügung, daß sie nach Lage der Sache zur Sicherung des Anspruchs angezeigt erscheint (R.G. in J.W. 1898 S. 606 Nr. 31). Dagegen ist nach allgemeinen Grundsätzen der Anspruch zu substantuieren und **glaubhaft zu machen;** insbesondere also außer der Berechtigung zur Klage und der Haftung des Beklagten die Unrichtigkeit der Angaben, sowie, daß sie geeignet sind, den Anschein besonders günstigen Angebots hervorzurufen, die Art ihrer Bekanntmachung, und ihre Bezugnahme auf geschäftliche Verhältnisse. Die Glaubhaftmachung geschieht gemäß § 294 C.P.O. durch alle Arten Beweismittel, mit Ausnahme der Eideszuschiebung, auch durch Versicherung an Eidesstatt. Unstatthaft ist eine Beweisaufnahme, die nicht sofort erfolgen kann.

Das Gericht kann, auch wenn der Anspruch nicht glaubhaft gemacht ist, die Verfügung gegen Sicherheitsleistung anordnen; es kann aber auch trotz Glaubhaftmachung den Erlaß von einer Sicherheitsleistung abhängig machen (§§ 921, 936 C.P.O.). Der Nachweis oder die Glaubhaftmachung eines bösen Glaubens beim Beklagten ist nicht nötig, da die Unterlassungsklage nur die Tatsache der Unrichtigkeit, nicht die Kenntnis derselben durch den Beklagten voraussetzt (vgl. S. 48 Nr. 3 und Katz in Bl. 1894/1895 S. 266).

3. **Zuständig** ist

a) das Gericht der **Hauptsache** (vgl. hierüber Anm. A zu diesem Paragraphen),

b) das Amtsgericht, in dessen Bezirk die den Anspruch begründende Tatsache **begangen** ist (über diesen Begriff vgl. S. 66 Nr. 4).

Wird der Antrag bei diesem letzteren Gericht gestellt, so finden die Vorschriften des

§ 942 C.P.O. Anwendung; das Amtsgericht hat bei Erlaß der Verfügung eine Frist zu bestimmen, innerhalb welcher der Gegner zur Verhandlung über deren Rechtmäßigkeit vor das Gericht der Hauptsache zu laden hat. Es herrscht Streit darüber, ob das Amtsgericht nur in dringenden Fällen, oder ob es überhaupt zuständig ist (für die allgemeine Zuständigkeit Wolff S. 66, Finger S. 101, dagegen die Begründung und Hauß S. 58, Fuld S. 96). Der Wortlaut der Bestimmung „auch" und „im übrigen", sowie der Zweck der Vorschrift spricht für die allgemeine Zuständigkeit, so daß bei dem Widerstreite der Begründung mit dem Gesetze selbst letzteres den Vorzug verdient.

4. **Das Verfahren regelt sich nach der C.P.O.** Die Entscheidung kann ohne mündliche Verhandlung erfolgen (§§ 921, 922, 936) und wird das Verlangen, ohne Ansetzung eines Termins schleunigst einen Beschluß zu erhalten, gerade bei den hier in Betracht kommenden Fällen gerechtfertigt erscheinen, damit nicht die Schädigung fortdauert (O.L. Karlsruhe in G.Z. 1901 S. 244).

Über Widerspruch und Entscheidung über denselben vgl. § 925 C.P.O.; über das Verfahren, wenn der Antrag an das Amtsgericht der begangenen Handlung gestellt ist, § 942 C.P.O.; über Aufhebung wegen veränderter Umstände §§ 927 und 939 C.P.O.

5. **Das Gericht bestimmt die Maßregeln**, die zur Erreichung des Zwecks der einstweiligen Verfügung erforderlich sind, nach freiem Ermessen (§ 938 C.P.O.). Vor allem dient hierzu das Verbot weiterer Verbreitung der unrichtigen Drucksachen (J.W. 1899 S. 106 Nr. 15), oder des Verkaufs der fälschlich bezeichneten Ware, Erlaubnis, das Verbot zu veröffentlichen (Wolff S. 64), unter Umständen auch Schließung oder Sequestration des Geschäfts des Beklagten (§ 938 Abs. 2 C.P.O.) während der Zeit, für die die Reklame als wirksam angesehen wird. Dagegen kann nicht anerkannt werden (was Finger S. 97, Müller S. 73 annehmen), daß Aufnahme des Warenbestandes, Feststellung durch Augenschein &c. angeordnet werden kann. Es besteht auch im Prozeß keine derartige Exhibitionspflicht des Beklagten (vgl. S. 54) und dient vor allem ein derartiges Verfahren keinesfalls zur Sicherung des hier fraglichen Anspruchs auf Unterlassung.

6. Wird eine einstweilige Verfügung später wieder aufgehoben, so ist der Antragsteller für den durch die Anordnung entstandenen **Schaden ersatzpflichtig**, selbst wenn ihn kein Versehen trifft (C.P.O. § 945, R.G. in J.W 1899 S. 814 Nr. 5), eine Vorschrift, die bei Anträgen auf Erlaß einstweiliger Verfügungen sehr zur Vorsicht mahnt.

§ 4.

Wer in der Absicht, den Anschein eines besonders günstigen Angebots hervorzurufen, in öffentlichen Bekanntmachungen oder in Mitteilungen, welche für einen größeren Kreis von Personen bestimmt sind, über die Beschaffenheit, die Herstellungsart oder die Preisbemessung von Waren oder gewerblichen Leistungen, über die Art des Bezuges oder die Bezugsquelle von Waren, über den Besitz von Auszeichnungen, über den Anlaß oder den Zweck des Verkaufs wissentlich unwahre und zur Irreführung geeignete Angaben tatsächlicher Art macht, wird mit Geldstrafe bis zu eintausendfünfhundert Mark bestraft.

Ist der Täter bereits einmal wegen einer Zuwiderhandlung gegen die vorstehende Vorschrift bestraft, so kann neben oder statt

der Geldstrafe auf Haft oder auf Gefängnis bis zu sechs Monaten erkannt werden; die Bestimmungen des § 245 des Strafgesetzbuchs finden entsprechende Anwendung.

Inhaltsangabe.

A. Prinzip; Unterschied zwischen strafrechtlicher und zivilrechtlicher Haftbarkeit.

1. Die Frage, ob neben dem zivilrechtlichen Schutz auch eine **strafrechtliche Sühne** für besonders schwere Verfehlungen in das Gesetz aufzunehmen sei, wurde vor und bei Beratung des Gesetzes lebhaft erörtert. Mit Rücksicht auf die Gemeinschädlichkeit gewisser Vergehungen und „weil sich der unlautere Wettbewerb nach den Mitteln, die er anwendet, und nach den Zwecken, die er verfolgt, in zahlreichen Fällen als eine gröbliche Verletzung der die Grundlagen des geschäftlichen Verkehrs bildenden Prinzipien von Treu und Glauben und somit als ein Bruch der allgemeinen Rechtsordnung darstellt, der vom sittlichen Standpunkt kaum milder zu beurteilen ist, als Betrug, strafbarer Eigennutz oder Untreue" (Begründung), ist für gewisse Fälle Bestrafung im Gesetz vorgeschrieben worden.

2. **§ 4 ist die strafrechtliche Ergänzung zu § 1;** er stellt aber nicht jeden Fall, der nach § 1 zivilrechtlich haftbar macht, unter Strafe, statuiert vielmehr ein besonderes Delikt der unlauteren Reklame, welches gewisse Voraussetzungen mit der Vorschrift des § 1 teilt, im übrigen aber bestimmte, selbständige Begriffsmerkmale zeigt. Jedes Vergehen, das nach § 4 strafbar ist, berechtigt auch zur Unterlassungsklage, einesteils weil der Tatbestand des § 4 stets den des § 1 in sich schließt, anderenteils weil nach allgemeinen Grundsätzen (vgl. S. 43) eine strafbare Handlung den Interessenten das Recht gibt, den Täter auf Unterlassung zu belangen. Dagegen gibt es viele Fälle, die zwar unter § 1 fallen, aber nicht nach § 4 strafbar sind. Die Begründung sagt hierüber:

„Der strafrechtliche Tatbestand des § 4 entspricht im allgemeinen dem Inhalt des § 1, jedoch zunächst mit der Maßgabe, daß unwahre Angaben nur insoweit, als ihr Urheber sich der Unwahrheit bewußt war, und nur dann, wenn die Hervorrufung des Anscheins eines besonders günstigen Angebots beabsichtigt war, eine strafrechtliche Sühne nach sich ziehen sollen. Diese Beschränkungen sind in der Natur der Sache begründet. Wenn auf zivilrechtlichem Wege die Verhinderung unwahrer Angaben unabhängig von dem Nachweise einer bösen Absicht ermöglicht wird, so liegt zur strafrechtlichen Ahndung fahrlässigen Verhaltens kein praktisches Bedürfnis vor. Sodann ist davon abgesehen worden, Veranstaltungen, welche unwahre Angaben ersetzen sollen, diesen letzteren auch hinsichtlich der strafrechtlichen Verfolgung gleichzustellen. Veranstaltungen dieser Art sind meist in geringerem Grade bedenklich als Wortreklamen, bieten auch für eine strafrechtliche Feststellung besondere Schwierigkeiten."

3. Folgende **wesentliche Unterschiede im § 4 gegen § 1** sind vorhanden:

a) Nur die **wissentlich** unwahre Angabe macht strafrechtlich verantwortlich.

b) Es genügt nicht, daß die Angabe geeignet ist, den Anschein besonders günstigen Angebots hervorzurufen, es muß auch die **Absicht** des Täters hierauf gehen.

c) Die Angaben müssen wissentlich **zur Irreführung geeignet** gemacht sein.

d) Die Angaben müssen sich auf die **bestimmten** in § 4 aufgezählten Verhältnisse beziehen, die **Generalklausel** der geschäftlichen Verhältnisse fehlt in § 4.

e) **Bildliche Darstellungen und sonstige Veranstaltungen** sind in § 4 nicht den Angaben tatsächlicher Art gleichgestellt.

B. Das Vergehen gegen § 4.

I. Objektive Erfordernisse.

1. Die Angaben müssen in **öffentlichen Bekanntmachungen** oder in **Mitteilungen**, welche für einen größeren Kreis von Personen bestimmt sind, gemacht sein. Dies wörtlich dem § 1 entsprechende Erfordernis ist hier in gleicher Weise, wie dort, auszulegen (vgl. S. 18 ff., über Vergehen gegen § 4 durch die Presse vgl. S. 78).

2. **Die Angaben müssen unwahr sein.** Auch dieser Ausdruck bedeutet nichts anderes, als der in § 1 gebrauchte „unrichtig" (vgl. M. M. Kohler S. 94, Osterrieth S. 50). Es kann daher auch hier auf die Erläuterungen S. 28 verwiesen werden. Zu bemerken ist, daß die **Angaben** unwahr sein müssen. Entsprechen diese der Wahrheit und ist eine Täuschung des Publikums nur durch anderweitige Vorkehrungen bewirkt worden, z. B. durch irreführende Anordnung der Waren, so liegt ein Vergehen gegen § 4 nicht vor (R.G. Str. Bd. 34 S. 163).

3. **Es müssen Angaben tatsächlicher Art vorliegen.** Auch hier gilt alles das S. 21 ff. Gesagte, insbesondere die Abgrenzung gegen Urteile und marktschreierische Anpreisungen. Bildliche Darstellungen und sonstige Veranstaltungen (Abs. 4 des § 1) sind hier den tatsächlichen Angaben nicht gleichgestellt. Sie begründen daher die Strafbarkeit nicht. Wenn dagegen tatsächliche Angaben vorliegen, die durch bildliche Darstellungen erläutert sind, z. B. wenn jemand in seinen Ankündigungen die Abbildung einer Medaille verwendet, deren eine Seite die Worte: „silberne Medaille" trägt, so kann das Bild der Medaille als Beweismoment dafür herangezogen werden, was mit den tatsächlichen Angaben erklärt werden sollte (A.D. 1899 S. 119, ebenso R.G.Str. Bd. 33 S. 431 und Bd. 30 S. 418, weitergehend Stenglein S. 950 Anm. 5).

4. **Die Angabe muß zur Irreführung geeignet sein.** Da die Irreführung des Publikums nach den ersten Worten des § 4 darin besteht, daß der Anschein eines besonders günstigen Angebots hervorgerufen werden soll, so sind die Worte „zur Irreführung geeignet" dem Sinne nach gleichbedeutend mit den § 1 gebrauchten: „geeignet, den Anschein eines besonders günstigen Angebots hervorzurufen" (vgl. Finger S. 110, Schmid S. 308, ferner die Erläuterungen S. 29 ff.). Ob die Irreführung erreicht ist, ist gleichgültig; es genügt, wenn die Angaben hierzu geeignet waren (O.L. Hamburg in G.A. Bd. 46 S. 63).

5. Die Angaben müssen sich beziehen auf

a) die Beschaffenheit und Herstellungsart (vgl. S. 34),

b) die Preisbemessung (vgl. S. 36) von Waren oder gewerblichen Leistnngen (vgl. S. 36),
c) auf Art des Bezugs oder Bezugsquelle (vgl. S. 37),
d) auf den Besitz von Auszeichnungen (vgl. S. 41),
e) auf Anlaß und Zweck des Verkaufs (vgl. S. 44).

Die Generalklausel „geschäftliche Verhältnisse" in § 1 (vgl. S. 32) **ist in § 4 nicht aufgenommen.** Beziehen sich daher die Angaben nicht auf die bezeichneten einzelnen Tatbestände, so ist Bestrafung nach § 4 nicht gegeben. Es muß daher z. B. bei Angaben über Alter, Ausdehnung und Absatz des Geschäfts, Menge der vorhandenen Vorräte 2c., die an sich als Angaben über geschäftliche Verhältnisse zu erachten sind, in strafrechtlicher Beziehung geprüft werden, ob in diesen Angaben eine Erklärung über Beschaffenheit und Preisbemessung enthalten ist. Nur in diesem Fall sind sie strafbar (A.D. 1897 S. 406). Dasselbe gilt von Erklärungen über den Besitz von Attesten und Anerkennungsschreiben, da diese an sich nicht als Auszeichnungen zu erachten sind (vgl. S. 42).

Hervorzuheben ist noch, daß nach der hier vertretenen Ansicht (S. 42), die Patentanmaßung, soweit sie über den Tatbestand des § 40 des Patentgesetzes hinausgeht, nicht nach § 4 strafbar ist, da die Erklärung, daß jemand ein Patent oder ein gewerbliches Schutzrecht erworben hat, nicht als Angabe über den Besitz einer Auszeichnung anzusehen ist; ferner daß, da der Begriff „Bezugsquelle" auch Angaben geographischen Charakters umfaßt (vgl. S. 37), derartige Angaben nach § 4 strafbar sind. Da Abs. 8 des § 1 etwas Selbstverständliches enthält (vgl. S. 39), so ist er auch hier anzuwenden. Nähme man dies nicht an, so käme man zu dem widersinnigen Resultat, daß eine Angabe, die zivilrechtlich ausdrücklich erlaubt ist, strafrechtlich verboten ist.

II. Realkonkurrenz, fortgesetzte Handlung.

1. Liegt nur **eine** Verbreitung einer unwahren Tatsache vor, so begründet dies nur den Tatbestand einer strafbaren Handlung. Die Ansicht von Müller (S. 79), daß so viel Delikte vorliegen, als Gewerbegenossen geschädigt sind, entspricht nicht dem Gesetze, welches den Tatbestand der Schädigung nicht mit in seine Vorschrift aufgenommen hat. Bestraft wird lediglich die Verbreitung unwahrer Tatsachen, nicht die Verletzung eines oder mehrerer Gewerbetreibenden (anders § 7 „eines andern", § 9 „eines Geschäftsbetriebs"). Der Umstand, daß jeder Konkurrent klagen kann, ist eine zivilrechtliche Besonderheit, die für die strafrechtliche Frage gleichgültig ist (so Lobe S. 158, M. M. Kohler S. 120).

2. Wird durch eine Handlung § 4 in **verschiedener Beziehung** verletzt, z. B. wenn sich die Reklame auf Preisbemessung und zugleich auf die Art des Bezugs bezieht, so liegt auch nur eine strafbare Handlung vor. Das Gesetz enthält nicht einen Mischtatbestand in dem Sinne, daß verschiedene Delikte, die inneren Zusammenhang nicht haben, in eine Vorschrift gebracht sind; § 4 umschließt vielmehr ein einheitliches Vergehen, das durch unwahre Angaben über verschiedene im Gesetz aufgeführte Gegenstände perfiziert wird. Auch hier ist davon auszugehen, daß die Verbreitung der Unwahrheit bestraft wird; ob die unwahre Angabe sich auf einen Gegenstand oder mehrere bezieht, ist gleichgültig (so Lobe S. 158, Müller S. 80, dagegen M. M. Kohler S. 120).

3. Es wird bei den Vergehen gegen § 4 sehr häufig vorkommen, daß der Täter die Handlung nicht einmal, sondern **mehrfach hintereinander** begeht; das Inserat z. B. wird wochenlang veröffentlicht; das Zirkular wird an verschiedenen Tagen verschickt 2c. Ob hierbei eine mehrfache Verletzung des Strafgesetzes durch verschiedene

selbständige Handlungen vorliegt, in welchem Fall auf eine Gesamtstrafe zu erkennen ist (§ 74 Str.G.B.), oder ob eine **fortgesetzte Handlung** anzunehmen ist, die als einheitliches Delikt nur die einmalige Bestrafung erfordert, ist vom Richter zu entscheidende Tatfrage. Das Reichsgericht definiert das forgesetzte Vergehen als eine Reihe einzelner selbständiger Handlungen, von welchen jede einzelne den vollen Tatbestand der Gesetzesverletzung enthält und die, weil aus einem und demselben verbrecherischen Entschlusse entflossen, als eine strafrechtliche Einheit anzusehen ist (R.G. Str. Bd. 15 S. 371, ebenso Str. Bd. 4 S. 189): es faßt die mehrfachen Handlungen dann als eine Tat zusammen, wenn unter den Einzelhandlungen ein derartiger tatsächlicher und geistiger Zusammenhang besteht, daß der natürlichen Auffassung des Sachverhaltes nach keine Handlung als eine selbständige, sondern nur jede der nachfolgenden Handlungen als eine Fortsetzung der vorausgehenden erscheint (R.G. Str. Bd. 9 S. 427, vgl. auch Olshausen Anm. 6 ff. zu § 73). Voraussetzung ist immer die Einheitlichkeit des Entschlusses (vgl. auch R.G. C. Bd. 49 S. 21).

Gibt ein Gewerbetreibender den Auftrag, eine Annonce zehnmal in einer Zeitung oder gleichzeitig in mehreren Blättern zu veröffentlichen, so liegt ohne Zweifel ein fortgesetztes Vergehen vor; läßt er sie erst einmal, dann nach einiger Zeit auf Grund besonderen Auftrags noch einmal veröffentlichen, so ist es Sache der tatsächlichen Feststellung, ob die zweite Handlung demselben Vorsatz, wie die erste entsprungen ist, oder ob, weil der Gewerbetreibende etwa erkannt hat, daß die erste Annonce durch unzweckmäßige Art der Veröffentlichung nicht gewirkt hat, er einen erneuten Versuch machen will. Auch der Umstand, daß heut eine Annonce mit Angaben über Preisbestimmung, morgen über Herstellungsart veröffentlicht wird, macht durchaus nicht notwendig (wie Müller S. 80 annimmt) die beiden Handlungen zu selbständigen Vergehen. Hat der Gewerbetreibende den Entschluß gefaßt, durch eine dauernde Inserierung dem Publikum unwahre Tatsachen und zwar an dem einen Tage durch Bezugnahme auf die eine Eigenschaft der Ware, an dem anderen durch Bezugnahme auf eine andere Eigenschaft mitzuteilen, so ist der Entschluß und die Handlung einheitlich; es liegt darum nur *ein* Vergehen vor.

Niemals ist ein fortgesetztes Vergehen dagegen anzunehmen, wenn der Täter nach erfolgter Verurteilung in einem Fall sein Treiben fortsetzt, selbst wenn dies auf Grund früher gefaßten Entschlusses beruht (R.G. Str. Bd. 20 S. 317).

III. Subjektive Voraussetzungen.

1. **§ 4 verlangt Vorsatz**, d. h. das Wissen und Wollen sämtlicher Deliktsmerkmale (Olshausen Anm. 16 zu § 59, Calcer S. 159 und die Ausführungen bei M. M. Kohler S. 111). Das Gesetz hat drei Grade der Verantwortung: die unrichtige Angabe, selbst wenn sie ohne Verschulden für wahr gehalten wird, gibt das Recht zur Unterlassungsklage; wer die Unrichtigkeit kannte oder kennen mußte, haftet auf Schadensersatz; wer sie gekannt hat, ist strafbar. Bei *Fahrlässigkeit* tritt daher wohl Schadensersatzpflicht, nicht aber Bestrafung ein.

Der Vorsatz muß alle Tatbestandsmerkmale umfassen (§ 59 Str.G.B.).

2. **Daneben erfordert das Gesetz die Absicht** (Calcer S. 190), **den Anschein eines besonders günstigen Angebots hervorzurufen,** ähnlich wie in § 263 Str.G.B. die Absicht rechtswidrigen Vermögensvorteils gefordert ist. Der Wille des Täters muß daher nach der ausdrücklichen Vorschrift des Gesetzes darauf gerichtet sein, einen derartigen Anschein hervorzurufen; ob der Erfolg eintritt, ist gleichgültig (R.G. Str. Bd. 35 S. 376).

Wenn der Täter zwar nicht die Absicht, den Anschein hervorzurufen, hatte, aber immerhin mit der Möglichkeit, daß ein solcher Anschein hervorgerufen würde, rechnete (dolus eventualis), so kann Bestrafung nach § 4 nicht eintreten. Das besondere Hervorheben der Absicht neben dem sonst erforderlichen strafrechtlichen Vorsatz erweist, daß das Gesetz das Motiv des Handelns in den strafrechtlichen Tatbestand aufnehmen wollte, und daß, wenn der Täter dies Motiv nicht gehabt hat, ein Vergehen nach § 4 nicht vorliegt. Es ist daher ein auf diesen Zweck gerichtetes absichtliches Handeln nötig, welches durch das Bewußtsein der Möglichkeit nicht ersetzt wird (ebenso für den in dieser Beziehung gleichliegenden Fall des § 263 Str.G.B., R.G. Str. Bd. 27 S. 219).

3. Ferner stellt das Gesetz das Erfordernis auf, daß der Täter die Angaben **wissentlich**, und zwar sowohl inbetreff der Unwahrheit als inbetreff der Täuschungsmöglichkeit („zur Irreführung geeignet") gemacht hat. Inbetreff beider Voraussetzungen muß das Wissen vorhanden sein.

Der Ausdruck „wissentlich" hat dieselbe Bedeutung, wie die im Strafgesetzbuch (§§ 164 und 187) gebrauchten Worte „wider besseres Wissen" (Schmid S. 308 M. M. Kohler S. 114). Der Täter muß das Bewußtsein haben, daß die von ihm verbreitete Tatsache falsch und zur Irreführung geeignet ist. Auch hier ist die Frage zu entscheiden, ob **dolus eventualis** genügt, ob also, wenn der Täter zwar nicht weiß, daß seine Angabe falsch ist, aber die Möglichkeit, daß sie es ist, sich vergegenwärtigt und sie trotzdem verbreitet (vgl. R.G. Str. Bd. 33 S. 5), Strafbarkeit vorliegt. Die Mehrzahl der Schriftsteller ist für die Bejahung, Lobe S. 150 Anm. 28, Daniel S. 118 Anm. 2 sind entgegengesetzter Ansicht. Ersteren ist beizutreten. Zwar geht für die Auslegung der §§ 164 und 187 des Strafgesetzbuchs die allgemeine Ansicht dahin, daß, wo die Worte „wissend" oder „wider besseres Wissen" gebraucht sind, der allgemeine Grundsatz, daß dolus eventualis dem dolus gleichsteht, nicht zutrifft (vgl. Olshausen Anm. 6 zu § 59, ferner R.G. Str. Bd. 18 S. 88, Bd. 28 S. 153). Es ist hier nicht zu untersuchen, ob diese Ansicht richtig ist, für das Gebiet des Patentrechts (in der alten Fassung des Gesetzes, die nur Wissentlichkeit bestrafte) und Markenschutzrechtes geht das Reichsgericht von der entgegengesetzten Ansicht aus (R.G. Str. Bd. 15 S. 88, Bd. 6 S. 277, Bd. 14 S. 418). Mit Rücksicht darauf, daß die dort dargelegten Gründe auch für § 4 zutreffen, daß auch hier im Gegensatz zu § 1 wissentlich nur die Bedeutung hat, die Fahrlässigkeit auszuschließen, daß endlich die Begründung den Ausdruck dahin erläutert, daß der Täter sich „der Unwahrheit bewußt war", wird man sich auch für § 4 der Ansicht anschließen, daß der, der die Möglichkeit der Unwahrheit voraussieht und sich ihrer bewußt war, ebenso behandelt wird, wie der, der die Unwahrheit gekannt hat. Es entspricht dies auch dem Prinzip des Gesetzes, das sicherlich nicht die Absicht hatte, den, der leichtsinnig Behauptungen auf die von ihm erkannte Gefahr hin, daß sie unrichtig sind, verbreitet, zu schützen.

4. Ist der Täter im **Irrtum über tatsächliche Voraussetzungen** des Gesetzes oder über andere, Rechtssätze als die strafrechtlichen Vorschriften, so hat er die Tat nicht wissentlich begangen (§ 59 Str.G.B., Calcer S. 200). Wenn z. B. der Täter annimmt, daß ihm die Auszeichnung, die er zu haben behauptet, erteilt sei, oder daß sie zwar seinem Angestellten gegeben, ihm aber als Geschäftsinhaber rechtlich zustehe, so liegt strafrechtlicher dolus nicht vor. Dagegen ist es ohne Einfluß auf seine Bestrafung, wenn er die von ihm begangene Handlung für nicht strafbar erachtet hat (Calcer S. 159 R.G. Str. Bd. 20 S. 199). Bedenklich ist die Entscheidung des Reichsgerichts, daß wenn der Täter irrtümlich annimmt, ein Ortsname sei zum Gattungsnamen geworden, dies die Strafbarkeit nicht ausschließt, da dies kein tatsächlicher Irrtum sei (D.J.Z. IV S. 66). Der Irrtum, daß man eine Ortsangabe gebrauchen dürfe, weil sie nicht Herkunft sondern Beschaffenheit bezeichne, ist ebenso tatsächlicher Natur, wie der Irrtum daß die Ware wirklich aus dem angegebenen Orte sei.

5. Aus dem Gesagten folgt: Zu bestrafen ist nach § 4 derjenige, der **vorsätzlich** in **Kenntnis** aller Tatumstände und in der **Absicht**, den Anschein eines besonders günstigen Angebots hervorzurufen, unwahre und zur Irreführung geeignete tatsächliche Angaben über die in § 4 bezeichneten Verhältnisse in der dort bezeichneten Art macht. Der Kenntnis, daß die Tatsachen unwahr und zur Irreführung geeignet sind, steht das Bewußtsein der Möglichkeit gleich.

Das Gericht hat über die Frage, ob diese Voraussetzungen vorliegen, nach freier, aus dem Inhalt der Verhandlungen geschöpften Überzeugung zu urteilen, ohne an feste Beweisregeln gebunden zu sein (Str.P.O. § 260).

IV. Täter, Mittäter, Anstifter, Gehilfe.

1. Es ist bereits S. 51 hervorgehoben, daß zivilrechtlich **Täter nicht nur der Konkurrent** ist, sondern jeder, der den Tatbestand des § 1 verletzt; ebenso verhält es sich inbetreff der strafrechtlichen Verantwortung, da auch hier, wie in § 1, ganz allgemein gesagt ist: „Wer" . . . Angaben macht (vgl. R.G. Str. Bd. 35 S. 417 und J.W. 1903 S. 147 Nr. 56).

In anderer Beziehung dagegen unterscheidet sich die strafrechtliche von der zivilrechtlichen Haftung. Während bei letzterer (vgl. S. 52 ff.) in gewissen Fällen eine gesetzliche Haftung von Geschäftsherren für ihre Angestellten, von juristischen Personen für Handlungen ihrer Vertreter, eintritt, gibt es nach strafrechtlichen Grundsätzen eine derartige Haftung nicht. Bestraft werden kann nur, der die Tat begeht oder der in strafrechtlich vorgeschriebener Weise an derselben als Mittäter, Anstifter oder Gehilfe beteiligt ist. Wer die Tat nicht gekannt hat, z. B. der Geschäftsherr, dessen Gehilfen ohne sein Wissen unlautere Reklame betreiben, mag zivilrechtlich haften, bestraft kann er nicht werden.

2. **Die Begriffe der Mittäterschaft** (vgl. R.G. Str. Bd. 14 S. 29), **Anstiftung, Beihilfe bestimmen sich nach den §§ 47—49 Str.G.B.** Für jeden, der hiernach in Frage kommt, ist nach den bezeichneten Paragraphen und nach § 59 nötig, daß er wissentlich tätig ist und alle strafbaren Tatumstände kannte. Derjenige Geschäftsherr z. B., der seinen Reisenden nur anstiftet, einem bestimmten Kunden eine unwahre Tatsache mitzuteilen, ist nicht strafbar, wenn der Reisende die Tatsache öffentlich verbreitet; ebensowenig liegt eine Beihilfe vor, wenn jemand eine Tatsache, die ein anderer öffentlich verbreitet, einer einzelnen Person mitteilt (A.D. 1900 S. 405).

Handlungsgehilfen, Agenten 2c., die auf Geheiß ihres Chefs die Verbreitung der von letzterem gemachten unwahren Angaben bewerkstelligen, werden, wenn sie die Unwahrheit kennen, als Gehilfen strafbar sein; Täter ist in diesem Fall der Geschäftsherr. Wer nur Boten- oder sonstige tatsächliche Dienste, z. B. Ankleben der Zettel, besorgt, wird nur dann strafbar, wenn er die Unwahrheit sowie die sonstigen Tatbestandsmerkmale kannte. Nicht die Handlung der Verbreitung an sich, sondern die wissentliche Verletzung des Gesetzes begründet die Strafbarkeit. Der Umstand dagegen, daß die Angestellten nur im Auftrag ihres Chefs handeln, macht sie nicht straflos, da jeder für die von ihm begangene strafbare Handlung verantwortlich ist.

3. **Juristische Personen**, die zivilrechtlich haftbar gemacht werden können (s. S. 53), **können als solche nicht bestraft werden**, ebensowenig Firmen, offene Handelsgesellschaften 2c. Es haftet strafrechtlich der Firmeninhaber, der Gesellschafter, das Vorstandsmitglied, welches die Tat begangen hat. Eine Bestrafung der anderen Vorstandsmitglieder oder Gesellschafter tritt nur insoweit ein, als sie als Mittäter oder Teilnehmer bei der Tat beteiligt sind. Es muß jedem seine Kenntnis aller Tatumstände bewiesen werden; eine strafrechtliche Vermutung, daß der eine Gesellschafter von der Tat des anderen gewußt hat, gibt es nicht (R.G. Str. Bd. 5 S. 109).

V. Vollendung der Tat.

1. Die nach § 4 strafbare Handlung ist **vollendet** und demgemäß strafbar, wenn die sämtlichen gesetzlichen Tatbestandsmerkmale verwirklicht (Calcer S. 265) d. h. wenn die strafbaren Angaben in der in § 4 bezeichneten Weise gemacht sind. Sie sind es, wenn die Zeitung, in der die Reklame enthalten ist, erschienen ist (R.G. Str. Bd. 33 S. 327), wenn das Plakat an allgemein zugänglicher Stelle angeheftet ist 2c. Auf die Tatsache der Kenntnisnahme durch das Publikum kommt es nicht an (s. S. 19); es genügt die öffentliche oder für einen größeren Personenkreis bestimmte Verbreitung, also die Möglichkeit, daß das Publikum Kenntnis nehmen kann.

2. **Versuch ist nicht strafbar** (§ 43 Abs. 2 St.G.B.); alle Handlungen also, die der Ausführung selbst vorhergehen, z. B. der Auftrag an einen Boten, die Zirkulare zu verbreiten, die Übersendung des Inserats in die Druckerei, begründen, wenn die Ausführung aus irgend einem Grunde unterbleibt, die Strafbarkeit nicht.

VI. Strafe.

1. Hauptstrafe ist Geldstrafe bis 1500 Mk., der Mindestbetrag beträgt 3 Mk. (§ 1 Abs. 2, § 27 Str.G.B.). Über die Bemessung im einzelnen Fall sagt die Begründung S. 32:

„Um im Rahmen des nach diesen Gesichtspunkten eingeschränkten Tatbestandes dem Strafrichter die Berücksichtigung von Umständen zu ermöglichen, welche den Verstoß als einen geringeren kennzeichnen, soll bei Abmessung der Strafe bis auf die im Strafgesetzbuch festgesetzten Mindestbeträge herabgegangen und eine Freiheitsstrafe erst im Wiederholungsfalle verhängt werden dürfen. Auch für den Wiederholungsfall ist in erster Linie Geldstrafe angedroht, so daß der Richter zunächst auf die Wahl dieses Strafmittels sich hingewiesen sieht und in der Lage ist, die Geldstrafe für den Fall ihrer Uneinziehbarkeit in den durch § 28 des Strafgesetzbuchs gezogenen Grenzen in Haft statt in Gefängnis umzuwandeln.

Auf der anderen Seite ist bei Bemessung des zulässigen Höchstbetrages der Strafe darauf Bedacht genommen, daß schwerere Verstöße gegen Treu und Glauben, namentlich solche, die öffentliches Ärgernis erregen, auch eine nachdrückliche Sühne erheischen."

2. Eine **nicht beizutreibende** Geldstrafe ist, wenn sie 600 Mk. oder die an ihre Stelle tretende Freiheitsstrafe 6 Wochen nicht übersteigt, in Haft, sonst in Gefängnis umzuwandeln (§ 28 Abs. 2 Str.G.B.). Über die Art der Umrechnung der Geld- in Freiheitsstrafen vgl. § 29 Abs. 1 Str.G.B. Der Höchstbetrag der an Stelle der Geldstrafe tretenden Freiheitsstrafe ist bei Haft 6 Wochen, bei Gefängnis 6 Monat. Dies ist streitig, weil der Höchstbetrag der letzteren nach § 29 Abs. 2 Str.G.B. 1 Jahr sein soll. Die weitere Ausnahme des § 29, daß die an Stelle der Geldstrafe tretende Freiheitsstrafe den Höchstbetrag der wahlweise angeordneten Freiheitsstrafe nicht übersteigen darf, trifft dem Wortlaut nach nicht zu, da § 4 Abs. 1 nur Geldstrafe und nicht wahlweise eine Freiheitsstrafe androht. Mit Rücksicht aber darauf, daß in Abs. 2 des § 4 auf die für den schwereren Tatbestand des Rückfalls wahlweise angeordnete Freiheitsstrafe nur im Höchstbetrag von 6 Monaten erkannt werden kann, kann nicht angenommen werden, daß der Gesetzgeber für den milderen Fall des Abs. 1 eine höhere Maximalstrafe aussprechen wollte (so M. M. Kohler S. 125 gegen Fuld S. 100, Lobe S. 161, Daniel S. 101).

3. Neben der Strafe kann auf **Einziehung** oder Unbrauchbarmachung von Gegenständen, die zur Begehung des Vergehens gebraucht oder bestimmt sind, erkannt werden (§§ 40—42 Str.G.B.).

4. Über **Veröffentlichung** des Urteils s. zu § 13, über **Verfahren, Antrag** und **Zuständigkeit** zu § 12, über **Buße** zu § 14.

VII. Rückfall.

1. **Voraussetzung des Rückfalls** im Sinne des § 4, der vorliegt, wenn bereits einmal der Täter wegen Zuwiderhandlung gegen § 4 bestraft ist, ist zunächst die **vorherige Bestrafung** auf Grund rechtskräftigen Erkenntnisses (§ 481 Str.P.O.) und wenigstens teilweise **Verbüßung** der früher erkannten Strafe (R.G. Str. Bd. 14 S. 418). Eine Verbüßung liegt nur vor, wenn wegen der Hauptstrafe, d. h. im vorliegenden Fall der Geld- oder der an deren Stelle tretenden Freiheitsstrafe vollstreckt ist. Vollstreckung von Nebenstrafen z. B. der Einziehung genügt nicht (R.G. Str. Bd. 21 S. 136). Da wegen der „vorstehenden Vorschrift" bestraft sein muß, muß die Strafe im Inlande erkannt sein. Ob der Täter früher als Täter oder als Teilnehmer verurteilt ist, ist gleichgültig (R.G.Str. Bd. 2 S. 261); es genügt jede Verurteilung aus § 4.

2. Es genügt zur Bestrafung wegen Rückfalls, daß die **Vorstrafe nur teilweise verbüßt oder ganz oder teilweise erlassen ist;** dagegen nicht, wenn die Strafe verjährt ist, ohne daß mit der Verbüßung begonnen wäre. Eine Bestrafung wegen Rückfalls ist aber ausgeschlossen, wenn seit Verbüßung oder Erlaß der letzten Strafe aus § 4 bis zur Begehung der neuen Zuwiderhandlung 10 Jahre verflossen sind (§ 245 Str.G.B.). „Letzte" Strafe ist die unmittelbar vor der neuen Handlung liegende. (R.G. Str. Bd. 1 S. 247.)

3. Die **Rückfallsstrafe** ist insofern verschärft, als neben und statt der Geldstrafe auf Haft oder Gefängnis erkannt werden kann im Gegensatz zu der Strafe aus Abs. 1, bei der die Freiheitsstrafen nur im Fall der Uneinziehbarkeit der Geldstrafen eintreten. Ob der Richter auf Geldstrafe, Haft oder Gefängnis erkennt, ist Sache seines Ermessens und richtet sich nach der Schwere der Verfehlung. Eine an Stelle der Geldstrafe substituierte Freiheitsstrafe darf auch hier bei Haft 6 Wochen, bei Gefängnis 6 Monate nicht überschreiten (vgl. S. 76).

VIII. Verjährung.

1. Die **Strafverfolgung** verjährt gemäß § 67 Str.G.B. für das Vergehen gegen Abs. 1 des § 4 in 3, für das Rückfallsdelikt des Abs. 2 in 5 Jahren. Die Verjährung beginnt mit dem Tage, an dem die Handlung, d. h. das Zugänglichmachen der unwahren Tatsachen an die Öffentlichkeit (vgl. S. 76), begangen ist. Liegt ein fortgesetztes Delikt vor (vgl. S. 72), so beginnt die Verjährung aller, also auch der ersten Handlungen mit dem letzten Akte der als Einheit aufgefaßten Handlung (R.G. Str. Bd. 35 S. 270 und Bd. 10 S. 203).

Über die Verjährung der durch die Presse begangenen Delikte vgl. § 22 Preßgesetz.

2. Die Verjährung der **Vollstreckung** rechtskräftig erkannter Strafen beginnt mit dem Tage der Rechtskraft des Urteils und dauert, wenn auf Haft oder auf Geldstrafe bis zu 150 Mk. erkannt ist, zwei, sonst 5 Jahre.

IX. Idealkonkurrenz mit Betrug.

Insoweit durch die § 4 verletzende Handlung ein anderes Strafgesetz mit verletzt ist **(Idealkonkurrenz),** kommt nur das Gesetz zur Anwendung, welches die schwerste Strafe verhängt (§ 73 Str.G.B.). Vor allem wird eine derartige Konkurrenz mit dem **Betruge** oder Betrugsversuche stattfinden (§ 263 Str.G.B., vgl. Gumbel, Der Betrugsparagraph und seine Ergänzung durch das Gesetz zur Bekämpfung des unlauteren

Wettbewerbs). Beide Vergehen unterscheiden sich vor allem einesteils dadurch, daß beim Betrug das Vermögen eines anderen beschädigt wird, während weder Vermögensbeschädigung nach Absicht derselben zu den Voraussetzungen des § 4 gehört; andernteils daß bei ersterem die Absicht, sich einen rechtswidrigen Vermögensvorteil zu verschaffen vorliegen muß, während § 4 nur die Absicht der Irreführung voraussetzt; endlich wird tatsächlich der Betrug sich meist gegen den Konsumenten richten, während § 4 den Schutz des Konkurrenten bezweckt. Trotzdem ist Konkurrenz möglich. Wer eine wollene Ware öffentlich als seidene anpreist und zu dem Preise der seidenen verkauft, begeht durch dieselbe Handlung beide Delikte. Der Umstand, daß das Vergehen gegen § 4 schon durch die öffentliche Anzeige perfekt wird, während der Betrug erst mit dem Augenblick des Verkaufs vollendet ist, hindert diese Annahme nicht. Es kommt darauf an, ob das Tun ein einheitliches ist (R.G. Str. Bd. 25 S. 149, Bd. 11 S. 357); und auch der Umstand, daß verschiedene Rechtsgüter verletzt werden, kommt dieser Identität der Handlung gegenüber nicht in Betracht (R.G. Str. Bd. 32 S. 138 und Olshausen Anm. 20 zu § 73, dagegen Fuld S. 102 Anm. 14).

In diesen Fällen tritt daher Bestrafung nach § 263 Str. G.B. ein. Ist wegen Betruges eine derartige Handlung bestraft, so ist damit gemäß obigen Grundsätzen das Vergehen gegen § 4 konsumiert.

C. Bestrafung bei Zeitungsreklamen.

1. Besondere Vorschriften über die Strafbarkeit derjenigen Vergehen gegen § 4, **die durch die Presse begangen sind**, vor allem also durch Inserate in Zeitungen, sind nicht gegeben. Insoweit es sich daher um nicht periodische Druckschriften handelt, sind Verfasser, Redakteur, Drucker, Verleger, Verbreiter nach allgemeinen Grundsätzen zu bestrafen. Jedem der bezeichneten Personen ist danach ihre Kenntnis sämtlicher Tatumstände des § 4 besonders nachzuweisen; gelingt dies, so können sie als Täter oder Teilnehmer bestraft werden.

2. Auch bei **periodischen Druckschriften**, d. h. denen, die in monatlichen oder kürzeren, wenn auch unregelmäßigen Fristen erscheinen (§ 7 Preßgesetz), bleiben an sich die allgemeinen Grundsätze maßgebend. Auch hier können die zu 1 bezeichneten Personen unter den dort aufgeführten Bedingungen als Täter und Teilnehmer bestraft werden. Nur gilt eine preßrechtliche Besonderheit: Für den Inhalt einer periodischen Druckschrift haftet der **verantwortliche Redakteur** (über den Begriff vgl. Born S. 91ff.), wenn nicht durch besondere Umstände die Annahme seiner Täterschaft ausgeschlossen ist. Liegen derartige besondere Umstände vor, z. B. wenn er tatsächlich verhindert war, vor der Veröffentlichung von dem Inserat Kenntnis zu nehmen (R.G. Str. Bd. 1 S. 14), nicht aber (wie Müller S. 89 meint), wenn er den Verfasser genannt hat (R.G. Str. Bd. 2 S. 28), so kann er die Haftbarkeit ablehnen. Wird das Vorliegen besonderer Umstände aber nicht erwiesen, dann ist er an sich für den Inhalt der Zeitung verantwortlich und kann aus § 4 in Anspruch genommen werden; es muß ihm dann aber noch der Beweis der Kenntnis der Tatumstände des § 4 geführt werden. Die Ansicht von Finger (S. 105), daß gemäß § 20 des Preßgesetzes der Redakteur den Gegenbeweis führen müsse, widerspricht dem § 59 Str.G.B., den der Redakteur auch für sich in Anspruch nehmen kann (R.G. Str. Bd. 10 S. 229). Sie führt auch zu dem in der Praxis ungeheuerlichen Resultat, daß, wenn ein Redakteur in seine Zeitung ein Inserat über einen Ausverkauf aufnimmt, welches sich als wahrheitswidrig herausstellt, er als Teilnehmer haftet, wenn er nicht den für ihn fast immer unmöglichen Beweis führt, daß er die Unrichtigkeit nicht gekannt habe.

Im übrigen haftet der Redakteur nur für den Inhalt, nicht für einen etwa irreführenden Titel einer Zeitschrift, da für diesen nur der Verleger haftbar ist (K.G. in J.Z. Bd. III S. 250).

3. § 21 des Preßgesetzes bestimmt für alle Druckschriften, daß der verantwortliche Redakteur, Verleger, Drucker und der die Druckschrift gewerbsmäßig vertreibt oder verbreitet, wegen **Fahrlässigkeit** zu bestrafen sind, soweit sie nicht nach § 20 (und wie für den vorliegenden Fall zu ergänzen ist, nach § 4 dieses Gesetzes) als Täter oder Teilnehmer haften. Die Haftung fällt für sie fort, wenn sie die Anwendung der pflichtgemäßen Sorgfalt als Umstände nachweisen, die diese Anwendung unmöglich gemacht haben. Die bezeichneten Personen können sich aber von der Strafbarkeit durch Benennung des Verfassers oder Einsenders oder eines Vormannes befreien (Näheres § 21, 2 Preßgesetz).

Dies ist ein dem Preßgesetz eigentümliches Fahrlässigkeitsdelikt (R.G. Str. Bd. 13 S. 319), welches lediglich nach den im Preßgesetz enthaltenen Normen zu beurteilen ist. Selbstverständlich schließt die Bestrafung des Redakteurs ꝛc. wegen Fahrlässigkeit nicht die Bestrafung der sonstigen Täter aus § 4 aus.

4. Wird das Vergehen gegen § 4 durch die Verbreitung von Druckschriften begangen, so **verjährt** die Strafverfolgung in 6 Monaten. Daß diese Vorschrift auf § 4 Anwendung findet, hat das Reichsgericht mit Recht mehrfach (Str. Bd. 35 S. 270, vgl. auch Bd. 35 S. 376) angenommen.

D. Polizeiliche Maßregeln.

Es regelt sich nach den landesgesetzlichen Bestimmungen, ob und inwieweit die **Polizei** berechtigt ist, vorbeugende und andere Maßnahmen gegen § 4 verletzende Handlungen zu treffen. In Preußen ist diese Befugnis durch § 10 II 17 A.L.R. gewährt (über Bayern, Baden und Hessen vgl. Hauß S. 62). Daß durch diese Bestimmungen das Recht gewährt ist, tunlichst Straftaten zu verhüten, hat das Reichsgericht (Str. Bd. 13 S. 44) anerkannt. Danach steht der Polizei das Recht zu, falls ihr beabsichtigte oder in der Ausführung begriffene Vergehen gegen § 4 zur Kenntnis kommen, vorbeugende Maßnahmen zu treffen, z. B. Plakate, deren Inhalt § 4 widerspricht, zu beseitigen und sonstige Ankündigungen zu verhindern (so allgemeine Ansicht, vgl. Müller S. 82).

§ 5.

Durch Beschluß des Bundesrats kann festgesetzt werden, daß bestimmte Waren im Einzelverkehr nur in vorgeschriebenen Einheiten der Zahl, der Länge und des Gewichts oder mit einer auf der Ware oder ihrer Aufmachung anzubringenden Angabe über Zahl, Länge oder Gewicht gewerbsmäßig verkauft oder feilgehalten werden dürfen.

Für den Einzelverkehr mit Bier in Flaschen oder Krügen kann die Angabe des Inhaltes unter Festsetzung angemessener Fehlergrenzen vorgeschrieben werden.

Die durch Beschluß des Bundesrats getroffenen Bestimmungen sind durch das Reichs-Gesetzblatt zu veröffentlichen und dem Reichstag sogleich oder bei seinem nächsten Zusammentritt vorzulegen.

Zuwiderhandlungen gegen die Bestimmungen des Bundesrats werden mit Geldstrafe bis einhundertfünfzig Mark oder mit Haft bestraft.

Inhaltsangabe.

A. Allgemeines.

1. Soweit ein Gewerbetreibender unrichtige Angaben über Beschaffenheit der Ware oder über Preisbemessung macht, treten bei dem Vorhandensein der sonstigen Voraussetzungen §§ 1 und 4 des Gesetzes ein; soweit er dies in der Absicht tut, sich einen rechtswidrigen Vermögensvorteil zu verschaffen, kann Betrug (§ 263 Str.G.B.) vorliegen. Nun ist aber noch ein Fall denkbar, der keine dieser Vorschriften verletzt, dennoch aber sich als unlauter darstellt, wenn ein Gewerbetreibender Ware in einer Packung oder einer Aufmachung verkauft, die im Verkehr ein bestimmtes Gewicht oder ein Mengeverhältnis zu haben, pflegt und zwar zu einem geringeren Gewicht oder Verhältnis und zu einem entsprechend niedrigeren Preise. Hierdurch ist der Käufer nicht geschädigt, denn er erhält zwar weniger, aber zu einem billigeren Preise, wohl aber schädigt dies Verhalten den Konkurrenten, indem es den Anschein einer Preisermäßigung erweckt, die in Wirklichkeit nicht vorliegt. Über den Mißbrauch, der sich in dieser Beziehung eingebürgert hat, sagt die Begründung:

„Auf einzelnen Verkehrsgebieten, insbesondere im Handel mit Garn und mit Bier, hat sich die Gepflogenheit herausgebildet, durch eine für den Konsumenten schwer bemerkbare Verkleinerung des im Einzelverkehr sonst üblichen Mengenverhältnisses den irreführenden Anschein einer Preisermäßigung hervorzurufen und hierdurch zum Schaden derjenigen Gewerbsgenossen, welche zu solchen Mitteln nicht greifen, Kunden heranzuziehen.

Der Kleinhandel mit wollenen und baumwollenen Strickgarnen und mit Zephyrgarnen vollzieht sich allgemein nach dem Gewicht, jedoch in der Weise, daß die abzugebende Menge nicht in jedem Falle zugewogen, sondern zum Verkaufe in kleinen Abteilungen (Bunde, Strähne 2c.), welche eine gewisse Gewichtsmenge darzustellen pflegen, bereitgehalten wird. Die Einheit für die Gewichtsbestimmung bildet meist das Pfund, welches früher regelmäßig in 10 Unterabteilungen zu 50 g eingeteilt wurde. Im Hinblick auf diese den Kunden bekannte Geschäftsgewohnheit sind zahlreiche Geschäftsleute dazu übergegangen, aus dem Pfund anstatt 10 Bunde deren 12, 13 oder selbst 14 herzustellen, und diese Bunde unter Verschleierung des Mindergewichts zu Preisen abzugeben, die scheinbar günstiger sind als die Preise, welche der an der alten Einteilung festhaltende reelle Kaufmann stellt. Die Quantitätsverschleierung vollzieht sich nicht selten auch in der Weise, daß der Bezeichnung von Garn nach Maß oder Gewicht ausländische Mengen-Einheiten zu

Grunde gelegt werden. In vielen Fällen verbindet sich mit diesen Formen des unlauteren Wettbewerbes auch eine Schädigung des Publikums."

2. **Hiergegen richtet sich die Vorschrift des § 5.** Derselbe bestimmt aber nicht, wie es die anderen Paragraphen des Gesetzes tun, den strafrechtlichen Tatbestand sondern er bildet nur eine Ermächtigung an den Bundesrat in bestimmten Grenzen Verordnungen zu erlassen, deren Übertretung die in § 5 näher bezeichneten Folgen nach sich zieht. Als Grund hierfür führt die Begründung an:

„Vorschriften der hier in Frage kommenden Art würden indessen trotz ihres nahen Zusammenhanges mit den sonstigen, auf die Bekämpfung des unlauteren Wettbewerbes abzielenden Anordnungen in einem Gesetze, welches allgemein verbindliche Grundsätze aufstellen will, nicht ihre richtige Stelle finden. Sie werden für den Verkehr mit bestimmten Waren, und zwar für jede Gattung derselben unter Berücksichtigung ihrer besonderen Beschaffenheit und der einschlägigen Handelsgewohnheiten, technische Einzelheiten zu regeln und den schnell wechselnden Bedürfnissen des Verkehrs zu folgen haben. Diese Umstände weisen auf den Weg der Verordnung hin; der Entwurf beschränkt sich darauf, die hierfür bisher fehlende gesetzliche Grundlage zu schaffen. Es ist nicht anzunehmen, daß der Bundesrat von der ihm zugewiesenen Befugnis zum Erlaß entsprechender Anordnungen anders als in den Grenzen des praktischen Verkehrsbedürfnisses und nach eingehender Prüfung der Verhältnisse, wobei auch die Anhörung der beteiligten Kreise in Betracht kommt, Gebrauch machen wird".

3. Die Verletzung der in § 5 gegebenen Vorschrift stellt sich als eine **gewerbepolizeiliche Übertretung** dar (M.M. Kohler S. 77, S. 141). Aus welcher Absicht die Verordnung übertreten wird, ist bei ihrem polizeilichen Charakter gleichgültig; der Hauptfall wird derjenige sein, in dem zur Schädigung des Konkurrenten gehandelt wird; es genügt aber auch die lediglich aus Nachlässigkeit ohne schädigende Absicht und ohne stattgehabte Schädigung erfolgte Nichtbeobachtung einer vom Bundesrat erlassenen Verordnung. Das Gesetz bezüglich der Bundesrat stellt Normen für die Art des Inverkehrbringens gewisser Waren auf, um der Möglichkeit der Täuschung entgegenzutreten; wer diese Vorschriften verletzt, ist aus der Tatsache der Verletzung strafbar.

4. **§ 5 ist im Gegensatz zu den anderen Bestimmungen des Gesetzes kein Antragsdelikt;** er enthält lediglich strafrechtliche Bestimmungen; eine zivilrechtliche Verfolgung begründet er nicht.

B. Verordnungsrecht des Bundesrats.

1. Der **Bundesrat hat das Recht** („kann"), Verordnungen im Sinne des § 5 innerhalb der durch das Gesetz bestimmten Schranken zu erlassen (ähnlich § 120 e, § 139 a G.O.). Eine Delegation der Befugnisse an andere Behörden ist im Gesetz nicht erwähnt, daher ausgeschlossen. Wohl aber ist der Erlaß derartiger Verordnungen durch Reichsgesetzgebung (nicht durch Landesgesetzgebung) ebenso zulässig, wie Abänderung oder Aufhebung vom Bundesrat erlassener Verordnungen, einesteils, weil Gesetz der Verordnung vorgeht, anderenteils, weil die durch Gesetz dem Bundesrat gegebene Befugnis jederzeit durch ein anderes Gesetz ganz oder teilweise zurückgenommen werden kann (so M. M. Kohler S. 143 gegen Finger S. 121).

2. Voraussetzung der Rechtsgültigkeit der Verordnung ist nach Abs. 3 des § 5 unter analoger Anwendung des Art. 2 der Reichsverfassung **Veröffentlichung im Reichsgesetzblatt.** Die verbindliche Kraft beginnt mit dem vierzehnten Tage nach dem Ablauf des Tages der Ausgabe des Reichsgesetzblattes in Berlin.

3. Ferner ist die Verordnung dem **Reichstag** gemäß Abs. 3 zur Kenntnis-

nahme (ein Antrag, dies zur Genehmigung zu tun, ist ausdrücklich abgelehnt worden) vorzulegen. Diese Vorlegung ist lediglich eine den Bundesrat bindende Vorschrift; für die Rechtsgültigkeit der Verordnung selbst ist sie ohne Einfluß.

4. Das Recht der Verordnung schließt auch das Recht der **Abänderung** und **Aufhebung** erlassener Verordnungen in sich. So hat der Bundesrat die von ihm erlassene Verordnung vom 20. November 1902 durch Verordnung vom 17. November 1902 geändert (s. S. 87).

4. Die **Gerichte** haben die formellen Voraussetzungen, den Erlaß durch den Bundesrat, Veröffentlichung im Reichsgesetzblatte, ferner materiell das verfassungsmäßige Zustandekommen im Bundesrat (so Kohler S. 145, Müller S. 98, dagegen Finger S. 123) und die Frage, ob der Bundesrat sich innerhalb der ihm durch § 5 gesteckten Schranken gehalten hat, zu prüfen. Die Prüfung, ob die Verordnung dem Reichstag vorgelegt und ob sie zweckmäßig ist, steht den Gerichten nicht zu.

C. Inhalt der Verordnungen.

I. Allgemeines.

1. Gemäß dem Zwecke des Gesetzes ist dem Bundesrat eine dreifache Ermächtigung gegeben:

a) Festsetzung, daß für gewisse Waren Verkauf nur in vorgeschriebenen **Einheiten**,

b) daß er nur mit einer auf der Ware oder Aufmachung anzubringenden **Angabe** erfolgen soll,

c) daß für **Bier** in Flaschen oder Krügen die Angabe des **Inhalts** vorgeschrieben werden kann. „Durch die alternative Fassung der Vorschrift" (zu a und b) „soll es selbstverständlich nicht ausgeschlossen werden, im Bedarfsfall die beiden in Frage kommenden Anordnungen zu verbinden, dergestalt, daß eine bestimmte Ware nur in bestimmten Mengeneinheiten und mit einer Angabe der Menge versehen zum Einzelverkehr zugelassen wird" (Begründung). Eine derartige Verbindung findet sich in der Verordnung vom 4. Dezember 1901 (s. S. 87).

2. Als **Beispiele** der in Frage kommenden Waren führt die Begründung Garn, Bier, Chokolade, Zucker, Bindfaden, Seife, Stearinkerzen, Stahlfedern an. Zu erwähnen sind noch Posamentierartikel (vgl. auch Stegemann, Typische Fälle S. 68). Selbstverständlich ist die Aufzählung keine vollständige; sowie sich im Verkehr ein Mißbrauch bei dem Verkauf bestimmter Waren herausbildet, kann der Bundesrat auf Grund des § 5 eingreifen.

3. Die Verordnung darf sich nur auf **bestimmte Waren** beziehen; es können daher keine allgemeinen für den gesamten Handelsverkehr geltenden Bestimmungen gegeben werden; ebensowenig Verordnungen für ganze Warenklassen z. B. Posamentierartikel, Kolonialwaren ꝛc.

4. Beschränkt soll nur der **Einzelverkehr** werden. Die Begründung sagt hierüber:

> „Quantitätsversicherungen sind nur auf Abnehmerkreise berechnet, die nicht gewöhnt oder nicht in der Lage sind, die Menge der empfangenen Ware nachzuprüfen. Es liegt kein Bedürfnis vor, die Herstellung der Ware, den Verkehr zwischen der Herstellungsstelle und dem Großhändler, zwischen diesem und dem Kleinhändler oder den Export nach dem Auslande an die Innehaltung bestimmter Mengeneinheiten, oder an die Bezeichnung der Menge zu binden. Der Anwendungsbereich der zu erlassenden Vorschriften beschränkt sich daher auf den Einzelverkehr im Inlande, worunter aber auch die Abgabe von Bier in einzelnen Fässern

an die Gastwirte zu verstehen ist. Auf der anderen Seite versteht es sich von selbst, daß die in den inländischen Einzelverkehr gelangenden Waren ausländischen Ursprungs von den Vorschriften betroffen werden".

Der Begriff „Einzelverkehr" deckt sich nicht mit dem des „Kleinhandels" in der Gewerbeordnung, da letzterer auch den Betrieb des Wiederverkäufers umfaßt; Einzelverkehr aber nach der allgemeinen Auffassung nur die Abgabe an den Konsumenten bedeutet. Ob diesem größere oder kleinere Quantitäten geliefert werden, ob der Veräußerer Fabrikant oder Wiederverkäufer ist, ist gleichgültig (Hauß S. 66, Müller S. 90).

5. Ferner soll nur (auch) für Abs. 2) der **gewerbsmäßige Verkauf und Feilhalten** beschränkt werden.

a) **Gewerbsmäßig** ist eine Handlung, die sich auf einen dauernden Erwerb richtet; nötig ist also der Wille des Handelnden, eine fortgesetzte auf Erwerb gerichtete Tätigkeit auszuüben. An sich genügt hierzu eine einzige Handlung, wenn sie den auf Wiederholung gerichteten Erwerbswillen betätigt (R.G. Str. Bd. 4 S 186, Bd. 12 S. 391). Nicht fällt darunter die geschenkweise oder aus anderen als Erwerbsgründen erfolgte Abgabe an einzelne Personen, ebensowenig der vereinzelte nicht mit der Fortsetzungsabsicht erfolgte Verkauf.

b) **Verkaufen** und **Feilhalten** (vgl. §§ 12, 14, 16 Warenzeichengesetz, § 4 Patentgesetz). Verkaufen ist allgemein als Übertragung der Ware im gewerblichen Verkehr zu verstehen, ohne daß es auf den juristischen Begriff des „Kaufs" ankäme. Es genügt auch Tausch oder Hausierhandel. Notwendig ist aber, daß die Übertragung perfekt geworden ist (R.G. Str. Bd. 11 S. 241). Feilhalten dagegen liegt vor, wenn in der Absicht des Verkaufs die Ware äußerlich erkennbar zugänglich gemacht wird (R.G. Str. Bd. 4 S. 275, Bd. 11 S. 242). Nicht nötig ist, daß dem Publikum im allgemeinen gegenüber das Angebot erfolgt; es kann auch einem begrenzten Kreise geschehen (R.G. Str. Bd. 14 S. 436). Erforderlich ist dagegen die Bereitstellung zum Verkauf; Hinschaffen in das Verkaufslokal, Aufbewahrung in den Lagerräumen ist noch kein Feilhalten (R.G. Str. Bd. 25 S. 242).

II. Festsetzung von Einheiten.

1. Der Entwurf enthielt den allgemeinen Ausdruck: „Mengeneinheiten", so daß die Bestimmung auch auf Hohlmaße, z. B. Bierflaschen, Anwendung finden konnte. Auf Grund vielfacher Petitionen wurde dies in die jetzige Fassung, die Hohlmaße ausschließt, umgeändert; in der dritten Lesung aber wurde Abs. 2 für Bier in Flaschen und Krügen zugefügt.

2. Nur **Einheiten** von **Zahl**, **Länge** oder (nicht, wie das Gesetz ungenau sagt, „und", vgl. Finger S. 124) **Gewicht** können festgesetzt werden und zwar ist für Maß und Gewicht das Gesetz vom 17. 8. 1868 maßgebend. So ist für Garne in der Bekanntmachung vom 20. 11. 1900 für wollene und halbwollene Garne eine Gewichtseinheit, für baumwollene diese oder eine Längeneinheit, für Kerzen nach der Bekanntmachung vom 4. 12. 1901 nur Gewichtseinheit zugelassen. Selbstverständlich können verschiedene Einheiten, z. B. Packungen zu 500, 330, 250 Gramm (Bek. v. 4. 12. 1901 § 2) bestimmt werden.

3. Daß die Festsetzung derartiger Einheiten vorgesehen ist, wird in der Begründung wie folgt motiviert:

„Es würde im allgemeinen genügen, die Angabe der Menge auf der Ware oder ihrer Verpackung vorzuschreiben. Da jedoch einzelne Waren, namentlich auch Garn, im Detailverkehr in so geringen Mengen abgegeben zu werden pflegen, daß für eine deutlich erkennbare Quantitätsangabe genügender Raum nicht vorhanden

6*

ist, so muß für solche Fälle der — übrigens auch in auswärtigen Staaten beschrittene — Ausweg ins Auge gefaßt werden, den Verkehr an gewisse Mengen-(Gewichts- oder Maß-) Einheiten zu binden."

III. Angabe auf der Ware oder Aufmachung.

1. Der Bundesrat kann auch festsetzen, daß Zahl, Länge oder Gewicht auf der **Ware** oder deren **Aufmachung** anzubringen sind.

2. **Aufmachung** ist ganz allgemein als alles dasjenige zu verstehen, das irgendwie in Verbindung mit der Ware, sei es zum Zweck des Transports, der Konservierung (vgl. R.G. Str. Bd. 21 S. 218), der Aufbewahrung, oder zu Ausstattungszwecken, gebracht ist. Der Begriff ist demnach weiter, als der im Warenzeichengesetz mehrfach gebrauchte der „Verpackung und Umhüllung".

IV. Bier in Flaschen und Krügen.

1. Wie bereits bemerkt, umfaßte der allgemeine in dem Entwurf gebrauchte Ausdruck „Mengeneinheiten" auch die Hohlmaße. Die Begründung führt aus, daß sich gerade auch beim flaschenweisen Verkauf von Bier Mißbräuche herausgestellt haben, so daß auch hier Vorkehrungen nötig seien.

Nachdem Abs. 1 infolge der Beschränkung der Einheiten auf Hohlmaße unanwendbar geworden war, wurde in der dritten Lesung Abs. 2 hinzugefügt, der in beschränkter Weise das Verordnungsrecht des Bundesrats für **Bier in Krügen und Flaschen** wieder zuläßt.

2. Die Fassung des Abs. 2 ist keine zweifelsfreie; es ist aber nach der Stellung im Gesetz anzunehmen, daß die allgemeinen Vorschriften des Abs. 1 auch für Abs. 2 maßgebend sind. Berechtigt ist auch hier der **Bundesrat**; Voraussetzung der **gewerbsmäßige** Verkauf (M. M. Kohler S. 147).

3. Die Verordnung des Bundesrats kann sich nur auf den Verkehr mit **Bier** beziehen, wie § 5 Abs. 2 ausdrücklich hervorhebt. Der Begriff des Bieres ist ein zweifelhafter. Mit Müller (S. 92) und Finger (S. 129), M. M. Kohler (S. 147) ist anzunehmen, daß eine weite Auslegung geboten erscheint; der Begriff ist nicht in rein technischem, sondern in dem in Konsumentenkreisen üblichen Sinne zu nehmen, so daß der Bundesrat auch über den Verkehr mit Surrogaten verordnen kann. Jedenfalls ist anzunehmen, daß, wenn eine Verordnung ergeht, in derselben der Begriff definiert werden wird.

4. **Nur der Verkehr in Flaschen oder Krügen fällt unter das Gesetz,** nicht der Ausschank in Gläsern oder der Verkauf in Fässern. Flaschen oder Krüge sind in dem Gesetz vom 20. 7. 1881 als Gefäße mit verengtem Halse bezeichnet. Es ist nicht angängig, diese Definition, wie es die meisten Kommentatoren tun, ohne weiteres auch für § 5 maßgebend zu erklären. Dort ist die Begriffsbestimmung lediglich für Gefäße zur „Verabreichung" der Getränke in Wirtschaften und zur Feststellung des Abstands des Füllstrichs vom oberen Rande gegeben; hier handelt es sich im Gegenteil um Verkauf, bei dem der Normalfall ist, daß der Verbrauch nicht sofort geschieht. Flaschen und Krüge sind daher hier als Gefäße zu bezeichnen, in denen Bier aufbewahrt zu werden pflegt; ob das Gefäß einen verengten Hals hat oder nicht, ist gleichgültig.

Ebenso ist der Unterschied, den das Gesetz vom 20. 7. 1881 zwischen offenen und verschlossenen Gefäßen macht, nicht zu übernehmen, da § 5 in keiner Weise auf diesen Unterschied hindeutet (so Finger S. 131, Müller S. 92, M. M. Kohler S. 147, dagegen Kahn S. 67, Fuld S. 105). Zuzugeben ist allerdings, daß sich für den Verkehr in offenen

Gefäßen ein Bedürfnis zur Beschränkung kaum zeigen, der Bundesrat daher wohl nicht eine derartige Verordnung erlassen wird, immerhin schließt das Gesetz dieselbe nicht aus.

5. Vorgeschrieben ist die **Angabe des Inhalts** und zwar muß dieselbe auf oder an der Flasche oder dem Kruge sich befinden; weder Aichung ist nötig, noch, wie in Abs. 1, eine bestimmte Mengeneinheit.

6. Wesentlicher Bestandteil der Verordnung, dessen Fehlen sie ungültig macht (dagegen Müller S. 93), ist die Festsetzung **angemessener Fehlergrenzen** (§ 8 Gesetz vom 20. 7. 1881).

D. Die Zuwiderhandlung gegen § 5.

1. Wie bereits bemerkt, ist die Tat als **Übertretung** im Sinne des § 1 des Strafgesetzbuchs anzusehen, die einen **Antrag nicht** erfordert. **Versuch** und **Beihilfe** sind straflos (§§ 43, 49 Str.G.B.).

2. **Täter** ist derjenige, der verkauft oder feilhält, d. h. im allgemeinen der Herr des Geschäfts, in dem der Verkauf stattfindet, soweit die Übertretung auf seinen Willen oder seine Fahrlässigkeit zurückzuführen ist. Da es sich um ein gewerbepolizeiliches Delikt handelt, tritt, wenn die Übertretung von dem Betriebsleiter begangen ist, eventuell Bestrafung nach § 151 Abs. 1 der Gew.O. ein.

3. **Subjektive Voraussetzung der Tat ist Vorsatz oder Fahrlässigkeit,** jedoch kommt auch hier § 59 Str.G.B. in Betracht, so daß straflos bleibt, wer das Vorhandensein von Tatumständen nicht kannte; so kann z. B. der Chef, der dem Angestellten eine gesetzwidrig nicht mit einer Angabe versehene Ware zum Verschenken gibt, während sie dieser verkauft, nicht bestraft werden.

4. Für den **objektiven Tatbestand** geht die Begründung davon aus, daß sich der Zuwiderhandlung auch derjenige schuldig macht, der, wenn die Angabe einer Menge angeordnet ist, nicht die tatsächlich vorhandene Menge angibt. Nach dem Wortlaut kann dies auch nicht zweifelhaft sein. Ist vorgeschrieben, daß Stearinkerzen nur unter Angabe der Gewichtsmenge, oder daß Bier nur unter Angabe des Inhalts verkauft werden soll, so muß das wirkliche Gewicht, der wirkliche Inhalt angegeben werden. Wer 1 Kilogramm angibt und nur $^3/_4$ Kilogramm verkauft, gibt das Gewicht der verkauften Ware ebensowenig an, wie der, der gar kein Gewicht angibt.

Im übrigen kommt es, da § 5 eine positive polizeiliche Vorschrift enthält, nur darauf an, ob die Voraussetzungen erfüllt sind. Ist eine bestimmte Angabe auf Ware oder Aufmachung vorgeschrieben, so ist derjenige strafbar, der sie unterläßt, selbst wenn er dem Käufer ausdrücklich mündlich die Angabe macht. Ist eine Mengeneinheit bestimmt, so wird auch der bestraft, der in einer geringeren Menge verkauft, aber den Käufer hierauf aufmerksam macht (Mittler S. 186 ff.). Wesentlich ist nur, daß die Angabe nicht gemacht oder unrichtig ist, oder daß der Verkauf nicht zu den vorgeschriebenen Einheiten erfolgt; ob dies zur Übervorteilung geschieht, ob der Käufer getäuscht wird, ist gleichgültig.

5. **Vollendet** ist die Übertretung mit dem Feilhalten oder dem Verkauf.

6. Die **Strafe** ist Geldstrafe bis zu 150 Mark oder Haft Nicht beizutreibende Strafe ist in Haft umzuwandeln (§ 29 Str.G.B.). Einziehung findet, da eine ausdrückliche Bestimmung fehlt und § 40 Str.G.B. sich nur auf Verbrechen und Vergehen bezieht, nicht statt.

7. Die Strafverfolgung **verjährt** in 3 Monaten vom Tage der begangenen Handlung (§ 67 Str.G.B.).

8. Eine **Bekanntmachung** der Verurteilung findet nicht statt, wohl aber kann eine Veröffentlichung des freisprechenden Urteils angeordnet werden (s. § 18 u. S. 156).

E. Bisher ergangene Verordnungen.

1. Über den Kleinhandel mit **Garn** ist die Verordnung vom 20. 11. 1900 ergangen:

§ 1.

Zum Einzelverkauf aufgemachte baumwollene, wollene und halbwollene Garne aller Art dürfen nur in bestimmten Einheiten des Gewichts und unter Angabe der Gewichtsmenge im Einzelverkehr gewerbsmäßig verkauft oder feilgehalten werden, baumwollene Garne bis zur Gesamtlänge von 100 m jedoch auch in bestimmten Einheiten der Länge und unter Angabe der Länge.

Die Vorschriften dieser Verordnung finden keine Anwendung

a) auf Garne, die zum Zweck der Fertigstellung von halbfertigen Waren in Verbindung mit diesen feilgehalten werden;

b) auf baumwollene Nähgarne, die auf Holzrollen aufgemacht sind;

c) auf Garne, die dem Käufer zugemessen oder zugewogen werden.

§ 2.

Als Mengeneinheiten werden zugelassen:

a) Gewichtseinheiten zu 1, 5, 10, 20 und 50 g oder zu einem Vielfachen von 50 g;

b) Längeneinheiten für baumwollene Garne zu 5, 10, 20, 30 u. s. w. bis 100 m.

Die Vereinigung mehrerer Mengeneinheiten ist nur insoweit zulässig, als sie zusammen eine zulässige Mengeneinheit darstellen.

§ 3.

Als Gewicht gilt das Trockengewicht der Garne ohne Umhüllung, Einlage u. s. w. (Nettogewicht) und ohne Beschwerung, soweit diese nicht durch die Fabrikation bedingt ist, nebst einem Normalfeuchtigkeitszuschlage, der bei Baumwollgarn 8 1/2, bei halbwollenen Garnen (sogenannten Mischgarnen) 10, bei Kammgarn 18 1/4 und bei Streichgarn 17 Hundertteile des Trockengewichts beträgt.

§ 4.

Das Gewicht darf nicht um mehr als 3 Prozent bei Mengen über 50 g, 5 Prozent bei Mengen von 10 bis 50 g und 10 Prozent bei Mengen von 1 oder 5 g, die Länge darf nicht um mehr als 5 Prozent bei Längen von 10 bis 100 m, und 10 Prozent bei Längen von 5 m hinter den angegebenen Beträgen zurückbleiben.

§ 5.

Das Gewicht ist in Grammen, die Länge in Metern anzugeben. Die Angaben sind an der Ware selbst oder an ihrer Aufmachung, Verpackung oder Umschließung leicht erkennbar anzubringen.

Bei Vereinigung mehrerer Stränge im Gesamtgewicht bis zu 50 g genügt es, wenn die Gewichtsangabe auf der gemeinsamen Verpackung angebracht ist, bei Mengen über 50 g ist sie auf jedem einzelnen Stücke anzubringen. Garne in Knäueln, sowie Garne, welche nach der Länge verkauft werden, müssen stets mit einer Mengeangabe versehen sein.

§ 6.

Vorstehende Bestimmungen treten mit dem 1. Januar 1908 in Kraft.

2. Diese ist durch Bekanntmachung vom 17. 11. 1902 wie folgt **abgeändert:**

In der Bekanntmachung, betreffend Bestimmungen für den Kleinhandel mit Garn, vom 20. November 1900 (R.G.Bl. S. 1014) wird § 1 Abs. 2 wie folgt abgeändert:

Die Vorschriften dieser Verordnung finden keine Anwendung

a) auf Garne, die zum Zwecke der Fertigstellung von halbfertigen Waren in Verbindung mit diesen feilgehalten werden;

b) auf baumwollene Nähgarne, die auf Holzrollen oder auf Papierhülsen (Pappkops) aufgemacht sind;

c) auf Garne, die dem Käufer zugemessen oder zugewogen werden.

3. Ferner ist eine Bekanntmachung vom 4. 12. 1901 über den Kleinhandel mit **Kerzen** ergangen:

§ 1.

Packungen mit Stearin- und Paraffin-Kerzen sowie mit Kerzen, die überwiegend aus diesen Stoffen hergestellt sind (Kompositionskerzen), dürfen im Einzelverkehr nur in bestimmten Einheiten des Gewichts und unter Angabe der Gewichtsmenge gewerbsmäßig verkauft oder feilgehalten werden.

§ 2.

Als Einheit für das Rohgewicht der Packungen werden 500 Gramm, 330 Gramm und für Packungen, bei welchen die einzelne Kerze 25 Gramm oder weniger wiegt, auch 250 Gramm zugelassen.

§ 3.

Das Reingewicht der in den Packungen enthaltenen Kerzen muß bei einem Rohgewichte

von 500 Gramm mindestens 470 Gramm,
von 330 Gramm mindestens 305 Gramm,
von 250 Gramm mindestens 225 Gramm

betragen.

§ 4.

Auf der Außenseite der Packungen ist sowohl das Rohgewicht als das Reingewicht in leicht erkennbarer Weise anzugeben. Die Angabe ist in Gramm oder in Bruchteilen von Kilogramm auszudrücken.

§ 5.

Weder das Rohgewicht noch das Reingewicht darf um mehr als 10 Gramm hinter dem angegebenen Betrage zurückbleiben.

§ 6.

Diese Vorschriften treten mit dem 1. Januar 1908 in Kraft.

4. Hierzu ist folgendes preußische **Ministerialreskript** veröffentlicht:

Es ist zu erwarten, daß nach dem zum 1. Januar 1908 bevorstehenden Inkrafttreten der Bekanntmachung vom 4. Dezember 1901 (R.G.Bl. von 1901 S. 494) 1. betreffend den Kleinhandel mit Kerzen, aus den Kreisen des verbrauchenden oder des mitbewerbenden Publikums oder auch von Amtswegen durch die Polizei häufig Beanstandungen und Denunziationen wegen Übertretung der Vorschriften durch die Verkäufer erfolgen werden. Soweit es sich dabei um Zuwiderhandlungen formaler Natur — unvorschriftsmäßige oder unvollständige Aufschriften — handelt, wird die Feststellung des Tatbestandes keine Schwierigkeiten bereiten. Voraussichtlich wird aber meistens der wirkliche Roh- und Reingewichtswert der Packungen authentisch festzustellen sein. Hierzu dürften die polizeilichen oder gerichtlichen Behörden nicht immer imstande sein, da bei der Enge der festgesetzten Fehlergrenzen eine Nachprüfung, welche auf einer der im Handelsverkehr üblichen, wenn auch geaichten Handelswage vorgenommen wird, unter Umständen nicht genügend zuverlässige Ergebnisse liefern kann. Hat z. B. eine Packung, welche 500 g wiegen soll, also nach der Verordnung mindestens 490 g wiegen muß, ein tatsächliches Gewicht von 492 g, so ist es nicht ausgeschlossen, daß eine Nachwägung auf einer gewöhnlichen Handelswage, welche noch innerhalb der im Verkehre zulässigen Grenzen richtig ist, einen Wert von 487 g ergibt. In einem solchen Falle würde der Verkäufer zu unrecht bestraft werden, in dem entgegengesetzten Falle würde er selbst bei einer erheblichen Übertretung der Vorschriften straffrei ausgehen können.

Sie wollen daher die Ihnen nachgeordneten, zur Mitwirkung bei der Strafverfolgung berufenen Organe der Polizei darauf hinweisen, daß es im Interesse einer zweifelsfreien Ermittelung des Tatbestandes liegt, zur Ausführung der Prüfungen technisch geschulte und mit den nötigen feineren Hilfsmitteln versehene Personen heranzuziehen. Als solche würden in erster Linie die Aichbeamten in Betracht kommen. Die überwiegende Zahl der Aichämter hat die Befugnis zur Aichung von Handelsgewichten und ist daher mit den erforderlichen empfindlicheren Wagen und genaueren Gewichten ausgerüstet, um die in Rede stehenden Wägungen mit der nötigen Sicherheit vorzunehmen.

Um den Aichbeamten für diese Tätigkeit die nötige Weisung zu geben und eine zuverlässige und — auch hinsichtlich der Gebührenerhebung — einheitliche Durchführung des Prüfungsgeschäftes sicher zu stellen, habe ich, der Minister für Handel und Gewerbe, die beigefügte Anleitung zur Feststellung des Roh- und Reingewichtes von Packungen mit Kerzen erlassen. Insoweit andere Sachverständige, etwa beeidete Chemiker oder Apotheker, zu den Gewichtsfeststellungen berufen werden, würde auch diesen die Anleitung nützliche Fingerzeige bieten.

Der Minister des Innern. Der Minister für Handel und Gewerbe.

An die Herren Regierungspräsidenten
und den Herrn Polizeipräsidenten in Berlin.

Anlage.

Anleitung zur Feststellung des Roh- und Reingewichts von Packungen mit Kerzen nach Maßgabe der Bekanntmachung vom 4. Dezember 1901 (R.G.Bl. 1901 S. 494).

§ 1. Die zur Gewichtsfeststellung bestimmten Kerzen sind in oder mit ihrer handelsmäßigen Aufmachung gut verpackt mit einem Begleitscheine, welcher

die Bezeichnung und den Zustand der Packung (Nummer, Zeichen, ungeöffnet oder geöffnet u. dergl.), die Angabe der Kerzensorte (Stearin-, Paraffin-, Kompositionskerzen) und den Namen des Einsenders

enthalten muß, an die mit der Untersuchung zu betrauende Aichbehörde einzusenden; sie werden hier mit den Angaben des Begleitscheins in ein fortlaufend nummeriertes Untersuchungsregister eingetragen. Falls die Packung schon einmal geöffnet war, wird der Zustand der Umhüllung möglichst genau vermerkt.

§ 2. Zur Bestimmung des Rohgewichts wird die Packung in ihrer handelsmäßigen Aufmachung auf der Aichamtswage Nr. 8 austrariert (siehe Instruktion zur Aichordnung, Abschn. IV, 4d). Werden nunmehr an Stelle der Packung Normal-Gewichte auf die Wage gelegt, bis dieselbe wieder einspielt, so ist das Rohgewicht gleich der Summe der erforderlichen Normalgewichte.

§ 3. Nach erfolgter Bestimmung des Rohgewichts (§ 2) wird die Umhüllung gelöst und sorgfältig aufbewahrt, hierauf aber das Reingewicht der Kerzen, also ihr Gewicht ohne die handelsmäßige Aufmachung in gleicher Weise bestimmt, wie das Rohgewicht.

§ 4. Zur Kontrolle ist zum Schluß das Gewicht der Umhüllung zu ermitteln. Weicht dieses Ergebnis von der Differenz der beiden ersten Zahlen (Rohgewicht weniger Reingewicht) um mehr als 1 kg ab, so sind die beiden letzten Wägungen — des Reingewichts und der Umhüllung — zu wiederholen und danach das Endresultat festzustellen.

§ 5. Bei Packungen zu 250 g ist außerdem das Gewicht von zwei einzelnen Kerzen zu bestimmen.

§ 6. Als Normalgewichte dienen die Gebrauchsnormale für Handelsgewichte von 500 g bis 1 g und von 500 mg an abwärts Präzisionsgewichte.

Die einzelnen Gewichtsfeststellungen haben auf 0,1 g zu erfolgen oder sind auf 0,1 g abzurunden.

§ 7. Die Wägungsergebnisse sind einzeln unter Angabe der Zehntelgramme in das Register einzutragen; in einer besonderen Spalte ist zu vermerken, ob hiernach die Packung vorschriftsmäßig war oder nicht.

§ 8. Über das Resultat der Untersuchung wird eine amtliche Bescheinigung ausgestellt, die außer den Angaben des Begleitscheines und der Nummer des Untersuchungsregisters das Rohgewicht, das Reingewicht und deren Abweichungen von ihren Sollgewichten, den Vermerk, ob hiernach die Packung vorschriftsmäßig war oder nicht, und schließlich den Betrag an Untersuchungsgebühren enthalten soll.

§. 9. Die Gebühr für Untersuchung einer Packung beträgt 1 Mark. Für eine Abschrift der amtlichen Prüfungsbescheinigung sind 0,20 Mark zu entrichten.

§ 6.

Wer zu Zwecken des Wettbewerbes über das Erwerbsgeschäft eines anderen, über die Person des Inhabers oder Leiters des Geschäfts, über die Waren oder gewerblichen Leistungen eines anderen Behauptungen tatsächlicher Art aufstellt oder verbreitet, welche geeignet sind, den Betrieb des Geschäfts oder den Kredit des Inhabers zu schädigen, ist, sofern die Behauptungen nicht erweislich wahr sind, dem Verletzten zum Ersatze des entstandenen Schadens verpflichtet. Auch kann der Verletzte den Anspruch geltend machen, daß die Wiederholung oder Verbreitung der Behauptungen unterbleibe.

Die Bestimmungen des ersten Absatzes finden keine Anwendung, wenn der Mitteilende oder der Empfänger der Mitteilung an ihr ein berechtigtes Interesse hat.

Inhaltsangabe.

A. Prinzip.

1. In §§ 1 und 4 des Gesetzes ist die Überschreitung der anpreisenden Reklame geregelt; **§§ 6 und 7 gewähren Schutz gegen das über das Erlaubte Hinausgehende der tadelnden Beurteilung von bestimmten Mitbewerbern** und zwar § 6 in zivilrechtlicher, § 7 in strafrechtlicher Beziehung.

Beide Gruppen haben das gemeinsam, daß sowohl Lob und Tadel nur verfolgt werden, insofern sie unwahr sind. „Wie die lobende Beurteilung der eigenen, so kann auch die abfällige Kritik fremder Ware grundsätzlich nicht verboten werden. Vom Standpunkt der geschäftlichen Moral findet indessen das eine, wie das andere seine Schranke in der Pflicht, unwahre Angaben, die das Publikum irreführen und den Mitbewerber widerrechtlich schädigen würden, zu vermeiden." (Begründung.)

2. Voraussetzung der Haftung aus § 6 ist, daß die unwahre Behauptung **zu Zwecken des Wettbewerbs** geschieht, daß sie sich gegen **Geschäftsbetrieb** oder den **Kredit** des Mitbewerbers richtet.

3. Ebenso wie bei §§ 1 und 4 stimmen auch hier die Tatbestände des zivilrechtlichen (§ 6) und des strafrechtlichen Delikts (§ 7) nicht vollständig überein. Die Unterschiede sind bei § 7 zu erörtern.

B. Voraussetzungen.

I. Aufstellen und Verbreiten.

1. **Es müssen Behauptungen tatsächlicher Art aufgestellt oder verbreitet sein.** Der Ausdruck „Behauptungen aufstellen" ist gleichbedeutend mit dem im Strafgesetzbuch gebrauchten Ausdruck „Behaupten"; er bedeutet die Hinstellung einer Tatsache als Gegenstand eigenen Wissens (R.G. Str. Bd. 30 S. 226, Bd. 31 S. 66). Verbreitung dagegen ist die Wiedergabe der von einem anderen erhaltenen Mitteilung (R.G. ebenda).

2. Weder bei der Behauptung noch bei der Verbreitung ist es wesentlich, daß sie für **weitere Kreise** oder für die **Öffentlichkeit** bestimmt war. Jede Mitteilung an einen einzelnen, auch wenn sie als vertraulich bezeichnet war, genügt zum Tatbestand des § 6 (s. die zit. R.G.-Entsch.). Die entgegengesetzte Ansicht von Müller (S. 100) findet im Gesetz keinen Anhalt, da § 6 gerade im Gegensatz zu § 1 in keiner Weise darauf hindeutet, daß die Mitteilung mehreren gemacht sein müsse. Der Hinweis auf die Entscheidung in R.G. Str. Bd. 7 S. 113 versagt, weil diese in Bezug auf §§ 110, 111 Str.G.B. ergangen ist und das Reichsgericht nur aus dem dort gebrauchten Ausdruck „Verbreitung von Schriften" die Bestimmung für weitere Kreise folgt, ein derartiger oder ähnlicher Ausdruck in § 6 aber nicht enthalten ist.

Es haftet demnach gemäß § 6 auch der, welcher eine Behauptung in einem Brief an eine bestimmte Person, in einer Eingabe an die Behörde, im vertraulichsten Gespräch, aufstellt.

3. **Die Form der Behauptung ist gleichgültig**, sie kann mündlich, schriftlich, durch Vorlesen, durch Übergeben von Schriften oder Zeitungen, unter Umständen auch durch Gebärden, die die mündliche Mitteilung ersetzen, durch bildliche Darstellungen erfolgen. Ob die Äußerung aus eigener Initiative erfolgt, oder als Antwort auf gestellte Fragen, ist irrelevant, da ein begrifflicher Unterschied zwischen der Behauptung, jemand habe seine Zahlungen eingestellt, und der Antwort auf eine bezügliche Frage, nicht zu ersehen ist (anderer Ansicht Fuld S. 119).

Ebenso ist ohne Bedeutung, ob der Verbreiter hinzufügt: „Mir ist erzählt worden rc.", oder „wie ich vermute", selbst die Angabe der Quelle schützt nicht (R.G. in U.W. I S. 31).

4. Die Mitteilung muß **„über" das Erwerbsgeschäft rc. eines anderen** erfolgt sein. Dies hat dieselbe Bedeutung wie „in Beziehung auf einen andern" in §§ 186, 187 Str.G.B. Es muß also einem Dritten gegenüber die Behauptung aufgestellt sein; eine Erklärung dem gegenüber, auf den die Mitteilung sich bezieht, genügt nicht (R.G. Str. Bd. 4 S. 401).

II. a) Behauptungen tatsächlicher Art.

1. **Behauptungen tatsächlicher Art** bedeutet dasselbe wie Angaben tatsächlicher Art in § 1: es ist daher insbesondere in Bezug auf die Frage, ob auch innere Tatsachen unter den Begriff fallen (vgl. R.G. in J.W. 1901 S. 124 Nr. 19) und auf die Abgrenzung gegen Urteile (vgl. u. a. R.G. in J.W. 1901 S. 658 Nr. 23 und J.W. 1899 S. 447 Nr. 43 und S. 749 Nr. 26, J.W. 1900 S. 476 Nr. 22 und S. 761 Nr. 35), auf das dort Gesagte (s. S. 21 ff.) zu verweisen.

2. Neben den zu § 1 mitgeteilten **Beispielen** seien noch einzelne speziell zu § 6 ergangene Entscheidungen angeführt:

Es ist die Behauptung als tatsächlicher Art angesehen, daß Eier verdorben seien (R.G. Str. Bd. 31 S. 67), daß ein Restaurateur Margarine statt Butter verwende (L.G. Breslau in U.W. I S. 140), daß eine Versicherungs-Gesellschaft von ihrer Verwirkungsklausel ausgiebigsten Gebrauch mache, um ihre Einnahmen und Ausgaben in das Gleichgewicht zu bringen (R.G. in J.W. 1901 S. 86 Nr. 21), daß Senf Kartoffelmehl enthalte (O.L. Dresden bei Poeschl S. 110), ferner daß Kläger zur Löschung seines Warenzeichens verurteilt sei (O.L. Hamburg ebenda S. 111), nicht aber, daß die Maschine eines Konkurrenten weder den Beifall des Mitteilenden, noch den vieler Abnehmer gefunden habe (O.L. Stuttgart bei Mugdan I S. 369), ebenso nicht, daß die Eismaschinen der Klägerin schlechter seien, als die des Beklagten. Ist dagegen behauptet, daß die Maschine hinsichtlich ihrer Leistungsfähigkeit und Wirtschaftlichkeit um 20% hinter denen des Beklagten zurückstehen, so gilt dies als nachprüfbare tatsächliche Behauptung (R.G. in J.W. 1900 S. 476 Nr. 22). Überhaupt wird dann stets eine solche vorliegen, wenn bestimmte schlechte Eigenschaften behauptet sind (R.G. in J.W. 1901 Nr. 124 S. 19).

Die Behauptung, Kläger verletze ein Patent des Beklagten, ist dann unter allen Umständen tatsächlicher Natur, wenn Beklagter gar kein bezügliches Patent besitzt. Besitzt er aber ein solches, so ist die einfache nicht näher begründete Erklärung der Patentverletzung lediglich ein nicht nachprüfbares Urteil, welches nach § 6 nicht zu verfolgen ist (R.G. in J.W. 1899 S. 749 Nr. 26); sind dagegen nähere Angaben gemacht, inwiefern die beiden Fabrikate identisch sind und das Patent verletzt ist, so kommt § 6 zur Anwendung (R.G. in J.W. 1901 S. 658 Nr. 23).

Auch Behauptungen, die einem anderen die Befugnis absprechen, ein Warenzeichen zu gebrauchen, gehören hierher (Kent, S. 16, 279, 289).

Im übrigen vgl. die Beispiele S. 24 ff.

b) nicht erweislich wahr.

1. Über die Frage, wann eine Behauptung als **unwahr** anzusehen ist, vgl. im allgemeinen S. 28 ff.

2. **Der Ausdruck „nicht erweislich wahr" (wie in § 186 Str.G.B. ist gewählt, um eine Beweisregel zu geben.** „Es soll im Zivilprozeß die Beweislast hinsichtlich der Wahrheit der . . . Behauptungen dem zufallen, der die Behauptungen aufgestellt oder verbreitet hat. Es würde nicht der Billigkeit entsprechen, den Beweis der Unwahrheit dem Verletzten aufzuerlegen." (Begründung.) Kläger hat daher lediglich die Aufstellung der Behauptung oder die Verbreitung seitens des Beklagten zu beweisen; dieser kann dann einredeweise geltend machen, daß die von ihm aufgestellte Behauptung der Wahrheit entspricht; dies hat er zu beweisen (R.G. in J.W. 1901 S. 85 Nr. 21). Für den Beweis stehen ihm alle Beweismittel der Civilprozeßordnung, auch die Eideszuschiebung, zu Gebote. Kann er den Beweis nicht führen, so wird er verurteilt.

3. Daraus folgt, daß die Behauptung **wahrer** Tatsachen, mag sie auch in schädigender oder beleidigender Absicht erfolgt sein, niemals nach § 6 (vielleicht nach § 185 Str.G.B.) haftbar macht (vgl. R.G. Str. Bd. 19 S. 389). Mit Recht führt Lobe (S. 125) aus, daß die Absicht, in der eine wahre Tatsache verbreitet wird, niemals die Verbreitung zu einer unerlaubten, (wenigstens was § 6 betrifft), machen kann.

4. Die Wahrheit der behaupteten **Tatsache** muß bewiesen sein. Es kommt hierbei nicht auf die bestimmten behaupteten Einzelumstände, sondern auf den Gesamtvorgang an (vgl. R.G. in J.W. 1901 S. 65 Nr. 17). Behauptet jemand von einem andern, er habe vor 2 Jahren akkordiert, und es stellt sich heraus, daß dies vor $2^1/_2$ Jahr geschehen ist, oder wird behauptet, ein anderer habe 12 Wechsel nicht bezahlt, und es werden nur 11 erwiesen, so muß der Beweis als geführt gelten, soweit nicht gerade die bestimmte Zeit oder Zahl wesentlich in Betracht kam (vgl. R.G. Str. Bd. 2 S. 2 und Müller S. 106). Ebensowenig kommt es darauf an, wenn eine Äußerung eines anderen verbreitet wird, daß dieselbe den Worten nach erwiesen ist.

Eine Behauptung, der Erfinder eines Apparates habe denselben für unbrauchbar erklärt, bleibt unwahr, selbst wenn die Kritik eine berechtigte ist, sobald nicht erwiesen wird, daß die Erklärung vom Erfinder ausging (R.G. in J.W. 1900 S. 759 Nr. 34).

5. **Ein Verschulden** dessen, der die Tatsachen behauptet oder verbreitet, **wird nicht gefordert** (R.G. in J.W. 1901 S. 809 Nr. 28), selbst nicht ein leichtfahrlässiges Handeln, wie Müller S. 106 annimmt. Er kann die Tatsache für wahr halten und allen Grund hierfür haben; es kann eine Personenverwechselung vorliegen (R.G. Str. Bd. 9 S. 150, Bd. 29 S. 45), alles dies ist für die zivilrechtlichen Folgen des § 6 gleichgültig (R.G. in U.W. I S. 31, S. 46). Beruht aber der gute Glaube auf den Erklärungen des Verletzten selbst, hat dieser die Tatsache als wahr bestätigt, so ist ihm gegenüber die Tatsache als erweislich wahr anzusehen (Staub in U.W. I S. 8).

c) Gegenstand der unwahren Behauptung.

1. Die unwahren Angaben müssen gemacht sein über

a) das **Erwerbsgeschäft** eines anderen,

b) die **Person** des Inhabers oder Leiters des Geschäfts,

c) die **Waren** oder **gewerblichen Leistungen** eines anderen;

sie müssen sich also, da das Erfordernis zu a als das generelle, umfassende anzusehen ist, auf die **geschäftliche oder gewerbliche Tätigkeit** des anderen beziehen. Behauptungen, die nur die persönliche Ehre berühren, sind nicht nach § 6 zu verfolgen, wenn nicht, was auch indirekt möglich ist, aus ihnen ein Schluß auf die gewerbliche

Tätigkeit gezogen werden kann. Wird z. B. behauptet, der Inhaber eines Geschäfts habe vor Jahren einen Diebstahl begangen, so liegt in dieser an sich nur ehrenkränkenden Behauptung eine Angabe, die geeignet ist, die Zuverlässigkeit des Betreffenden als Geschäftsmann gemindert erscheinen zu lassen (vgl. R.G. in J.W. 1901 S. 310 Nr. 16).

2. Es ist nicht nötig, daß **der andere namentlich** oder auch nur unmittelbar bezeichnet ist; wenn aus dem Gesamtinhalt der Behauptung die Beziehung auf den anderen für die beteiligten Kreise klar erhellt, so genügt dies (R.G. in J.W. 1898 S. 301 Nr. 67). So können auch Behauptungen über eigene geschäftliche Verhältnisse einen deutlichen Schluß auf die eines anderen zulassen. Wenn z. B. ein Kaufmann erklärt, er ausschließlich beziehe Waren aus einer bestimmten Fabrik, so ist hierin die fernere Behauptung enthalten, daß der Konkurrent die Waren nicht dorther bezieht.

3. Als **Beispiele** derartiger Behauptungen führt die Begründung an: eine Fabrik sei durch Feuer zerstört, eine Kohlengrube von eindringenden Wassermassen betroffen, die Herstellung oder der Betrieb eines bestimmten Erzeugnisses habe eine Anklage oder Verurteilung wegen Patentverletzung hervorgerufen, ein Färber benutze giftige Stoffe, ein Konservenfabrikant bleihaltige Gefäße. Weitere Beispiele s. bei Finger S. 141 ff.

4. **Erwerbsgeschäft** ist weder im Sinne des Handelsgesetzbuchs noch der Gewerbeordnung zu verstehen (s. S. 9 ff.); der Begriff ist ein weiterer. Es ist darunter jede auf Gewinn abzielende Unternehmung im weitesten Sinne zu verstehen, insbesondere also z. B. auch Versicherungen auf Gegenseitigkeit (R.G. in J.W. 1901 S. 85 Nr. 22).

Als Behauptungen über das Erwerbsgeschäft gelten nicht nur die, welche sich auf das Geschäft in seiner Totalität beziehen, sondern auch solche über ein einzelnes Geschäftsvorkommnis (R.G. C. Bd. 31 S. 67).

Alle Einrichtungen, Vorkehrungen, die Organisation oder den Vertrieb betreffenden Verhältnisse, überhaupt alles, was im Rahmen des Geschäfts dem Erwerbe dient, gehört hierzu.

5. **Inhaber** eines Geschäfts ist derjenige, auf dessen Namen und für dessen Rechnung der Betrieb geführt wird (Müller S. 92), **Leiter** derjenige, der, ohne Inhaber zu sein, den Betrieb oder einzelne Teile des Betriebs (Filialen, selbständige Werkstätten 2c.) leitet und zwar in führender Stellung. Hierzu gehört auch der Konkursverwalter und der Liquidator (Fuld S. 115).

Behauptungen über andere Geschäftsgehilfen fallen nicht hierunter; sie können aber unter Umständen als Angaben über das Erwerbsgeschäft angesehen werden, z. B. wenn gesagt wird, ein Fabrikant engagiere nur zu der betreffenden Arbeit unfähige Arbeiter 2c.

6. Über **Waren und gewerbliche Leistungen** vgl. S. 36 ff. Gewerbliche Leistungen im Sinne des § 6 sind allgemein die Leistungen eines Gewerbetreibenden in seinem Gewerbebetriebe und können die verschiedenartigsten Beziehungen betreffen, z. B. auch Preisbemessung (R.G. im Recht 1902 S. 299 Nr. 1522).

Es kommt nicht darauf an, ob die Waren juristisch Eigentum des Gewerbetreibenden sind, sondern nur ob sie als im Geschäftssinne zu seinem Betrieb gehörig anzusehen sind (R.G. Str. Bd. 31 S. 67 für einen Fall, in dem Eier verkauft aber noch dem Empfänger nicht übergeben waren).

III. Zu Zwecken des Wettbewerbs.

1. Die Begründung führt aus, daß, um eine Äußerung den Folgen des § 6 zu unterwerfen, hinzukommen müsse, daß die Absicht dahin ging, durch Herabsetzung des anderen den Wettbewerb, sei es den eigenen oder den eines Dritten, zu fördern. Mit Recht führt Müller (S. 105) aus, daß dies den Sinn des Gesetzes nicht korrekt

wiedergibt; nicht auf die Absicht kommt es an, sondern die Handlung muß zu Zwecken des Wettbewerbs erfolgt sein. Es ist also mehr auf die objektive Seite als auf die Willensrichtung des Täters Gewicht gelegt.

2. Der Hauptfall wird der des **Wettbewerbs in eigenem Interesse** sein. Ein solcher liegt vor, „wenn der Täter in einen wirtschaftlichen Kampf mit anderen eintreten will, der darauf abzielt, den wirtschaftlichen Geschäftsbetrieb dieser anderen durch Schmälerung ihres Absatzes, durch Entziehung von Kunden oder sonstige geeignete Mittel zu beeinträchtrgen und unproduktiver zu machen, gerade hierdurch aber dem eigenen Geschäftsbetrieb auf dem Markte des wirtschaftlichen Verkehrslebens eine größere Ausdehnung und gesteigerte Einträglichkeit zu verschaffen" (R.G. Str. Bd. 32 S. 28. Ein Beispiel durch anonyme Mitteilungen an Inserenten einer Zeitung durch den Verleger einer anderen Zeitung R.G. in Recht 1902 S. 132 Nr. 629). Soweit also Äußerungen zu diesem Zweck gemacht werden, fallen sie unter § 6. Äußerungen dagegen, die diesen Zweck nicht verfolgen, z. B. Verletzungen der persönlichen Ehre, wissenschaftliche Kritiken, Aufklärungen, scherzhafte Äußerungen 2c., sind nach § 6 nicht zu verfolgen. Den Beweis, daß die Erklärung zu Zwecken des Wettbewerbs abgegeben ist, hat Kläger zu führen; ist der Täter ein Konkurrent, so wird sich meist aus dem Zusammenhang der Äußerung mit dem Verhältnis der Parteien zueinander dies ohne weiteres ergeben.

Der Umstand, daß neben dem Wettbewerb andere Zwecke, z. B. Abwehr gegen den Wettbewerb des Klägers, verfolgt werden, schließt die Anwendung des § 6 nicht aus, es sei denn, daß ein berechtigtes Interesse im Sinne des Abs. 2 dieses Paragraphen vorliegt (R.G. in J.W. 1899 S. 53 Nr. 65 und R.G. bei Bolze Bd. XII Nr. 199 für altes Recht).

3. Wie bereits die Begründung hervorhebt, kommt § 6 auch zur Anwendung, wenn der Täter die Äußerung **im Interesse Dritter** tut (R.G. Str. Bd. 32 S. 29), z. B. ein Angestellter für seinen Chef. Es ist auch nicht nötig, wenn es auch der Regel nach der Fall sein wird, daß die Handlung zu Gunsten eines oder mehrerer Mitbewerber geschieht, der gesetzliche Schutz tritt auch ein, wenn ein Gewerbetreibender zu Gunsten einer ganzen Gruppe von Konkurrenten angeschwärzt wird (R.G. C. Bd. 50 S. 108).

Nur ist in allen diesen Fällen nötig, daß bei dem Täter, der nicht einmal selbst Gewerbetreibender zu sein braucht (R.G. Bd. 50 S. 110), der Zweck des Wettbewerbs in fremdem Interesse festgestellt wird.

IV. Schädigung des Geschäftsbetriebs oder des Kredits des Inhabers.

1. **Die Äußerungen müssen zur Schädigung geeignet sein,** d. h. es muß sich aus den Umständen die naheliegende Möglichkeit einer Schädigung (ähnlich R.G. Str. Bd. 17 S. 310) ergeben. Nicht nötig ist, daß die Behauptung eine Schädigung wirklich zur Folge gehabt hat (R.G. Str. Bd. 31 S. 68, A.D. 1900 S. 47).

2. **Schädigung** bedeutet im wesentlichen dasselbe, wie Gefährdung in § 187 Str.G.B. (Fuld S. 128, vgl. Olshausen zu § 187 und Anm. 7 zu § 52). Die Besorgnis einer Schädigung liegt vor, sowohl wenn Betrieb oder Kredit gestört, als auch wenn er nur erschwert wird (R.G. in J.W. 1901 S. 310 Nr. 16).

3. Der **Betrieb** des Geschäfts ist der Inbegriff der gewerblichen Tätigkeit. Er umfaßt nicht nur den Absatz der Waren, auf welchen Begriff sich der erste Entwurf des Gesetzes beschränkte, sondern auch die Produktion, die Vorbereitung derselben, den Einkauf, sowie die Beziehungen des Geschäftsinhabers zum Personal, überhaupt im

weitesten Sinne alles, was zur Ausübung des Gewerbes oder des Handels bei dem betreffenden Geschäft gehört. Alles daher, was geeignet ist, in schädlicher Weise auf das Geschäft einzuwirken, insbesondere die Verminderung der Kundschaft (R.G. Str. Bd. 31 S. 18), Erschwerung des Einkaufs oder der Produktion, Abspenstigmachen von Angestellten (M. M. Kohler S. 159), fällt unter diesen Begriff; so z. B. die Behauptung, eine von einem Gewerbetreibenden hergestellte Maschine sei gesundheitsgefährlich (R.G. in J.W. 1900 S. 760 Nr. 34), ein Kaufmann habe einen langjährigen Handlungsgehilfen grundlos entlassen (R.G in U.W. II S. 39), ein Baumeister habe seinem Auftraggeber zuviel angerechnet (O.L. Dresden in J.Z. Bd. 5 S. 98), ein Fabrikant habe wegen mangelhafter Lieferungen viele Prozesse (R.G. in U.W. I S. 181). Es ist auch nicht nötig, daß eine Verdächtigung vorliegt, so ist z. B. mit Recht die Behauptung, ein Kaufmann sei krank, daher nicht in der Lage, Aufträge anzunehmen, als unter § 6 fallend angesehen (O.L. München in G.R. 1898 S. 156). Auch der Vorwurf, ein anderer begehe unlauteren Wettbewerb, ist geeignet, den anderen in seinem Betriebe zu schädigen (L.G. Hannover in U.W. I S. 28).

4. Inbetreff des **Kredits** sagt die Begründung:

„Der gleiche Rechtsschutz, wie dem Betriebe eines Geschäfts, wird dem Kredit seines Inhabers nicht versagt bleiben dürfen. Auch in dieser Beziehung fehlt es bisher an einer sicheren Grundlage für zivilrechtliche Ansprüche, was sich der unlautere Wettbewerb nicht selten zu empfindlicher Benachteiligung des ehrlichen Geschäftsbetriebes zu Nutzen zu machen verstanden hat."

Einen strafrechtlichen Schutz hat § 187 des Str.G.B. für Kreditschädigung bereits gegeben. Kredit ist das Vertrauen, das jemand hinsichtlich der Erfüllung seiner vermögensrechtlichen Verbindlichkeiten genießt (Olshausen Anm. 6 zu § 187, ähnlich Passow: Die Kreditgefährdung des § 187 Str.G.B. S. 16).

Die Ansicht, daß Kredit im Sinne des Gesetzes nur ein wesentlichster Faktor des Betriebes ist, also bereits im Begriffe des Betriebes liegt (Lobe S. 120), wird schon durch das Wort „oder" im Gesetz widerlegt, ist aber auch begrifflich unrichtig, da Kreditgefährdung zwar meist Betriebsschädigung sein wird, es aber nicht notwendig zu sein braucht (R.G. Str. Bd. 31 S. 86).

Der Kredit des Inhabers muß gefährdet sein, nicht also der des Leiters. Unter Inhaber sind nach allgemeiner, auch für § 187 Str.G.B. adoptierter Ansicht sowohl physische wie juristische Personen zu verstehen (Passow S. 19).

Als Beispiel für die Kreditgefährdung ist anzuführen die Behauptung, jemand habe bereits Bankerott gemacht (R.G. in J.Z. III S. 410); oder ein Kaufmann habe Wechsel nicht bezahlt rc.

5. Den **Beweis**, daß die Behauptungen zur Schädigung geeignet sind, hat Kläger zu führen. Das Gericht hat aus der ganzen Sachlage unter Berücksichtigung der Behauptungen selbst, der Art und Weise, wie, und der Umstände, unter denen sie gemacht sind, sowie des betreffenden Geschäfts und des in Betracht kommenden Publikums zu prüfen, ob der Beweis für geführt zu erachten ist (R.G. in J.W. 1901 S. 310 Nr. 16).

C. Folgen der Verletzung.

I Allgemeines.

1. **Das Gesetz gibt Unterlassungs- und Schadensersatzklage.** Dieselben sind hier in anderer Reihenfolge aufgeführt, als in § 1, ohne daß dadurch eine begriffliche Verschiedenheit ausgedrückt werden soll. Die Klagen können einzeln oder nebeneinander angestellt werden (vgl. S. 46 Nr. C I 2).

2. Über die **Natur** der **Unterlassungsklage** vgl. S. 47. Nur ist hier zu bemerken, daß, da der Anspruch lediglich an eine Verletzung geknüpft ist, er eine selbständigere Natur hat, als der mit dem Betrieb eines bestimmten Gewerbes verbundene Anspruch aus § 1. Die dort gezogenen Folgerungen treffen daher hier nicht zu und steht der selbständigen Übertragung des Anspruchs aus der geschehenen Verletzung hier nichts im Wege.

3. Über die **Voraussetzungen** s. S. 48. Nur ist hier lediglich der Verletzte klageberechtigt, so daß der Kläger den Nachweis führen muß, daß gegen ihn oder sein Geschäft die Behauptung gerichtet war.

4. Über **Klageantrag und Urteilstenor** gilt das S. 54 Nr. II h Gesagte.

5. Über **Kosten** vgl. S. 55 Nr. II i, über **Objekt** S. 56 Nr. II k, über **Vollstreckung** S. 56 Nr. II l.

6. Über den **Schadensersatzanspruch**, Höhe und Beweisbarkeit des Schadens s. S. 57 ff. Jedoch ist hier hervorzuheben, daß nicht, wie in § 1, Handeln wider besseres Wissen oder Fahrlässigkeit vorliegen muß, um zum Schadensersatz zu verpflichten. Nach § 6 genügt zur Verurteilung zum Schadensersatz lediglich die Tatsache, daß der Täter die Wahrheit der von ihm behaupteten Tatsache nicht erweisen kann; weder dolus noch Fahrlässigkeit ist nötig (S. 92 Nr. 5).

7. Was die **örtliche Zuständigkeit** betrifft, so gilt § 2 hier nicht. Es entscheiden daher lediglich die Bestimmungen der Civilprozeßordnung, nach denen im allgemeinen Gerichtsstand, dem des Wohnsitzes (§§ 13 ff. C.P.O.), zu klagen ist. (Über den Begriff des Wohnsitzes S. 66 Nr. 2).

Daneben (nicht wie gemäß § 2 subsidiär) aber kann an dem Ort geklagt werden, wo die Handlung begangen ist (über den Begriff vgl. S. 66 Nr. 4). § 32 der C.P.O. umfaßt alle Verletzungen von Verpflichtungen, die durch das Gesetz auferlegt sind, gleichviel ob subjektives Verschulden vorliegt oder nicht. Da sich sowohl Unterlassungs- wie Schadensersatzklage gemäß § 6 darauf stützen, daß der Beklagte klägerische Rechte verletzt hat, so ist damit die Anwendung des § 32 gegeben (s. Gaupp u. Stein Anm. II zu § 32, ferner Urteil des R.G. vom 16. 1. 1901, zitiert in der Entscheidung desselben Gerichts vom 25. 1. 1902. in U.W. I S. 8. Daß, wenn eine wissentlich oder grob fahrlässige Handlung des Beklagten behauptet wird, jedenfalls § 32 Anwendung findet, ist in der letzteren Entscheidung ausgeführt, daß der Paragraph aber auch ohne Rücksicht auf schuldhaftes Verhalten gilt, in der ersteren entschieden).

8. Für **einstweilige Verfügungen gilt die singuläre Vorschrift des § 3 hier nicht** (R.G. in J.W. 1898 S. 440 Nr. 22). Sie sind daher nur zulässig, insoweit die allgemeinen Voraussetzungen, die in der C.P.O. bestimmt sind, bescheinigt werden (dagegen Marcus in U.W. II 47, der § 3 auch für § 6 anwenden will).

II. Kläger — Verletzter.

1. Während nach § 1 jeder Gewerbetreibende, der Waren gleicher oder ähnlicher Art, wie der Verbreiter, herstellt, klageberechtigt ist, gibt § 6 nur dem **Verletzten** das Klagerecht und zwar sowohl bei der Unterlassungs- wie bei der Schadensersatzklage. Verletzter ist nicht nur derjenige, der wirklich Schaden erlitten hat. Es ergibt sich dies aus dem Zusammenhang der einzelnen Merkmale des Gesetzes. Wenn dies Behauptungen verfolgt, die, zu Zwecken des Wettbewerbes gemacht, geeignet sind zu schädigen, so setzt es keinen erfolgten Schaden und damit auch nicht notwendig einen Geschädigten voraus. Es ist also der Verletzte derjenige, gegen den sich die nach dem Gesetze verbotene Behauptung richtet, ohne daß er einen erlittenen Schaden nachweisen muß (so O.L. Dresden in G.R. 1898 S. 316, dagegen Müller S. 108, Fuld S. 126).

Jedoch gilt dies nur für die Unterlassungsklage; daß derjenige, der Schadensersatz beansprucht, einen wirklich eingetretenen Schaden nachweisen muß, ergibt sich aus dem Begriff des Schadensersatzes.

2. **Verletzt ist der Inhaber des Gewerbebetriebes**, gegen den sich der Angriff richtet, und zwar sind sowohl physische wie juristische Personen klageberechtigt.

Auch in dem Fall, daß sich die Behauptung gegen die Person des Leiters richtet, ist nicht dieser, sondern nur der Inhaber klageberechtigt. Sowohl der Umstand, daß § 6 nur Handlungen betrifft, die zu Zwecken des Wettbewerbes gemacht sind, als auch, daß dieselben, selbst wenn sie sich auf die Person des Leiters beziehen, nur verfolgt werden, wenn sie den Betrieb des Geschäfts oder den Kredit des Inhabers zu schädigen geeignet sind, ergibt, daß Objekt der Verletzung stets der Gewerbebetrieb des Inhabers, er also allein der Verletzte ist (so Lobe S. 139 Anm. 15, dagegen Fuld S. 125).

3. Die in § 1 bezeichneten **Verbände** sind, da sie hier nicht erwähnt sind, nach § 6 nicht klageberechtigt (R.G. in J.W. 1897 S. 477 Nr. 51).

III. Täter — Beklagter.

1. **Haftbar nach § 6 ist derjenige, der die Äußerungen gemacht oder verbreitet** hat. Es ist nicht nötig, daß er Konkurrent des Klägers ist, da das Gesetz ganz allgemein den Ausdruck „Wer" gebraucht (R.G. C. Bd. 50 S. 110), nur muß der Täter die Äußerung zu Zwecken des eigenen oder fremden Wettbewerbs gemacht haben (s. S. 94 Nr. 2). Es haftet ferner der Anstifter, Mittäter, Gehilfe. Hierüber gilt alles zu § 1 Ausgeführte (s. S. 52).

Juristische Personen haften ebenso wie nach § 1, wenn die Handlung von den Organen derselben ausgegangen ist (R.G. in J.W. 1900 S. 21 Nr. 87).

2. Auch inbetreff der Haftung für **Angestellte** gilt das zu § 1 Gesagte (s. S. 52 Nr. 4 ff.). Insbesondere ist auch hier nach § 831 B.G.B. der Geschäftsherr haftbar, wenn er nicht nachweist, daß er bei der Auswahl der bestellten Person oder bei der Leitung der Ausführung des Geschäfts die nötige Vorsicht gebraucht hat (s. Kohler in U.W. I S. 2, Wassermann ebenda I S. 53). Insbesondere haftet der Geschäftsherr unbedingt, wenn er die Äußerung des Angestellten sich zu eigen gemacht hat (R.G. in U.W. I S. 92).

3. Vorstehendes gilt sowohl für die Unterlassungs-, wie für die Schadensersatzklage. Die Ansicht von Kohler (U.W. I S. 2), daß erstere Klage und zwar auf Unterlassung von Wiederholungen auch dann gegen den Geschäftsherrn gegeben ist, wenn ohne sein Wissen und ohne daß ihm Fahrlässigkeit vorgeworfen werden kann, ein Angestellter nach § 6 verfolgbare Äußerungen macht, findet im Gesetz keine Stütze. Die Unterlassungsklage setzt eine präsente Störung durch den, welcher für dieselbe verantwortlich ist, voraus. Der Umstand, daß ein Dritter, für dessen Handeln der Geschäftsherr im konkreten Fall nicht die Verantwortung trägt, gestört hat, berechtigt zur Unterlassungsklage gegen diesen, nicht aber gegen den Chef (vgl. die Grundsätze in R.G. C. Bd. 33 S. 137). Ist der Chef verantwortlich, so kann gegen ihn geklagt werden (R.G. in J.W. 1908 S. 128 Nr. 16).

4. Ist der Verstoß gegen § 6 durch die **Presse** begangen, so kommen lediglich die allgemeinen Grundsätze zur Anwendung. Es haften daher Redakteur, Drucker, Verleger, Verbreiter, wenn sie Tatsachen der in § 6 bezeichneten Art verbreitet haben, die nicht erweislich wahr sind; allerdings setzt die Haftbarkeit bei jedem einzelnen voraus, daß er die Tatsachen zu Zwecken des Wettbewerbs verbreitet hat. Dies letztere wird meist schwer festzustellen sein, doch ist bei Handels- oder gewerblichen Zeitschriften der Fall nicht undenkbar (so R.G. C. Bd. 50 S. 110).

Liegen im übrigen die Voraussetzungen des § 6 vor, so bedarf es auch bei den bezeichneten Personen und zwar sowohl für den Unterlassungs- wie für den Schadensersatzanspruch nicht des Nachweises, daß sie wider besseres Wissen oder fahrlässig gehandelt haben, sie haften, wenn sie nicht die Wahrheit der verbreiteten Tatsachen nachweisen (anders Müller S. 101, der Fahrlässigkeit verlangt). Die Ausnahme des § 1 Abs. 2 Satz 2 ist in § 6 nicht aufgenommen.

IV. Der Einwand des berechtigten Interesses.

1. Selbst wenn alle Voraussetzungen des § 6 vorliegen, kann die Anwendung der Bestimmung der Billigkeit widersprechen. „Die Aufstellung und Verbreitung der Behauptungen kann, sofern sie nur nicht in Kenntnis der Unwahrheit geschieht, durch gewisse Umstände gerechtfertigt werden. Insbesondere bedarf die für die kaufmännischen Kreditbeziehungen bei reellem Betriebe nützliche Einrichtung der Auskunftserteilung der Schonung, mag diese Einrichtung von einzelnen Personen als besonderes Erwerbsgeschäft, oder von kaufmännischen und gewerblichen Schutzvereinen zur Sicherung ihrer Mitglieder gegen Verluste, oder von Kaufleuten im gegenseitigen Verkehr betrieben werden. Wer eine Auskunft nachsucht, um hiernach seine Geschäftsbeziehungen zu einem anderen zu regeln, und wer eine solche Auskunft nach bestem Wissen erteilt, befindet sich in Wahrnehmung berechtigter Interessen und darf auch dann nicht haftbar gemacht werden, wenn die Auskunft ungünstiglautet. Diesen Gesichtspunkten trägt der Vorbehalt im zweiten Absatz des § 6 Rechnung." (Begründung.)

Es ist dies der **Einwand des berechtigten Interesses.** Der Wortlaut des Gesetzes entspricht dem des § 824 Abs. 2 des B.G.B., dagegen nicht vollständig dem des § 193 Str.G.B. („zur Wahrnehmung berechtigter Interessen"). Der dort gebrauchte Ausdruck betont die subjektive Seite („zur"); es muß daher dort geprüft werden, ob die Äußerung einen derartigen Inhalt hat, daß denselben der Äußernde als zu dem bezeichneten Zweck geeignet halten konnte und gehalten hat (R.G. Str. Bd. 23 S. 425). Hier dagegen ist die objektive Seite hervorgehoben („hat") und kommt es daher nur darauf an, ob der Mitteilende oder der Empfänger ein berechtigtes Interesse wirklich gehabt hat, nicht, ob er ein solches annehmen konnte (L.G. Stuttgart in U.W. I S. 75).

Abgesehen von dieser für die Praxis kaum sehr wesentlichen Differenz, sind aber die beiden Begriffe als identisch anzusehen, so daß die zu § 193 ergangenen Entscheidungen hier zu verwenden sind.

2. Der Text der ersten Entwürfe war ein anderer, als derjenige des dem Reichstage vorgelegten und demnächst angenommenen Gesetzes. Es hieß dort:

„Die Bestimmungen des ersten Absatzes finden keine Anwendung, sofern die Absicht, den Absatz des Geschäfts oder den Kredit des Inhabers zu schädigen, bei dem Mitteilenden ausgeschlossen ist. Dies ist insbesondere dann anzunehmen, wenn er oder der Empfänger der Mitteilung an ihr ein berechtigtes Interesse hatte."

Damit war als Voraussetzung der Anwendung des § 6 die Absicht, zu schädigen, gegeben. Dies ist nach dem jetzigen Text fortgefallen. Immerhin ist auch jetzt anzunehmen, daß, wenn die Äußerung in der erwiesenen Absicht gemacht ist, den anderen zu schädigen, von einem berechtigten Interesse keine Rede sein kann.

3. **Voraussetzung** der Anwendung des zweiten Absatzes des § 6 ist, daß sämtliche Momente, die die Anwendung des Absatz 1 bedingen, vorhanden sind. Es muß eine nicht erweislich wahre, zur Schädigung geeignete Äußerung zu Zwecken des Wettbewerbs gemacht sein. Die Ansicht von Osterrieth (S. 63), daß in dem Fall des Absatz 2 der Zweck des Wettbewerbs ausgeschlossen ist, trifft weder nach Wortlaut („die Vorschriften des ersten Absatzes finden keine Anwendung, wenn 2c."), noch nach dem Sinn des Gesetzes zu.

4. Da Absatz 2 allgemein sich auf Vorschriften des 1. Absatzes bezieht, so ist der Einwand des berechtigten Interesses sowohl gegen die Unterlassungs- wie gegen die Schadensersatzklage gegeben (so R.G. in J.W. 1899 S. 58 Nr. 66 und 1898 S. 579 Nr. 27, dagegen Müller S. 112).

5. Was den Begriff des berechtigten Interesses betrifft, so ist für die Auslegung desselben in § 6 zunächst festzustellen, daß **das Interesse am Wettbewerb allein nicht als berechtigtes anzuerkennen ist.** Nähme man das Gegenteil an, so würde das Gesetz etwas Widersinniges bestimmt haben. Abs. 1 sagt: Wer zu Zwecken des Wettbewerbs gewisse Behauptungen verbreitet, ist schadensersatzpflichtig. Abs. 2 würde dann bei dieser Auslegung fortfahren: Wer es aber zu Zwecken des Wettbewerbs tut, auf den findet Abs. 1 keine Anwendung. Wenn also auch anzuerkennen ist, daß das Interesse des Wettbewerbs als ein in der freien Betätigung des Gewerbebetriebs begründetes und berechtigtes anzusehen ist, so kann im Sinne dieses Gesetzes der Umstand allein, daß jemand im Interesse seines Geschäfts tätig ist, ihn nicht von der Verpflichtung entbinden, nur erweislich wahre Tatsachen zu verbreiten. Hierzu führt die nicht nur, wie Lobe S. 126 ausführt, wörtliche, sondern sinngemäße Auslegung des Gesetzes (ebenso R.G. im Recht 1902 S. 593 Nr. 2753 und K.G. ebenda S. 593 Nr. 2752).

Die Praxis hat diesen Grundsatz nicht immer in dieser Schärfe angewendet, so hat z. B. das Reichsgericht (in J.W. 1898 S. 579 Nr. 27) zu Unrecht ein berechtigtes Interesse in einem Falle für vorliegend erachtet, in dem ein Reisender einem Kunden eines anderen erklärt hat, der andere sei in Konkurs, um dadurch für seine Firma die Bestellung zu erhalten.

6. Es müssen daher zum Wettbewerb, der nach Abs. 1 vorliegen muß, um die Bestimmung überhaupt zur Anwendung zu bringen, andere berechtigte Interessen hinzukommen. Der Begriff, den die Praxis zu § 193 vielfach ausgelegt hat, ist schwankend. Man wird im allgemeinen, der Begriffsbestimmung des Reichsgerichts (z. B. Str. Bd. 26 S. 76, vgl. auch Olshausen Anm. 6 zu § 193) folgend, diejenigen Interessen ausschließen, die dem Rechte und den guten Sitten zuwiderlaufen, und solche, die den Täter in keiner Weise berühren. Im übrigen ist auf Grund billiger, verständiger Beurteilung der konkreten Sachlage zu prüfen, ob ein Interesse sich als berechtigt darstellt. Es muß also der Täter einen ihn angehenden, sittlich nicht verwerflichen Zweck bei der Äußerung verfolgen, um den Schutz des Abs. 2 zu genießen (vgl. auch R.G. C. Bd. 51 S. 378).

5. Als **Beispiele** sind anzuführen: Als Wahrung berechtigter Interessen ist die Verteidigung der eigenen Waren gegen fremde Angriffe angesehen, soweit dieselbe als notwendig erscheint (R.G. in J.W. 1901 S. 124 Nr. 19), ferner die Anzeige einer Straftat an die Behörde, da es Recht eines jeden Staatsbürgers ist, begangene Straftaten anzuzeigen (R.G. Str. Bd. 34 S. 216), auch eine Äußerung bei Nachprüfung der Rechnung eines anderen auf Verlangen des Bestellers (O.L. Dresden in J.Z. Bd. 5 S. 98).

Liegen derartige Fälle vor, so sind auch nicht erweislich wahre Tatsachen nicht nach § 6 zu verfolgen.

6. Kann dagegen nachgewiesen werden, daß der Täter **wissentlich** Falsches gesagt hat, dann fällt der Einwand unter allen Umständen fort, weil wissentliche Verbreitung der Unwahrheit nie einen sittlich zu rechtfertigenden Zweck hat (R.G. C. Bd. 50 S. 109).

7. Es ist nicht nötig, daß die Äußerung zur Wahrnehmung eigener Interessen erfolgt, auch das **Eintreten für fremde Interessen ist in gewissen Grenzen geschützt** (vgl. R.G. C. Bd. 51 S. 378). Ein allgemeines Recht, aus sittlichen Gründen für Fremde einzutreten, wird allerdings jetzt vom Reichsgericht nicht mehr anerkannt (R.G. Str. Bd. 25 S. 67). Es muß der Täter entweder ein unmittelbares Interesse haben,

z. B. wenn in Angriffen auf einen Verein die einzelnen mit angegriffen sind (R.G. Str. Bd. 25 S. 363), oder vor allem, wenn der Täter infolge seines Berufes oder Gewerbes zur Wahrung fremder Interessen legitimiert ist, z. B. ein Handlungsgehilfe, der die Interessen seines Chefs, ein Anwalt, der die seines Klienten wahrt (Näheres bei Olshausen Anm. 6abc zu § 193).

8. Ein Hauptfall, aber durchaus nach obigen Ausführungen und dem Wortlaut der Begründung („insbesondere") nicht der einzige, (wie Lobe S. 126 annimmt), ist der der **gewerblichen Auskunft**, mag sie in Einzelfällen oder von Auskunftsbureaux geschehen (vgl. R.G. Str. Bd. 6 S. 411, Fuld S. 133). Erteilt ein Kaufmann oder ein derartiges Bureau auf Erfordern eine Auskunft, so ist, soweit nicht wissentliche Unwahrheit vorliegt, der Schutz des Abs. 2 gegeben.

9. Das berechtigte Interesse muß beim **Mitteilenden** oder beim **Empfänger** vorhanden sein. Da es, wie oben nachgewiesen ist, nur darauf ankommt, ob objektiv ein Interesse vorhanden ist, so ist, auch wenn die Mitteilung an einen anderen, als sie bestimmt war, gelangt, danach der Einwand gegeben, wenn dieser Empfänger an ihr ein berechtigtes Interesse hat (dagegen Kahn S. 76 und Müller S. 112, die unter Empfänger nur den verstehen, zu dessen Kenntnis die Mitteilung bestimmt war).

Auch ist nicht nötig, daß die Mitteilung von Person zu Person oder vertraulich war (so Lobe S. 127). Alle Äußerungen, die unter Abs. 1 fallen, können den Schutz des Abs. 2 genießen.

10. Da es sich um einen Einwand handelt, hat **Beklagter** sein Interesse zu **beweisen**. Von Amtswegen ist der Einwand nicht zu berücksichtigen (R.G. in J.W. 1900 S. 54 Nr. 22).

§ 7.

Wer wider besseres Wissen über das Erwerbsgeschäft eines anderen, über die Person des Inhabers oder Leiters des Geschäfts, über die Waren oder gewerblichen Leistungen eines anderen unwahre Behauptungen tatsächlicher Art aufstellt oder verbreitet, welche geeignet sind, den Betrieb des Geschäfts zu schädigen, wird mit Geldstrafe bis zu eintausendfünfhundert Mark oder mit Gefängnis bis zu einem Jahre bestraft.

Inhaltsangabe.

A. Prinzip und Abweichungen von § 6.

1. **§ 7 ist die strafrechtliche Ergänzung zu § 6.** Die Begründung führt aus: „Sind solche (d. h. den Geschäftsbetrieb beeinträchtigenden) Behauptungen wider besseres Wissen aufgestellt oder verbreitet, so verdienen sie nicht minder

als Kredit gefährdende Verleumdungen strafrechtlich geahndet zu werden. Auf dieser Erwägung beruht die Bestimmung im § 7 des Entwurfs. Mit Rücksicht auf den höheren Grad von Verwerflichkeit des hier bezeichneten im Vergleich zu dem im § 4 behandelten Tatbestande ist schon für den ersten Fall die Verhängung einer Freiheitsstrafe zugelassen und die Strafandrohung noch insofern verschärft, als die Haftstrafe ausgeschieden und die höchst zulässige Dauer der Gefängnisstrafe auf ein Jahr erstreckt worden ist. Immerhin gewähren die Vorschläge des Entwurfs dem richterlichen Ermessen einen weiten Spielraum zur milderen Beurteilung von leichten Fällen; namentlich ist auch hier die Fassung so gewählt, daß für diejenigen Fälle, in denen die Verhängung einer mäßigen Geldstrafe angezeigt erscheint, deren Umwandlung in eine Haftstrafe nicht grundsätzlich ausgeschlossen wird (§ 28 des Strafgesetzbuchs).

In der strafrechtlichen Verfolgung unwahrer, den Absatz eines Gewerbetreibenden gefährdenden Ausstreuungen über die Fälle der bewußten Unwahrheit hinauszugreifen, ist schon deswillen nicht tunlich, weil auch wegen Kreditgefährdung nach § 187 des Strafgesetzbuchs eine Strafe nur denjenigen trifft, welcher der Unwahrheit seiner Behauptungen sich bewußt gewesen ist.

§ 7 bestraft demnach einen Teil der nach § 6 verbotenen Behauptungen, soweit sie **wider besseres Wissen** gemacht sind.

2. Der Tatbestand des § 7 ist insofern enger, als der des § 6, als Behauptungen, die geeignet sind, den **Kredit** des Geschäftsinhabers zu schädigen, nicht nach § 7 strafbar sind. Der Grund hierfür ist der, daß Kreditschädigung bereits in § 187 Str.G.B. mit Strafe bedroht ist.

3. **Andererseits fallen unter § 7 Fälle, die nach § 6 nicht verfolgbar sind.** Zunächst kann der Täter nach § 6 sich mit dem Einwand des berechtigten Interesses schützen, was in § 7 nicht aufgenommen ist, dann aber hängt die Verfolgbarkeit gemäß § 6 stets davon ab, ob die betreffende Handlung zu Zwecken des Wettbewerbs geschehen ist, was nach § 7 nicht nötig ist. Insbesondere durch diesen letzteren Umstand ist das Anwendungsgebiet des § 7 ein begrifflich weiteres, als das des § 6, und fällt die Bestimmung aus dem Rahmen des Gesetzes, welches an sich nur den Schutz gegen unlauteren Wettbewerb bezweckt, heraus.

B. Das Vergehen.

I. Subjektive Voraussetzungen.

1. **Notwendiges Erfordernis zur Strafbarkeit aus § 7 ist Vorsatz,** der sämtliche Merkmale des Delikts umfassen muß. Der Täter muß daher die Unwahrheit der behaupteten Tatsache gewußt haben; er muß ferner sich dessen bewußt gewesen sein, daß die Behauptung die in §§ 6 und 7 bezeichneten Gegenstände (Erwerbsgeschäft, Person des Inhabers oder Leiters, Waren oder gewerbliche Leistungen eines anderen) betraf, und endlich, daß sie objektiv geeignet war, den Betrieb zu schädigen. Letzteres ist (von Fuld S. 137, Kahn S. 77, A. 3) zu Unrecht bestritten worden. Nach § 59 Str.G.B., der als allgemeine strafrechtliche Bestimmung auch hier Anwendung findet, muß der Täter, um strafbar zu sein, das Vorhandensein aller Tatumstände kennen, die zum gesetzlichen Tatbestande gehören. Daß aber die Handlung zur Schädigung geeignet ist, ist ebenso Tatbestandsmerkmal, wie die übrigen Voraussetzungen des Gesetzes (ebenso R.G. Str. Bd. 31 S. 68, ähnlich für § 186 Str.G.B. R.G. Str. Bd. 25 S. 359).

2. Ob im Fall des § 7 der **dolus eventualis** (s. S. 74) genügt, ist sehr zweifelhaft. Fast alle Schriftsteller (mit Ausnahme von Schmid S. 808) halten die

Strafbarkeit nur für den Fall des dolus directus für gegeben. Es ist S. 74 für § 4 ausgeführt, daß mit Rücksicht auf die Entscheidungen des Reichsgerichts in Patent- und Markenschutzangelegenheiten, sowie auf die aus den Motiven zu schließende Absicht des Gesetzgebers für § 4 der dolus eventualis dem dolus directus gleichzustellen ist. Es ist nicht zu verkennen, daß für § 7 die Frage anders liegt. Zwar ist auf die Verschiedenheit des Ausdrucks („wissend" in § 4, „wider besseres Wissen" in § 7) besonderes Gewicht nicht zu legen; wohl aber ist zu beachten, daß § 7 keine begrifflich dem Schutz gegen unlauteren Wettbewerb dienende Vorschrift ist (vgl. oben), daß daher für diesen Paragraph eine analoge Anwendung der für die Schutzgesetze zum Schutz immaterieller Güter gegebenen Vorschriften nicht ohne weiteres gestattet ist. Nimmt man hinzu, daß die Begründung zu § 7 ausdrücklich erklärt, nicht über den Fall der bewußten Unwahrheit hinausgehen zu wollen, daß endlich bei § 187 Str.G.B., dessen Ergänzung § 7 bestimmungsgemäß sein soll, nach allgemeiner Ansicht (Olshausen Anm. 8 zu § 187) bei dolus eventualis die Strafbarkeit fortfällt, so wird man auch bei § 7 das gleiche annehmen müssen. (Ebenso R.G. Str. Bd. 32 S. 302.)

3. Eine besondere **Absicht** wird, im Gegensatz zu § 4, nicht gefordert; insbesondere ist, was schon aus der Fortlassung der Worte des § 6 folgt, nicht nötig, daß der Täter zu Zwecken des Wettbewerbs handelt (R.G. Str. Bd. 31 S. 65, 88, R.G. in J.Z. Bd. 3 S. 410, A.D. 1900 S. 502, K.G. in G.R. 1901 S. 269, K.G. in G.R. 1897 S. 270, Schöffger in G.R. 1897 S. 32, Schanze im Sächs. Archiv 1896 S. 717).

II. Objektive Voraussetzungen.

1. **Es gilt hier durchweg das zu § 6 Ausgeführte.** Es ist auch hier nötig, daß unwahre (s. S. 92 Nr. 2) Behauptungen tatsächlicher Art (s. S. 91 Nr. II a), über das Erwerbsgeschäft (s. S. 93 Nr. 4), die Person des Inhabers oder Leiters (s. S. 93 Nr. 5), die Waren oder gewerblichen Leistungen (s. S. 93 Nr. 6) aufgestellt oder verbreitet (s. S. 90 Nr. I) werden, die geeignet sind, den Geschäftsbetrieb zu schädigen (s. S. 94 Nr. IV). Behauptungen, die lediglich den Kredit des Inhabers zu schädigen geeignet sind, fallen nicht unter § 7.

2. Der Einwand des **berechtigten Interesses** steht dem aus § 7 Angeklagten nicht zur Seite. Dies ergibt sich daraus, daß der zweite Absatz des § 6 in § 7 nicht mit aufgenommen ist, daß ferner § 193 Str.G.B. sich nur auf Beleidigungen bezieht, als welche das Vergehen gegen § 7 nicht anzusehen ist. (R.G. Str Bd. 31 S. 66, L.G. Stuttgart in U.W. I S. 73, und allgemeine Ansicht; dagegen Schlecht in Zeitschr. für gesamte Strafrechtswissenschaft Bd. 21 S. 105.)

III. Vollendung der Tat, fortgesetztes Vergehen.

1. Die Tat ist **vollendet**, wenn die den Erfordernissen des § 7 entsprechende Behauptung aufgestellt oder verbreitet, d. h. zur Kenntnis eines anderen gebracht ist. Öffentlichkeit ist ebenso wenig nötig wie das Eintreten eines Schadens.

2. **Versuch** ist straflos (§ 43 Abs. 2 Str.G.B.).

3. Über **fortgesetztes Vergehen** s. S. 72 Nr. 8.

IV. Täter.

1. **Täter** ist jede Person, die aufstellt oder verbreitet; nicht notwendig ein Gewerbetreibender, da die Äußerung auch zu anderen Zwecken als denen des Wettbewerbs geschehen kann.

2. Über **juristische Personen** s. S. 75 Nr. 8.
3. Über **Mittäter, Anstifter, Gehilfen** s. S. 75 Nr. 2.
4. Über **Vergehen durch die Presse** s. S. 78 Nr. c.

V. Strafe.

1. Als **Strafe** ist wahlweise Geldstrafe bis zu 1500 Mk. oder Gefängnis bis zu einem Jahre angedroht. Da an erster Stelle Geldstrafe angedroht ist, so kann dieselbe, falls sie den Betrag von 600 Mk. und die an ihre Stelle tretende Freiheitsstrafe nicht 6 Wochen übersteigt, im Fall der Uneintreibbarkeit in Haft umgewandelt werden (§ 28 Str.G.B.).

Bei der Strafabmessung können auch Handlungen, die vor Erlaß des Gesetzes liegen, zur Beurteilung der Schwere des Vergehens mit herangezogen werden (K.G. in G.R. 1901 S. 269).

2. Die **Strafverfolgung verjährt** in 5 Jahren von dem Zeitpunkt, an dem die Handlung begangen ist (§ 67 Str.G.B.), die **Strafvollstreckung** rechtskräftig erkannter Strafen, wenn auf Gefängnis bis zu 2 Jahren oder auf Geldstrafe von mehr als 150 Mk. erkannt ist, in 5 Jahren, wenn auf Geldstrafe bis zu 150 Mk. erkannt ist, in 2 Jahren vom Tage der Rechtskraft an.

3. Über **Antrag** und **sachliche Zuständigkeit** vgl. die Erläuterungen zu § 12; über **Bekanntmachung** des Urteils zu § 13, über **Buße** zu § 14.

VI. Idealkonkurrenz.

1. **§ 187 Str.G.B.** und § 7 stehen zueinander nicht im Verhältnis der allgemeinen Strafrechtsnorm zur speziellen; beide haben vielmehr verschieden geartete objektive Tatbestandsmerkmale. Das Objekt des § 187 ist — von der hier weniger in Frage kommenden Ehrverletzung abgesehen — die Kreditgefährdung; die des § 7 die Betriebsgefährdung. Wie oben (S. 95 Nr. 4) dargelegt, schließt letztere erstere nicht immer in sich; so daß § 7 verletzt sein kann, ohne daß die Handlung nach § 187 strafbar ist, und umgekehrt. Liegt aber eine Handlung vor, die sowohl kredit- wie betriebsgefährdend ist, z. B. die Behauptung, die Fabrik eines anderen sei durch Feuer zerstört, so sind beide Vorschriften verletzt; zur Anwendung kommt dann gemäß § 73 Str.G.B. nur § 187 Str.G.B. (so R.G. Str. Bd. 31 S. 84 und über dies Erkenntnis Schäfer in G.R. 1898 S. 293).

2. Auch mit **§ 4 dieses Gesetzes** ist Idealkonkurrenz möglich, z. B. wenn in der Erklärung über die Waren eines anderen unwahre Behauptungen über die eigenen Waren enthalten sind; ebenso mit § 75 des Börsengesetzes (Kahn S. 78).

C. Zivilrechtliche Ansprüche aus § 7.

Die Frage, ob bei einer Verletzung des § 7 **zivilrechtliche Ansprüche** gegeben sind, ist in der Reichstagskommission dahin beantwortet worden, daß alle Fälle, die unter § 7 fallen, zugleich den § 6 verletzen, daher in jedem Fall die Schadensersatz- und Unterlassungsklage aus § 6 gegeben sei. Dieser Ansicht schließen sich die meisten Kommentatoren an. Nach obigen Ausführungen ist dies nicht richtig, da § 7 nicht erfordert, daß die Handlung zu Zwecken des Wettbewerbs erfolgt (R.G. Str. Bd. 31 S. 89). Es kann daher sehr wohl eine Handlung nach § 7 strafbar sein, ohne unter § 6 zu fallen.

Die **Schadensersatzpflicht** ist aber jedenfalls nach § 824 B.G.B. gegeben, dessen Tatbestand alle Fälle des § 7 umfaßt, und sogar, da Fahrlässigkeit genügt, noch weitergeht.

Was den **Unterlassungsanspruch** betrifft, so folgt derselbe aus dem allgemeinen Grundsatz, daß, wenn das Gesetz eine Handlung bei Strafe verbietet, jeder, der ein Interesse daran hat, verlangen kann, daß dem andern die Handlung untersagt wird (vgl. die S. 48 u. 63 zitierten Entscheidungen u. R.G. in J.W. 1908 S. 128 Nr. 17, dagegen Finger S. 181). Voraussetzung ist, daß ein unerlaubtes Verhalten bereits verwirklicht ist und weitere Eingriffe zu besorgen sind (R.G. C. Bd. 48 S. 118).

§ 8.

Wer im geschäftlichen Verkehr einen Namen, eine Firma oder die besondere Bezeichnung eines Erwerbsgeschäfts, eines gewerblichen Unternehmens oder einer Druckschrift in einer Weise benutzt, welche darauf berechnet und geeignet ist, Verwechselungen mit dem Namen, der Firma oder der besonderen Bezeichnung hervorzurufen, deren sich ein anderer befugterweise bedient, ist diesem zum Ersatze des Schadens verpflichtet. Auch kann der Anspruch auf Unterlassung der mißbräuchlichen Art der Benutzung geltend gemacht werden.

Inhaltsangabe.

A. Das Namensrecht.

I. Schutz im allgemeinen.

1. Schon vor Inkrafttreten des B.G.B. war das Namensrecht als schutzberechtigtes Individualrecht anerkannt (vgl. z. B. R.G. C. Bd. 39 S. 303). Eine generelle Regelung hat die Materie durch **§ 12 B.G.B.** gefunden.

Derselbe lautet:

„Wird das Recht zum Gebrauch eines Namens dem Berechtigten von einem anderen bestritten oder wird das Interesse des Berechtigten dadurch verletzt, daß ein anderer unbefugt den gleichen Namen gebraucht, so kann der Berechtigte von dem anderen Beseitigung der Beeinträchtigung verlangen. Sind weitere Beeinträchtigungen zu besorgen, so kann er auf Unterlassung klagen."

(Vgl. zu diesem Paragraph Planck, Komm. zu § 12, Dernburg Bd. 1 S. 137, Isaac, Der Schutz des Namens, Olshausen, Das Verhältnis des Namensrechts zum Firmenrecht und die bei diesen Schriftstellern zitierte sehr reichhaltige Literatur.) § 12 gibt dem Berechtigten sowohl eine Klage, wenn ihm das Recht zum Gebrauch des Namens bestritten wird, als auch wenn sein Interesse durch den unbefugten Gebrauch des gleichen Namens seitens eines anderen verletzt wird. In diesem Fällen kann auf Unterlassung und, falls ein Verschulden vorliegt, gemäß § 823 B.G.B. auf Schadensersatz geklagt werden. (Letzteres ist nicht unbestritten, vgl. Olshausen S. 92.)

2. Ein fernerer Schutz des Namens findet sich in **§§ 13, 14 Gesetz vom 12. 5. 1894.** Diese Bestimmungen gewähren dem Gewerbetreibenden das Recht, seinen Namen auf Waren ꝛc. anzubringen und ferner, zu verhindern, daß ein anderer, Waren ꝛc. mit seinem Namen bezeichnet. Sie schützen daher den Namen lediglich in seiner Eigenschaft als Warenbezeichnung.

3. Das **Handelsgesetzbuch** schützt den Namen, soweit er Firma oder Bestandteil der Firma geworden ist, gibt aber auch in § 37, 2 demjenigen, der durch Gebrauch seines Namens in einer Firma verletzt wird, Schutzrechte. (Über das Verhältnis dieser Bestimmung zu § 8: Fuld in G.R. 1897 S. 343.)

4. Alle diese Vorschriften aber genügen nicht, den Mißbräuchen des fremden und vor allem des eigenen Namens zum Zweck unlauteren Wettbewerbs wirksam entgegenzutreten. Die Spezialbestimmungen des Warenzeichengesetzes betreffen ein einzelnes Gebiet der unlauteren Konkurrenz, den Schwindel mit Warenausstattungen; darüber hinaus gehen sie nicht. Hier setzt nun § 8 ein. Vor allem der Mißbrauch des eigenen Namens zur Täuschung des Verkehrs soll getroffen werden. Die Begründung sagt:

„Es liegt nicht im Rahmen des vorliegenden Entwurfs, einen Gewerbetreibenden, dessen Namen mit der Firma eines an einem Orte domizilierenden Konkurrenten übereinstimmt, an der Führung seines Namens als Firma schlechthin zu verhindern. Wohl aber soll es ihm im Interesse der geschäftlichen Moral verboten werden, die Synonymität, mag diese eine zufällige oder eine absichtlich herbeigeführte sein, in einer Weise auszubeuten, welche gerade darauf berechnet ist, Verwechselungen hervorzurufen. Er wird also beispielsweise auf der Ware, in Empfehlungskarten, in Korrespondenzen seinen Namen nicht in einer Weise anbringen dürfen, welche auf die Irreführung des Publikums zum Nachteil eines in der Geschäftswelt bereits bekannten Trägers gleichen Namens abzielt. Die hierin liegende Beschränkung im Gebrauch des eigenen Namens ist durch bedauerliche Vorkommnisse der neueren Zeit gerechtfertigt; sie enthält übrigens insofern nichts Ungewöhnliches, als schon im Artikel 20 des Handelsgesetzbuchs die Zulässigkeit einer solchen Beschränkung im Prinzip anerkannt ist. Immerhin bleibt zu berücksichtigen, daß jedem Gewerbetreibenden ein natürliches Recht zur Führung seines Namens innewohnt. Der Einzelkaufmann ist sogar verpflichtet, als Firma seinen Familiennamen mit oder ohne Vornamen zu benutzen (Art. 16 des Handelsgesetzbuchs). Unter diesen Umständen erscheint eine Beschränkung nur insoweit zulässig, als nach der Art des Gebrauchs des eigenen Namens oder der eingetragenen Firma nicht nur die Möglichkeit von Verwechselungen an sich gegeben, sondern die Herbeiführung von solchen in der Tat bezweckt ist."

Das Gesetz geht über das hier ausgesprochene Prinzip hinaus, indem es generell die Benutzung von Namen in der in § 8 bezeichneten Weise verbietet, gleichviel ob man sich einen fremden Namen anmaßt oder den eigenen Namen in Verwechselungsabsicht benutzt.

II. Recht zur Führung des Namens.

1. **Derjenige ist aus § 8 berechtigt, der sich eines Namens befugterweise bedient.** Als Berechtigte erscheint neben der physischen auch die juristische Person (vgl. Olshausen S. 86, Isaac S. 60, Finger S. 186), insbesondere (§ 57, 1 B.G.B. „den Namen") der eingetragene Verein, ausgenommen diejenigen handelsrechtlichen Vereine, die, wie z. B. die Aktiengesellschaft keinen Namen, sondern nur eine Firma haben (R.G. C. Bd. 3 S. 68).

Nicht rechtsfähige Vereine haben einen Namen im gesetzlichen Sinne nicht, ihnen steht daher auch kein Namensschutz zu.

2. **Name im Rechtssinne ist derjenige Name, den eine Person zu führen berechtigt ist,** gleichviel ob diese Berechtigung in dem maßgebenden bürgerlichen Recht als ein Privatrecht anerkannt ist oder als eine nur durch Einrichtungen des öffentlichen Rechts geschützte Befugnis erscheint (R.G. C. Bd. 1 S. 28). Was zunächst das bürgerliche Recht betrifft, so bestimmen die §§ 1355, 1577, 1616, 1706, 1758 B.G.B. über die Namen der Ehefrau und der Kinder. Der Familienname wird durch die Geburt erworben und durch Eintragung beim Standesamt beurkundet; die Namen der Frau und Kinder werden kraft gesetzlicher Vorschrift erworben. Daneben besteht die öffentlich rechtliche Befugnis des Staates, Namen durch die hierzu bestimmten Behörden zu verleihen oder zu ändern.

Demnach ist das Recht auf den Familiennamen begründet, wenn entweder der Erwerb durch Geburt oder Verwandtschaft oder die staatliche Ermächtigung, den Namen zu tragen, nachgewiesen ist.

3. Damit erschöpft sich aber der Namensschutz des § 8 nicht. Das Gesetz handelt von dem **Namensrecht im geschäftlichen Verkehr**. In diesem ist natürlich auch in erster Linie der Familienname schutzbedürftig; daneben aber auch der Name, unter dem jemand als Gewerbetreibender bekannt ist (Lobe S. 73, Schmid S. 827). Ein Name z. B., der in abgekürzter Gestalt (vgl. § 13 des Warenzeichengesetzes) oder in einer gewissen Verstümmelung dauernd von einem Gewerbetreibenden so gebraucht ist, daß derselbe unter diesem Namen bekannt ist, genießt ebenfalls Schutz. Geschützt wird dieser Name in der Form, in der er tatsächlich von dem Gewerbetreibenden gebraucht wird.

4. Ähnlich steht es mit dem **Pseudonym.** Während es in der Theorie zweifelhaft ist, ob dies gemäß § 12 B.G.B. schutzberechtigt ist, ist hier nach den Worten des Gesetzes („deren sich ein anderer befugterweise bedient"), nach den Erklärungen bei der Beratung des Gesetzes und nach der allgemeinen Ansicht (Finger S. 186, 190, Isaac S. 45, dagegen Bauer S. 75 I) der Schutz auch des Pseudonyms gegeben. Auch die Praxis hat insbesondere bei Klagen wegen Verletzung von Schriftsteller- und Künstlernamen die Klage gegeben (L.G. I Berlin in U.W. I S. 152).

Derjenige „bedient" sich eines Pseudonyms, der es derart anwendet, daß sein Wille, sich den Namen beizulegen, der Öffentlichkeit kundgetan wird, ein Schriftsteller z. B., der ein Buch unter einem angenommenen Namen veröffentlicht, ein Artist, der seine Leistungen annonciert ꝛc. Hat jemand auf diese Weise sich eines Pseudonyms bedient, so ist er der an den Namen Berechtigte und kann andere, die denselben gemäß § 8 mißbrauchen, verfolgen. Der Schutz dauert so lange, bis der Berechtigte den Namen aufgibt, was ausdrücklich geschehen, aber auch aus den Umständen z. B. längerem Nichtgebrauch, ausschließlicher Annahme eines anderen Pseudonyms gefolgert werden kann.

5. Auch der **Vorname** genießt den Schutz des § 8, da unter Name der Familienname in Verbindung mit dem Vornamen zu verstehen ist (vgl. R.G. Str. Bd. 30 S. 231).

6. **Das Namensrecht ist weder übertragbar noch vererblich** (R.G. C. Bd. 29 S. 133), dagegen kann anderen von dem Berechtigten gestattet werden, den Namen zu führen. Es kann z. B. jemand, der ein Erwerbsgeschäft besitzt, bei Übertragung desselben gestatten, daß der neue Inhaber den bisherigen Namen fortführt (R.G. in J.W. 1900 S. 789 Nr. 13 und S. 829 Nr. 10), oder der Berechtigte kann einem anderen gestatten, seine Waren oder seine literarischen Produkte mit seinem Namen zu bezeichnen (vgl. R.G. Str. Bd. 29 S. 354, C. Bd. 40 S. 63). In diesem Fall ist zwar das Namensrecht selbst nicht übertragen, wohl aber kann der Veräußerer dem, dem er das Recht eingeräumt hat, gegenüber sein Namensrecht nicht geltend machen (so Lobe S. 77, Müller S. 107, Olshausen S. 56, vgl. auch Kohler, Markenschutz S. 120 ff., dagegen Finger S. 190). Derjenige, dem gestattet ist, den Namen zu führen, führt ihn befugterweise; er ist berechtigt, seinerseits die Rechte aus § 8 gegen jeden Störer, also auch gegen den Namensträger geltend zu machen, falls er in dem Namensbesitz in Verwechselungsabsicht gestört wird.

7. Ist ein Name seiner Individualität als Personenbezeichnung im Verkehr entkleidet und lediglich **Waren- oder Methodenbezeichnung** geworden (R.G. C. Bd. 40 S. 64), z. B. Liebigscher Fleischextrakt, Örtelsche Terrainkur ꝛc., so ist in analoger Ausdehnung der Bestimmung in Abs. 3 § 1 des Gesetzes anzunehmen, daß dessen Gebrauch gestattet ist, wenn aus der Art des Gebrauchs hervorgeht, daß mit der Benutzung nicht der Name sondern die Art der Herstellung oder Anwendung bezeichnet werden soll (Lobe S. 76, vgl. R.G. in Bl. 1897 S. 143 und R.G. Str. Bd. 30 S. 93, J.W. 1903 S. 145 Nr. 47).

III. Störung des Namensrechts.

1. Verboten ist zunächst die Benutzung eines **fremden Namens** in der in § 8 bezeichneten Weise. Es ist danach verboten, sein Geschäft, seine Ware ꝛc. mit einem fremden Namen zu bezeichnen. Dies gilt jedoch nicht uneingeschränkt. Es ist gestattet, den Namen eines anderen derart zu verwenden, daß man ein der Wahrheit entsprechendes Verhältnis zu ihm mitteilt („Schüler des X.", „früherer Mitinhaber von Y.", „bisher im Geschäft von Z.", „das Geschäft wird in den früher X.schen Räumen betrieben", R.G. in J.W. 1898 S. 174 Nr. 52), oder um auszudrücken, daß eine Ware nach der Art der Herstellung oder des Materials der Originalware gleiche (R.G. Str. Bd. 29 S. 333 z. B. „nach System von" ꝛc.). Hierzu bedarf es der Genehmigung des Namensträgers nicht, weil jeder berechtigt ist, der Wahrheit gemäß zu erklären, daß er zu einem anderen in einem bestimmten Verhältnis steht, oder eine Ware nach dem System eines anderen angefertigt habe; es liegt dann ein unbefugter Gebrauch des Namens (§ 12 B.G.B.) nicht vor (dagegen Rausnitz in G.R. 1897 S. 86 und Stenglein S. 955 Anm. 3). Vorausgesetzt ist hierbei die Wahrheit der Erklärung, sowie, daß die Bezeichnung nicht in der Weise geschieht, daß nur der Name ins Auge fällt, das andere aber nur bei besonderer Aufmerksamkeit gesehen wird, so daß also eine Verwechselungsmöglichkeit vorhanden ist.

Dagegen wird eine Bezeichnung wie „Müller Nachfolger" oder „vormals Müller" ohne Genehmigung des Vorbesitzers für unzulässig erklärt werden müssen, da hierunter im Geschäftsverkehr die gestattete Bezugnahme auf die Übernahme des Geschäfts von dem Vorgänger verstanden wird (Conrades im Recht 1902 S. 9).

2. Der Hauptfall des § 8 ist aber die Benutzung des **eigenen Namens**. An sich ist jeder berechtigt, seinen Namen in jeder im gut dünkenden Weise zu gebrauchen. Ebenso aber, wie im Firmenrecht in § 30 Abs. 2 H.G.B. die Benutzung eines Namens als Firma nur mit unterscheidenden Zusätzen gestattet ist, ist durch § 8 der Gebrauch des eigenen Namens insoweit verboten, als Verwechselungs-Absicht und -Möglichkeit mit

dem Namen eines anderen vorliegt. Derjenige, der den gleichen Namen wie ein anderer hat und ihn zu **Konkurrenzzwecken** gebrauchen will, muß durch Zusätze dafür sorgen, daß eine Verwechselung ausgeschlossen ist (R.G. C. Bd. 44 S. 103).

3. Das Recht auf Namensschutz bleibt bestehen, selbst wenn der Störende den Namen, den er nach § 8 nicht benutzen darf, zum **Firmenregister** oder zum **Warenzeichen** angemeldet hat (R.G. C. Bd. 25 S. 117, Bd. 44 S. 103).

4. Der Namensschutz geht nur so weit als der befugte Gebrauch des Namens; er versagt also z. B. gegenüber abweichender Schreibart in fremder Sprache; es sei denn, daß nur geringfügige Abweichungen vorliegen, die die Verwechselungsmöglichkeit nicht ausschließen (R.G. C. Bd. 25 S. 118, für das Warenzeichengesetz aber auch hier anwendbar).

5. **Verletzt** in seinem Namensrecht ist durch Benutzung eines Namens nicht jeder, der diesen Namen trägt; es muß durch die Bezeichnung in einem die Gefahr der Verwechselung begründenden Maße auf die betreffende Person hingewiesen sein (R.G. Str. Bd. 30 S. 94).

B. Das Firmenrecht.

I. Schutz im allgemeinen.

1. **Firmenrecht und Firmenschutz sind im Handelsgesetzbuch geregelt.** Dies regelt in § 37 Abs. 2 den Schutz gegen den unbefugten Gebrauch einer Firma für den, der in seinen Rechten verletzt ist. Das Reichsgericht hat in ständiger Praxis daran festgehalten, daß die Absicht, in welcher die an sich den Vorschriften des Handelsgesetzbuchs entsprechende Firma gewählt ist, insbesondere die Absicht unlauteren Wettbewerbs ebensowenig ein Recht zur Untersagung gibt, wie die Schädigung anderer Firmen (R.G. C. Bd. 20 S. 75, Bd. 29 S. 61); nur, wenn Scheinverträge geschlossen wurden, um Firmen in Verwechselungsabsicht mit anderen zu begründen, wurde Ungültigkeit der an sich den Vorschriften des Handelsgesetzbuchs entsprechenden Firmen ausgesprochen (z. B. R.G. C. Bd. 7 S. 283, Bd. 37 S. 61).

2. Eine Ausdehnung erhielt der Firmenschutz durch das Warenzeichengesetz § 14 (vgl. hierüber S. 105 Nr. 2), welches die Firma als Ausstattung schützt.

3. **Eine Ergänzung dieser gesetzlichen Bestimmungen**, die bei der formalen Natur des Firmenschutzes des Handelsgesetzbuchs oft gerade in den Fällen versagten, in denen in unlauterer Absicht das Gesetz umgangen wurde, **bezweckt § 8.** Er verbietet die Benutzung einer fremden und vor allem auch einer eigenen Firma im geschäftlichen Verkehr, die darauf berechnet und geeignet ist, Verwechselungen mit der Firma hervorzurufen, deren sich ein anderer befugterweise bedient. Aus dem Zweck dieser Bestimmung ist für die Auslegung zu entnehmen, daß das materielle Recht an einer Firma gegen unlautere Machenschaften weiter als bisher, also insbesondere über den formalen Schutz des Handelsgesetzbuchs hinaus, geschützt sein soll.

II. Firmenrecht.

1. Das Gesetz spricht ohne näheren Zusatz von der **„Firma"**. Es fragt sich, ob hierunter die Firma im Sinne des Handelsgesetzbuchs oder ähnlich wie oben bei dem Begriff „Namen" ausgeführt ist (s. Seite 106 Nr. 3), ein weiterer Begriff verstanden sein soll, insbesondere also, ob auch Minderkaufleute, die keine Firma im Sinne des Handelsgesetzbuchs haben (§ 4 H.G.B.), gemäß § 8 geschützt sind. Die Frage ist zu verneinen. Firma ist ein technischer Begriff, der, im Handelsverkehr ausgebildet, im Handelsgesetzbuch seine gesetzliche Regelung gefunden hat. Wenn ein Gesetz von einer

Firma spricht, so ist darunter der Gemeingut gewordene Begriff zu verstehen, den das Handelsgesetzbuch festgestellt hat (so **Olshausen** S. **89**, **Finger** S. 192, R.G. in J.W. 1900 S. 133 Nr. 12, dagegen **Lobe** S. **79**, **Schmid** S. 327). Demnach haben Minderkaufleute ein Recht auf Schutz ihrer Firma nicht, wohl aber ist ihr gewerblicher Name (s. S. 106 Nr. 8) geschützt, was für § 8 im Effekt dem Firmenschutz gleichkommt.

2. Den Firmenschutz genießen danach nur **Vollkaufleute** im Sinne des Handelsgesetzbuchs. Da für die Frage, ob jemand sich befugterweise einer Firma bedient, die Vorschriften des Handelsgesetzbuchs in Betracht kommen, dies aber der Eintragung im allgemeinen keinen konstitutiven Charakter gibt (vgl. R.G. C. Bd. 14 S. 19), so kommt es auf diese inbetreff des Firmenschutzes nicht an, mit Ausnahme der Fälle, in denen, wie bei Aktiengesellschaften, die Entstehung von der Eintragung abhängt (dagegen Fuld S. 143, Finger S. 192). Eine nicht eingetragene, aber von einem Kaufmann benutzte, den Vorschriften des Handelsgesetzbuchs entsprechende Firma hat also dieselben Schutzrechte aus § 8, wie die eingetragene.

3. Das **Recht zur Führung der Firma**, sowie die **Übertragung** des Rechts regelt ausschließlich das Handelsgesetzbuch (vgl. §§ 17 ff.). Wer also behauptet, daß er sich einer Firma befugterweise bedient, hat nachzuweisen, daß die Firma den Vorschriften dieses Gesetzes entspricht.

4. **Nur die ganze Firma ist geschützt**, nicht einzelne Teile derselben. Wer einzelne Worte aus der Firma eines anderen benutzt, verletzt nicht die Firma als solche (so R.G. in J.W. 1900 S. 133 Nr. 12, dagegen R.G. in J.W. 1899 S. 311 Nr. 27).

III. Verletzung des Firmenrechts.

1. Der Fall, daß jemand eine ihm nach den Vorschriften des Handelsgesetzbuchs **nicht zustehende Firma** gebraucht, gibt dem Verletzten schon nach § 37 H.G.B. ein Klagerecht. In dieser Beziehung ist nur der in § 37 vorbehaltene, hier definitiv geregelte Anspruch auf Schadensersatz eine Erweiterung des bestehenden Rechts.

2. Der Hauptfall des § 8 ist der **Mißbrauch mit Firmen durch solche, die an sich zur Führung der Firma handelsrechtlich befugt** sind. Nach § 30 H.G.B. ist nur für Firmen an demselben Ort eine Unterscheidung gefordert und ist ferner in ständiger Praxis daran festgehalten, daß nur eine kleine Verschiedenheit erforderlich ist. Ferner ist es, wenn dem Gesetze genügt ist, für gleichgültig erachtet, daß die Firma in Täuschungsabsicht erworben wird (vgl. R.G. C. Bd. 20 S. 71). Es genügte also, wenn ein Konkurrent, der an sich berechtigt war, eine Firma zu führen, die einer im Handelsverkehr bekannten gleich ist, sich an einem anderen Ort, wie diese, niederließ, oder daß er bei einer Niederlassung an demselben Ort kleine Verschiedenheiten in der Firma annahm, um ihm zu ermöglichen, den bewährten Ruf der alten Firma für sich zu benutzen (typische Fälle bei Stegemann S. 80 ff.). Hier tritt die Vorschrift des § 8 ein (R.G. in J.W. 1902 S. 27 Nr. 20). Sie unterscheidet an sich nicht zwischen dem unbefugten und dem an sich berechtigten Gebrauch einer Firma. („Wer . . . eine Firma . . . benutzt.") Auch der letztere ist dem anderen gegenüber unberechtigt, wenn er in Täuschungsmöglichkeit und -Absicht geschieht (R.G. in J.W. 1898 S. 484 Nr. 26, S. 82 Nr. 58, J.W. 1901 S. 256 Nr. 17, O.L. Köln in Arch.Rh. Bd. 93 S. 20). Danach ist der Schutz des Firmenrechts über das Maß des im H.G.B. gegebenen Schutzes erweitert und zwar in der Richtung hin, daß nicht nur der Gebrauch fremder Firmen, sondern auch der Mißbrauch eigener, an sich berechtigt geführter Firmen verboten ist. Insbesondere wird § 8 zur Anwendung kommen, wenn an einem anderen Ort eine der Konkurrenzfirma gleiche Firma eingetragen wird (R.G. im Recht 1902

S. 28 Nr. 95). Daß es gleichgültig ist, ob die mißbräuchlich benutzte Firma eingetragen ist oder nicht, versteht sich nach dem Vorgetragenen von selbst.

3. Ebenso wird der an sich dem § 8 widersprechende Gebrauch einer Firma nicht dadurch ein rechtlich geschützter, daß die Firma als Bestandteil eines **Warenzeichens** eingetragen ist. Denn ein Warenzeichen, das in einer dem § 8 widersprechenden Weise angewendet wird, ist rechtswidrig und kann dessen Beseitigung verlangt werden (R.G. C. Bd. 48 S. 233).

4. Die bereits, wie oben (S. 108 Nr. B, I, 1) erwähnt, unter der bisherigen Rechtsprechung teilweise für unerlaubt erklärten Fälle der **Scheingeschäftserrichtungen** zum Zwecke des Erwerbs von Firmen bekannter Geschäfte (vgl. R.G. C. Bd. 22 S. 58, Bd. 25 S. 1, Bd. 37 S. 60, Bd. 8 S. 120 2c.) sind jetzt ebenfalls und in weiterem Maße als bisher verboten und unterliegen dem § 8. Es bedarf heut nicht, wie nach der bisherigen Praxis, der Prüfung der Frage, ob eine ernstlich gewollte oder nur scheinbare Geschäftserrichtung vorliegt; es genügt heut die Tatsache, daß die neue Firma zu Täuschungszwecken errichtet ist und daß Täuschungsmöglichkeit vorhanden ist.

C. Besondere Bezeichnung eines Erwerbsgeschäfts und eines gewerblichen Unternehmens.

I. Allgemeines.

1. Je größer der Verkehr ist, desto mehr tritt das Bestreben des einzelnen Gewerbetreibenden hervor, sein Geschäft möglichst zu individualisieren und aus der Masse herauszuheben. Die Firma allein genügt diesem Zwecke nicht, da Namen sich nicht leicht dem Gedächtnis einprägen; die eingetragene Marke individualisiert die Ware, nicht den gesamten Geschäftsbetrieb. Neben beide tritt daher die freigewählte **Geschäftsbezeichnung.** Sie unterscheidet sich an sich von der Firma dadurch, daß letztere der Name ist, den sich der Geschäftsinhaber in seinem Geschäftsbetriebe beilegt, die Bezeichnung dagegen die freigewählte Benennung des Etablissements enthält (Schuler S. 138, Simon S. 11).

2. Bisher war die Geschäftsbezeichnung als solche schutzlos (vgl. R.G C. Bd. 1 S. 27). Nur soweit sie Bestandteil der Firma war, hatte sie den der Firma als solcher zukommenden Schutz. Da die nach dem alten Handelsgesetzbuch (Art. 16) streitige Frage, ob auch Phantasienamen in die Firma aufgenommen werden können, durch § 18 des neuen Handelsgesetzbuchs in bejahendem Sinne entschieden ist (Staub 5. Aufl. Anm. § 4 zu Art. 16 und 6, 7. Aufl. Anm. 9 zu § 18), so können jetzt derartige Bezeichnungen in die Firma aufgenommen werden und genießen dann den der Firma zukommenden Schutz. Sie haben denselben aber nur als Bestandteile der Gesamtfirma, ein besonderer firmenrechtlicher Schutz für sie besteht nicht (Staub Anm. 8 zu § 18).

3. Aus diesem Grunde und weil vielfach im Gewerbe Geschäftsbezeichnungen verwendet werden, die nicht als Bestandteil der Firma eingetragen sind, genügt dieser Schutz nicht.

Die Begründung führt hierüber aus:

„Auch auf dem Gebiete der Bezeichnung von Erwerbsgeschäften bürgert sich nach dem Vorgange des Auslandes bei uns mehr und mehr die Gewohnheit ein, die Aufmerksamkeit des Publikums durch frei erfundene Schlagworte anzuregen. In allen größeren Städten finden sich Reklamenamen, wie „Goldene Neun", „Zum Kleider-Engel" und dergl. Es ist aber als ein Verstoß gegen die geschäftliche Ehrlichkeit anzusehen, wenn ein solcher Name, nachdem er sich ein gewisses Ansehen im Publikum erworben hat, von anderen Gewerbetreibenden zu dem Zweck verwertet wird, um Verwechselungen hervorzurufen. Hierher gehören auch Fälle, wie sie in der öffentlichen Diskussion des letzten Jahres wiederholt zur Sprache gebracht worden sind, daß die frei gewählten Bezeichnungen, welche von Hotels, Gastwirtschaften, Verkehrsanstalten u. s. w. neben Namen oder Firma geführt werden, von der unlauteren Konkurrenz zum Schaden der Inhaber ausgebeutet werden. Der dagegen von dem Entwurf beabsichtigte Schutz ist selbstverständlich in allen Fällen, die der Ausdruck „die besondere Bezeichnung eines Erwerbsgeschäfts" umfaßt, dadurch bedingt, daß die Bezeichnung einen eigentümlichen und unterscheidenden Charakter hat. Allgemein übliche Bezeichnungen, wie z. B. „Kleiderbazar", „Steh-Bierhalle", können nicht zu Gunsten eines einzelnen, selbst wenn derselbe an einem bestimmten Orte sich zuerst dieser Bezeichnung bedient haben sollte, monopolisiert werden. In dieser Beziehung die Grenze des Zulässigen festzustellen, muß der Entscheidung des einzelnen Falles überlassen bleiben".

4. In dem dem Reichstag vorgelegten Entwurf war nur der Schutz der Bezeichnung eines **Erwerbsgeschäfts** vorgesehen. In der Kommission wurde der Antrag gestellt, daß daneben auch das **gewerbliche Unternehmen** erwähnt würde, was demnächst trotz Hinweises auf die Unnötigkeit des Zusatzes geschehen ist. In dem Sinne, in dem der Zusatz gedacht ist, bedeutet er, daß auch die Benennungen einzelner Teile eines Erwerbsgeschäfts geschützt sein sollen; wenn z. B. ein Speditionsgeschäft sich zugleich mit Personenbeförderung befaßt und für den letzteren Teil seiner Tätigkeit einen besonderen Namen annimmt.

5. Auch in diesem Paragraph wie im § 6 ist **Erwerbsgeschäft** und gewerbliches Unternehmen im weitesten Sinne auszulegen (vgl. S. 9).

6. Da der Schutz der Bezeichnung als solcher durch das Gesetz neu eingeführt ist und nicht, wie der Namens- und Firmenschutz nur die in anderen Gesetzen festgestellten Rechte unterstützt und ausdehnt, so ist zu untersuchen, wieweit dieser Schutz im Gesetz prinzipiell gegeben ist. Verboten ist nur die Benutzung einer von einem anderen befugt gebrauchten Bezeichnung in Verwechselungsabsicht. Ein **Alleinrecht** auf Bezeichnungen, die ein Gewerbetreibender sich gewählt hat, zu erteilen, ist nicht bezweckt. An sich ist niemand gehindert, die von einem anderen für sein Geschäft gebrauchte Bezeichnung ebenfalls zu gebrauchen, wenn etwa durch Entfernung der Orte oder Verschiedenheit der Geschäfte Verwechselungsmöglichkeit ausgeschlossen ist. Wenn ein Eisenwarenhändler in Cöln sein Geschäft „Zur Sonne" bezeichnet, so kann ein Eisenwarenhändler in Memel die gleiche Bezeichnung gebrauchen, ebenso wie ein Seifenhändler in Cöln: immer vorausgesetzt, daß weder Verwechselungsabsicht noch -möglichkeit besteht (O.L. Stuttgart in F.Z. Bd. 3 S. 282).

II. Recht zur Führung der Bezeichnung.

1. **Erworben wird der Rechtsschutz durch die Annahme der Bezeichnung** seitens eines Gewerbetreibenden in einer Art, durch die dem Kundenkreise die Kenntnis ermöglicht wird (Schuler S. 142: „Die publike Priorität des Gebrauchs"). Die Priorität der Annahme gibt das Recht (R.G. in J.W. 1900 S. 76 Nr. 14). Nicht nötig ist, daß die Bezeichnung sich eingebürgert hat; wie Lobe (S. 84, vgl. auch O.L. Cöln in Arch.Rh. Bd. 93 I S. 120) annimmt, denn § 8 spricht nur vom befugterweise Sichbedienen und setzt nicht wie § 15 des Warenzeichengesetzes voraus, daß die Bezeichnung innerhalb beteiligter Verkehrskreise als Kennzeichen gilt.

Es kommt aber auf die Priorität der Benutzung im Gewerbebetriebe an. Wer sein Geschäft in ein Haus mit einem bestimmten Namen („Villa Margarethe") verlegt, ist gegenüber einem Besitzer einer Pension Margarethe nicht berechtigt, seine

Pension ebenfalls so zu benennen, denn die für das Haus gestattete Bezeichnung ist nicht damit ohne weiteres für das Erwerbsgeschäft erlaubt (R.G. in J.W. 1901 S. 64 Nr. 16).

2. **Vorbereitungshandlungen,** wie Bestellung eines Schildes, Anzeige in einer Annonce, genügen nicht; es sei denn, daß ein anderer unter Kenntnis der Absicht, eine bestimmte Geschäftsbezeichnung zu wählen, sich vorher derselben bemächtigt. Denn ein gegen die guten Sitten verstoßendes Verhalten kann nicht zu einem befugten Handeln werden (ähnlich Finger S. 201 und R.G. in J.W. 1900 S. 76 Nr. 14 „in gutem Glauben").

3. **Das Recht erlischt durch Nichtgebrauch**, der auch aus konkludenten Handlungen, wie z. B. Annahme einer anderen Bezeichnung, gefolgert werden kann.

4. **Berechtigt** an der Bezeichnung ist der Inhaber des Gewerbes, der befugt ist, bei Verlegung des Gewerbebetriebes auch die Bezeichnung mitzunehmen.

5. Über die **Veräußerung** der Bezeichnung bestehen positive Bestimmungen nicht. Mit Rücksicht darauf, daß die Bezeichnung in engstem Zusammenhang mit dem Erwerbsgeschäft steht, ferner unter analoger Anwendung der Vorschriften über Firmen und Warenzeichen ist anzunehmen, daß die Bezeichnung nur mit dem Erwerbsgeschäft, zu dem sie gehört, nicht aber ohne dieses übertragen werden kann (so Schuler S. 143, Finger S. 203, dagegen für Zeitungstitel R.G. Str. Bd. 28 S. 279). Wird ein Erwerbsgeschäft als Ganzes übertragen, so ist, falls nichts Entgegengesetztes vereinbart wird, anzunehmen, daß die Bezeichnung mit übergeht.

III. Art der Bezeichnung.

1. **Die Bezeichnung muß nach dem Wortlaut des Gesetzes eine „besondere" sein;** es sollte damit nach der Begründung ausgedrückt werden, daß sie einen eigentümlichen und unterscheidenden Charakter hat und daß allgemein übliche Bezeichnungen nicht monopolisiert werden dürfen. Es kommt hierbei immer auf die Umstände des einzelnen Falles an; es kann nicht generell von irgend einer Bezeichnung gesagt werden, daß sie originell und eigentümlich sei; es kann vielmehr eine Bezeichnung, die es in einem Fall ist, in einem anderen diese Eigenschaft nicht haben; ebenso können Bezeichnungen, die ursprünglich den Reiz der Neuheit hatten, durch den Gebrauch so verbreitet sein, daß sie einen allgemeinen Charakter annehmen.

2. **Vom Rechtsschutz ausgeschlossen sind** zunächst die **Gattungsnamen,** die lediglich eine allgemeine Beschreibung des Geschäfts enthalten: z. B. Kaufhaus, Bazar, Warenhaus, Bierhalle, ferner Verlagsanstalt, internationale Anstalt, physikalisch-optisches Zentralinstitut (K.G. in Bl. f. R. 1899 S. 70), Café, Restaurant, Hotel, Massenheilanstalt, internationale Kunstausstellung (Finger S. 207) ꝛc.

3. Ebenso sind die Bezeichnungen ausgeschlossen, die allgemein von gewissen Gewerbetreibenden als **Gewerkszeichen** verwendet werden. Es ist dies analog dem Ausschluß von Freizeichen für Warenzeichen anzunehmen (§ 4 Warenzeichengesetz). Ein derartiges Freizeichen liegt vor, wenn im maßgebenden Verkehr das Bewußtsein der Bezeichnung als Individualbezeichnung verloren gegangen ist (R.G. C. Bd. 3 S. 78, Bd. 24 S. 80, Str. Bd. 1 S. 218). Es sind hierbei die Entscheidungen des Patentamts, was als Freizeichen zu betrachten ist, zu verwerten, denn derartige Zeichen gelten im Verkehr sowohl als Warenzeichen wie als Geschäftsmarken. So ist der rauchende Neger für Tabaksgeschäfte, Hammer und Schlägel für Geschäfte mit Bergwerksprodukten, Äskulapstab mit Schlange für Apotheken, das rote Kreuz für Waren der Gesundheitspflege (Kent S. 77 Anm. 105), ferner für Uhrmacher die Uhr, für Wirte zwei zum Sechseck verschlungene Dreiecke, für Handschuhläden der goldene Hand-

schuh, das goldene Becken für Barbiergeschäfte (Müller S. 123, Finger S. 206) &c. als Gemeinzeichen anzusehen.

Wenn aber ein Gewerbetreibender eins dieser Zeichen in besonderer origineller Gestaltung oder in Verbindung mit anderen Zeichen verwendet, so kann dadurch ein Individualzeichen entstehen, das schutzberechtigt ist.

4. Bezeichnung mit Namen, die **Allgemeingut** geworden sind (s. S. 107 Nr. 7) z. B. Örtelsche Terrainkuranstalt, sind aus gleichem Grunde nicht schutzberechtigt.

5. Bezeichnungen, die nach vorstehenden Ausführungen an sich schutzberechtigt sind, müssen **neu** und **eigentümlich** sein. Beides ist relativ zu verstehen. Nicht absolute Neuheit ist nötig, sondern es genügt, wenn die Bezeichnung in den örtlich und gewerblich in Betracht kommenden Kreisen noch nicht als solche in Gebrauch ist. Ein kleines Detailgeschäft erfüllt für seine Bezeichnung den Begriff der Neuheit, wenn dieselbe am selben Ort nicht von einem Konkurrenzgeschäft angenommen ist, ein großes Engrosgeschäft, das seine Kunden in ganz Deutschland hat, wenn keines der in Deuschland in Betracht kommenden Geschäfte eine gleiche Bezeichnung führt.

Was die Originalität betrifft, so ist diese Eigenschaft gefordert, weil die Bezeichnung eine genügende Unterscheidung gegen andere Bezeichnungen haben muß. Ob die Bezeichnung sonst einen Sinn oder auch nur eine Beziehung zum Geschäft hat, ist gleichgültig. Gerade Phantasienamen, die sich immer mehr einbürgern, erfüllen am besten die Voraussetzungen des Gesetzes. Als Beispiele seien erwähnt: Flora, Globus, Kleiderparadies, zum Propheten, Louvre, zum Kleiderpascha &c. Es ist der Phantasie des Gewerbetreibenden weitester Spielraum gelassen, Benennungen zu erfinden, die sich durch ihre Originalität, oft auch gerade durch eine in der Bezeichnung liegende Paradoxie dem Gedächtnis schnell einprägen.

6. **Die Bezeichnungen können wörtliche und figürliche sein.** Letztere Art ist gerade im Geschäftsverkehr vielfach beliebt. Auch charakteristische Zusammenstellung von Buchstaben, sowie Verwendung von Zahlen in origineller Fassung (goldene 110) sind gestattet (Schmid S. 328).

7. **Ortsnamen** an sich sind keine individualisierenden Geschäftsbezeichnungen; durch die Benutzung eines solchen durch einen Gewerbetreibenden wird ein anderer in demselben Ort nicht gehindert, den Ortsnamen ebenfalls in seiner Geschäftsbezeichnung zu führen (Schuler S. 179); wohl aber kann durch Verbindung eines Ortsnamens mit einem anderen Wort eine schutzberechtigte Bezeichnung entstehen, wenn diese einen eigentümlichen Charakter enthält (R.G. in J.W. 1899 S. 12 Nr. 37 „Stettiner Sänger").

8. Die **Bezeichnung** des Geschäftes wird meist auf dem Schilde, auf den Drucksachen, auf Gegenständen, die zum Geschäftsbetrieb dienen, z. B. Wagen, ferner auf den Livreen der Geschäftsbedienten geschehen. Bestritten ist, ob der Schutz noch weiter auszudehnen ist, insbesondere ob die Ausstattung eines Geschäfts, der Ausputz der Bedienten, soweit die Besonderheit nicht in einer Bezeichnung, sondern in der charakteristischen Art der Kleidung liegt, Schutz nach § 8 genießt. Im Hinweis insbesondere auf französische Rechtsprechung (Simon S. 14) ist auch für die Auslegung des § 8 von einzelnen Schriftstellern der Schutz gewährt worden (z. B. Lobe S. 85). Wenn auch zuzugeben ist, daß durch Nachahmungen dieser Art unlauterer Wettbewerb betrieben werden kann, so ist doch der Begriff einer „besonderen Bezeichnung" zu eng, um derartige Fälle zu treffen (Finger S. 212, Rausnitz in G.R. 1898 S. 92).

D. Besondere Bezeichnung einer Druckschrift.

I. Allgemeines.

1. Neben die besondere Bezeichnung eines Erwerbsgeschäfts und eines gewerb-

lichen Unternehmens tritt in § 8 die einer **Druckschrift.** Diese Bestimmung war im Entwurf nicht vorhanden und ist erst auf Betreiben buchhändlerischer Kreise in der Kommission in das Gesetz aufgenommen. Sie bezweckt den Schutz von Bücher- und Zeitungstiteln, d. i. der charakteristischen, eigentümlichen, zur Unterscheidung von anderen geeigneten Bezeichnung einer Druckschrift, die sie in ihrer Individualität kennzeichnet (K.G. in U.W. I S. 59).

2. Die Streitfrage, ob Büchertitel urheberrechtlich geschützt sind, also ihre Nachahmung als Nachdruck anzusehen ist (vgl. Brandis S. 9ff), kommt hier nicht in Betracht. Wie S. 111 Nr. 6 dargelegt, will auch hier das Gesetz **kein ausschließliches Recht** auf den Titel konstituieren (R.G. Bd. 40 S. 83); es ist durchaus nicht verboten, den Titel eines bekannten Namens oder Schauspiels z. B. als Gastwirtschaftsbezeichnung, den Titel der Zeitschrift „Jugend" für Ausstellungen bestimmten Stils ꝛc. zu benutzen. Nur gegen die Verwendung in Verwechselungsabsicht und -möglichkeit schützt das Gesetz den, der eine besondere Bezeichnung einer Druckschrift rechtmäßig benützt.

3. **Bücher — insbesondere — Zeitungstitel sind keine Warenzeichen;** durch ihre Eintragung erlangt der Eingetragene zwar das Recht, den Titel als Warenzeichen zu verwenden, nicht aber ist er berechtigt, anderen die Benutzung als Zeitungstitel auf Grund seiner Eintragung zu verbieten. Dies ist in konstanter Rechtsprechung vom Reichsgericht angenommen (R.G. C. Bd. 44 S. 101, Str. Bd. 28 S. 275, J.W. 1898 S. 21 Nr. 51, S. 300 Nr. 66, vgl. Reuling: Sind Zeitungstitel Warenzeichen? und Brandis S. 16).

4. Für den **Begriff der Druckschrift** ist § 2 des Preßgesetzes heranzuziehen. Nach diesem umfaßt derselbe alle Erzeugnisse der Buchdruckerpresse, sowie alle anderen durch mechanische oder chemische Mittel bewirkten, zur Verbreitung bestimmten Vervielfältigungen von Schriften und bildlichen Darstellungen mit oder ohne Schrift und von Musikalien mit Text oder Erläuterungen. Danach sind z. B. auch Photographien als Druckschriften zu betrachten (R.G. Str. Bd. 4 S. 362). Ob diese Druckschriften Schriftwerke im Sinne des Urhebergesetzes sind, oder denselben etwa wegen Ablauf der Schutzfrist der Urheberrechtsschutz verlorengegangen ist, ist für den Schutz aus § 8 gleichgültig, so daß bei einem derartigen Werke zwar der Nachdruck erlaubt sein kann, die Benutzung des Titels aber für andere Werke verboten ist (Finger S. 216).

5. Druckschrift an sich ist nur das **gesammte Druckerzeugnis.** Wenn aber ein besonderer Teil einer Druckschrift einen Titel hat, wie z. B. ein in der Zeitung erschienener Roman, so ist auch dieser letztere geschützt (Finger S. 217, dagegen Lobe S. 91).

II. Schutz des Titels (vgl. Paech, Der zivilistische Titeldiebstahl in G.R. 1902 S. 272 und die dort aufgeführte Literatur).

1. **Geschützt nach § 8 ist nur die besondere Bezeichnung, nicht die Ausstattung der Druckschrift;** z. B. nicht die Vignetten, der Einband, das gesamte Aussehen (dagegen Lobe S. 92). Die Ausstattung kann bei der Frage, ob die Benutzung des Titels zur Verwechselung geeignet und berechnet war, herangezogen werden (K.G. in U.W. I S. 59 und R.G. U.W. I S. 92); als solche aber ist sie, da sie keinesfalls als besondere Bezeichnung anzusehen ist, nach § 8 nicht schutzberechtigt. Auf sie findet § 15 des Warenzeichengesetzes Anwendung (Fuld in G.R. 1896 S. 51).

2. Der Titel kann in **Worten,** aber auch in einer **bildlichen Darstellung** mit oder ohne Verbindung mit Worten bestehen und genießt auch dann den Schutz (Finger S. 215 und R.G. Str. Bd. 28 S. 279, dagegen Fuld S. 179).

3. Die Bezeichnung muß eine **besondere** sein (vgl. hierüber S. 118 Nr. 5).

Ausgeschlossen vom Rechtsschutz sind also auch hier allgemeine Bezeichnungen, die der Individualisierung entbehren. Als solche sind z. B. anzusehen: Wörterbuch, Lexikon, Handbuch, Tageblatt, Anzeiger, Kurier (Müller S. 125), Zeitung, Reisebuch, Führer rc. (Finger S. 219). Wohl aber kann durch Verbindung dieser Worte mit anderen ein geschützter Titel entstehen. Wann ein Titel den Erfordernissen des Gesetzes entspricht, läßt sich generell hiernach nicht entscheiden; es kommt auf lokale Verschiedenheiten, auf den Leserkreis, auf die Art der Benutzung an. Auch ist es sehr wohl möglich, daß Benennungen, die ursprünglich zur Verwechselung geeignet waren, sich so eingebürgert haben, daß das beteiligte Publikum sie unterscheiden gelernt hat und eine Verwechselung nicht mehr zu befürchten ist (R.G. Bd. 40 S. 22: Modenwelt — kleine Modenwelt — große Modenwelt, R.G. in J.W. 1898 S. 300 Nr. 66: Gartenlaube — kleine Gartenlaube.

Aus der Praxis sei hervorgehoben, daß der Titel „Manufakturist" (J.W. 1900 S. 76 Nr. 14), ferner „Wie bewirbt man sich um offene Stellen" (A.G. Berlin I in G.R. 1901 S. 271) als besondere Bezeichnung anerkannt ist und daß „Struwwelpeter" auch jetzt noch nicht als Gattungsname anzusehen ist (O.L. Frankfurt im Recht 1902 S. 215 Nr. 1066, bestätigt vom R.G. in J.W. 1903 S. 58 Nr. 29.

4. **Erworben wird der Titelschutz durch erstmaligen Gebrauch** (R.G. C. Bd. 41 S. 83, Brandis S. 51). Auch hier entsteht durch die Tatsache der Benutzung, nicht durch die Absicht, auch nicht durch die Ankündigung dieser Absicht das Schutzrecht. Nur wer in Kenntnis der Absicht sich des Titels bemächtigt, genießt den Schutz nicht (s. S. 112 Nr. 2).

5. **Veräußerung** des Titels ohne gleichzeitige Übertragung des Rechts an der Druckschrift ist unzulässig.

III. Schutz der vor dem 1. Juli 1896 benutzten Titel.

Es muß an sich davon ausgegangen werden, daß das Gesetz rückwirkende Kraft nicht hat (s. S. 8) und daß vor dem Gesetz ein allgemeiner Schutz gegen unlauteren Wettbewerb nicht bestand (s. S. 4). Wenn daher vor Inkrafttreten des Gesetzes jemand einen Titel in Benutzung genommen hat, so war er bis dahin nicht gehindert, ihn zu führen. Faßt man dies als ein wohlerworbenes Recht auf, so würde auch nach Inkrafttreten des Gesetzes derjenige, der den Titel zuerst gebraucht hatte, nicht befugt sein, dem anderen den Titel zu verbieten (so Rausnitz in G.R. 1897 S. 17). Dem ist jedoch nicht beizutreten. Die vor dem Gesetz liegende Benutzung des einem anderen zustehenden Titels war zwar damals nicht verfolgbar, sie war aber den guten Sitten nicht entsprechend und kann zwar eine tatsächliche Duldung erzwungen haben, aber kein Recht konstituieren. Wenn jetzt das Gesetz die auch bisher für unmoralisch erachtete Handlung ausdrücklich verbietet, so unterliegt ihre Fortsetzung dem Verbietungsrecht des Berechtigten (so K.G. in G.R. 1897 S. 251: „Brehm" und „der kleine Brehm" und R.G. in J.W. 1900 S. 75 Nr. 14: „Manufakturist" und „Berliner Manufakturist"). Es kommt aber, wie ebenfalls das Reichsgericht (C. Bd. 41 S. 82) festgestellt hat, nicht darauf an, ob die erstmalige Benutzung berechtigt war, sondern bei jeder ferneren Benutzung kann erneut untersucht werden, ob die Voraussetzungen des Gesetzes vorliegen.

Von denselben Grundsätzen geht das Reichsgericht in dem viel angegriffenen Erkenntnis C. Bd. 40 S. 19 (vgl. hierzu Brandis S. 55 und G.R. 1900 S. 102) aus. Nur kommt es hier zur Abweisung des Klägers, weil es tatsächlich für festgestellt erachtet, daß am 1. Juli 1896 der Unterschied der von den Parteien herausgegebenen Zeitungen („Modenwelt" und „kleine" bezw. „große Modenwelt") allgemein bekannt war und Verwechselungen nicht mehr zu befürchten waren (ebenso R.G. in J.W. 1898 S. 800 Nr. 66). Man mag diese tatsächliche Feststellung in dem positiven Fall für unrichtig halten, das Prinzip, daß der mißbräuchliche Gebrauch vor dem 1. Juli 1896 an sich kein Recht gibt, ist nicht umgestoßen. Daß zur Zeit der Klage die Voraussetzungen des § 8 vorhanden sein müssen, kann mit Recht nicht bezweifelt werden.

E. Mißbräuchliche Benutzung von Warenbezeichnungen; Verhältnis des § 8 zum Warenzeichengesetz.

1. Bei der Beratung des Gesetzes wurde versucht, auch den Schutz der Bezeichnungen von Waren und gewerblichen Leistungen dem Gesetze zu unterstellen, jedoch ist mit Rücksicht auf die Regelung dieser Materie durch das Warenzeichengesetz hiervon Abstand genommen. Da also im Gesetz eine derartige Bestimmung fehlte, so ist zunächst das eine klar, **daß mißbräuchliche Benutzung einer Warenbezeichnung nicht unter § 8 fällt.** Dies gilt sowohl für eingetragene Warenzeichen, deren Schutz das bezeichnete Gesetz vom 12. Mai 1894 ausschließlich regelt, als auch für nicht eingetragene, die zwar in dem Gesetz nicht geregelt sind, die aber auch in § 8 nicht Erwähnung gefunden haben. Das gleiche ist für Bezeichnung gewerblicher Leistungen anzunehmen (vgl. R.G. Bd. 36 S. 14, R.G. in U.W. I S. 110, in J.W. 1902 S. 138 Nr. 60, O.L. Hamburg bei Seuffert N.F. Bd. 23 S. 212, Fuld in G.R. 1896 S. 360, Osterrieth in U.W. I S. 69, Wassermann in U.W. I S. 102). Wenn dagegen das Reichsgericht in J.W. 1899 S. 11 Nr. 36 beiläufig erwähnt, die mißbräuchliche Benennung der Waren falle event. unter das Gesetz vom 27. 5. 96, so ist dies nur als Hinweis auf § 1, nicht auf § 8 zu verstehen.

Nur wenn die Bezeichnung derart gebraucht wird, daß sie als Bezeichnung des Geschäfts, nicht der Ware oder der Leistung, anzusehen ist, kann § 8 in Betracht kommen. Wenn also z. B. ein Heilkünstler medikomechanische Leistungen ankündigt, so fehlt ihm der Schutz; bezeichnet er aber sein Etablissement als „medikomechanisches Institut", so kann er Mißbräuche dieser Bezeichnung, die sonstigen Bedingungen des § 8 vorausgesetzt, verfolgen.

2. Ob das Warenzeichengesetz den Schutz der Warenbezeichnungen **ausschließlich** regelt, ist nicht unbestritten (vgl. Lobe S. 96). Das Reichsgericht hat sich aber in konstanter Praxis auf diesen Standpunkt gestellt (vgl. E. Bd. 36 S. 14 und die dort zitierten Entscheidungen). Danach kann § 8 auch nicht zur Ergänzung der Bestimmungen herangezogen werden, soweit es sich um eingetragene Warenzeichen und deren Schutz handelt. Soweit dagegen, wie in §§ 14 und 15, die Benutzung des Namens und der Firma oder der Warenausstattung eines anderen geregelt ist, kann § 8 ergänzend hinzutreten, da für diese Materie eine ausschließliche Regelung nicht vorliegt. Nicht geregelt ist dort aber der Mißbrauch des eigenen Namens und der eigenen Firma und die der Geschäftsbezeichnung. Insoweit diese zu Verwechselungszwecken gebraucht werden, tritt der Schutz nach § 8 ein, da zur Regelung dieser Fragen das Warenzeichengesetz nichts enthält (vgl. Kent S. 16).

3. Es ist bereits (S. 108 Nr. 3, 110 Nr. 3) hervorgehoben, daß die **Eintragung** eines Namens oder einer Firma oder einer Geschäftsbezeichnung **als Warenzeichen** nicht unbedingt gegen den Anspruch aus § 8 deckt. Zwar ist es richtig, daß, wer nach dem Warenzeichengesetz in unanfechtbarem Besitz eines Zeichens ist, nicht nach einem anderen Gesetz in dessen Führung behindert sein kann (R.G. in J.W. 1898 S. 174 Nr. 50). Doch hat das Reichsgericht (E. Bd. 48 S. 233) mit Recht ausgeführt, daß die Löschung eines Warenzeichens auch aus nicht zeichenrechtlichen Gründen, namentlich aus mißbräuchlicher Benutzung gegen § 8, erfolgen kann. Es ist damit dem Bestreben derer, die sich eine

ihnen nicht zukommende Bezeichnung sichern wollen, daß sie sich dieselbe als Warenzeichen eintragen lassen, ein Riegel vorgeschoben (vgl. auch R.G. C. Bd. 44 S. 99).

4. Wenn jemand aus § 8 auf Grund einer für ihn eingetragenen Bezeichnung klagt, so ist im allgemeinen, wenn der Gegner auf Löschung des Zeichens klagt und **Aussetzung** des Prozesses aus § 8 beantragt hat, diesem Antrage nicht stattzugeben (R.G. in J.W. 1900 S. 49 Nr. 8).

F. Allgemeine Voraussetzungen des § 8.

I. Benutzung.

1. **Als Benutzung gilt jede Art des Gebrauchs**, die die in § 8 bezeichneten Merkmale hat. Das Gesetz hat keine Aufzählung der einzelnen Fälle, wie sie im Warenzeichengesetz gegeben ist.

2. **Fälle der Benutzung** sind z. B. Aufschrift an einer Ladentür, in Zeitungsinseraten, Geschäftsanzeigen, Empfehlungskarten, Briefen und Rechnungen (R.G. C. Bd. 5 S. 111), in Preislisten (R.G. C. Bd. 29 S. 61), Abschließung von Handelsgeschäften mit dem fraglichen Namen, Firma oder Geschäftsbezeichnung (R.G. C. Bd. 86 S. 14), Anmeldung der Firma zum Handelsregister (R.G. C. Bd. 22 S. 58), Benutzung als Telegrammadresse (R.G. in J.W. 1899 S. 311 Nr. 27); Beibehaltung eines Namens rc. in einem Warenzeichen (R.G. C. Bd. 48 S. 241); Ankündigung, Herausgabe, Vertrieb eines Buchs oder einer Zeitschrift mit der einem anderen gebührenden Bezeichnung rc.

3. Nicht als Benutzung gilt die Nachahmung der **Ausstattung** eines Geschäfts oder eines Druckwerks (s. S. 113 Nr. 8, 114 Nr. 1).

4. Es genügt nicht, wenn der die Bezeichnung des anderen tragende körperliche Gegenstand benutzt wird, z. B. wenn der Geschäftsinhaber ein Schild seines Vorgängers so übermalen läßt, daß die frühere Firma vollständig ausgelöscht und unkenntlich erscheint. Dies kann zu zivilrechtlichen Ansprüchen des Eigentümers des Schildes, nicht aber zu einem Vorgehen aus § 8 führen.

Nur muß die Beseitigung der früheren Bezeichnung eine vollständige sein; ein Stempelaufdruck, der die früher vorhandenen Worte erkennen läßt, genügt nicht (vgl. R.G. Str. Bd. 14 S. 418); ob ein Überkleben genügt, ist Tatfrage (vgl. R.G. Str. Bd. 24 S. 100).

5. **Öffentlichkeit** der Benutzung wird im Gegensatz zu § 1 nicht gefordert; ein einzelner Brief an einen Kunden gibt die Rechte aus 8.

6. Jede **erneute Betätigung** der Absicht, den fremden Namen rc. zu führen, gilt als besondere Benutzung; nicht etwa nur die erste Tat (R.G. in J.W. 1902 S. 101 Nr. 49). Es ist sehr wohl möglich, daß die erste Ankündigung eines Buches nicht unter § 8 fällt, weil der Ankündigende damals nicht gewußt hat, daß er in ein fremdes Recht eingreife; setzt er nach erfolgter Kenntnis die Benutzung fort, so wird er haftbar (R.G. C. Bd. 41 S. 84.)

II. Im geschäftlichen Verkehr.

1. Voraussetzung ist die **Benutzung im geschäftlichen Verkehr**, also zu Geschäftszwecken, im Gegensatz zu privater Benutzung. Nicht nötig ist, daß der Name rc. im eigenen geschäftlichen Interesse benutzt wird; auch die Benutzung für fremde Erwerbstätigkeit genügt.

2. **Geschäftlich** ist im weitesten Sinn als Ausübung jeder Erwerbstätigkeit aufzufassen (s. S. 9 ff.). Auch die Herausgabe z. B. eines amtlichen Blattes (Patentblatt) erfolgt im geschäftlichen Verkehr (R.G. in U.W. I S. 94).

3. Durch die Bestimmung, daß die Benutzung im geschäftlichen Verkehr erfolgen muß, in Verbindung damit, daß eine Verwechselungsabsicht gefordert wird, ergibt sich, daß das Gesetz sich nur auf solche Handlungen bezieht, die in der **Absicht des Wettbewerbs** geschehen (Schmid S. 284).

III. Verwechselungsmöglichkeit.

1. **Die Benutzung muß geeignet sein, Verwechselungen hervorzurufen.** Nicht darauf kommt es an, ob Verwechselungen hervorgerufen worden sind, sondern ob eine Gefahr hierzu vorhanden war. Wird angenommen, daß diese im allgemeinen nicht vorliegt, so kommt es auf vereinzelte, tatsächlich vorgekommene Verwechselungen nicht an (R.G. in J.W. 1901 S. 212 Nr. 15 und R.G. C. Bd. 40 S. 23).

2. **Hervorrufen** ist die Bewirkung eines Irrtums bei dem Kunden durch falsche Angaben; es ist aber auch die Benutzung eines ohne Zutun hervorgerufenen Irrtums, wenn derselbe durch positive Tätigkeit unterhalten wird. Verschweigen allein genügt nicht. Wenn ein Kunde sich im Laden irrt und der Geschäftsinhaber den Irrtum dadurch unterstützt, daß er bestätigt, er sei der betreffende Firmainhaber, so ist dies zwar keine Hervorrufung des Irrtums im eigentlichen Sinne, wohl aber eine der Hervorrufung rechtlich gleichwertige Tätigkeit (dagegen Lobe S. 72).

3. Für die Frage der Möglichkeit der Verwechselung kommt es auf den Standpunkt der Abnehmerkreise an (wie bei § 1, vgl. S. 23 Nr. 8 und O.L. Köln bei Poeschl S. 125). Bei Zeitungstiteln z. B. kommen die Anschauungen, Erfahrungen und Gewohnheiten des Leserkreises der betreffenden Zeitung in Betracht, insbesondere, ob es sich um eine allgemeine oder eine Fachzeitung handelt, bei welcher letzteren die Abonnenten gewöhnt sind, genauer den einzelnen Titel zu unterscheiden (R.G. in J.W. 1901 S. 212 Nr. 15 und R.G. Bd. 40 S. 23). Bei Geschäftsbezeichnungen ist das das betreffende Geschäft benutzende Publikum maßgebend, und bemißt sich danach die von demselben zu erwartende Aufmerksamkeit (R.G. in J.W. 1899 S. 375 Nr. 33). Diese muß als die in den betreffenden Verkehrskreisen übliche vorausgesetzt sein. Weder wird besondere Aufmerksamkeit angenommen, noch begründet es die Verwechselungsgefahr, wenn einzelne Abnehmer durch Außerachtlassung der verkehrsüblichen Sorgfalt getäuscht werden (R.G. in J.W. 1898 S. 174 Nr. 51, vgl. auch R.G. in J.W. 1903 S. 146 Nr. 52).

4. Bei der Frage, ob eine Verwechselung möglich ist, kommt es analog der Auslegung, die die Praxis dem Warenzeichengesetz gegeben hat, auf den **Gesamteindruck** der Bezeichnung an, die unbefugt gebraucht wird. Es muß untersucht werden, ob der Abnehmer, welchem die von dem Berechtigten gebrauchte Bezeichnung nicht vorgelegen hat und vielleicht nur im allgemeinen in Erinnerung ist (R.G. Str. Bd. 19 S. 317), nach dem Gesamteindruck annehmen kann, daß die gebrauchte Bezeichnung sich von der anderen unterscheidet (R.G. C. Bd. 6 S. 76, Str. Bd. 26 S. 405). Ist der Gesamteindruck ein gleicher, so kommt es auf geringe Verschiedenheiten nicht an. In dieser Beziehung sagt die Begründung:

> „Es ist selbstverständlich, daß durch geringfügige, im Verkehr schwer erkennbare Abweichungen oder Abkürzungen beim unbefugten Gebrauch fremder Namen, Firmen oder sonstigen Bezeichnungen die Anwendbarkeit des § 8 nicht ausgeschlossen wird."

Allerdings ist eine dem § 20 des Warenzeichengesetzes entsprechende ausdrückliche Bestimmung im Gesetz nicht enthalten; sie folgt aber aus dem Sinn des § 8, weil auch der verwechselungsfähig eine Firma ꝛc. gebraucht, der die Firma nicht genau nachmacht, sondern derart, daß die Abnehmer glauben, es handle sich um die andere. Daher sind Weglassungen und Zusätze nicht zu beachten, wenn nur das Gesamtbild für den Konsumenten dasselbe bleibt. So sind für ähnlich erachtet: „Kürschners Bücherschatz“ und „Deutscher Bücherschatz“ (K.G. in U.W. I S. 59), „Strumwelpeter“ und „Struwelpeter“ (O.L. Frankfurt in U.W. I S. 125). Nur wenn die Zusätze deutlich die gebrauchte Bezeichnung von der anderen unterscheiden, so daß eine Verwechselungsgefahr nicht gegeben ist, liegt eine verbotene Benutzung nicht vor (R.G. in U.W. II S. 50 „Deutscher Sport“ und „Deutscher Sport, Kommissions-Bureau Max L.“) Bei der Auslegung des Zusatzes ist davon auszugehen, wie derselbe vom Publikum verstanden wird. Die Bezeichnung z. B. „früher M.sches Geschäftslokal“ bedeutet nach dem Wortsinn, daß das Geschäftslokal früher der Firma M. gehörte, nicht aber ohne weiteres etwa, daß das M.sche Geschäft eingegangen ist (R.G. in J.W. 1898 S. 250 Nr. 17).

5. **Ob Verwechselungsfähigkeit vorliegt,** ergibt sich vielfach

a) aus der Art, der örtlichen Lage, dem Kundenkreis des Geschäfts, dem Leserkreis einer Zeitung, deren Bezeichnungen verletzt werden. Eine täglich erscheinende politische Zeitung mit unbeschränktem Leser- und Inserentenkreis wird mit einem zweimal wöchentlich für einen geschlossenen Leserkreis erscheinenden Anzeige- und Unterhaltungsblatt trotz Gleichheit des Titels keine Verwechselungsgefahr bieten (R.G. in D.J.Z. III S. 116). Geschäfte in verschiedenen Artikeln, oder bei gleichem Betrieb in großer Entfernung voneinander, oder mit verschiedenem Kundenkreis sind weniger verwechselungsfähig, als solche, die in dieser Beziehung gleichartig sind; doch ist hier immer auf die Umstände des Falls, besonders auch nicht nur auf die augenblickliche Kundschaft, den zeitigen Betrieb, sondern auch auf die Möglichkeit einer Ausdehnung Rücksicht zu nehmen.

b) Aus der Art der Benutzung (R.G. in J.W. 1898 S. 83 Nr. 53); bei Druckschriften insbesondere aus der Ausstattung, die zwar an sich nach § 8 nicht geschützt ist (s. S. 114 Nr. II, 1), aber bei der Frage der Verwechselungsfähigkeit herangezogen werden kann (K.G. in U.W. I S. 59, L.G. Frankfurt in U.W. I S. 124).

6) Als **Beispiele** aus der Praxis seien außer den bereits vermerkten angeführt: „Erstes Berliner Gesindevermietungskontor“ und „Großes Berliner Gesindevermietungskontor“ (R.G. C. Bd. 35 S. 167 altes Recht). „Kellerei“ und „Brauerei (nach Berliner Sprachgebrauch nicht ähnlich, R.G. in J.W. 1899 S. 875 Nr. 33). „Manufakturist“ und „Berliner Manufakturist“ (verwechselungsfähig, R.G. in J.W. 1900 S. 76 Nr. 14). „Patentblatt“ und „Deutsches Patentblatt“ (verwechselungsfähig, R.G. in U.W. I S. 94). „Bibliographisches Institut“ und „Berliner Bibliographisches Institut, Inhaber Mb. (verwechselungsfähig, K.G. in Bl. f. R. 1899 S. 70), Restaurant „zum Tröppchen“ in Darmstadt und „zum Treppchen“ in Köln (nicht verwechselungsfähig, O.L. Darmstadt in G.R. 1901 S. 112); Michels & Co. und August Michels & Co. (verwechselungsfähig, L.G. Berlin I bei Poeschl S. 119); Bocks „Buch vom gesunden und kranken Menschen“ und „Der Mensch in gesunden und kranken Tagen“ (nicht verwechselungsfähig, O.L., Dresden bei Poeschl S. 119).

IV. Verwechselungsabsicht.

1. Die Benutzung muß darauf berechnet und geeignet sein, Verwechselungen herbeizuführen. Zu der objektiven Verwechselungsmöglichkeit muß also die **Verwechselungsabsicht** hinzutreten. „Nach der Art des Gebrauchs muß nicht nur die Möglichkeit von Verwechselungen an sich gegeben, sondern die Herbeiführung von solchen in der Tat bezweckt sein.“ (Begründung.)

2. **Absicht setzt den auf die Verwechselung gerichteten Willen des Täters voraus** (s. S. 73 Nr. III, 2). Er kann natürlich auch aus den Umständen nach freier

Beweiswürdigung entnommen werden. Weder dolus eventualis (s. S. 74 und Finger S. 224) noch Fahrlässigkeit genügt (so O.L. Stuttgart in G.R. 1899 S. 364, dagegen Fuld S. 151). Letzterer folgert die Zulässigkeit der Klage auch bei Fahrlässigkeit aus einer Bemerkung in der Reichstagskommission, die aber dem klaren Wortlaut des Gesetzes widerspricht (so Finger S. 224).

Das absichtliche Handeln ist Voraussetzung sowohl für die Unterlassungs- wie die Schadensersatzklage, da das Gesetz keinen Unterschied gemacht hat.

3. Die Absicht braucht nur auf die **Verwechselung** mit der Bezeichnung, die ein anderer führt, zu gehen. Dagegen ist nicht nötig, daß der Täter gewußt hat oder sich bewußt war, daß der andere zur Führung der Bezeichnung befugt war (R.G. in J.W. 1899 S 498 Nr. 40).

4. Die Absicht braucht nicht bei der **ersten** Benutzung bestanden haben, es genügt, wenn sie in einem Zeitpunkt der ferneren Benutzung eingetreten ist, um von da an die Benutzung zu einer rechtswidrigen zu machen (R.G. C. Bd. 41 S. 84).

5. Eine weitere Absicht, insbesondere der Schädigung des Berechtigten ist nicht nötig.

G. Folgen der Verletzung.

1. **Das Gesetz gibt Schadensersatz- und Unterlassungsklage.** Im allgemeinen ist inbetreff der Kläger, Beklagten, Rechtskraft, Beweises, Urteilstenors, Kosten, Vollstreckung, sachliche Zuständigkeit, Wert des Streitgegenstandes, Höhe und Beweis des Schadens auf das zu § 1 Gesagte zu verweisen (s. S. 46ff.).

Im einzelnen ist zu bemerken:

2. **Kläger ist derjenige, der sich befugterweise des Namens rc. bedient.** Nicht die in § 1 bezeichneten Verbände, nicht Käufer oder Abnehmer sind zur Klage befugt (Paech in G.R. 1902 S. 278).

Bei Druckschriften wird im allgemeinen der Verleger zur Klage berechtigt sein, eventuell auch der Autor, falls er am Ertrage beteiligt ist (Schmid S. 382).

3. **Beklagter ist der Täter**, und zwar kann dies nach der allgemeinen Fassung des Gesetzes („Wer“) sowohl ein Konkurrent, als eine sonstige Person sein, gleichviel ob diese selbst ein Gewerbe betreibt, oder nicht, wenn nur die Bezeichnung im geschäftlichen Verkehr in Verwechselungsabsicht geschehen ist.

Bei Herausgabe eines Druckwerks sind Verfasser, Herausgeber, Verbreiter als benutzende Personen, also als Täter anzusehen (K.G. in G.R. 1897 S. 252).

Über die Haftung dritter Personen, insbesondere der Geschäftsherrn für ihre Angestellten (s. S. 52 Nr. 4, 5).

4. Über **Antrag** und **Tenor** vgl. S. 54 Nr. II h. Da nach dem Gesetz die Unterlassung der mißbräuchlichen Bezeichnung zu verlangen ist, so muß im Antrag, falls nicht allgemein ein Verbot der Bezeichnung verlangt werden kann, zum Ausdruck gebracht werden, welcher Mißbrauch verboten werden soll, z. B es ist zu beantragen, daß Beklagter verurteilt wird, sich des Gebrauchs der Firma A. „in Berlin“ oder des „Zusatzes X“ zu der Firma zu enthalten. Ein Verbot mit dem Zusatz „oder ähnlich“ ist als zu unbestimmt unzulässig (R.G. in A. 1902 S. 248 für Patentsachen und in J.W. 1902 S. 100 Nr. 48 für § 8).

Der Antrag und Tenor soll nur ein Verbot der in Frage stehenden mißbräuchlichen Bezeichnung enthalten; die Art der Benutzung hat weder der Antrag noch das Urteil vorzuschreiben (Müller S. 135).

5. Über **einstweilige Verfügungen** vgl. S. 96 Nr. 8. Auch hier gilt die besondere Vorschrift des § 3 nicht.

6. Für die **örtliche Zuständigkeit** ist auch für § 8 das Gericht des Orts, wo die Handlung begangen ist, mit kompetent (vgl. S. 96 Nr. 7).

7. Die **sachliche Zuständigkeit** regelt § 15 dieses Gesetzes.

8. Über **Verjährung** s. § 11.

9. Über **Veröffentlichung** des Urteils § 13.

10. Eine **strafrechtliche** Verfolgung aus § 8 tritt nicht ein (R.G. Str. Bd. 32 S. 314). Nicht mit Unrecht wird zur Zeit angestrebt, auch für Vergehen gegen § 8 Strafbarkeit durchzusetzen.

11. Inbetreff des **Schadensersatzes** liegt bei § 8 die Rechtsfrage anders als bei § 1 (s. S. 60 Nr. 5). Bei den Fällen des § 8 greift der Täter in das Individualrecht des Berechtigten derart ein, daß er sich das Recht desselben anmaßt und zu seinem Nutzen verwertet. In analoger Anwendung der für Patent- und andere Schutzrechte vom Reichsgericht ausgesprochenen Grundsätze (s. S. 60 Nr. 5) ist daher auch bei den Verletzungen gemäß § 8 anzunehmen, daß der Täter alles herauszugeben hat, was er durch Benutzung des fremden Namens ꝛc. gewonnen hat, und ist Beklagter ferner in analoger Anwendung der §§ 681, 2, 687, 2, 666 B.G.B. (s. Dernburg Bd. 2 S. 89 Nr. 5) zur Rechnungslegung verpflichtet. (Die in den Gründen entgegenstehende Entscheidung des R.G. C. Bd. 47 S. 100 für § 15 des Warenzeichengesetzes geht von einer zu engen Auslegung des verletzten Rechts aus; wenn auch in § 15 für die Ausstattung ebensowenig wie hier für den Namen ꝛc. ein unbeschränktes Recht konstituiert wird, so liegt doch in beiden Fällen eine Anmaßung eines einem anderen in bestimmter Beziehung geschützten immateriellen Rechts vor.)

§ 9.

Mit Geldstrafe bis zu dreitausend Mark oder mit Gefängnis bis zu einem Jahre wird bestraft, wer als Angestellter, Arbeiter oder Lehrling eines Geschäftsbetriebes Geschäfts- oder Betriebsgeheimnisse, die ihm vermöge des Dienstverhältnisses anvertraut oder sonst zugänglich geworden sind, während der Geltungsdauer des Dienstverhältnisses unbefugt an andere zu Zwecken des Wettbewerbes oder in der Absicht, dem Inhaber des Geschäftsbetriebes Schaden zuzufügen, mitteilt.

Gleiche Strafe trifft denjenigen, welcher Geschäfts- oder Betriebsgeheimnisse, deren Kenntnis er durch eine der im Absatz 1 bezeichneten Mitteilungen oder durch eine gegen das Gesetz oder die guten Sitten verstoßende eigene Handlung erlangt hat, zu Zwecken des Wettbewerbes unbefugt verwertet oder an andere mitteilt.

Zuwiderhandlungen verpflichten außerdem zum Ersatze des entstandenen Schadens. Mehrere Verpflichtete haften als Gesamtschuldner.

Inhaltsangabe.

A. Geschichtliche Entwickelung.

1. **Bis zum Inkrafttreten des Reichsstrafgesetzbuchs** waren in vielen deutschen Staaten gesetzliche Bestimmungen über den Schutz von Geschäfts- und Betriebsgeheimnissen in Kraft. (Dieselben sind in einer Anlage des dem Reichstag vorgelegten Entwurfs zusammengestellt.) Das Reichsstrafgesetzbuch enthält außer den hier nicht in Betracht kommenden §§ 299 und 300 Bestimmungen nicht.

2. Seit den achtziger Jahren begann die Bewegung, namentlich in industriellen Kreisen, an Boden zu gewinnen, die darauf zielte, reichsgesetzlich diesen Schutz zu regeln. (Die sehr umfassende Literatur bei Schuler S. 183, M. M. Kohler S. 65.) Trotz heftiger Angriffe wurde schließlich in den §§ 9 und 10 dieses Gesetzes der Schutz sanktioniert.

3. Die verschiedenen Entwürfe des Gesetzes spiegeln den lebhaften Streit der Parteien, insbesondere über die Frage, ob der Angestellte auch nach Auflösung des Dienstverhältnisses zum Schweigen verpflichtet sein soll, wieder.

Die Grundzüge zu einem Entwurf des Gesetzes, die 1894 vom Reichsamt des Innern ausgearbeitet wurden, bestimmen in Nr. V:

„Wer Geschäfts- oder Betriebsgeheimnisse, die ihm als Angestellter, Arbeiter oder Lehrling eines Geschäftsbetriebes vermöge des Dienstverhältnisses anvertraut oder sonst zugänglich geworden sind, vor Ablauf von fünf Jahren seit Beendigung des Dienstverhältnisses zum Zwecke des Wettbewerbes mit jenem Geschäftsbetriebe unbefugt an andere mitteilt oder anderweit verwertet, wird mit Geldstrafe bis zu 3000 Mk. oder mit Gefängnis bis zu einem Jahre bestraft und ist zum Ersatze des entstandenen Schadens verpflichtet."

Der im Januar 1895 veröffentlichte 1. Entwurf reproduziert diese Bestimmung nur mit dem Unterschied, daß statt „5 Jahre" „2 Jahre" festgesetzt sind.

Der dem Reichstage vorgelegte Entwurf enthielt folgende Bestimmung:

§ 9.

„Mit Geldstrafe bis zu dreitausend Mark oder mit Gefängnis bis zu einem Jahre wird bestraft:

1. wer als Angestellter, Arbeiter oder Lehrling eines Geschäftsbetriebes Geschäfts- oder Betriebsgeheimnisse, die ihm vermöge des Dienstverhältnisses anvertraut oder sonst zugänglich geworden sind, während der Geltungsdauer des Dienstvertrages,
2. wer Geschäfts- oder Betriebsgeheimnisse, die ihm als Angestellten, Arbeiter oder Lehrling eines Geschäftsbetriebes gegen die schriftliche, den Gegenstand des Geheimnisses ausdrücklich bezeichnende und für einen bestimmten Zeitraum gegebene Zusicherung der Verschwiegenheit anvertraut worden sind, dieser Zusicherung entgegen nach Ablauf des Dienstvertrages

unbefugt an andere zu Zwecken des Wettbewerbes mitteilt.

Gleiche Strafe trifft denjenigen, welcher Geschäfts- oder Betriebsgeheimnisse, deren Kenntnis er durch eine der im Absatz 1 unter 1 und 2 bezeichneten Mitteilungen oder durch eine gegen das Gesetz oder die guten Sitten verstoßende eigene Handlung erlangt hat, zu Zwecken des Wettbewerbes unbefugt verwertet oder an andere mitteilt.

Zuwiderhandlungen verpflichten außerdem zum Ersatze des entstandenen Schadens. Mehrere Verpflichtete haften als Gesamtschuldner".

welche dann wieder in der im definitiven Gesetz wiedergegebenen Weise geändert ist.

4. Die Begründung zu dem letzten Entwurf sagt über die Notwendigkeit derartiger Bestimmungen folgendes:

„Der Erlaß allgemeiner reichsgesetzlicher Vorschriften ist bereits Mitte der achtziger Jahre Gegenstand der Erwägung gewesen, indessen mit Rücksicht auf die von mehreren Seiten dagegen erhobenen Bedenken einstweilen zurückgestellt worden. Es wurde namentlich geltend gemacht, daß die Gesetze über das Patent-, Muster- und Markenwesen einen ausreichenden Schutz darböten, daß es mit dem Prinzip dieser Gesetze unverträglich, auch aus praktischen Gründen nicht empfehlenswert sei, den industriellen und kaufmännischen Geheimnissen einen besonderen Rechtsschutz zuzubilligen, daß Bestimmungen dieser Art Arbeiter und Angestellte benachteiligen, die Verwertung von gewerblichen Verbesserungen hemmen und bei der Anwendung auf den einzelnen Fall Schwierigkeiten hervorrufen würden.

Diese Bedenken können als durchgreifend nicht anerkannt werden. Unzutreffend erscheint insbesondere der Hinweis auf die den gewerblichen Rechtsschutz regelnden Gesetze. Dieselben geben dem Kaufmann kein Mittel an die Hand, die Liste seiner Bezugsquellen, oder seiner Abnehmer, Zusammenstellungen über Selbstkostenpreise, Bilanzen und sonstige Daten, an deren Geheimhaltung sich ein mehr oder minder erhebliches geschäftliches Interesse knüpft, gegen mißbräuchliche Verwertung zu sichern. Sie versagen auch für viele Verhältnisse des industriellen Betriebes. Der Wert eines Erzeugnisses bestimmt sich sehr häufig durch gewisse, ihrer Natur nach weder zum Erfindungs- noch zum Gebrauchsmusterschutz berechtigte Besonderheiten des Herstellungsverfahrens, beispielsweise durch die Art der Mischung verschiedener Ingredienzien, durch die Wahl gewisser Temperaturgrade und durch die Zeitdauer ihrer Einwirkung. Je größeren Aufwand an Mühe und Kosten die Auffindung solcher Eigentümlichkeiten bedingt, um so höher pflegt ihr Wert, um so empfindlicher der Verlust zu sein, den die unbefugte Mitteilung an Konkurrenten verursacht. Dabei treffen die Gründe, welche bei Erfindungen u. s. w. für Offenlegung sprechen, hier nicht oder wenigstens nicht immer zu; denn Besonderheiten jener Art werden bei aller Bedeutung, die sie für einzelne Betriebe haben können, doch meist nicht geeignet sein, auf die Entwickelung des Gewerbefleißes im allgemeinen fördernd einzuwirken.

Die Angestellten endlich haben in ihren berechtigten Interessen eine Schädigung nicht zu besorgen. Sie können und sollen durch Bestimmungen, welche gewisse als Geheimnisse zu betrachtende Besonderheiten und Eigentümlichkeiten eines geschäftlichen oder industriellen Betriebes an die Schweigepflicht binden, im übrigen nicht gehindert werden, die in einer Dienststellung gesammelten Erfahrungen und Kenntnisse zu ihrem späteren Fortkommen nutzbringend zu verwenden.

Die Notwendigkeit solcher Bestimmungen ist namentlich im Bereich einzelner Industriezweige während des letzten Jahrzehnts immer schärfer hervorgetreten. In der öffentlichen Erörterung der gegen den unlauteren Wettbewerb zu richtenden Maßnahmen nehmen die Fälle gröblichen Vertrauensbruchs in Bezug auf Betriebsgeheimnisse einen breiten Raum ein, und wenn es nach einer Mitteilung von beachtenswerter Seite so weit gekommen ist, daß der Verrat und die unbefugte Ausbeutung fremder Betriebs- und Geschäftsgeheimnisse an einzelnen Stellen geradezu die Form einer geschäftlichen Organisation angenommen hat, so wird der Gesetzgeber, welcher das redliche Gewerbe gegen die Übervorteilung durch unlauteres Gebahren soweit als möglich sichern will, an solchen Erscheinungen nicht untätig vorübergehen dürfen".

Es wird dann die oben wiedergegebene Bestimmung des 1. Entwurfs erwähnt und fortgefahren:

„Dieser Vorschlag ist bei der öffentlichen Erörterung des Entwurfs überaus lebhafter Anfechtung begegnet. Zwar wurde von der überwiegenden Mehrheit derer, die sich mit der Frage beschäftigten, die Notwendigkeit eines Einschreitens gegen den Verrat von Geheimnissen grundsätzlich nicht bestritten; und es fand demgemäß fast allseitige Zustimmung, daß der während der Dauer des Dienstverhältnisses sich vollziehende Verrat bestraft werden sollte. Dagegen wurde — von einzelnen anderen Bedenken abgesehen, die unten zu erörtern sein werden — in einer Bestimmung, welche die Angestellten noch zwei Jahre nach ihrem Austritt aus dem Geschäft an die Wahrung der ihnen dort anvertrauten Geheimnisse binden würde, von vielen Seiten, und zwar ebensowohl in den Kreisen der Prinzipale, wie in denen der Gehilfen, eine schwere Gefährdung der Interessen der gewerblichen Angestellten erkannt. Daß der frühere Entwurf keineswegs beabsichtigt hatte, diese Interessen zu gefährden, war in der demselben beigegebenen Denkschrift ausdrücklich ausgesprochen; die Erstreckung der Treupflicht auf eine gewisse Zeit nach der Lösung des Dienstverhältnisses erschien vom Standpunkte der Prinzipale aus schon deswegen erforderlich, um nicht einen Anreiz zum baldigen Verlassen der Dienststellungen zu schaffen, und vom Standpunkte der Gehilfen aus unschädlich insofern, als nur Geheimnisse im engeren Sinne des Worts der Verwertung entzogen bleiben sollten. In letzterer Beziehung muß nun allerdings zugegeben werden, daß es oft schwierig sein kann, aus der Summe der einem Angestellten zugeflossenen allgemeinen und der besonderen Kenntnisse eines bestimmten Geschäftszweiges dasjenige auszusondern, was als Geheimnis zu betrachten ist. Hieraus kann in der Rechtslage eines Gehilfen, der seine Kenntnisse und Erfahrungen in einer anderen Dienststellung oder in einem selbständigen Geschäft zu verwerten wünscht, eine gewisse Unsicherheit entstehen, welche auf die Tätigkeit des einzelnen wie auch auf die Förderung allgemeiner gewerblicher Interessen hemmend einwirken müßte.

Der gegenwärtige Entwurf hat daher davon Abstand genommen, die Angestellten auch nach Lösung des Dienstverhältnisses für eine bestimmte Frist an die Wahrung von Geheimnissen zu binden. Er beschränkt grundsätzlich die Schweigepflicht auf die Dauer des Dienstverhältnisses".

5. Die früheren landesgesetzlichen Bestimmungen haben, soweit sie nicht aufgehoben waren, neben dem Reichsstrafgesetzbuch Geltung behalten (vgl. R.G. Str. Bd. 15 S. 140). Neben der reichsgesetzlichen Bestimmung der §§ 9 und 10 sind sie, soweit sie den Verrat von Geschäfts- und Betriebsgeheimnissen regeln, aufgehoben (so Finger S. 289, Müller S. 139, Stenglein S. 959 Anm. 15, dagegen Hauß S. 94).

5. Außer den oben angeführten Bestimmungen des Strafgesetzbuchs, die sich mit dem Verrat von Privatgeheimnissen beschäftigen, ist noch in verschiedenen anderen Gesetzen ein Schutz von Geheimnissen gewährt, so in § 139b Gew.O., ferner in den Versicherungsgesetzen z. B. § 107 des Gesetzes vom 6. 7. 1884 und 25. 5. 1885, ferner §§ 127 und 128 des Gesetzes vom 5. 5. 1886 und 11. 7. 1887 2c. Diese nur für bestimmte Fälle gegebenen Vorschriften kommen bei Auslegung dieses Gesetzes nicht in Betracht.

B. Prinzip des Rechtsschutzes aus § 9.

Es ist in der Einleitung (S. 8) darauf hingewiesen, daß das Persönlichkeitsrecht des Gewerbetreibenden, welches den Grund des Rechtsschutzes gegen unlauteren Wettbewerb bildet, verletzt werden kann durch Eingriffe in sein Recht, mit oder ohne Anmaßung einzelner ihm zustehender materieller oder immaterieller Rechtsgüter. Es sind aus dieser Unterscheidung wichtige praktische Konsequenzen gezogen (s. S. 60, 121 Nr. 11). Sehr schwierig und bestritten ist die Frage, wie der Rechtsschutz bei Verletzung der Geheimnisse zu konstruieren ist. (Vgl. über die verschiedenen Theorien Finger S. 255, 258, M. M. Kohler S. 181, Daniel S. 147, Müller S. 139, Schuler S. 199, Lobe S. 98.) Es ist davon auszugehen, daß zwar der Schutz des Geheimnisses in § 9 generell und allgemein für alle Arten der Geheimnisse erteilt ist, daß aber begrifflich zwischen den verschiedenen Arten der als Geheimnis behandelten Tatsachen unterschieden werden muß und sich der Umfang des Schutzes, insbesondere des zu leistenden Schadensersatzes je nach der Art der Tatsache wesentlich verschieden darstellt. Man wird ohne weiteres zugeben müssen, daß es begrifflich einen Unterschied macht, ob jemand das Geheimnis eines von einem Geschäftsinhaber erfundenen Modells verrät, oder ob er einem anderen mitteilt, welche Kunden ein Geschäft hat. Beide Fälle unterliegen zwar dem § 9, sind aber ihrem Wesen nach verschieden.

In dem ersteren Fall, der dem des § 8 ähnlich ist, greift der andere in ein dem Geschäftsinhaber zwar nicht absolut aber in bestimmter Beziehung (nämlich solange es geheimgehalten wird) geschütztes immaterielles Recht ein und maßt sich dasselbe an; in dem anderen Falle hat der Geschäftsinhaber nur das Recht auf Geheimhaltung gewisser Tatsachen, ohne daß sich der Verletzer eines dem anderen zustehenden Rechts bemächtigt. In dem ersteren ist also Rechtsgrund des Schutzes Verletzung eines Individualrechts, im letzteren der in Offenbarung geheim gehaltener Tatsachen liegende Treubruch (vgl. Finger in U.W. I S. 36, M. M. Kohler S. 181 ff., der die Geheimnisse in offensive und defensive einteilt.)

Zu der ersteren Klasse gehören insbesondere die **Erfindungen** im weiteren Sinne, mögen sie schutzfähig sein oder nicht und zwar sowohl die Erfindungen im Verfahren, als auch an Mustern, Modellen 2c.; ferner die besonderen Methoden und Handgriffe zur besseren Herstellung oder Verwertung von Ware und Arbeit; kurz alles dasjenige, was nachgeahmt werden kann und durch die Nachahmung dem Konkurrenten die gleichen Vorteile bietet, wie dem Erfinder. Diese Produkte des Erfindungsgedankens sind durch das Gesetz als immaterielle Güter zwar nicht absolut, wie die patentierten oder sonst eingetragenen, wohl aber insofern geschützt, als sie ein anderer, solange sie geheim gehalten werden, nicht benutzen darf.

Alle anderen Geschäfts- und Betriebsgeheimnisse, die sich nicht als Erfindungen darstellen, die nicht nachgeahmt werden können, deren Benutzung vielmehr dem Konkurrenten nur durch Kenntnis von Tatsachen den Wettbewerb erleichtert, sind nicht als immaterielle Rechtsgüter anzusehen, ihre Verletzung ist lediglich verboten wegen der in der Handlung liegenden Treulosigkeit.

C. Vergehen gegen § 9 Abs. 1.

I. Geschäfts- und Betriebsgeheimnisse.

1. **Erste Voraussetzung des § 9 ist, daß ein Geschäfts- oder Betriebsgeheimnis vorliegt**, das mitgeteilt wird. Das Gesetz hat mit Absicht eine Definition des Begriffes vermieden. Die Begründung sagt hierüber:

„Derselbe ist dem Sprachgebrauche des täglichen Lebens, wie auch der Gesetzessprache ohnehin geläufig; in letzterer Beziehung sei neben dem bereits oben erwähnten § 300 des Strafgesetzbuchs und den §§ 107 und 108 des Unfallversicherungsgesetzes u. a. noch auf den § 92 des Strafgesetzbuchs (Staatsgeheimnisse) und auf § 349 Ziff. 3 der Civilprozeßordnung (Kunst- oder Gewerbegeheimnisse) verwiesen. Es erscheint sonach nicht notwendig und ist auch wegen der Schwierigkeit einer zufriedenstellenden Begriffsfeststellung nicht ratsam, durch eine solche der richterlichen Würdigung der besonderen Verhältnisse des Einzelfalles Schranken zu ziehen. Daß ein Geheimnis Gegenstände voraussetzt, die sonst nicht bekannt sind, liegt im Begriff und braucht nicht ausdrücklich ausgesprochen zu zu werden. Was der Öffentlichkeit oder einer Mehrzahl von Personen bekannt ist, kann auch im Sinne des vorliegenden Entwurfs nicht als Geheimnis gelten. Indiskretionen, welche bekannte Dinge betreffen, stehen also nicht unter der Strafandrohung der §§ 9 und 10, und selbst bei Verletzung der schriftlichen Zusicherung der Verschwiegenheit ist — vorbehaltlich der etwa vereinbarten zivilrechtlichen Folgen — der im § 9 Ziff. 2 vorgesehene Tatbestand dann nicht gegeben, wenn der Gegenstand, auf den die Zusicherung sich bezieht, zur Zeit der Mitteilung an andere tatsächlich nicht mehr geheim ist. Aus allgemeinen Grundsätzen (§ 59 des Strafgesetzbuches) ergibt sich als weitere Voraussetzung für die Verantwortlichkeit, daß der Täter Kenntnis von denjenigen Umständen haben muß, welche den von ihm unbefugt mitgeteilten oder verwerteten Gegenstand als geheim kennzeichnen."

Eine allgemein gültige Begriffsbestimmung ist nicht zu geben, da der Begriff des Geheimnisses ein relativer ist und sehr wohl dieselbe Tatsache in einem Fall den Charakter des Geheimnisses haben kann, in einem anderen nicht. Wenn der Staatssekretär von Boetticher im Reichstag gesagt hat (vgl. R.G. Str. Bd. 29 S. 428): Geheimnis ist alles, was sonst nicht bekannt ist, und ein Geschäfts- oder Fabrikgeheimnis umfaßt das, was der Geschäftsgebahrung, dem Fabrikbetriebe, der Handwerkertätigkeit so eigentümlich ist, das es in anderen Kreisen noch nicht bekannt ist und nicht zur Anwendung kommt, so enthält dies die wesentlichen Kriterien des Begriffs (vgl. auch die Verhandlungen des Braunschweiger Kongresses zur Bekämpfung des unlauteren Geschäftsgebahrens bei Stegemann II S. 24 Nr. 3 und S. 76 Nr. 1 und weitere Definitionen bei Finger S. 252, Daniel S. 150).

In folgendem sollen die einzelnen Begriffsmerkmale einzeln untersucht und festgestellt werden:

2. Notwendige Voraussetzung ist, daß die Tatsache, die als Geheimnis unter

das Gesetz fallen soll, auch **wirklich geheim ist.** Offenkundige Dinge können der Kenntnis anderer nicht mehr entzogen, nicht mehr geheimgehalten werden (R.G. Str. Bd. 25 S. 48). Es kann ein Geschäftsherr eine Tatsache, die bereits bekannt ist, nicht durch sein Gebot zu einer geheimen machen; ein Handlungsgehilfe, der trotz dieses Gebots die Tatsache verbreitet, kann vielleicht kontraktlich, nie aber nach § 9 verantwortlich sein.

Dagegen ist nicht nötig, daß die Tatsache absolut geheim ist (R.G. Str. Bd. 29 S. 430, R.G. bei Bolze Bd. 4 S. 180 Nr. 599, L.G. Colmar und R.G. in U.W. I S. 6). Wenn sie mehreren Angestellten bekannt ist, wenn der Kaufmann sie einigen Kunden mitgeteilt hat, verliert sie dadurch noch nicht den Charakter des Geheimnisses. Nur muß der Kreis ein geschlossener sein; alle diejenigen, die Kenntnis erhalten haben, müssen Beteiligte in dem Sinne sein, daß auch für sie die Eigenschaft als Geheimnis vorhanden ist. Ist die Tatsache offenkundig geworden (vgl. über diesen Begriff § 2 des Patentgesetzes), oder ist sie der zufälligen Kenntnisnahme beliebiger Dritter ausgesetzt (vgl. R.G. Str. Bd. 28 S. 160), so ist von einem Geheimnis keine Rede mehr, gleichviel ob diese Offenkundigkeit eine durch den Geschäftsinhaber veranlaßte oder zufällige ist.

3. Ferner ist nötig, daß seitens des Berechtigten die **Absicht** vorlag, **die Tatsache geheimzuhalten.** Diese Absicht kann ausdrücklich erklärt sein, sie kann aber auch aus den Umständen hervorgehen (R.G. Str. Bd. 13 S. 62, Bd. 26 S. 6, R.G. in Goltdammers Archiv Bd. 48 S. 120); insbesondere wird letzteres anzunehmen sein, wenn ein Interesse des Geschäftsinhabers an der Geheimhaltung vorhanden und erkennbar ist (R.G. Str. Bd. 29 S. 430). Es ist daher nicht nötig, daß der Prinzipal seinen Angestellten die geheimzuhaltenden Tatsachen ausdrücklich anvertraut (vgl. in § 9 „oder sonst zugänglich geworden sind"), oder daß er ihnen die Geheimhaltung zur Pflicht macht.

4. **Nicht nötig ist, daß die geheimzuhaltende Tatsache absolut neu sei.** Eine etwaige frühere Verwendung, die außer Gebrauch gekommen und in Vergessenheit geraten ist, steht dem Begriffe nicht entgegen (R.G. Str. Bd. 31 S. 91).

5. Wohl aber muß die Tatsache eine dem Betriebe **eigentümliche** sein, die in anderen Kreisen nicht bekannt ist (R.G. Str. Bd. 31 S. 92).

6. Notwendig ist, daß die Geheimhaltung für den Geschäftsinhaber **von Interesse** ist (Fuld S. 159, Müller S. 252). Gleichgültige, wenn auch sonst nicht bekannte Tatsachen können trotz § 9 verbreitet werden, selbst wenn der Inhaber Stillschweigen verlangt (vgl. R.G. Str. Bd. 13 S. 62). Dagegen braucht dies Interesse sich nicht lediglich auf den Wettbewerb zu beziehen. Indem das Gesetz den Verrat auch bestraft, wenn er in der Absicht der Schadenszufügung geschieht, zeigt es, daß auch Geschäftsgeheimnisse in Frage kommen, die nicht für den Wettbewerb tauglich sind, z. B. solche Tatsachen, die nur die Ehre kränken (R.G. Str. Bd. 29 S. 429).

7. Auch der Begriff: **„Geschäfts- und Betriebsgeheimnis"** ist nicht definiert. Da beide Begriffe im Gesetz gleichgestellt sind, auch eine scharfe Unterscheidung nicht möglich ist (R.G. Str. Bd. 31 S. 91), so genügt es darauf hinzuweisen, daß sich Betriebsgeheimnisse auf die Herstellung der Waren beziehen, also einen technischen Charakter haben, Geschäftsgeheimnisse dagegen auf den Vertrieb, den Handelsverkehr Bezug haben. Der Begriff ist weit zu nehmen. Alles was der Produktion und dem kaufmännischen Geschäftsbetrieb angehört, kann, sofern die sonstigen begrifflichen Voraussetzungen vorhanden sind, Geheimnis werden (R.G. Str. Bd. 29 S. 430).

8. So gelten als **Betriebsgeheimnisse:** Fabrikationsmethoden, Handgriffe, Rezepte, Zubereitungsarten, Besonderheit in Anwendung von gewissen Materialien (Finger S. 255).

Besonders hervorzuheben sind **Erfindungen**, die entweder nicht schutzfähig sind, oder aus gewissen Gründen z. B. gerade, um sie geheimzuhalten, nicht angemeldet werden, oder endlich solche, die sich noch vor der Anmeldung befinden. Gerade für diese Fälle tritt der Schutz dieses Gesetzes ergänzend den industriellen Schutzgesetzen hinzu (R.G. Bd. 31 S. 90 für Modelle, R.G. in U.W. I S. 6 für Muster, ebenso R.G. in J.Z. Bd. 6 S. 98, R.G. in J.W. 1901 S. 284 Nr. 9 für Patente).

9. Der Kreis der **Geschäftsgeheimnisse** ist ein wesentlich weiterer. Sowohl was sich auf die Bezugsquellen (O.L. Darmstad in A. 1902 S. 139), auf die Bedingungen des Bezugs (R.G. in A. 1902 S. 140) bezieht, als auch was den Absatz der Ware sowie die Organisation des Geschäfts betrifft, gehört hierher. Es wird Auslegung des Einzelfalls sein, zu entscheiden, ob eine hierauf sich beziehende Tatsache eigentümlich für das Geschäft, ob sie genügend wichtig und geheim ist, um unter § 9 zu fallen. Ohne weiteres z. B. Angaben über Menge des Personals, Löhnung derselben aus dem Begriff auszuscheiden, wie es Müller (S. 144) tut, ist nicht angängig, da sehr wohl auch diese Tatsachen gegebenenfalls von besonderer Wichtigkeit für den Geschäftsbetrieb sind und deren Geheimhaltung gegenüber der Konkurrenz nötig sein kann.

10. Aus der Praxis sind folgende **Beispiele** anzuführen (weitere sind zusammengestellt von Finger in U.W. I S. 35): Als Geheimnis sind angesehen die Rabattkundenlisten, sowie das Verzeichnis auswärtiger Vertreter (R.G. Str. Bd. 33 S. 62), Notizbücher über Kundschaft (R.G. Str. Bd. 31 S. 94 und J.Z. Bd. 3 S. 82, dagegen in einem sehr anfechtbaren Erkenntnis das K.G. in U.W. II S. 57), Bezugsquellen (R.G. Str. Bd. 31 S. 95), Musterbogen und Preislisten (J.Z. Bd. 3 S. 98), Muster und Modelle, die nicht angemeldet sind (R.G. Str. Bd. 31 S. 90), Mitteilung von Kauflustigen an Konkurrenten (Schöffengericht Frankfurt a. M. bei Poeschl (S. 128), die kaufmännische Buchführung in ihrer Gesamtheit, nicht nur die Geheimbücher; bei Einzelheiten der Buchführung ist nach Lage des Falls zu entscheiden, die Jahresabschlüsse sind jedenfalls Geheimnis (R.G. Str. Bd. 29 S. 426). Als Geheimnis ist ferner die Tatsache angesehen, daß ein zum Verkauf öffentlich ausgebotenes Geschäft einer bestimmten Person zu einem geringeren Preise, als bisher angegeben, angeboten ist (R.G. in U.W. II S. 38), ebenso die Tatsache, daß ein Geschäft mit fremdem Geld betrieben wird (bei Bachem und Roeren S. 115). Als Betriebsgeheimnisse wurden u. a. erachtet: Mittel zur Lederlackbereitung einer Schuhfabrik (R.G. Str. Bd. 33 S. 385), eine Methode, Stoffe wasserdicht zu machen (R.G. Str. Bd. 32 S. 136), Methode, Maschinen zu verbessern (R.G. Str. Bd. 15 S. 141 altes Recht), Angaben über Zementbereitungsverfahren (R.G. in J.W. 1901 S. 284 Nr. 9.

Bei Modellen ist angenommen, daß das Ausliegen der Modelle zur Ansicht ihnen den Charakter des Geheimnisses nicht nimmt (R.G. in G.A. Bd. 45 S. 365).

II. Täter: Angestellter, Arbeiter oder Lehrling eines Geschäftsbetriebes.

1. **Die Geheimnisse sollen nur gegen Indiskretionen Angestellter, Arbeiter und Lehrlinge eines Geschäftsbetriebes geschützt sein.** Letzterer Begriff ist, wie überhaupt im Gesetz, in weitestem Sinne zu nehmen, beschränkt sich insbesondere nicht auf den Betrieb eines Geschäfts im Sinne des Handelsgesetzbuchs oder eines Gewerbes im Sinne der Gewerbeordnung. Er umfaßt alle Gebiete des gewerblichen Lebens, also auch die Tätigkeit der Ärzte, Anwälte, Künstler, Schauspielunternehmer rc. (S. 9 f.).

2. Es herrscht unter den Kommentatoren Streit darüber, ob der Begriff „**Angestellter**" die Arbeiter und Lehrlinge mit umfaßt, oder jede der drei Kategorien

selbständig neben der anderen steht. Der Streit ist ohne praktische Bedeutung, da das Gesetz auf alle drei Arten gleichmäßig Anwendung findet. Da § 9 seinem Wortlaut nach für die Gleichstellung der drei Begriffe spricht und in keiner Weise angedeutet ist, daß dem Begriff des Angestellten die anderen subordiniert sind, so ist der Meinung der Vorzug zu geben, die unter Angestellten und Arbeitern verschiedenes versteht. Angestellte sind danach die, die höhere Dienste, insbesondere geistige Tätigkeit leisten, Arbeiter diejenigen, die körperliche, technische oder mechanische Dienste versehen (so Finger S. 262, Fuld S. 158, dagegen besonders M. M. Kohler S. 199). Selbstverständlich wird diese Unterscheidung oft sehr schwierig sein.

3. Zu den **Angestellten** (vgl. § 622 B.G.B., § 56 H.G.B.) gehören sowohl die Handlungs- wie Gewerbegehilfen (R.G. Str. Bd. 38 S. 7), Reisende, leitende Chemiker in einer Fabrik (R.G. Str. Bd. 32 S. 136), Redakteure einer Zeitung, Hilfspersonal des Anwalts und Arztes, Direktoren von Aktiengesellschaften 2c. Nicht unter den Begriff fallen Gesellschafter, Aufsichtsräte einer Aktiengesellschaft, auch nicht Agenten. Zu dem Begriff der letzteren gehört es, daß sie nicht angestellt sind (§ 84 H.G.B.); ob ihr Vertrag juristisch als ein Dienstvertrag zu bezeichnen ist (vgl. Staub Anm. 4 zu § 84) oder nicht, ist gleichgültig, da nicht der Dienstvertrag sondern das Subordinationsverhältnis des Angestellten zum Prinzipal entscheidet, das bei den Agenten infolge ihrer Stellung als selbständige Kaufleute fortfällt (dagegen Marcus in U.W. II S. 2).

4. Der Begriff der **Arbeiter** ist weitergehend, als der in der Gewerbeordnung (vgl. über diesen R.G. Str. Bd. 9 S. 265); er umfaßt alle diejenigen, die gewerbliche Arbeiten, zu denen auch landwirtschaftliche gehören (Kahn S. 88), in einem Betriebe verrichten, gleichviel ob sie in der Fabrik oder in dem Geschäftslokal selbst arbeiten, oder Hausarbeiter sind. Auch das Gesinde gehört hierzu, falls es die Gesindearbeiten zum Gewerbebetrieb leistet (dagegen Fuld S. 158).

5. **Lehrlinge** fallen unter das Gesetz, gleichviel ob sie Handlungs- oder Gewerbelehrlinge sind. Die Streichung dieser Bestimmung war beantragt worden, weil Lehrlinge meist im jugendlichen Alter ständen; die Beibehaltung wurde mit dem nach Obigem unrichtigen Grunde motiviert, daß selbst bei Streichung Lehrlinge als Angestellte nach dem Gesetz strafbar seien.

4. Gleichgültig ist, ob die Tätigkeit **entgeltlich** oder, wie meist bei Lehrlingen, unentgeltlich ausgeübt wird. Das Gesetz findet daher auch auf Volontäre Anwendung (dagegen Daniel S. 154). Ebenso ist irrelevant, ob die Angestellten Gehalt oder Tantieme beziehen.

5. **Die Dauer der Beschäftigung ist ohne Belang;** nur muß ein „Dienstverhältnis" vorliegen. Ob dies jederzeit kündbar, ob auf Probe, ob nur für vorübergehende Dienste geschlossen ist, ist ebenso gleichgültig, wie der Umstand, daß die Dienste nur aushilfsweise geleistet werden. Nur die Leistung einzelner Dienste ohne Dienstverhältnis, (Schmid S. 348) begründet den Begriff des Angestellten und Arbeiters nicht.

III. Anvertrauen oder Zugänglichwerden vermöge des Dienstverhältnisses.

1. **Nicht jede Kenntnis eines Geheimnisses verpflichtet zur Geheimhaltung.** Dasselbe muß dem Angestellten **vermöge des Dienstverhältnisses** anvertraut oder sonst zugänglich gemacht sein. Was zunächst den Begriff „anvertrauen" betrifft (vgl. auch § 300 Str.G.B.), so ist nicht nötig, daß bei der Kenntnisgabe ausdrücklich die Geheimhaltung zur Pflicht gemacht ist. Es genügt, wenn die Kenntnis

unter Umständen geschieht, aus denen sich die Anforderung des Geheimhaltens stillschweigend ergibt, oder aus denen hervorgeht, daß die Mitteilung an andere nicht dem Willen des Prinzipals entspricht (vgl. R.G. Str. Bd. 18 S. 62, Bd. 26 S. 6, C. Bd. 30 S. 383).

2. Neben dem Anvertrauen spricht das Gesetz von **„Sonst zugänglich werden"**. Es sollen auch solche Geschäftsgeheimnisse vor Verrat geschützt werden, von denen ein Angestellter auch außerhalb des Bereichs seiner Obliegenheiten etwa durch zufällige Umstände Kenntnis erlangt hat (Begründung und R.G. Str. Bd. 33 S. 356). Insbesondere gehört hierzu die Erlangung der Kenntnis von Mitangestellten (zit. Erk. d. R.G.).

3. **Beide Arten der Kenntnis müssen vermöge des Dienstverhältnisses erlangt sein.** Die Meinung (Kahn S. 90), daß sich diese Worte nur auf das Anvertrauen beziehen, ist mit der allgemeinen Ansicht (Müller S. 148) zu verwerfen, da § 9 Abs. 1 lediglich einen Schutz mit Rücksicht auf das aus dem Dienstvertrag geschaffene Treueverhältnis konstituiert. Die Auslegung darf allerdings keine zu enge sein. Weder ist direkte Mitteilung nötig, noch fehlt die Voraussetzung, wenn etwa die Tatsache dem Angestellten geheimgehalten werden sollte und er nur durch Indiskretion Kenntnis erlangt hat. Es muß nur insofern ein Kausalzusammenhang vorhanden sein, als Kenntnis, die mit dem Dienstverhältnis gar nicht in Verbindung steht, nicht zur Geheimhaltung verpflichtet, z. B. Mitteilung durch dritte Personen, die zu dem Geschäft in keinem Angestelltenverhältnis stehen.

Der Ausdruck „Dienstverhältnis" ist auf das ganze Geschäft zu beziehen; ein Angestellter, der im Kontor beschäftigt ist und zufällig Geheimnisse der Fabrikation, die an sich nicht zu seinen Befugnissen gehört, entdeckt, darf dieselben ebenfalls nicht verraten (dagegen Lobe S. 114).

4. Besonders zu erwähnen sind **Erfindungen der Angestellten** (Literatur bei Seligsohn S. 78). Angestellte können verpflichtet sein, ihre Erfindungen dem Prinzipal zu überlassen. Dies folgt nicht ohne weiteres aus dem Dienstverhältnis als solchem, auch nicht aus der Benutzung von Materialien des Prinzipals (R.G. in J.W. 1898 S. 365 Nr. 53), wohl aber kann es ausdrücklich vertraglich vereinbart sein (R.G. Str. Bd. 32 S. 186); es kann aber auch aus den Umständen hervorgehen, wenn z. B. der Angestellte nach der Art des Dienstverhältnisses verpflichtet ist, auf Erfindungen bedacht zu sein (R.G. in Bl. 1898 S. 142 und Str. Bd. 31 S. 52), oder Verbesserungen zu ersinnen und hierzu Versuche zu machen (R.G. Str. Bd. 32 S. 216). In den Fällen nun, in denen die Erfindungen des Angestellten dem Prinzipal gehören, sind es dessen Geheimnisse und dem Angestellten vermöge seines Dienstverhältnisses zugänglich geworden (R.G. Str. Bd. 32 S. 186 und S. 219).

IV. Während der Geltungsdauer des Dienstverhältnisses.

1. Es ist oben dargelegt worden, wie in den verschiedenen Entwürfen die Frage, ob die Schweigepflicht über die Dauer des Dienstverhältnisses ausgedehnt werden sollte, verschieden beantwortet ist. Der dem Reichstag vorgelegte Entwurf versuchte eine Vermittelung der widerstreitenden Meinungen, indem er den Verrat nach Ablauf des Dienstverhältnisses dann für strafbar erklärte, wenn das Geheimnis gegen schriftliche Zusicherung der Verschwiegenheit anvertraut worden war. Auch diese Bestimmung wurde aber in der Reichstagskommission gestrichen. Es wurde der Grundsatz ausgesprochen, daß der Angestellte nach Auflösung des Dienstverhältnisses unbeschränkter Herr seiner Fähigkeiten und Kenntnisse sein solle.

2. Demnach ist die **Geheimhaltungspflicht** nach dem Gesetz folgendermaßen geregelt: Angestellte, Arbeiter und Lehrlinge dürfen unter den Voraussetzungen des § 9

Abs. 1 Geheimnisse während der Dauer des Dienstverhältnisses nicht anderen mitteilen, wohl aber für sich verwerten (s. unten Nr. V, 2); sie können nach Auflösung des Verhältnisses Geheimnisse, die sie in ihrer Stellung kennengelernt haben, mitteilen und verwerten, es sei denn, daß sie die Kenntnis durch unbefugte Mitteilung eines anderen Angestellten oder durch eine gegen das Gesetz oder die guten Sitten verstoßende Handlung erlangt haben.

Freigegeben ist daher Verwertung und Mitteilung von Geheimnissen und Erfahrungen, die ein Angestellter im Dienst sich berechtigt angeeignet hat, nach Auflösung des Dienstverhältnisses (R.G. Str. Bd. 33 S. 65).

Selbstverständlich gilt dies alles nur, soweit § 9 in Betracht kommt; über Verletzung vertraglicher weitergehender Pflichten s. S. 134 Nr. X und über B.G.B. s. S. 174.

3. Über den Begriff der **Dauer des Dienstverhältnisses** herrscht Streit. Der Entwurf hatte statt dessen die Worte: „während der Geltungsdauer des Dienstvertrages". Dies wird in der Begründung dahin ausgelegt, daß der Angestellte, auch wenn er den Dienst unbefugt verläßt, bis zum Ablauf der kontraktlich bedungenen Dienstzeit die Geheimnisse des Prinzipals unter allen Umständen zu wahren hat. Die Kommission ersetzte das Wort Dienstvertrag durch Dienstverhältnis, um festzustellen, daß, wenn der Vertrag vorzeitig aufgehoben wird, die Beschränkung des Angestellten fortfällt. Diese Änderung, die unnötig war, weil, wenn der Vertrag aufgelöst ist, der Dienstvertrag nicht mehr dauert, hat zu der Ansicht Veranlassung gegeben, daß, wenn der Angestellte einseitig das Verhältnis unbefugt aufgibt, dann seine Schweigepflicht fortfällt (Hauß S. 89, Daniel S. 159). Mit Recht ist die allgemeine Ansicht dagegen. Schon der innere Grund, daß diese Auslegung, nach der der Angestellte durch Fortgehen aus seiner Stellung sich seiner gesetzlichen Pflichten entledigen kann, dem Sinne und Zweck des Gesetzes zuwider ist, spricht gegen diese Auslegung, aber auch das Wort „Geltungsdauer" zeigt, daß der Gesetzgeber von der Geltung, d. h. der Zeit, in der das Verhältnis rechtlich besteht, spricht (so u. a. M. M. Kohler S. 203). Verläßt der Angestellte unbefugt seinen Dienst, so kann ihn der Geschäftsherr entlassen. Tut er dies, so hört das Dienstverhältnis und damit die Schweigepflicht auf. Erklärt aber der Geschäftsherr, daß er in Auflösung nicht willige, so ist der Angestellte bis zum Ablauf der vereinbarten Zeit gebunden und bis dahin zum Schweigen verpflichtet.

Eine zeitweilige Suspendierung des Dienstverhältnisses z. B. durch Krankheit, ist der definitiven Auflösung nicht gleichzustellen.

V. Unbefugte Mitteilung an andere.

1. **Das Geheimnis muß mitgeteilt** (vgl. den Ausdruck „offenbaren" in § 300 Str.G.B., R.G. Str. Bd. 26 S. 8) **sein**, d. h. andere müssen davon durch eine Handlung des Angestellten Kenntnis erlangt haben. Die Handlung kann eine positive sein, mündliche, schriftliche Erklärung; sie kann aber auch in einem Geschehenlassen liegen, wenn z. B. der Angestellte duldet, daß ein anderer Briefe, die geheimgehalten werden sollen, liest, trotzdem er es verhindern kann, ferner, wenn der Eintritt in bestimmungsgemäß nicht zugängliche Räume gestattet wird rc.

Nicht nötig ist, daß der das Geheimnis Verratende dasselbe schon vorher kennt, ehe er es mitteilt; er muß nur in der Lage sein, es anderen zu offenbaren (R.G. in J.Z. Bd. 3 S. 82: Ein Kassenbote macht einem anderen ein Kundenverzeichnis zugänglich, das in einem Schrank verwahrt wird, zu dem der Kassenbote den Schlüssel hat).

2. Der Mitteilung an andere steht die **eigene Verwertung** nicht gleich (wie dies Lobe S. 112 annimmt, dagegen Kommissionsbericht und M. M. Kohler S. 200). Eine analoge Ausdehnung der strafgesetzlichen Vorschrift des § 9 auf diesen Fall ist

nach allgemeinen Grundsätzen ausgeschlossen. Nur die Mitteilung ist verboten, benutzt der Arbeiter das Geheimnis für sich, so ist diese Handlung straflos. Anders liegt der Fall natürlich, wenn er es zu Wettbewerbszwecken durch Vertrieb an andere verwertet; dann ist Mitteilung vorhanden (R.G. Str. Bd. 33 S. 6).

3. **Die Mitteilung muß an andere erfolgen.** Der Pluralis „andere" zwingt nicht dazu, an eine Mehrheit zu denken, es genügt Mitteilung an eine Person. Ein anderer ist derjenige, der nicht im Besitz des Geheimnisses ist und nach dem Willen des Geschäftsherrn nicht in den Besitz kommen soll. Ob derselbe innerhalb oder außerhalb des Betriebes steht, ist gleichgültig; ein Verrat eines Arbeiters an einen im Kontor Angestellten desselben Betriebes ist nach § 9 zu bestrafen, wenn der Geschäftsherr die Mitteilung an das Kontorpersonal verboten hat. Ob derjenige, dem mitgeteilt wird, das Geheimnis für sich verwerten will, oder ob es ihm zur Weitergabe an andere mitgeteilt wird, ist ebenfalls irrelevant.

4. **Unbefugt muß die Mitteilung sein** (vgl. denselben Ausdruck in § 300 Str.G.B.). Befugt ist eine Mitteilung, wenn der Geschäftsherr sie ausdrücklich oder stillschweigend genehmigt, ferner, wenn sie auf Grund einer gesetzlichen Pflicht, z. B. zum Zweck einer Anzeige gemäß § 139 Str.G.B. erfolgt.

Streitig ist, ob, wenn ein Zeuge von dem ihm nach §§ 383 Nr. 5, 384 Nr. 3 C.P.O., § 54 Str.P.O. gewährten Rechte der Zeugnisverweigerung keinen Gebrauch macht, seine Erklärung als eine unbefugte anzusehen ist (dies nehmen an Fuld S. 161, Kahn S. 92, Finger S. 270, dagegen Müller S. 152, M. M. Kohler S. 197, Olshausen Anm. 9 zu § 300 Str.G.B.). Der letzteren Ansicht ist beizutreten. Die Zeugnispflicht statuiert nicht nur die Verpflichtung des Zeugen, die Wahrheit zu sagen, sie gibt ihm auch das Recht hierzu; die Erfüllung derselben kann niemals eine widerrechtliche, unbefugte sein. Das Recht der Verweigerung des Zeugnisses hat der Zeuge lediglich nach pflichtgemäßem Ermessen auszuüben; diesem Recht steht eine Pflicht zur Verweigerung nicht gegenüber.

Im übrigen dürfte die Frage von geringer praktischer Bedeutung sein, da, selbst wenn man die trotz Verweigerungsrechtes abgegebene Aussage für unbefugt erachtet, immer noch die Absicht des Wettbewerbs oder der Schädigung hinzukommen muß.

VI. Subjektive Voraussetzungen.

1. **Nur die vorsätzliche Handlung wird verfolgt,** nicht die fahrlässige (Finger S. 276). Der Täter muß daher sämtliche Tatbestandsmerkmale kennen, insbesondere, daß das Anstellungsverhältnis noch besteht, daß ein Geheimnis vorliegt, daß er dies auf Grund seines Dienstverhältnisses erfahren hat, und daß die Mitteilung unbefugt erfolge (M. M. Kohler S. 206). Da das Gesetz in § 9 nicht die Worte „wissend" oder „wider besseres Wissen" gebraucht, da auch hier wie in § 7 keine begrifflich allein dem Schutz gegen unlauteren Wettbewerb dienende Vorschrift gegeben ist, so liegt hier kein Grund vor, von der allgemeinen Regel, daß dolus eventualis dem dolus gleichsteht, abzugehen (vgl. zu § 7 S. 101 Nr. B I 2).

2. Ferner muß der Täter die im Gesetz geforderte **Absicht** haben (vgl. über den Begriff zu § 4 S. 73 Nr. III, 2), sein Wille muß also darauf gehen, entweder seinen oder eines Dritten Wettbewerb zu fördern, oder dem Inhaber des Geschäfts Schaden zuzufügen. Dieser Absicht steht nach allgemeinen Grundsätzen (Olshausen Anm. 6b zu § 59) das Bewußtsein der Möglichkeit nicht gleich (R.G. Str. Bd. 29 S. 933).

VII. Absicht, dem Inhaber des Geschäfts Schaden zuzufügen.

1. Der dem Reichstag vorgelegte Entwurf wollte den Verrat von Geheimnissen nur strafen, wenn er zu Zwecken des Wettbewerbs geschah, und zwar „in Wahrung der durch die gesetzgeberische Absicht ihm gezogenen Grenze". Die Kommission ging hierüber hinaus und fügten die **Absicht, dem Inhaber des Geschäfts Schaden zuzufügen**, hinzu, und zwar, weil eine solche Absicht, wobei das Motiv des Täters Rache oder Bosheit sei, mindestens in derselben, vielleicht aber auch in höherem Grade strafbar sei, als die Absicht, für den Wettbewerb unlautere Mittel anzuwenden. Damit ist auch hier die Kommission über den Rahmen, der sonst meist im Gesetz festgehalten ist, hinausgegangen (R.G. Str. Bd. 31 S. 88, Bd. 29 S. 429).

2. **Schaden** (vgl. auch zu § 6 S. 94 Nr. IV, 2) bedeutet hier, ähnlich wie in § 268 Str.G.B. (R.G. Str. Bd. 8 S. 187, Bd. 33 S. 139), nicht nur Vermögensschaden, sondern auch Schädigung des geschäftlichen Rufs, des Kredits, der Ehre (R.G. Str. Bd. 29 S. 429. In dieser Entscheidung ist die Absicht, streikende Arbeiter zum Festhalten am Streik zu bestimmen, als mögliche Voraussetzung des § 9 festgestellt).

3. Soweit weder Wettbewerbs- noch Schädigungsabsicht vorliegt, fällt die Handlung nicht unter § 9. Mitteilungen von Geheimnissen, die aus Unbedacht, Leichtsinn, im Scherz oder lediglich zu künstlerischen oder wissenschaftlichen Zwecken erfolgen, können demnach gemäß § 9 nicht verfolgt werden.

VIII. Zu Zwecken des Wettbewerbs.

1. Im allgemeinen vgl. hierüber die Erläuterungen zu § 6 (S. 93 Nr. III).

2. Die Begründung führt aus, daß die Voraussetzung erfüllt ist, gleichviel ob auf seiten des Mitteilenden oder auf seiten desjenigen, der die Mitteilung entgegennimmt, die Absicht des Wettbewerbs vorhanden ist. Dies ist gewiß richtig, nur muß, falls der Wettbewerb des Empfängers der Mitteilung gefördert werden soll, nach allgemeinen strafrechtlichen Grundsätzen der Mitteilende dies wissen und beabsichtigen.

3. Bei dem **Wettbewerb zu eigenen Gunsten** des Mitteilenden ist zu unterscheiden, ob die Mitteilung zu der Zeit erfolgt, in der das Dienstverhältnis noch dauert, da während dieser Zeit Mitteilungen, die an sich unter § 9 fallen, auch verboten sind, wenn der Angestellte sie zu Gunsten seiner Erwerbstätigkeit, selbst wenn ihm solche an sich gestattet ist, macht (R.G. Str. Bd. 33 S. 6). Erfolgt die Mitteilung nach Ablauf des Verhältnisses, so ist sie erlaubt, es sei denn, daß § 9 Abs. 2 verletzt ist. War dem Angestellten oder von ihm die Stellung zwar gekündigt, aber die Vertragsdauer noch nicht abgelaufen, so sind Mitteilungen, die während dieser Zeit geschehen, um späteren eigenen Wettbewerb zu fördern, als unerlaubt nach § 9 Abs. 1 anzusehen (vgl. die Ausführungen des R.G. in U.W. II S. 40).

4. Geschieht die Mitteilung, um den **Wettbewerb des Geschäftsherrn** zu fördern, also zu Reklamezwecken, so fällt sie nicht unter § 9 Abs. 1 (Schmid S. 349).

IX. Vollendung der Tat.

Die Tat ist **vollendet**, wenn die Mitteilung an den, für den sie bestimmt ist, erfolgt ist. Die Ansicht von Lobe (S. 154), daß bei schädigender Absicht die Mitteilung an irgend einen beliebigen Dritten, also auch wohl die Kenntnis desselben, die ohne Willen des Täters erfolgt, genügt, findet keinen Anhalt im Gesetz (M. M. Kohler S. 218).

2. **Versuch** ist straflos (§ 43 Abs. 2 Str.G.B., R.G. Str. Bd. 29 S. 432); ebenso natürlich alle Vorbereitungshandlungen, durch die sich der Täter die Kenntnis des Geheimnisses verschafft.

X. Vertragliche Verlängerung der Schweigepflicht.

1. Wie erwähnt, wollte der Regierungsentwurf die Pflicht zur Geheimhaltung unter gewissen Voraussetzungen über die Dauer des Dienstverhältnisses erstrecken; das Gesetz hat aber diese Bestimmung nicht aufgenommen. Die Frage, ob nun **vertragsmäßig** zulässig sei, die Pflicht über das Dienstverhältnis hinaus zu verlängern, hat demnach im Gesetz eine Regelung nicht gefunden, sie ist daher nach allgemeinen Grundsätzen zu entscheiden. Daß derartige Verträge an sich zulässig sind, soweit sie nicht den guten Sitten widersprechen (§ 138 B.G.B.), ist sowohl bei den Beratungen wie von den Kommentatoren allseitig angenommen (dagegen Meyer S. 60).

2. Der Vertrag, durch den einem Angestellten die Benutzung oder Verwertung von Geheimnissen nach Beendigung seines Dienstverhältnisses untersagt ist, beschränkt denselben in seiner gewerblichen Tätigkeit. Für seine Auslegung und Wirkung ist daher, soweit Handlungsgehilfen in Betracht kommen, §§ 74, 75 H.G.B., inbetreff der Handlungslehrlinge § 76 H.G.B. Abs. 1, inbetreff der höheren Gewerbegehilfen § 133 ff. der Gew.O. maßgebend; für Arbeiter besteht eine bestimmte Vorschrift nicht, obige Bestimmungen sind für sie analog anzuwenden, da dieselben nur Ausflüsse des allgemeinen Prinzips sind, daß die Gewerbetätigkeit des Angestellten nicht über Gebühr beschränkt werden soll.

3. Bei der Anwendung dieser Bestimmungen auf das Verbot, Geheimnisse mitzuteilen oder zu verwerten, ist hervorzuheben, daß die Vereinbarungen nur insoweit rechtsgültig sind, als der Prinzipal ein **begründetes Interesse** an dem Verbot hat (Staub Anm. 8 zu § 74, Finger S. 275), sie gelten also nur insoweit, als sie für ihn zum Zweck der Unterdrückung des Wettbewerbs erforderlich sind. Immerhin aber ist auch hierbei zu berücksichtigen, daß eine derartige Schädigung auch möglich ist, wenn der Angestellte zunächst das Geheimnis in einem Geschäft, das dem des früheren Prinzipals gegenüber in keiner Weise als Konkurrenzgeschäft gegenübersteht, verwertet, es aber dadurch auch Konkurrenzgeschäften bekannt wird.

4. Durch Vertrag, soweit er nach obigen Bestimmungen zulässig ist, kann die Pflicht, Geheimnisse nicht mitzuteilen und zu verwerten, über das gesetzliche Maß **erweitert** werden. Es kann z. B. dem Angestellten die Verpflichtung auferlegt werden, Geheimnisse auch nicht selbst während der Dauer des Vertrages zu benützen, ferner Tatsachen nicht zu verwerten, die an sich nicht unter dem Schutz des § 9 stehen, z. B. Kunden zu besuchen, zu deren Kenntnis der Angestellte im gewöhnlichen Geschäftsgang gelangt ist.

D. Vergehen gegen Absatz 2.

I. Verhältnis des Abs. 2 des § 9 zu Abs. 1.

1. **Die in den beiden ersten Absätzen des § 9 enthaltenen Handlungen sind begrifflich verschiedene Delikte.** Abs. 1 bestraft die Mitteilung eines Geheimnisses durch einen Angestellten während der Dauer seines Dienstverhältnisses an andere; Abs. 2 Verwertung und Mitteilung von Geheimnissen, die durch eine nach Abs. 1 verbotene Mitteilung oder durch eine gesetz- oder sittenwidrige Handlung zur Kenntnis gebracht sind (R.G. Str. Bd. 31 S. 95).

2. Ein **nicht Angestellter**, der Geheimnisse verwertet oder mitteilt, kann nur nach Abs. 2 verantwortlich gemacht werden; ein **Angestellter**, der während des Dienstverhältnisses Geheimnisse anderen mitteilt, haftet aus Abs. 1, wenn ihm dieselben vermöge des Dienstverhältnisses anvertraut oder zugänglich geworden sind; nach Abs. 2, wenn er die Kenntnis durch Mitteilung eines anderen schweigepflichtigen Angestellten oder durch eine gegen die guten Sitten verstoßende Handlung erlangt hat. Ein Angestellter endlich, der nach Ablauf des Dienstverhältnisses mitteilt oder verwertet, haftet nur nach Abs. 2, falls dessen Voraussetzungen vorliegen.

3. **Realkonkurrenz** zwischen beiden Straftaten ist möglich, z. B. die Anstiftung oder Beihilfe zu dem Vergehen des § 1 und demnächst Verwertung nach § 2 (M. M. Kohler S. 215).

II. Täter.

1. Der erste Entwurf des Gesetzes bedrohte nur die Mitteilung oder Verwertung von Geheimnissen durch Angestellte. Dies wurde nicht für genügend erachtet. Die Begründung führt in dieser Beziehung aus:

„Demgegenüber ist namentlich aus industriellen Kreisen das Bedürfnis betont worden, die Verantwortlichkeit auf die außerhalb des Kreises der Angestellten stehenden Personen zu erstrecken, welche fremde Geheimnisse verwerten, die auf rechtswidrigem Wege zu ihrer Kenntnis gelangt sind. In der Tat ist die Verwerflichkeit der Handlungsweise in beiden Fällen die gleiche, und es wird wesentlich dazu beitragen, die Angestellten vor der Versuchung zum Treubuch zu bewahren, wenn die mißbräuchliche Benutzung fremder Geheimnisse auch dritten Personen im Wege einer Strafandrohung verschränkt wird."

2. Indem das Gesetz als den Täter „denjenigen, welcher ꝛc. (gleichbedeutend mit dem sonst gebrauchten „Wer") bezeichnet, hat es den Kreis der Personen, die Täter sein können, unbeschränkt gelassen. **Jeder also, auf den die Voraussetzungen des Gesetzes sonst zutreffen, kann Täter sein.** Es unterliegt auch keinem Zweifel, daß unter das Gesetz ein Angestellter fällt, der das Geheimnis auf die im Abs. 2 bezeichnete Weise erlangt hat und es unbefugt verwertet oder mitteilt (R.G. Str. Bd. 33 S. 95).

3. Teilt jemand, dem das Geheimnis in der nach Abs. 2 bezeichneten Weise mitgeteilt ist, dies einem anderen mit, bei dem ebenfalls die Voraussetzungen des Abs. 2 vorliegen, der also auch eine durch Gesetz verbotene oder gegen die guten Sitten verstoßende Handlung begeht, so ist auch dieser haftbar (Müller S. 160, Finger S. 285).

III. Erlangung der Kenntnis des Geheimnisses.

1. Die Handlung, durch die die Kenntnis erlangt ist, muß verstoßen:

a) **Gegen das Gesetz.** Vor allem kommt das Strafgesetz in Betracht, insbesondere Diebstahl, Unterschlagung, Sachbeschädigung, Betrug, Urkundenfälschung, Verletzung des Briefgeheimnisses, Hausfriedensbruch ꝛc. Außerdem aber ist auch eine Handlung, die erfolgt unter Verletzung von Zivilrechtsnormen, überhaupt jeder gesetzlichen Rechtsnorm, als gegen das Gesetz gerichtet anzusehen. Wer z. B. einen Angestellten veranlaßt, ein vertragsmäßiges Schweigeverbot zu brechen, erlangt die Kenntnis durch eine gegen das Gesetz verstoßende Handlung.

b) **Gegen die guten Sitten** (vgl. auch B.G.B., besonders §§ 138, 826). Dies ist kein Rechtsbegriff, vielmehr ist vom Richter nach Prüfung aller Umstände nach dem „jeweiligen Volksbewußtsein" (Planck Anm. zu § 138 B.G.B.) zu entscheiden, ob eine

Handlung den guten Sitten widerspricht. In Betracht kommen bei der Beurteilung die Anschauungen der Kreise, innerhalb deren der Vorgang sich abgespielt hat (R.G. in J.Z. Bd. V S. 323). Nicht darauf kommt es an, ob die Handlung strafbar ist, oder nicht, auch nicht darauf, ob sie an sich gesetzwidrig ist, sondern nur darauf, ob sie nach dem Anstandsgefühl der billig und gerecht Denkenden des betreffenden Standes als illoyal anzusehen ist (R.G. C. Bd. 48 S. 124).

Selbst wenn sich im Handelsverkehr gewisse Mißbräuche eingeschlichen haben, so kann eine dieser Gewohnheit entsprechende Handlung dennoch als gegen die guten Sitten geschehen angesehen werden, wenn sie nicht für anständig gelten kann (zit. R.G. S. 125 und Lubszinsky in U.W. 1 S. 130).

Hier die richtige Auslegung zu finden, die einerseits eine unmoralische Handhabung schrankenlosen Konkurrenzkampfes zurückweist, andererseits aber das Recht jedes Gewerbetreibenden auf erlaubte Benutzung und Verwertung aller Vorteile im Wettbewerb anerkennt, ist eine schwere aber dankenswerte Aufgabe des Richters.

2. Die Kenntnis kann auch erlangt sein durch **eine gegen Abs. 1 verstoßende Mitteilung.** Soweit also ein Angestellter während der Dauer des Dienstverhältnisses einem anderen Geheimnisse verrät, darf dieser andere sie weder weiter mitteilen oder verwerten.

3. Die Kenntnis muß **erlangt** sein und zwar **durch** eine verbotene Mitteilung der Handlung. Hierbei ist zu unterscheiden zwischen den in Abs. 2 bezeichneten Mitteilungen und den dort verbotenen Handlungen. Bei den Mitteilungen wird nur die Kenntnisnahme verlangt; ob sie beabsichtigt, veranlaßt oder zufällig war, ist gleichgültig. Derjenige, dem ein Angestellter eines Konkurrenzgeschäftes unaufgefordert Geschäftsgeheimnisse seines Prinzipals verrät, darf dieselben ebensowenig verwenden, wie der, der den Angestellten zum Verrat veranlaßt hat.

Bei der Kenntnisnahme durch Handlungen dagegen verlangt das Gesetz eine eigene gegen Gesetz oder gute Sitte verstoßende Handlung. Der Täter ist daher nur haftbar, wenn er die Kenntnis des Geheimnisses durch diese verbotene Handlung erlangt. Wer versehentlich einen Brief öffnet und durch denselben ein Geheimnis entdeckt, erlangt die Kenntnis durch eine weder verbotene noch illoyale Handlung, wenn das Eröffnen des Briefes in gutem Glauben geschehen ist. Verstößt aber das Erlangen der Kenntnis weder gegen Gesetz noch gegen gute Sitten, so kann die Verwertung des Geheimnisses nach der Vorschrift des § 9 Abs. 2, die als Strafgesetz strikt auszulegen ist, nicht verfolgt werden (so R.G. Str. Bd. 30 S. 252). Es ist nicht zu verkennen, daß diese Auslegung nicht befriedigt, denn auch die Verwertung zufällig zur Kenntnis gelangter Geheimnisse kann nicht für anständig erachtet werden; nur ist dies gesetzlich nicht verboten. Immerhin kann aber eine Schadensersatzklage aus § 826 B.G.B. gegeben sein (U.W. I S. 10).

4. **Die Handlung, durch die die Kenntnis erlangt wird, muß eine eigene** sein. Nicht nötig ist, daß der Täter die Handlung selbst ausführt; es bleibt seine Handlung, selbst wenn er sich der Hilfe von Mittelspersonen bedient; z. B. wenn er Arbeiter ausschickt, um Papiere zu stehlen, oder Geheimnisse des anderen auszuspähen. Er ist in diesem Fall nicht Anstifter, sondern Täter, die anderen je nach den Umständen Mittäter oder Gehilfen (Kahn S. 94 Anm. 22).

5. Als **Beispiele** sind anzuführen: Eröffnen eines Pultes zur Entnahme von Schriftstücken, Einschleichen in Kontor oder Fabrik, heimliches Durchsuchen eines Zimmers bei Gelegenheit eines Besuchs, Vorstellung unter fremdem Namen 2c. Nachzeichnung eines von einem Reisenden vorgelegten Musters (R.G. in Goltdammer Bd. 48 S. 120; weitere Beispiele bei Müller S. 157, Finger S. 281, Stegemann S. 1 ff.)

Nicht unstreitig ist, ob das Abschreiben von Kunden- oder anderen Listen während des Dienstverhältnisses und die spätere Verwendung zum Wettbewerb dem Gesetze widerspricht. Allerdings ist der Angestellte berechtigt, seine in einem Geschäft erworbenen Kenntnisse später zu verwenden, insbesondere ist er nicht gehindert, Kunden, die er in seinem früheren Berufe kennengelernt hat, später in eigenem oder fremdem Interesse zu besuchen. Wenn er aber seine dauernde Kenntnis durch gesetzwidrige oder unlautere Mittel erworben hat, z. B. durch Diebstahl (R.G. Str. Bd. 31 S. 94) oder durch Abschreiben (R.G. Str. Bd. 38 S. 64) der Listen, so ist die Kenntnisnahme der an sich als Geheimnis zu erachtenden Tatsachen eine rechtswidrige, die Verwertung eine verbotene (dagegen mit unzureichender Begründung K.G. in U.W. II S. 57).

Sehr bestritten ist auch die Frage, inwiefern ein Ausmieten von Angestellten, um Geheimnisse der Firma, bei der diese beschäftigt sind, zu erfahren, als Vergehen gegen § 9 Abs. 2 anzusehen ist. Soweit der Täter den Angestellten veranlaßt, vor Ablauf der Dienstzeit auszutreten und die Geheimnisse zu verraten, liegt, wenn der frühere Prinzipal nicht in die Auflösung willigt, Mitteilung gemäß § 9 Abs. 1 vor (s. S. 131 Nr. 3); die Verwertung derartig bekannt gegebener Geheimnisse widerspricht daher § 9 Abs. 2. Aber auch, wenn der frühere Prinzipal wegen des Kontraktbruchs erklärt, das Verhältnis mit dem Angestellten nicht fortsetzen zu wollen, ist das Geheimnis erlangt durch den Kontraktbruch, also durch Verletzung eines auf dem bürgerlichen Recht beruhenden Vertrages (vgl. auch § 125 Gew.O.); auch dann ist also die Verwertung unerlaubt. Ebenso liegt der Fall, wenn der Angestellte veranlaßt wird, rechtsgültig zu kündigen und erst nach Auflösung des Dienstverhältnisses einzutreten. Geschieht dies Ausmieten, um Geheimnisse des anderen zu erfahren, so ist es eine den guten Sitten widersprechende Handlung.

Die durch solche Handlungen erlangte Kenntnisnahme ist eine unerlaubte (so Müller S. 156, Finger S. 281, Fuld S. 164 und K.G. in J.Z. Bd. 5 S. 823, dagegen Lobe S. 117 und L.G. Essen in U.W. I S. 180).

IV. Unbefugte Verwertung der Mitteilung zu Zwecken des Wettbewerbs.

1. Über den Begriff **„unbefugt"** s. S. 132 Nr. 4. Die Befugnis muß zur Zeit der Mitteilung an andere oder der Verwertung vorhanden sein. Die gesetzwidrige Kenntnisnahme des Geheimnisses fällt nicht unter das Gesetz, wenn die Mitteilung oder Verwertung befugt ist, z. B. wenn der Berechtigte nachträglich seine Genehmigung zur Benutzung gibt.

2. Über **„Mitteilung"** s. S. 131 Nr. V, 1. Hierunter ist auch die öffentliche Bekanntgabe eines Geheimnisses zu verstehen (Begründung).

3. **Verwertung** ist jede Art gewerblicher Verwendung zum Zweck des eigenen oder fremden Erwerbes (Schmid S. 352); insbesondere auch die Veräußerung.

4. **Zu Zwecken des Wettbewerbs** (vgl. hierüber S. 133 Nr. VIII) muß sowohl die Mitteilung, wie die Verwertung erfolgen. Schädigende Absicht, wie bei Abs. 1, genügt nicht.

V. Subjektive Voraussetzung.

1. Wie bei Abs. 1 (s. S. 132 Nr. VI) ist auch hier **Vorsatz** und Kenntnis aller Tatumstände notwendig. „Daß die Verantwortlichkeit nur dann eintreten kann, wenn dem Benutzer (eines von einem Angestellten verratenen Geheimnisses) diejenigen tatsächlichen Umstände bekannt waren, in denen die Merkmale des einem Angestellten zur Last fallenden Verrats gefunden werden, ergibt sich aus allgemeinen strafrechtlichen Grund-

sätzen (§ 59 Str.G B)." (Begründung.) Wer also ein von einem Angestellten verratenes Geheimnis mitteilt oder verwertet, muß, um verantwortlich zu sein, vor allem wissen, daß dem Angestellten, von dem er die Mitteilung erhält, dieselbe während des Dienstverhältnisses anvertraut oder zugänglich geworden ist und daß er, obgleich das Dienstverhältnis noch besteht, zu Zwecken des Wettbewerbs oder in schädigender Absicht mitteilt. Diese Kenntnis der Tatumstände ist erst bei der Mitteilung oder Verwertung nötig; vorheriger guter Glaube schützt nicht, wenn er bei der Vollendung der Handlung nicht mehr besteht.

2. Über **dolus eventualis** s. S. 132 Nr. VI 1.

VI. Vollendung.

1. Das Vergehen ist **vollendet**, wenn die Mitteilung oder die Verwertung erfolgt ist. „Es hat nicht an Stimmen gefehlt, die schon das Eindringen in fremde Geheimnisse, namentlich das Einschleichen in Geschäfts- oder Betriebsräume anderer zum Zweck der Spionage unter Strafe gestellt sehen wollten. Nach dieser Richtung hin ist indessen das Bedürfnis eines besonderen gesetzlichen Schutzes nicht überzeugend nachgewiesen. Auch ist ein Akt des unlauteren Wettbewerbs erst dann vollzogen, wenn das auf unrechtmäßigem Wege erlangte Geheimnis gewerblich verwertet ist." (Begründung.)

2. Der **Versuch** ist auch hier nicht strafbar.

E. Rechtsfolgen.

I. Strafverfolgung.

1. Als **Strafe** ist für beide Vergehen Geldstrafe von 3—3000 Mk., Gefängnisstrafe von einem Tage bis zu einem Jahre bestimmt. Im Fall der Nichteintreibbarkeit kann die Geldstrafe, da sie an erster Stelle angedroht ist, falls sie den Betrag von 600 Mk. und die an ihre Stelle tretende Freiheitstrafe nicht 6 Wochen übersteigt, in Haft umgewandelt werden (§ 28 Str.G.B.).

2. Die Strafverfolgung **verjährt** in 5 Jahren (§ 67 Abs. 2 Str.G.B.).

3. Über **Antrag, Privatklage** und **sachliche Zuständigkeit** vgl. zu § 12. Antragsberechtigt ist der, der zur Zeit der Tat Verletzter ist.

4. Über **Buße** s. zu § 14, **öffentliche Bekanntmachung** zu § 13.

II. Schadensersatzklage.

1. Neben und unabhängig von der Strafverfolgung (es sei denn, daß auf Buße erkannt ist, § 14) steht die **Klage auf Ersatz des Schadens.** Die Voraussetzungen sind dieselben, wie bei der Strafverfolgung. Würde das Gesetz gewollt haben, daß auch fahrlässiges Handeln zum Schadensersatz verpflichtet (wie Lobe S. 185, Osterrieth S. 89, Müller S. 161 annehmen), so hätte dies ausdrücklich gesagt werden müssen. Abs. 3, der die Schadensersatzklage gibt, beginnt mit dem Wort „Zuwiderhandlungen"; das Gesetz will also derselben Tat, die es für strafbar erklärt, die Verpflichtung zum Ersatz des Schadens auferlegen.

2. Neben die sonstigen Voraussetzungen tritt dem Begriffe des Anspruchs nach der **Nachweis des Schadens** (s. im allgemeinen S. 58 Nr. III c und S. 121 Nr. 11). Auch hier ist die Frage zu erörtern, ob der Berechtigte den Vorteil verlangen kann, den der Täter aus der Ausbeutung des Geheimnisses gezogen hat und ob er berechtigt ist, Rechnungslegung zu fordern. Nach den S. 121 Nr. 11 erörterten Grundsätzen ist von dem Prinzip des Rechtsschutzes aus § 9 auszugehen, welches S. 125 dargelegt ist.

Soweit hiernach Erfindungen in dem dort bezeichneten Sinne angemaßt sind, ist ein Individualrecht verletzt und die Klage auf Herausgabe des gezogenen Gewinns und auf Rechnungslegung gegeben, soweit dies nicht der Fall ist, lediglich die Klage auf den erlittenen Schaden, zu dem auch der entgangene Gewinn gehört.

3. **Berechtigt zur Klage ist der „Verletzte"** (Begründung), d. h. der Inhaber des Geschäfts, dessen Geheimnis verraten ist. Bei mehreren Mitinhabern ist jeder berechtigt (analog § 428 B.G.B.).

4. Mehrere **Verpflichtete** haften als Gesamtschuldner (§§ 421 ff. B.G.B.).

5. Über **Gerichtsstand** vgl. zu § 6 (S. 96 Nr. 7). Auch hier ist das Gericht des Orts, wo die Handlung begangen ist, kompetent.

6. Über **Verjährung** s. zu § 11.

7. Für **einstweilige Verfügungen** gilt die besondere Vorschrift des § 3 nicht.

III. Unterlassungsanspruch.

1. Wenn auch im Gesetz nicht besonders erwähnt, findet bei Verfehlungen gegen § 9 aus allgemeinen Gründen (s. S. 104) ein **Anspruch auf Unterlassung** statt (so Dernburg II S. 644 Anm. 13, Marcus im Recht 1901 S. 425, R.G. in U.W. I S. 60).

2. Derselbe hat, da er auf das Vergehen gegen § 9 gestützt ist, **dieselben Voraussetzungen**, wie dies (dagegen Lobe 185, Finger S. 291, die die Klage ganz allgemein ohne Rücksicht auf Vorsatz oder Fahrlässigkeit geben. Sie übersehen, daß man kein Recht auf ein Geheimnis als solches, sondern nur ein beschränktes Recht darauf besitzt, daß das Geheimnis gegen gewisse in § 9 bezeichnete Verratshandlungen geschützt ist. Nur auf Unterlassung dieser, wie sie im Gesetz bestimmt sind, kann geklagt werden).

3. Weitere Voraussetzung ist, daß bereits ein **Eingriff erfolgt** und die Fortsetzung oder Vollendung des Verrats zu befürchten ist (R.G. C. Bd. 48 S. 118).

§ 10.

Wer zum Zweck des Wettbewerbes es unternimmt, einen anderen zu einer unbefugten Mitteilung der im § 9 Absatz 1 bezeichneten Art zu bestimmen, wird mit Geldstrafe bis zu zweitausend Mark oder mit Gefängnis bis zu neun Monaten bestraft.

1. § 9 Abs. 1 bestraft den Verrat Angestellter, § 9 Abs. 2 Mitteilung oder Benutzung von Geheimnissen, deren Kenntnis gegen Gesetz oder gute Sitten erlangt ist. Derjenige, der einen Angestellten zu der nach § 9 Abs. 1 bezeichneten Handlung bestimmt, haftet, wenn der Verrat erfolgt ist, als Anstifter (§ 48 Str.G.B.). Wer aber nur den Versuch zur Verleitung macht, ist nach § 9 und den allgemeinen Grundsätzen des Str.G.B. nicht zu bestrafen, da erfolglose Aufforderung gemäß § 49a Str.G.B. nur bei Verbrechen, Anstiftung aber nur dann strafbar ist, wenn die Handlung begangen ist.

Mit Rücksicht darauf aber, daß bei dem Geheimnisverrat schon die Verleitung für das redliche Gewerbe besonders gefährlich ist, ist in § 10 der, wie die Begründung begrifflich nicht ganz richtig sagt, „erfolglose Versuch, einen anderen zu einer unbefugten Mitteilung zu bestimmen", unter Strafe gestellt und zwar als besonderes Vergehen.

2. **Bestraft wird der, der unternimmt.** Dieser mehrfach (§§ 82, 105, 114, 122, 159, 214, 357, 360) im Strafgesetzbuch vorkommende Begriff ist nicht nach der

engeren Definition des § 82, die nur für den Hochverrat gilt (R.G. Str. Bd. 3 S. 26, dagegen Kahn S. 96), sondern allgemein dahin auszulegen, daß er jede Handlung umfaßt, die auf Erreichung des bestimmten, vom Gesetz bezeichneten Erfolges gerichtet ist, gleichviel, ob sie zu dem Eintritt des Erfolges geführt hat oder nicht (R.G. Str. Bd. 8 S. 354 Bd. 35 S. 136); überhaupt jede Betätigung, die den Willen zu handeln hervorrufen soll. Der Begriff ist weiter, als der des Versuchs; er umfaßt auch Vorbereitungshandlungen, letztere allerdings nur, soweit sie irgendwie in die Erscheinung getreten sind; es genügt z. B. die Absendung eines Briefes, der den Arbeiter zum Verrat bewegen soll, gleichviel, ob derselbe ihn erhalten hat (Olshausen Anm. 3 zu § 159). Nicht nur die einfache Aufforderung ohne Anbieten eines Vorteils genügt, sondern auch schon eine Frage, wenn sie bewußt darauf abzielte, den anderen zu den verbotenen Mitteilungen zu veranlassen (R.G. Str. Bd. 32 S. 309). Nach der ständigen Praxis des Reichsgerichts vom Versuch mit untauglichem Mittel ist es für die Strafbarkeit des Unternehmenden gleichgültig, ob der andere überhaupt in der Lage war, ein Geheimnis zu verraten, wenn er nur eine der in § 9 Abs. 1 bezeichneten Personen war (R.G. Str. Bd. 15 S. 259, Bd. 33 S. 355, Bd. 35 S. 136 und J.W. 1908 S. 147 Nr. 59).

Daher kommt es auch nicht darauf an, ob der, welcher verleitet werden soll, das Bewußtsein hat, daß ihn der Verleiter zu einer strafbaren Handlung veranlassen will; es genügt der Vorsatz auf Seite des Verleitenden.

3. **Bestimmt (vgl. § 48 Str.G.B.) werden soll ein anderer,** d. h., da § 9 Abs. 1 nur Angestellte, Arbeiter und Lehrlinge bestraft, eine dieser Personen. Es ist jedoch nicht nötig, daß der Täter direkt sich mit einem Angestellten zc. in Verbindung setzt, Einwirkung durch Mittelspersonen genügt (R.G. Str. Bd. 33 S. 355). Ebenso ist es nicht nötig, daß derjenige, auf den eingewirkt wird, schon zur Zeit der Einwirkung im Besitz des Geheimnisses ist; es ist ausreichend, wenn er veranlaßt werden soll, sich in den Besitz zu setzen (zit. R.G.).

Der andere muß eine bestimmte (Fuld S. 68) Person sein oder sich wenigstens innerhalb eines begrenzten Kreises von Personen befinden. Daß der Täter schon bei der Einwirkung durch eine Mittelsperson wußte, auf welchen Angestellten zc. eingewirkt werden sollte, ist nicht nötig (R.G. Str. Bd. 33 S. 355).

4. **Subjektive Voraussetzung** des Vergehens gegen § 10 ist:

a) **Vorsatz:** Fahrlässigkeit genügt nicht, wohl aber dolus eventualis (s. S. 132 Nr. VI, 1). Der Täter muß nach allgemeinen strafrechtlichen Grundsätzen alle Tatumstände kennen, insbesondere also, daß es sich um einen Angestellten, Arbeiter oder Lehrling handelt, dessen Dienstverhältnis noch dauert, sowie daß dieser Geheimnisse, die ihm vermöge des Dienstverhältnisses anvertraut oder sonst zugänglich geworden sind, unbefugt zu Zwecken des Wettbewerbs oder der Schädigung seines Prinzipals mitteilen würde, wenn die Verleitung erfolgreich wäre.

b) daß die Verleitung zu **Zwecken des Wettbewerbs**, sei es des eigenen oder eines Dritten geschieht. Bei dieser Absicht genügt der dolus eventualis, die Vorstellung der Möglichkeit, nicht (s. S. 132 Nr. VI, 2).

5. **Beispiele** aus der Praxis sind folgende: Ein Konkurrent fordert Angestellte eines anderen auf, ihm Mitteilungen über Einzelheiten des Fabrikverfahrens zu machen (R.G. Str. Bd. 32 S. 309); jemand sinnt einem Arbeiter an, ihm ein Lackbereitungsverfahren zu verschaffen, das der Arbeiter noch nicht kennt, welches er aber auskundschaften soll (R.G. Str. Bd. 33 S. 355); ein Kontorist wird ersucht, eine Preiskalkulation mitzuteilen, die noch nicht fertiggestellt ist (R.G. Str. Bd. 35 S. 136); ein Arbeiter soll veranlaßt werden, eine Stellung anzunehmen und dort ein Geheimnis auszukundschaften (Erk. mitgeteilt von Finger in U.W. 1 S. 88).

6. **Versuch** ist begrifflich unmöglich, da jede Versuchshandlung als „Unternehmen" anzusehen ist, das den Tatbestand des § 10 erfüllt. Dagegen kann **Anstiftung** und **Beihilfe** erfolgen (vgl. R.G. Str. Bd. 14 S. 318).

7. Die **Strafe** war im Entwurf bis zu 1500 Mark Geldstrafe und 6 Monaten Gefängnis bestimmt. Dieselbe wurde von der Kommission auf die volle Strafe des § 9 erhöht, dann aber mit Rücksicht darauf, daß die erfolglose Verleitung geringer zu bestrafen ist, als die erfolgreiche Anstiftung, auf den jetzigen Maximalbetrag ermäßigt.

8. Die Verfolgung **verjährt** in 5 Jahren.

9. Über **Buße** s. S. 159.

10. **Veröffentlichung** des Urteils vgl. zu § 13.

14. Über **Antrag, Privatklage, Zuständigkeit** s. zu § 12.

15. Ein **Schadensersatzanspruch** aus § 10 ist nicht gegeben, wohl aber ein **Unterlassungsanspruch** in den S. 139 Nr. III dargelegten Grenzen.

§ 11.

Die in den §§ 1, 6, 8, 9 bezeichneten Ansprüche auf Unterlassung oder Schadensersatz verjähren in sechs Monaten von dem Zeitpunkt an, in welchem der Anspruchsberechtigte von der Handlung und von der Person des Verpflichteten Kenntnis erlangt, ohne Rücksicht auf diese Kenntnis in drei Jahren von der Begehung der Handlung an.

Für die Ansprüche auf Schadensersatz beginnt der Lauf der Verjährung nicht vor dem Zeitpunkt, in welchem ein Schaden entstanden ist.

Inhaltsangabe.

A. Prinzip und Anwendungsgebiet des § 11.

1. Die **Verjährung der strafrechtlichen Verfolgung** regelt sich nach den allgemeinen Bestimmungen §§ 66—69 Str.G.B. und § 22 Reichspreßgesetz.

2. Was die **Verjährung der zivilrechtlichen Ansprüche** betrifft, so erschien es angemessen, besondere kurze Verjährungsfristen einzuführen.

„Es ist nicht zu verkennen, daß alle Gründe, die eine Festsetzung kurzer Verjährungsfristen für den geschäftlichen Verkehr überhaupt erheischen, bei den von dem Entwurfe geregelten Verhältnissen in besonderem Grade hervortreten. Es sollen deshalb die Ansprüche, wenn der Anspruchsberechtigte von der Handlung und der Person des Verpflichteten Kenntnis erlangt hat, in sechs Monaten geltend gemacht werden. Die Zulassung einer Klage nach Ablauf dieser Frist würde im allgemeinen nur der Chikane den Weg bahnen. Ohne Rücksicht auf jene Kenntnis sollen die Ansprüche mit Ablauf von drei Jahren von der Begehung der Handlung an verjähren. Die Möglichkeit, noch weiter zurückliegende Vorgänge zur richterlichen Entscheidung bringen zu können, wäre mit der Rücksicht auf die Lage dessen, der in Anspruch genommen wird, ebensowenig zu vereinen, wie sie durch die Interessen erfordert wird, deren Schutz sich der Entwurf zum Ziele gesetzt hat." (Begründung.)

3. **Diese kurze Verjährung bezieht sich sowohl auf Schadensersatz wie auf Unterlassungsansprüche.** Hervorgehoben sind die Ansprüche aus §§ 1, 6, 8 und 9. Soweit in vorstehenden Erörterungen ein Unterlassungsanspruch für zulässig erklärt ist, ohne daß er im Gesetz besonders erwähnt wurde, z. B. § 7 (s. S. 108), § 9 (s. S. 189 Nr. III), § 10 (s. S. 141 Nr. 15), ist anzunehmen, daß, wenn §§ 7 und 10 auch nicht ausdrücklich in § 11 erwähnt sind, die Verjährungsvorschriften auch hier anzuwenden sind, denn § 7 ist die strafrechtliche Ergänzung zu § 6, § 10 die Verfolgung einer erfolglosen Anstiftung zum Vergehen gegen § 9 Abs. 1; die analoge Anwendung daher gegeben. Wo aber Schadensersatzansprüche aus Vorschriften entstehen, die nicht in diesem Gesetz enthalten sind, sondern etwa aus Bestimmungen des B.G.B. für zulässig erachtet werden, greift § 11, der nur für dieses Gesetz gegeben ist, nicht Platz.

4. § 11 will das Recht der Verjährung für das Gesetz nicht abschließend regeln; er gibt nur einige **Sondervorschriften für Beginn und Dauer.** Insoweit hierdurch das gemeine bürgerliche Recht nicht geändert ist, tritt es subsidiär ein (vgl. R.G. C. Bd. 29 S. 28). Es kommen also jetzt die allgemeinen Grundsätze des B.G.B. neben § 11 zur Anwendung.

B. Beginn der Verjährung.

I. Allgemeines.

1. Es sind **zwei Verjährungsfristen** in § 11 festgesetzt: 6 Monat von dem Zeitpunkt der Kenntnis von Tat und Täter, 3 Jahre von der Begehung an; bei Schadensersatzansprüchen ist ferner zum Beginn der Verjährung Eintritt des Schadens nötig (§ 11 Abs. 2).

2. Erste Voraussetzung für den Beginn jeder Verjährung ist daher, daß die **Handlung begangen** ist, die das Recht zur Verfolgung gibt. Liegt eine einzelne Handlung vor, so kommt es lediglich auf deren Vollendung an; es ist bei den einzelnen Gesetzesbestimmungen dargelegt, wann die Verletzung derselben als vollendet gilt. Sehr häufig findet gerade bei den Verfehlungen gegen dies Gesetz eine fortgesetzte Tätigkeit statt; eine Reklame wird vielfach oder längere Zeit hindurch verbreitet; der Name eines Berechtigten wird dauernd gemißbraucht ꝛc. Der Begriff der fortgesetzten Handlung ist für die strafrechtlichen Vorschriften der §§ 4 und 7 (s. S. 72) dargelegt; es fragt sich, ob auch zivilrechtlich dieser Begriff zu verwenden ist. Adoptiert man den Begriff auch für das Zivilrecht, so würde die Verjährung erst beginnen, wenn die gesamte Tätigkeit eingestellt ist; nimmt man ihn nicht an, so begründet jede Einzelhandlung den Beginn einer neuen Verjährungsfrist.

Die Begründung erledigt die Streitfrage kurz mit den Worten: „Es bedarf nicht des besonderen Ausdrucks, daß jede wiederholte Zuwiderhandlung einen neuen Anspruch erzeugt," ohne näher darauf einzugehen, wann eine „wiederholte" Zuwiderhandlung vorliegt.

Zunächst ist hervorzuheben, daß die in der Praxis für die strafrechtliche Verantwortung festgestellten Grundsätze von dem Begriff der fortgesetzten Handlung hier nicht in Betracht gezogen werden können (wie dies das R.G. C. Bd. 49 S. 20 tut); denn im Strafrecht kommt es auf die Einheit des verbrecherischen Entschlusses, aus dem verschiedene Taten hervorgehen, an (vgl. z. B. R.G. Str. Bd. 15 S. 371); es ist also das subjektive Moment entscheidend; die zivilrechtlichen Ansprüche aus dem Gesetze aber setzen meist nicht dolus, verschiedentlich, wie z. B. bei der Unterlassungsklage aus § 1, nicht einmal Versehen voraus; bei ihnen überwiegt daher die objektive Seite, es entscheidet die Tatsache, durch die mit oder ohne Willen das Gesetz verletzt ist. Hier ist also lediglich zu untersuchen, ob objektiv eine einheitliche Handlung oder eine Mehrheit von solchen vorliegt.

Welches von beiden der Fall ist, ist Tatfrage. Hat der Täter eine Handlung begangen, deren Wirkung sich auf längere Zeit erstreckt, z. B. eine Reklame an seinem Hause angebracht, die jahrelang sich dort befindet, so liegt eine einheitliche Handlung vor, gleichviel, ob die Kenntnis des Publikums, an welches sich die Reklame wendet, sich, solange dieselbe angebracht ist, erneuert. Wird aber z. B. eine Zeitschrift mit verbotenem Titel veröffentlicht, so ist anzunehmen, daß die Herausgabe jeder neuen Nummer als erneute Zuwiderhandlung anzusehen ist (R.G. in U.W. I S. 94). Dasselbe muß für Versendung von Zirkularen gelten, bei denen jede zu verschiedenen Zeiten geschehende Übersendung eine neue Einzelhandlung darstellt (R.G. C. Bd. 49 S. 20). Ebenso ist anzunehmen, daß, wenn ein Artist unter verbotenem Namen auftritt, jede Ankündigung des Auftretens erneut das Gesetz verletzt (dagegen L.G. I Berlin in U.W. I S. 154 und Anmerkung dazu).

Im übrigen ist, wie bemerkt, jeder Fall einzeln zu prüfen und zwar, da es auf die subjektive Seite, den Entschluß, nicht ankommt, lediglich dahin, ob eine einheitliche Handlung anzunehmen ist.

Verneint man dies, so unterliegt jeder Einzelfall einer besonderen Verjährung. Aus dem Umstande, daß Zuwiderhandlungen während der Verjährungszeit unbeanstandet geblieben sind, folgt keineswegs ein Recht auf ein ferneres gleiches Tun; eine Art Ersitzung ist in § 11 nicht ausgesprochen (R.G. C. Bd. 49 S. 22, vgl. auch R.G. C. Bd. 25 S. 6).

3. Weitere Voraussetzung für den Beginn der Verjährung von 6 Monaten ist **Kenntnis** von der Person des Verpflichteten und der Tat (ähnlich § 852 B.G.B. und § 61 Str.G.B.). Vermutung, Verdacht, Kennen-Sollen oder -Müssen steht der Kenntnis nicht gleich (Dernburg Bd. 2 Abt. 2 S. 680, vgl. R.G. Str. Bd. 27 S. 36). Nicht erforderlich ist dagegen die Kenntnis aller Einzelheiten des Vorgangs; vielmehr genügt das Wissen der Tatsachen, die zu einem Schlusse auf die Beschaffenheit der Tat in ihren wesentlichen Beziehungen berechtigen (R.G. Str. Bd. 10 S. 141 zu § 61 Str.G.B.). Die Kenntnis der Person des Verpflichteten setzt voraus, daß man alle wesentlichen seine Person betreffenden Tatbestandsmerkmale kennt (vgl. R.G. Str. Bd. 6 S. 47 zu § 61 Str.G.B.). Es genügt z. B. nicht, daß man weiß, ein anderer benutze ein dem Gewerbebetrieb des Berechtigten entnommenes Geheimnis; die Verjährung beginnt erst mit dem Zeitpunkt, in dem man erfahren hat, daß das Geheimnis durch unerlaubte Mittel bekannt geworden ist. Kenntnis des Namens des Verpflichteten wird im Gegensatz zu der Praxis zu § 61 Str.G.B. (R.G. Str. Bd. 27 S. 34) für erforderlich erachtet werden (dagegen Finger S. 299), da die Anstellung der Klage die Benennung des Verpflichteten voraussetzt.

Ist eine juristische Person, ein Verein, eine offene Handelsgesellschaft 2c. berechtigt, so entscheidet die Wissenschaft eines der zur Vertretung berechtigten Personen (dies folgt analog aus § 28 Abs. 2 B.G.B., §§ 125 Abs. 2 Satz 3, 232 Satz 3 H.G.B., ebenso Kahn S. 98, dagegen Wolff S. 57).

4. Sind **mehrere Personen verpflichtet**, so läuft gegen jede die Verjährung besonders von dem Zeitpunkt, an dem der Berechtigte von seiner Person Kenntnis erhalten hat; ebenso ist bei **mehreren Anspruchsberechtigten** für jeden nur seine Kenntnis für den Beginn der Verjährung maßgebend.

5. Ohne Rücksicht auf die Kenntnis verjährt der Anspruch in **drei Jahren von der Begehung** ab.

II. Beginn der Verjährung für die Schadensersatzklage.

1. In dem Entwurf fehlte der jetzige Abs. 2 des § 11. Die Begründung führt aus, daß selbstverständlich der Anspruch auf Schadensersatz nicht schon von dem Zeitpunkt der schädigenden Handlung, sondern erst dann zu verjähren beginnt, wenn ein Schade wirklich erwachsen ist. Die Kommission hat dies ausdrücklich bestimmen wollen und ist Abs. 2 dem § 11 zugefügt.

2. Die Fassung des Abs. 2 ist keine zweifelsfreie; man kann ihn so auslegen, daß, wenn ein Schade entstanden ist, der Berechtigte seinen Anspruch verliert, wenn er 6 Monate, nachdem er von Tat und Täter Kenntnis erhalten hat, nicht vorgeht, obgleich er von dem Schaden nichts weiß, daß also Kenntnis des Schadens nicht Voraussetzung des Beginns der Verjährung ist. Dies ist aber sicherlich nicht gemeint, vielmehr soll für die 6monatliche Verjährung Voraussetzung die **Kenntnis des Schadens** sein (so auch § 852 B.G.B. und allgemeine Ansicht). Es ist daher zu unterscheiden:

a) Ist objektiv noch kein Schade entstanden, so beginnt überhaupt keine Verjährung, selbst wenn Tat und Täter bekannt sind (Schmid S. 355). Wenn also z. B. ein Prinzipal weiß, daß ein Angestellter einem anderen ein Geheimnis verraten hat, dieser andere aber erst nach 10 Jahren das Geheimnis benutzt, so daß erst dann der Schade entsteht, so läuft die Verjährung erst vom Moment der Benutzung an.

b) Ist ein Schade entstanden, so kann der Berechtigte innerhalb 6 Monate von Kenntnis der Tat, des Täters und des Schadens vorgehen, keinesfalls aber, wenn länger als 3 Jahre seit Entstehung des Schadens verstrichen sind.

3. Nicht unbestritten ist, wann ein Schade im Sinne des Gesetzes vorhanden und wann er bekannt ist:

a) Es genügt für den Beginn der Verjährung, daß ein Schade entstanden ist, d. h. daß die rechtsverletzende Handlung eine schädigende Folge gehabt hat (Finger S. 301). Ein Plenarbeschluß des Obertribunals (Entsch. Bd. 13 S. 19) hat den in der preußischen Praxis stets durchgeführten Grundsatz für den dem § 11 gleichliegenden § 54 I, 6 A.L.R. ausgesprochen, daß die sich erneuernden Folgen der beschädigenden Handlung und die daraus hergeleiteten Entschädigungsansprüche nur ein Ausfluß des aus der beschädigenden Handlung und ihrer Wirkung für den Beschädigten entstandenen gesetzlichen Rechts sind. Nur, wenn eine beschädigende Handlung sich wiederholt, beginnt für die hieraus entstehenden Schäden eine neue Verjährung (weitere Entscheidungen bei Wolff S. 58 und bei Rehbein, Die Entscheidungen des preußischen Obertribunals Bd. 1 S. 619 Anm.). Bei unzulässiger Reklame durch ein Inserat ist ein Schade entstanden, wenn ein Kunde dem Konkurrenten abgeht; von da beginnt die Verjährung für allen aus dem Inserat entstehenden Schaden; wird ein neues Inserat veröffentlicht, beginnt für den hieraus entstehenden Schaden eine neue Verjährung.

b) Wenn auch der Schade bekannt ist, so wird der **Umfang** desselben in vielen Fällen doch nicht sofort bekannt und festzustellen sein. An sich ist für die Kenntnis nur entscheidend, daß man das Dasein des Schadens erfahren hat, nicht daß man die Höhe kennt (Dernburg Bd. 2, 2 S. 630). Der Berechtigte kann daher sowohl, ehe er die Höhe des Schadens, als auch, ehe er eventuell den weiteren aus der schädigenden Handlung entstehenden Schaden übersehen kann, in die Lage kommen, klagen zu müssen, um die Verjährung zu unterbrechen. Wie bereits S. 61 Nr. 8 unter Berufung auf die Plenarentscheidung des R.G. Bd. 21 S. 382 ausgeführt ist, kann in solchem Fall der Kläger sowohl darauf klagen, daß der in bestimmter Weise (z. B. durch Sachverständige) zu ermittelnde Schade (S. 387), oder aber, falls weiterer Schade als der bisher entstandene, zu besorgen, daß der Schade, vorbehaltlich Festsetzung in einem besonderen Verfahren, ersetzt werde. Letzteres ist immer zulässig, wenn durch den drohenden Ablauf der Verjährung der Berechtigte an der alsbaldigen Feststellung ein Interesse hat.

C. Fristberechnung.

1. Für die **Berechnung der Fristen** kommen die §§ 187 ff. B.G.B. zur Anwendung (§ 186 B.G.B.). Als Anfangstag gilt der dem verletzenden Ereignis nachfolgende Tag (§ 187 Abs. 1). Die Frist endigt mit dem Ablauf des Tages, der durch seine Benennung dem Tage entspricht, in den das Ereignis fällt (§ 188 B.G.B.). Ist also z. B. die Tat am 21. Januar bekannt geworden, so endet die Verjährung am 21. Juli desselben Jahres. Fehlt bei der 6monatlichen Frist in dem letzten Monat der für den Ablauf maßgebende Tag, so endigt die Frist mit dem Ablauf des letzen Tages dieses Monats (§ 188).

2. Ist der Anspruch rechtskräftig festgestellt, oder ist ein vollstreckbarer Vergleich geschlossen oder eine vollstreckbare Urkunde aufgenommen, so tritt 30jährige Verjährung ein (§§ 218 ff. B.G.B.).

D. Hemmung und Unterbrechung.

1. Für die **Hemmung** der Verjährung kommen die §§ 202—207 B.G.B. in Betracht, auf die verwiesen wird.

2. Die **Unterbrechung** regelt sich nach §§ 208—217 B.G.B. Da Unterlassungsklage und Schadensersatzklage selbständige Natur haben (s. S. 46 Nr. C I 2), so ist nicht anzunehmen, daß die Erhebung der einen Klage die Verjährung der anderen unterbricht (zum Teil dagegen Wolff S. 69). Der Antrag auf Zuerkennung einer Buße im Strafprozeß unterbricht die Verjährung der Entschädigungsklage nicht (R.G. C. Bd. 16 S. 15).

E. Geltendmachung und Wirkung der Verjährung.

1. Der Verjährungseinwand ist **nicht von Amtswegen** zu berücksichtigen (Dernburg Bd. 1 S. 534 II); er ist geltend zu machen im Wege der Einrede. Die Tatsachen, auf die sich die Einrede stützt, hat der Beklagte zu beweisen. Ist die Klage nach drei Jahren von dem Zeitpunkte der Tat oder bei Schadensersatzklagen vom Zeitpunkt des Schadens erhoben, so ist weiterer Beweis nicht nötig, da der Ablauf der Frist genügt. Wird die Klage zwar vor Ablauf der 3 Jahre, aber nach Ablauf von 6 Monaten seit der Tat erhoben, so hat Beklagter den Beweis zu führen, daß Kläger die Kenntnis bereits länger als 6 Monate gehabt hat (Müller S. 167).

2. **Wirkung der Verjährung** ist, daß der Verpflichtete berechtigt ist, die Leistung zu verweigern (§ 222 B.G.B.); doch ist er, wie oben (S. 143 Nr. 2) dargelegt, nicht etwa nun berechtigt, fernerhin in gleicher Weise Zuwiderhandlungen auszuüben. Die Bestimmung des § 852 Abs. 2 B.G.B., nach der auch nach Vollendung der Verjährung ein Anspruch auf Herausgabe ungerechtfertigter Bereicherung besteht, ist nicht analog anzuwenden (vgl. Seligsohn, Patentgesetz S. 339). Denn, wenn auch an sich, in verschiedenen Fällen (s. S. 121 Nr. 11) ein Anspruch auf die Bereicherung gegeben ist, so wollte das Gesetz („Die . . . Ansprüche auf Unterlassung und Schadensersatz") die gesamten aus den bezeichneten Paragraphen entsprechenden Ansprüche durch die Verjährung treffen. Dieser ausschließlichen Regelung gegenüber ist eine Anwendung der weitergehenden Bestimmung des B.G.B. ausgeschlossen (so Wolff S. 31, dagegen Finger S. 308).

§ 12.

Die Strafverfolgung tritt mit Ausnahme der im § 5 bezeichneten Fälle nur auf Antrag ein. In den Fällen des § 4 hat das Recht

den Strafantrag zu stellen, jeder der im § 1 Absatz 1 bezeichneten Gewerbetreibenden und Verbände.

Die Zurücknahme des Antrages ist zulässig.

Strafbare Handlungen, deren Verfolgung nur auf Antrag eintritt, können von den zum Strafantrage Berechtigten im Wege der Privatklage verfolgt werden, ohne daß es einer vorgängigen Anrufung der Staatsanwaltschaft bedarf. Die öffentliche Klage wird von der Staatsanwaltschaft nur dann erhoben, wenn dies im öffentlichen Interesse liegt.

Geschieht die Verfolgung im Wege der Privatklage, so sind die Schöffengerichte zuständig.

Inhaltsangabe.

A. Strafantrag.

I. Allgemeines.

1. **Alle Verfehlungen gegen das Gesetz, mit Ausnahme der in § 5 bezeichneten Übertretung, sind nur auf Antrag zu verfolgen.** Die Begründung motiviert dies folgendermaßen:

„Die in dem Entwurfe bedrohten Vergehen verletzen, mit Ausnahme der Fälle des § 5, nur private Interessen. Von deren Entschließung kann daher die Strafverfolgung abhängig gemacht werden. Wird von denselben ein Antrag nicht gestellt oder wird ein gestellter Antrag zurückgezogen, so deutet dies darauf hin, daß entweder der angerichtete Schaden nicht erheblich ist, oder daß eine Verständigung zwischen den Beteiligten stattgefunden hat. In beiden Fällen liegt zur Einleitung oder zur Fortführung eines Strafverfahrens ein Grund nicht vor. Dagegen werden Übertretungen der nach § 5 vom Bundesrat erlassenen Anordnungen der bestimmten Beziehung zu dem Interessentenkreise einer Einzelperson in der Regel entbehren; sie kennzeichnen sich vielmehr im allgemeinen als ein Verstoß gegen die Ordnung und sind daher von Amtswegen zu verfolgen." (Vgl. hierzu die Bemerkungen von M. M. Kohler S. 217.)

2. Die materiellen und prozessualen **Voraussetzungen des Antrags** sind bis auf eine Bestimmung in Satz 2 Abs. 1 des § 12 betreffend die Berechtigung der in § 1 genannten Verbände zur Stellung des Strafantrags in dem Strafgesetzbuch §§ 61—65 und in der Strafprozeßordnung § 156 geregelt. Diese Vorschriften lauten:

§ 61. Eine Handlung, deren Verfolgung nur auf Antrag eintritt, ist nicht zu verfolgen, wenn der zum Antrage Berechtigte es unterläßt, den Antrag binnen drei Monaten zu stellen. Diese Frist beginnt mit dem Tage, seit welchem der zum Antrage Berechtigte von der Handlung und von der Person des Täters Kenntnis gehabt hat.

§ 62. Wenn von mehreren zum Antrage Berechtigten einer die dreimonatliche Frist versäumt, so wird hierdurch das Recht der übrigen nicht ausgeschlossen.

§ 63. Der Antrag kann nicht geteilt werden. Das gerichtliche Verfahren findet gegen sämtliche an der Handlung Beteiligte (Täter und Teilnehmer), sowie gegen den Begünstiger statt, auch wenn nur gegen eine dieser Personen auf Bestrafung angetragen worden ist.

§ 64. Die Zurücknahme des Antrages ist nur in den gesetzlich besonders vorgesehenen Fällen und nur bis zur Verkündung eines auf Strafe lautenden Urteiles zulässig.

Die rechtzeitige Zurücknahme des Antrages gegen eine der vorbezeichneten Personen hat die Einstellung des Verfahrens auch gegen die anderen zur Folge.

§ 65. Der Verletzte, welcher das achtzehnte Lebensjahr vollendet hat, ist selbständig zu dem Antrage auf Bestrafung berechtigt. Solange er minderjährig ist, hat, unabhängig von seiner eigenen Befugnis, auch sein gesetzlicher Vertreter das Recht, den Antrag zu stellen.

Ist der Verletzte geschäftsunfähig oder hat er das achtzehnte Lebensjahr noch nicht vollendet, so ist sein gesetzlicher Vertreter der zur Stellung des Antrages Berechtigte.

St.P.O. § 156. Anzeigen strafbarer Handlungen oder Anträge auf Strafverfolgung können bei der Staatsanwaltschaft, den Behörden und Beamten des Polizei- und Sicherheitsdienstes und den Amtsgerichten mündlich oder schriftlich angebracht werden. Die mündliche Anzeige ist zu beurkunden.

Bei strafbaren Handlungen, deren Verfolgung nur auf Antrag eintritt, muß der Antrag bei einem Gericht oder der Staatsanwaltschaft schriftlich oder zu Protokoll, bei einer anderen Behörde schriftlich angebracht werden.

Es sollen in folgendem die für die Anwendung des § 12 besonders interessierenden Punkte erörtert werden und wird im übrigen auf die Kommentare zum Strafgesetzbuch verwiesen (vgl. auch Köhler. Die Lehre vom Strafantrag in den strafrechtlichen Abhandlungen von Bennecke u. Beling Heft 18).

II. Antragsberechtigte.

1. Nach §§ 61, 65 Str.G.B. ist zum Strafantrage berechtigt der **Verletzte.** Es ist dies nicht derjenige, der im zivilrechtlichen Sinne Schaden erlitten hat, weil die Zufügung eines Schadens nicht allgemeine Voraussetzung der im Gesetz bezeichneten Vergehen ist; Verletzter ist vielmehr derjenige, welcher durch die Straftat selbst betroffen, in seinen Rechten durch dieselbe unmittelbar gekränkt wird (R.G. Str. Bd. 1 S. 371); überhaupt derjenige, gegen dessen durch das Strafgesetz geschütztes Recht der Angriff gerichtet ist (R.G. Str. Bd. 19 S. 251). Entscheidend ist lediglich die Zeit, in welcher die Tat begangen ist; wer zu diesem Zeitpunkt der Verletzte war, ist strafantragsberechtigt und ist eine Übertragung dieses Rechts unzulässig (R.G. Str. Bd. 12 S. 328). Diese Grundsätze auf die einzelnen Fälle des Gesetzes angewendet, ergeben folgendes:

a) Berechtigt zur Stellung des Strafantrages nach **§ 4** ist jeder der in § 1 bezeichneten Gewerbetreibenden und Verbände. Dies ist in § 12 ausdrücklich bestimmt, ergibt sich aber auch an sich aus allgemeinen Grundsätzen in Verbindung mit §§ 1 und 4.

b) Nach **§ 7** ist berechtigt derjenige, der zur Zeit des Vergehens Inhaber des Gewerbebetriebs, gegen den sich der Angriff richtet, gewesen ist. Der „Leiter" des Geschäfts ist nicht als Verletzter anzusehen (s. S. 97 Nr. 2, dagegen Müller S. 110).

c) Nach **§§ 9 und 10** ist verletzt der Inhaber des Geschäfts, dessen Geheimnis verraten ist und zwar zur Zeit der Tat, d. h. wenn ein Vergehen gegen § 9 Abs. 1

vorliegt, zur Zeit, als das Geheimnis mitgeteilt wird, bei Vergehen gegen § 9 Abs. 2 zur Zeit der Mitteilung oder Verwertung, gegen § 10 zur Zeit des Unternehmens. Wenn z. B. ein Geschäftsinhaber, nachdem er einem Angestellten ein Geheimnis anvertraut hat, sein Geschäft veräußert, demnächst der Angestellte, der seine Stellung auch bei dem Nachfolger behalten hat, das Geheimnis mitteilt, so ist nur der Nachfolger antragsberechtigt.

2. Ebensowenig, wie das Antragsrecht übertragbar ist, ist es vererblich (R.G. Str. Bd. 11 S. 55).

3. Verletzt kann nicht nur eine physische sondern auch eine **juristische Person** sein. Auch diese ist daher berechtigt, Strafantrag zu stellen (R.G. Str. Bd. 15 S. 293); ebenso kann ein Kaufmann den Strafantrag unter dem Namen seiner Firma stellen, falls diese verletzt ist (R.G. Str. Bd. 23 S. 349, Bd. 29 S. 354).

4. Sind **mehrere Antragsberechtigte** vorhanden, was insbesondere bei den Vergehen gegen § 4 vielfach der Fall sein wird, so steht jedem das Recht selbständig zu. Ist aber auf Antrag eines Berechtigten Aburteilung erfolgt, so kann wegen derselben Tat nicht von neuem vorgegangen werden (§ 415 Str.P.O., Olshausen Anm. 59 zu § 61, Loewe Anm. zu § 415, R.G Str. Bd. 3 S. 362).

5. **Der Berechtigte ist nicht verpflichtet, den Antrag persönlich zu stellen.** Zunächst ist ausdrückliche Vollmacht, einen Strafantrag zu stellen, zulässig (R.G. Str. Bd. 1 S. 389); dieselbe braucht nicht schriftlich zu sein (R.G. Str. Bd. 3 S. 425, Bd. 19 S. 7); es ist auch nicht notwendig, daß der Nachweis der Vollmacht innerhalb der Antragsfrist erbracht wird (R.G. Str. Bd. 12 S. 331). An sich macht auch die nachträglich erfolgende Genehmigung den Strafantrag eines nicht Vertretungsberechtigten gültig, nur muß diese Genehmigung innerhalb der Frist nachgewiesen werden (R.G. Str. Bd. 12 S. 329).

Ferner ist angenommen, daß gewisse Personen berechtigt sind, auch ohne ausdrückliche Vollmacht Strafanträge zu stellen, jedoch immer mit der Beschränkung, wenn und insoweit anzunehmen ist, daß die Stellung des Antrags dem Willen des Berechtigten entspricht; so bei dem Generalbevollmächtigten zur Verwaltung eines ganzen Vermögens oder eines Vermögensteils, soweit ein seiner Verwaltung unterliegendes Recht angegriffen ist (R.G. Str. Bd. 1 S. 389, Bd. 2 S. 149, Bd. 19 S. 7); bei dem Prokuristen bei Verletzung mit dem Geschäft zusammenhängender Rechte (R.G. Str. Bd. 15 S. 144), nicht aber beim Handlungsbevollmächtigten oder Generalagenten (R.G. Str. Bd. 15 S. 329; letzteres ist auch jetzt, trotz § 84 H.G.B. anzunehmen). Demnach wird man in allen Fällen, in denen ein Vergehen aus §§ 4, 7, 9, 10 gegen den Geschäftsbetrieb gerichtet ist, den Prokuristen und auch den in § 7 erwähnten Leiter für berechtigt erachten, im Namen des Geschäftsinhabers Strafantrag zu stellen, soweit dies dem Willen des letzteren entspricht.

Ist der Geschäftsinhaber in **Konkurs**, so ist der Verwalter, soweit er als Berechtigter erscheint (vgl. S. 47 Nr. e; 57 III a. 1) und neben ihm der Gemeinschuldner zum Strafantrag berechtigt (R.G. Str. Bd. 23 S. 223).

III. Form und Inhalt des Antrags.

1. **Nach § 156 Str.P.O. ist der Antrag bei der Staatsanwaltschaft, bei einem Gericht oder bei Behörden und Beamten des Polizei- und Sicherheitsdienstes zu stellen.** Nicht nötig ist die Anbringung bei einem kompetenten Gerichte oder Behörde (Olshausen Anm. 22 zu § 61).

2. Die **Form** ist bei Anträgen an das Gericht oder die Staatsanwaltschaft schriftliche oder protokollarische, sonst nur schriftliche.

3. Zur **Schriftform** gehört im allgemeinen die Unterschrift, jedoch kann dieselbe durch Unterstempelung oder Zeichen, wie Kreuze ꝛc., ersetzt werden; auch ist Nachholung der Unterschrift innerhalb der Frist zulässig (R.G. Str. Bd. 3 S. 442). Für die protokollarische Form sind besondere Vorschriften nicht gegeben, es genügt eine Registratur (R.G. Str. Bd. 12 S. 375).

4. Der Antrag muß seinem **Inhalt** nach den Willen erkennen lassen, daß strafrechtlich vorgegangen wird; besondere dahin zielende Worte sind nicht nötig (R.G. Str. Bd. 12 S. 174, Bd. 19 S. 380).

5. **Gleichgültig ist die rechtliche Qualifikation der Handlung im Antrag;** es muß nur die Tat so bezeichnet sein, daß deren Identität nicht zweifelhaft ist. Nicht nötig ist die Bezeichnung der Person desjenigen, dessen Bestrafung verlangt wird (R.G. Str. Bd. 7 S. 36). Näheres, insbesondere ausgedehnte Judikatur bei Olshausen Anm. 88ff. zu § 61; dort auch über Bedingungen und Vorbehalte des Antrags.

IV. Antragsfrist.

1. Der Antrag ist innerhalb **dreier Monate** von dem Tage an zu stellen, seit dem der Berechtigte von Tat und Täter Kenntnis gehabt hat (§ 61 Str.G.B.). Nach den Worten des Gesetzes: „Die Frist beginnt mit dem Tage, seit welchem ꝛc." ist hier im Gegensatz zu der Berechnung bei der zivilrechtlichen Verjährung (s. S. 145 Nr. C) anzunehmen, daß die Frist mit dem Beginn des dem Anfange der Antragsfrist entsprechenden Kalendertages endigt (R.G. Str. Bd. 1 S. 41 und Olshausen Anm. 29 zu § 61). Ist daher die Kenntnis z. B. am 28. Februar erlangt, so ist der Antrag bis zum 27. Mai einschließlich zu stellen.

2. Wann die **Tat** als begangen, d. h. als vollendet gilt, ist bei den einzelnen Bestimmungen erörtert. Ein fortgesetztes Vergehen (s. S. 72) endet mit der letzten der in ihm enthaltenen Einzelhandlungen, so daß dem Berechtigten, wenn er von dieser Kenntnis erlangt, die Antragsfrist noch offensteht ohne Rücksicht darauf, ob er früher von früheren Einzelhandlungen Kenntnis gehabt hat (R.G. Str. Bd. 15 S. 373).

3. Über den Begriff der **Kenntnis** vgl. S. 143 Nr. 3.

4. Sind **mehrere Personen** bei einem Vergehen beteiligt, so beginnt die Frist gegen alle, sowie die Frist gegen einen begonnen hat, weil der Antrag gegen den einen die Verfolgung gegen alle umfaßt (§ 63 Str.G.B., R.G. Str. Bd. 9 S. 390, Bd. 25 S. 107). Hat also jemand von einer unlauteren Reklame eines Konkurrenten Kenntnis erlangt, so beginnt mit diesem Zeitpunkt die Antragsfrist auch gegen noch unbekannte Anstifter und Gehilfen.

V. Unteilbarkeit des Antrags.

1. **Nach dem auch für § 12 anwendbaren § 63 des Str.G.B. kann der Antrag nicht geteilt werden** und hat derselbe das gerichtliche Verfahren gegen sämtliche Beteiligte zur notwendigen Folge. Wenn also der Antragsteller die Bestrafung auch nur eines Beteiligten verlangt, so ist gegen alle einzuschreiten, welche an der in der Anzeige bezeichneten Handlung teilgenommen haben. Dies gilt selbst, wenn die Unschuld des allein im Antrage Benannten erwiesen ist (R.G. Str. Bd. 5 S. 271, Bd. 7 S. 85). Auch ein Vorbehalt, daß gegen gewisse Personen nicht eingeschritten werden soll, nützt nichts, es sei denn, daß aus dem Antrag der Wille hervorgeht, daß, falls dem Vorbehalt nicht entsprochen wird, der Antrag als nicht gestellt gelten soll (R.G. Str. Bd. 6 S. 155).

2. Der Ausdruck: **Beteiligte** ist in weitestem Sinne zu nehmen; er umfaßt außer den Mittätern, Anstiftern, Gehilfen auch die Personen, welche ohne den zur Teil-

nahme erforderlichen Vorsatz durch ihr Zusammenwirken den gesetzwidrigen Erfolg herbeiführen (R.G. Str. Bd. 20 S. 59, Bd. 33 S. 162).

3. Notwendig ist aber, daß eine Beteiligung an der im Antrag bezeichneten **Tat** vorliegt. Eine Identität der von dem einen mit der von dem anderen begangenen Handlung liegt dann nicht vor, wenn zwar dasselbe Recht aber durch verschiedene eigenartige und selbständige Deliktsformen verletzt ist (R.G. Str. Bd. 28 S. 178). So sind die Vergehen gegen § 9 Abs. 1 und Abs. 2 als selbständige, begrifflich und inhaltlich verschiedene Straftaten angesehen worden. Ist daher nur Antrag gegen den Angestellten wegen Verrats von Geschäftsgeheimnissen gestellt, so ist ein Verfahren gegen den, der von diesem Angestellten die Geheimnisse erfahren und verwertet hat, soweit er nicht als Anstifter, Gehilfe oder Mittäter des Angestellten anzusehen ist, auf Grund des nur gegen den Angestellten gestellten Strafantrags unzulässig (R.G. Str. Bd. 31 S. 93).

VI. Rücknahme des Antrages.

1. Der Abs. 2 des § 12, dessen Streichung in der Reichstagskommission vergeblich beantragt wurde, ist aus § 64 Str.G.B. zu ergänzen. Danach ist die **Zurücknahme** nur bis zur Verkündung eines auf Strafe lautenden Erkenntnisses zulässig.

2. Die **Form** der Zurücknahme ist gleichgültig; insbesondere ist nicht die Beobachtung der Formen nötig, die für die Stellung des Antrags vorgeschrieben sind (R.G. Str. Bd. 8 S. 79).

3. **Berechtigt** zur Zurücknahme ist der, der den Antrag gestellt hat; Stellvertreter sind es in gleichem Maße, wie bei Stellung des Antrages. Erben haben das Recht der Rücknahme nicht (Olshausen Anm. 7b zu § 64).

4. Das Recht zur Stellung des Strafantrags geht nur durch Ablauf der Zeit oder durch Zurücknahme verloren; dagegen stehen **Verzeihung** der Straftat oder erklärter **Verzicht** auf die Strafverfolgung vor oder während der Antragsfrist der Erhebung des Antrages nicht entgegen (R.G. Str. Bd. 14 S. 204 und die dort zitierten Entscheidungen).

Die Erklärung also eines Prinzipals seinem Angestellten gegenüber, daß er ihm Straflosigkeit verspreche, wenn er den Verrat von Geschäftsgeheimnissen gestehe, hindert ersteren nicht, demnächst doch Strafantrag zu stellen.

B. Einschreiten der Staatsanwaltschaft.

1. Die Verweisung der Ansprüche aus §§ 4, 7, 9, 10 des Gesetzes auf den Weg der Privatklage ist eine Neuerung des letzten Entwurfs des Gesetzes gegenüber den früheren. Die Begründung motiviert dies wie folgt:

„Dem früheren Entwurfe und insbesondere dem § 2 desselben ist von vielen Seiten das Bedenken entgegengehalten worden, daß die Androhung von Strafen, namentlich in den Fällen der schwindelhaften Reklame, zur Belästigung der Organe der Strafrechtspflege gereichen und chikanöse Denunziationen hervorrufen, hierdurch aber die Moral im Geschäftsleben eher schädigen als fördern werde. Dieses Bedenken ist nicht ohne Berechtigung. Eine Strafanzeige bringt, sofern sie nicht wider besseres Wissen erstattet ist (§ 164 Str.G.B.), für den Anzeigenden — abgesehen etwa von der im Falle grober Fahrlässigkeit ihn unter Umständen treffenden Kostenpflicht (§ 501 Str.P.O.) — keinerlei Verantwortlichkeit mit sich; hierin liegt, sobald Fälle unlauteren Wettbewerbs unter strafrechtliche Verfolgung gestellt werden, ein gewisser Anreiz zu Denunziationen, die alsdann die Staatsanwaltschaft und die Polizei zu näheren Ermittelungen verpflichten und, auch wenn sie sich als unbegründet herausstellen, für den Betroffenen mit Unannehmlichkeiten und geschäftlichen Nachteilen verbunden sind. Um dieser Gefahr zu begegnen, soll nach § 12 des gegenwärtigen Entwurfs — ebenso wie bei Beleidigungen und leichten Körperverletzungen — abgesehen von den Fällen des § 5 der Betrieb des Strafprozesses im allgemeinen der Entschließung der Beteiligten überlassen werden. Dieses Verfahren wird, ohne die Wirksamkeit der Strafandrohung abzuschwächen, jeden, der die Strafverfolgung herbeizuführen wünscht, zu einer sorgfältigen Prüfung des Sachverhalts und des eigenen Interesses veranlassen, bevor er den mit der Rolle eines Privatklägers verbundenen Mühewaltungen und pekuniären Opfern sich unterzieht. Dabei bleibt auch das öffentliche Interesse hinreichend gewahrt, insofern bei Verletzung desselben die Staatsanwaltschaft von Amtswegen einzuschreiten berechtigt und verpflichtet ist."

2. Danach soll der Staatsanwalt nur dann Anklage erheben, **wenn dies im öffentlichen Interesse liegt** (vgl. § 416 Str.P.O.), und zwar ist er in diesem Fall zur Erhebung der Anklage nicht nur berechtigt, sondern auch verpflichtet (s. Begründung). Wann die Übernahme der Verfolgung im öffentlichen Interesse geboten ist, ist nach der Lage des einzelnen Falles z. B. auch danach zu entscheiden, ob etwa sich gewisse allgemeine Mißbräuche eingeschlichen haben. Als solche sind zur Zeit vor allem die Schwindelausverkäufe (vgl. hierüber Rundschreiben des preußischen Justizministers an die Staatsanwälte, erwähnt in der Reichstagssitzung vom 23. 1. 1902 in U.W. I S. 91) und die Reklamen der Kurpfuscher anzusehen (vgl. Erlaß des preußischen Justizministers vom 21. 12. 1901 in U.W. I S. 156). Außerdem kann das öffentliche Interesse gefährdet erscheinen durch Schädigung der Allgemeinheit, durch besonders raffiniertes Verhalten des Täters, dem der Privatkläger nicht in der Weise wie die Behörde entgegentreten kann ꝛc.

3. Die Staatsanwaltschaft kann, auch wenn sie die Erhebung der Anklage abgelehnt hat, oder wenn ohne ihre Anrufung Privatklage erhoben ist, **jederzeit die Verfolgung übernehmen** (§ 417 Abs. 2 Str.P.O.).

4. Weist die Staatsanwaltschaft einen Strafantrag aus materiellen Gründen zurück, so ist nach § 170 Str.P.O. Beschwerde an den vorgesetzten Beamten und, falls dieser ebenfalls zurückweist, Antrag auf gerichtliche Entscheidung zulässig. Erfolgt dagegen die Zurückweisung, weil kein öffentliches Interesse vorliegt, so ist nur Beschwerde an die vorgesetzte Behörde event. an die Landesjustizverwaltung zulässig, weil die Frage, ob ein öffentliches Interesse vorliegt, in das Ermessen der Staatsanwaltschaft gestellt ist und hierbei der Rechtsweg ausgeschlossen erscheint (so allgemeine Ansicht, vgl. Loewe Anm. 4 zu § 170 Str.P.O.).

5. Auch wenn nach Zurückweisung des Antrages durch die Staatsanwaltschaft die dreimonatliche Frist abgelaufen ist, kann der Berechtigte Privatklage erheben, da durch die Stellung des Antrages an den Staatsanwalt die Frist gewahrt ist.

C. Privatklage.

1. **Sowohl vor Anrufung der Staatsanwaltschaft als auch nach Zurückweisung des Antrages auf öffentliche Verfolgung kann Privatklage erhoben werden.** Für das Verfahren gelten die Vorschriften der Strafprozeßordnung §§ 417 bis 434, auf welche verwiesen wird. In folgendem sollen nur die Besonderheiten für dies Gesetz hervorgehoben werden.

2. **Kläger** ist der „zum Strafantrag Berechtigte". Es gilt also alles das, was hierüber S. 147 Nr. II gesagt ist; insbesondere können auch die in § 1 genannten Verbände Privatklage erheben.

3. Ein **Sühneversuch**, der in § 420 Str.P.O. nur für Beleidigungen vorgeschrieben ist, ist nicht nötig.

4. Der **Tod** des Privatklägers hat nach der allgemeinen Vorschrift des § 433 Abs. 1 die Einstellung des Verfahrens zur Folge (dagegen Meyer S. 64 Anm. 8). Die Vorschrift des Abs. 2 des § 433 ist eine singuläre, nicht für die Bestimmungen dieses Gesetzes passende, so daß hier jede Weiterführung durch die Erben ausgeschlossen ist (Hauß S. 100).

5. **Widerklage** kann nach § 428 Str.P.O. nur bei Beleidigungen und Körperverletzungen erhoben werden; ist also hier mangels ausdrücklicher Vorschrift unzulässig (L.G. Colmar in U.W. I S. 48).

6. Hat **einer der Berechtigten** Privatklage erhoben, so ist ein anderer Mitberechtigter nach § 415 Str.P.O. nur berechtigt, dem Verfahren (durch Erhebung einer Klage) beizutreten und zwar in der Lage, in der sich dasselbe zur Zeit des Beitritts befindet. Selbstverständlich gilt dies nur, wenn dieselbe strafbare Handlung oder ein als eine Handlung anzusehendes fortgesetztes Vergehen vorliegt.

7. Die **Zurücknahme** der Privatklage ist nicht nur bis zur Verkündung des Urteils erster Instanz, sondern, soweit zulässige Berufung eingelegt ist, bis zur Verkündung des Urteils zweiter Instanz zulässig (§ 481 Str.P.O.).

D. Nebenklage.

1. Erhebt die Staatsanwaltschaft Anklage, so kann der zur Erhebung der Privatklage Berechtigte anf Grund des § 435 Abs. 1 und § 443 St.P.O. sich dem Verfahren als **Nebenkläger** anschließen. Das Verfahren regeln §§ 435 ff. Str.P.O.

2. Im Fall der Verurteilung des Angeklagten sind demselben auch die dem Nebenkläger erwachsenen notwendigen Auslagen aufzuerlegen, gleichviel ob diesem eine etwa beantragte Buße zugesprochen ist oder nicht (R.G. Str. Bd. 6 S. 237, Bd. 15 S. 190, L.G. Torgau in G.R. 1901 S. 277). Im Fall der Freisprechung hat der Nebenkläger seine Auslagen selbst zu tragen, die Kosten des Verfahrens dagegen können ihm nicht auferlegt werden (R.G. Str. Bd. 15 S. 191).

E. Zuständigkeit.

1. Nach Abs. 4 ist für die aus diesem Gesetz erhobenen Privatklagen das **Schöffengericht** zuständig.

2. Ist öffentliche Anklage in den Fällen der §§ 4, 7, 9, 10 erhoben, so sind die **Strafkammern** zuständig (§ 73 Ziffer 1 G.V.G.); die Verhandlung kann aber im Fall des § 4 (nicht, wie Kunreuther S. 65 annimmt, auch im Fall des § 10) gemäß § 14 G.V.G., falls dessen Voraussetzungen vorliegen, den Schöffengerichten überwiesen werden.

3. Für die Übertretung des § 5 sind die Schöffengerichte zuständig.

4. Die Frage des Gerichtsstandes regeln die §§ 7 ff. Str.P.O.

§ 13.

Wird in den Fällen des § 4 auf Strafe erkannt, so kann angeordnet werden, daß die Verurteilung auf Kosten des Schuldigen öffentlich bekannt zu machen sei.

Wird in den Fällen des § 7 auf Strafe erkannt, so ist zugleich dem Verletzten die Befugnis zuzusprechen, die Verurteilung innerhalb bestimmter Frist auf Kosten des Verurteilten öffentlich bekannt zu machen.

Auf Antrag des freigesprochenen Angeschuldigten kann das Gericht die öffentliche Bekanntmachung der Freisprechung anordnen; die Staatskasse trägt die Kosten, insofern dieselben nicht dem Anzeigenden oder dem Privatkläger auferlegt worden sind.

Ist in den Fällen der §§ 1, 6 und 8 auf Unterlassung Klage erhoben, so kann in dem Urteile der obsiegenden Partei die Befugnis zugesprochen werden, den verfügenden Teil des Urteils innerhalb bestimmter Frist auf Kosten der unterliegenden Partei öffentlich bekannt zu machen.

Die Art der Bekanntmachung ist im Urteil zu bestimmen.

Inhaltsangabe.

A. Allgemeines

(vgl. Biberfeld in G.R. 1897 S. 240, Kohler in A.P. 1898 S. 261, Lubszinsky in U.W. II S. 33).

1. Eine sehr wirkungsvolle Waffe im Kampf gegen den unlauteren Wettbewerb, oft wichtiger, als die Verhängung einer Strafe, ist die **Veröffentlichung** der ergehenden Entscheidungen. Sie soll nach den Worten der Begründung „dazu beitragen, das durch trügerische Vorspiegelungen irregeführte Publikum aufzuklären und es zu bestimmen, sein Vertrauen dem soliden Geschäftsbetriebe zuzuwenden".

2. § 13, der die Bekanntmachung des Urteils ordnet, enthält drei tatsächlich und begrifflich verschiedene Arten der Veröffentlichung, die der **Verurteilung** im Strafprozeß (Abs. 1 und 2), die der **Freisprechung** (Abs. 3) und die des **Urteils im Zivilprozeß auf Unterlassung.** Die erstere Bestimmung ist wörtlich gleichlautend bereits in dem dem Reichstag vorgelegten Entwurf enthalten, die zweite ist erst vom Reichstag in das Gesetz gebracht; die letztere war inhaltlich im Entwurf vorhanden, hat aber im Gesetze eine andere Fassung erhalten. Abs. 3 (jetzt Abs. 4) lautete im Entwurf:

> „Wird in den Fällen der §§ 1, 6 und 8 auf Unterlassung erkannt, so kann der obsiegenden Partei die Befugnis zugesprochen werden, den verfügenden Teil des Urteils innerhalb bestimmter Frist auf Kosten des Beklagten öffentlich bekannt zu machen."

3. Die Bestimmungen haben zum Teil ihr Vorbild in früheren Gesetzen; insbesondere ist die Publikation des verurteilenden Erkenntnisses in §§ 165, 200 Str.G.B., § 36 des Patentgesetzes, § 10 des Gebrauchsmusterschutzgesetzes, § 19 des Warenzeichengesetzes, § 16 des Nahrungsmittelgesetzes, § 10 des Weingesetzes 2c. enthalten; die Bekanntmachung der Freisprechung ist angeordnet in § 411 Str.P.O., im Nahrungsmittel- und Weingesetz; die Veröffentlichung von Zivilerkenntnissen dagegen ist bisher ohne Beispiel in der Gesetzgebung.

4. **Alle drei Arten der in § 13 enthaltenen Bekanntmachungen sind solche, die vom Gericht angeordnet werden.** Durch die Bestimmungen des Gesetzes aber wird die Befugnis des durch unlauteren Wettbewerb Verletzten nicht ausgeschlossen, auf eigene Kosten die Verurteilung, oder die des ungerechterweise Angegriffenen, die Freisprechung oder die Abweisung der Klage zu veröffentlichen (O.L. Colmar in Recht 1902 S. 24 Nr. 104). Es gibt keine Vorschrift, die die Bekanntmachung der Wahrheit entsprechender Tatsachen verbietet, soweit nicht zivilrechtlich die Vorschriften der §§ 823, 824, 826, 226 B.G.B., strafrechtlich die Vorschriften über Beleidigung verletzt werden. An sich ist daher jedem unbenommen, die für ihn günstigen Urteile zu verbreiten und zu veröffentlichen, soweit dies zur Abwehr gegen unberechtigte Angriffe geboten erscheint.

B. Bekanntmachung der Verurteilung.

I. Allgemeines.

1. **Abs. 1 und 2 des § 13 behandeln eine einheitliche Rechtsinstitution**, die Bekanntmachung der Verurteilung eines Straferkenntnisses. Dieselbe ist nur für §§ 4 und 7 des Gesetzes, insbesondere nicht also für §§ 9 und 10 angeordnet. Wenn auch für die beiden Fälle, in denen sie gesetzlich gegeben ist, verschiedene Voraussetzungen bestehen, so sind doch, abgesehen von den näher zu behandelnden einzelnen Verschiedenheiten, für beide eine Anzahl gleicher Grundsätze vorhanden, die zunächst zu erörtern sind.

2. Die Frage, ob die Veröffentlichung als **Strafe** oder als **Genugtuung** anzusehen ist, ist von nicht geringer praktischer Bedeutung. Das Reichsgericht hält in konstanter eingehend begründeter Praxis (R.G. Str. Bd. 6 S. 180, 16 S. 73, 29 S. 44, für das Str.G.B., Bd. 14 S. 3, 35 S. 19 für das Warenzeichengesetz) daran fest, daß in der Veröffentlichung eine Nebenstrafe liegt. (So auch M. M. Kohler S. 232, dagegen Biberfeld in G.R. 1897 S. 246, dessen Ansicht dahin geht, daß die in § 13 bezeichnete Veröffentlichung, gleichviel, wie man dieselbe im Strafgesetzbuch ansieht, als Genugtuung zu betrachten ist.)

3. **Voraussetzung der Veröffentlichung in Abs. 1 und 2 ist die Verurteilung zur Strafe**, gleichviel ob dieselbe im Anklage- oder Privatklageverfahren erfolgt ist.

Die Verurteilung muß aus § 4 oder § 7 des Gesetzes geschehen sein; ist die Bestrafung erfolgt aus einem dieser Paragraphen in Idealkonkurrenz mit einem anderen Vergehen, bei dem eine schwerere Strafe angedroht ist, z. B. mit Betrug, so findet gemäß § 73 Str.G.B. und nach der Auffassung als Strafe die Veröffentlichung nicht statt (R.G. Str. Bd. 4 S. 218, 6 S. 180, 10 S. 206). Dagegen ist bei Realkonkurrenz mit einem anderen Vergehen die Veröffentlichung zulässig (R.G. Str. Bd. 23 S. 326).

Eine fernere Konsequenz der Auffassung als Strafe ist, daß § 232 Str.P.O. in den Fällen der §§ 4 und 7 nicht zur Anwendung kommen, also der Angeklagte vom Erscheinen in der Hauptverhandlung nicht entbunden werden kann, da die Strafe der Veröffentlichung in § 282 nicht erwähnt ist (R.G. Str. Bd. 29 S. 47, 35 S. 18).

4. Weitere Voraussetzung ist die „**Anordnung**“, d. h. **die Aufnahme in den Urteilstenor;** eine Ergänzung desselben ist im Strafprozeß unbekannt (R.G. Str. Bd. 14 S. 154). Dagegen können Lücken über die Art der Bekanntmachung, falls diese selbst im Urteil angeordnet ist, nachträglich ergänzt werden (Stenglein Anm. 4 zu § 13). Soweit Berufung zulässig ist, kann dieselbe wegen Unterlassung der Anordnung eingelegt werden. Hat nur der Angeklagte oder zu seinen Gunsten der Staatsanwalt

Berufung eingelegt, so ist die höhere Instanz nicht in der Lage, die in erster Instanz nicht erkannte Veröffentlichung anzuordnen (§ 372 Str.P.O.).

Revision ist in dem Fall des Abs. 2 für zulässig zu erachten, wenn die dort obligatorisch bestimmte Anordnung unterlassen ist, nicht aber im Fall des Abs. 1, insoweit das dort maßgebende richterliche Ermessen nachgeprüft werden soll (A.D. 1898 S. 194, vgl. G.A. Bd. 46 S. 65 Anm. und Stenglein Anm. 1 zu § 13).

5. Die **Art der Bekanntmachung** ist im Urteil zu bestimmen (Abs. 5 des § 13). Das Gericht hat nach freiem Ermessen anzuordnen, welche Art der Veröffentlichung es für angemessen erachtet (vgl. R.G. Str. Bd. 23 S. 326, Bd. 27 S. 180). Insbesondere hat es zu bestimmen, ob nur der Urteilstenor oder auch die Gründe oder ein Teil derselben zu veröffentlichen ist. Daß die Veröffentlichung der Gründe zulässig ist, ergibt sich aus dem Wort „Verurteilung" in Abs. 1 und 2 im Gegensatz zu dem „verfügenden Teil des Urteils" in Abs. 4 (in gleicher Weise in § 200 Str.G.B., vgl. auch R.G. Str. Bd. 20 S. 1).

Ebenso bestimmt das Gericht, in welcher Weise die Veröffentlichung zu erfolgen hat, ob durch Aushang, Einrückung in Zeitungen, auch in welchen und wie oft ꝛc. Es ist auch nicht ausgeschlossen, daß öffentlicher Anschlag des Urteils in besonders schweren Fällen angeordnet wird.

6. Stirbt ein Verurteilter vor Rechtskraft des Erkenntnisses, so ist die Veröffentlichung, da sie noch nicht rechtskräftig erkannt ist, nicht zulässig; dasselbe ist auch anzunehmen, wenn der Verurteilte nach Rechtskraft aber vor der Veröffentlichung stirbt. Es ist ein allgemeiner Grundsatz, daß Strafurteile nur gegen den Angeklagten, nicht dessen Erben zu vollstrecken sind; der § 30 Str.G.B. macht hiervon nur eine Ausnahme für die Geldstrafen; andere Strafen, wie die Veröffentlichung, fallen unter diese Bestimmung nicht (dagegen Seligsohn S. 353, Kent Nr. 829, Finger S. 323 Anm. e). Auch dies ist eine, wie das Reichsgericht (Str. Bd. 6 S. 183) mit Recht sagt, bedenkliche Konsequenz der Strafnatur der Veröffentlichung.

II. Bekanntmachung der Verurteilung aus § 4.

1. Die Veröffentlichung gemäß Abs. 1, also bei Verurteilungen aus § 4 bedarf eines Antrages nicht, steht aber im Ermessen des Gerichts („kann"). Sie geschieht durch das Gericht.

2. Daraus, daß der Strafantrag aus § 4 von jedem der in § 1 bezeichneten Gewerbetreibenden und Verbände gestellt werden kann, ohne daß es des Nachweises einer Verletzung oder Schädigung bedarf, geht hervor, daß das Vergehen im Interesse nicht eines einzelnen, sondern der gesamten beteiligten Gewerbetreibenden verfolgt wird. Daraus folgt, als Fingerzeig für das **richterliche Ermessen** inbetreff der Urteilsveröffentlichung, daß dieselbe auszusprechen ist, soweit es das Interesse des Handelsstandes verlangt. Nicht darauf kommt es bei § 4 an, ob ein einzelner geschädigt ist, sondern darauf, ob die Verletzung der öffentlichen Moral durch die unlautere Reklame verlegt ist und eine Sühne erheischt. Da das Vergehen des § 4 seinem Wesen nach ein öffentlich erfolgtes ist, wird auch im allgemeinen angemessen sein, die Verurteilung öffentlich bekannt zu machen.

3. Die **Vollstreckung** d. h. die Anordnung der Bekanntmachung ist Sache der Vollstreckungsbehörde, die, da eine Frist gemäß Abs. 1 im Urteil nicht zu setzen ist, nach Rechtskraft das Nötige zu veranlassen hat. Die Veröffentlichung in periodischen Druckschriften kann gemäß § 10 des Preßgesetzes erzwungen werden.

4. Die **Kosten der Veröffentlichung** sind Teil der Kosten des Verfahrens, daher vom Verurteilten einzuziehen, eventuell von der Staatskasse zu tragen.

III. Bekanntmachung der Verurteilung aus § 7.

1. Im Gegensatz zu Abs. 1 bestimmt Abs. 2 des § 13, daß die Veröffentlichung auf Antrag des Verletzten angeordnet werden muß („ist"); jedoch in der Weise, daß die Ausführung dem Verletzten überlassen wird.

2. Das Vergehen des § 7 richtet sich gegen ein bestimmtes Rechtssubjekt, gegen den, über dessen Erwerbsgeschäft rc. unwahre Behauptungen aufgestellt sind. Es ist also im Fall des § 7, entgegen dem des § 4, stets ein **Verletzter** vorhanden, gegen den die betreffende Handlung gerichtet ist, er hat das Recht, nach § 12 Strafantrag zu stellen oder Privatklage zu erheben; ihm steht auch nach § 13 das Recht zu, die Veröffentlichung zu verlangen.

3. **Hat er den Antrag bestellt, so muß ihm entsprochen werden;** jedoch muß das Gericht eine Frist zur Ausübung des Rechts bestimmen. Die Frist beginnt mit der Rechtskraft des Urteils; die Veröffentlichung darf vor Rechtskraft nicht gestattet werden. Dies geht daraus hervor, daß es eine vorläufige Vollstreckbarkeit im Strafverfahren nicht gibt, ferner auf Strafe erst „erkannt" ist, wenn das Urteil die Rechtskraft beschritten hat.

Hat das Gericht die Befugnis zur Veröffentlichung ausgesprochen, so hängt es vom Ermessen des Berechtigten ab, ob er von dem Rechte Gebrauch machen will. Versäumt er die Frist, so ist das Recht verloren.

4. **Die Vollstreckung ist Sache des Berechtigten;** gelingt demselben die Durchführung nicht, z. B. wenn ein Redakteur sich weigert, die Veröffentlichung in seinem Blatte vorzunehmen, so muß er für berechtigt erachtet werden, die Mitwirkung der Vollstreckungsbehörde in Anspruch zu nehmen. In diesem Fall ist die Frist gewahrt, wenn der Verletzte seinerseits das Möglichste getan und innerhalb der Frist den Antrag gestellt hat (Müller S. 184).

5. Die **Kosten** hat zunächst der Verletzte zu tragen, bezüglich vorzuschießen, wenn er Anträge an die Vollstreckungsbehörde stellt. Der Verurteilte hat die Kosten zu erstatten; die allgemeine Ansicht geht dahin, daß die Beitreibung nur durch einen anzustellenden Zivilprozeß erfolgen kann. Es ist aber nicht abzusehen, aus welchem Grunde die Kosten der Veröffentlichung nicht mit den Kosten des Verfahrens von der Vollstreckungsbehörde beigetrieben, bezüglich, falls Privatklageverfahren vorliegt, festgesetzt werden sollen. Die Veröffentlichung ist, wie oben dargelegt, eine Strafe, deren Vollstreckung nur aus besonderen Gründen dem Verletzten übertragen ist, die aber sonst wie jede andere Strafe wirkt. Die Kosten derselben sind daher lediglich Kosten des Strafverfahrens.

6. Das Recht, die Veröffentlichung zu verlangen, geht auf die Erben des Verletzten nicht über, da es kein Vermögensrecht ist. Nur, wenn der Verletzte einen entsprechenden Antrag bereits gestellt hat, ist der Wille erklärt und damit die Veranlassung für das Gericht, die Veröffentlichung auszusprechen, gegeben (vgl. R.G. Str. Bd. 16 S. 76).

C. Bekanntmachung der Freisprechung.

1. Wie bereits hervorgehoben, ist der Abs. 3 in den Reichstagsverhandlungen dem Gesetze zugefügt. Er spricht die Befugnis („kann") des Gerichts aus, die **Freisprechung** (nicht etwa die Einstellung des Verfahrens) des Angeschuldigten auszusprechen.

2. Es ist streitig, ob Abs. 3 nur in den Fällen der §§ 4 und 7 oder in allen Fällen des Gesetzes, also auch §§ 5, 9 und 10 gilt. Die an eine Äußerung des Regierungskommissars bei den Verhandlungen sich anschließende Ansicht (dagegen u. a. Finger S. 325, Kohler S. 233, Biberfeld S. 246), daß der Abs. 3 sich nur auf die in Abs. 1 und 2 bezeichneten Fälle bezieht, widerspricht der allgemeinen Tendenz des

Abs. 3, der dem freigesprochenen Angeklagten die Genugtuung einer öffentlichen Sühne für die durch die Anklage erlittene Schädigung gewähren will; sie verkennt aber auch, daß nicht nur in den Fällen der §§ 4 und 7, sondern besonders auch in denen der §§ 9 und 10 ein sehr erhebliches Interesse für den freigesprochenen Angeklagten bestehen kann, die Öffentlichkeit von seiner Freisprechung in Kenntnis setzen zu lassen. Der Umstand allein, daß in den ersten beiden Absätzen nur zwei bestimmte Paragraphen genannt sind, kann demgegenüber um so weniger in das Gewicht fallen, als Abs. 3, wie bemerkt, erst später in das Gesetz hereingekommen ist.

3. Die in Abs. 3 angeordnete Veröffentlichung kann begrifflich natürlich nicht als Strafe angesehen werden, sie ist lediglich **Privatgenugtuung** für den Freigesprochenen.

4. Mit Rücksicht darauf, daß Abs. 3 einen Antrag des bereits Freigesprochenen voraussetzt, daß ferner nicht das Wort „zugleich" des Abs. 2 wiederholt ist, ist anzunehmen, daß die Veröffentlichung, wenn sie nicht im Urteil angeordnet ist, auch nachträglich vom Gericht bewilligt werden kann. Sie ist in diesem Fall durch Beschluß anzuordnen (Stenglein Anm. 1 und Finger S. 325).

5. Den **Umfang der Bekanntmachung**, insbesondere, ob nur der Tenor oder auch die Gründe zu veröffentlichen sind, ebenso die Art derselben ordnet das Gericht nach freiem Ermessen an.

6. Die **Kosten** trägt die Staatskasse „insofern dieselben nicht dem Anzeigenden oder dem Privatkläger auferlegt worden sind." Ersterem können die Kosten nach § 501 Str.P.O. auferlegt werden, wenn die Anzeige wider besseres Wissen gemacht ist oder auf grober Fahrlässigkeit beruht; letzterem fallen nach § 503 Abs. 2 die dem Beschädigten erwachsenen notwendigen Auslagen zur Last. Da aus § 13 eine Absicht, die allgemeinen Bestimmungen der Strafprozeßordnung zu ändern, nicht ersichtlich ist so sind auch die Kosten der Veröffentlichung nur in Gemäßheit der §§ 501 und 503 aufzuerlegen, nicht aber ohne Vorhandensein der Voraussetzungen dieser Paragraphen nach freiem Ermessen des Gerichts (so Stenglein Anm. 2, Biberfeld S. 247, dagegen Finger S. 326, Fuld S. 176).

D. Bekanntmachung der Zivilurteile.

1. **Die in Abs. 4 eingeführte Bekanntmachung der Zivilurteile ist nur für Unterlassungsklagen, nicht für Schadensersatzklagen eingeführt**, und zwar kraft ausdrücklicher Bestimmung nur, wenn auf Grund der §§ 1, 6 und 8 Klage erhoben ist. Soweit nach früheren Darlegungen auch sonst das Recht, Unterlassung zu fordern, gegeben ist, ist die Zuerkennung der Veröffentlichungsbefugnis nicht gestattet.

2. Auch hier kann, da es sich um ein Zivilverfahren handelt, die Veröffentlichung nicht als Strafe angesehen werden. Sie ist **private Genugtuung** (Biberfeld S. 247), ein dem Privatrecht angefügtes Sicherungsmittel (Kohler in A.P. 1898 S. 261). Sie ist demnach ein Annex des Untersagungsanspruchs und geht nur, soweit dieser übertragbar ist (s. S. 47 Nr. II a 2) mit dem Anspruch selbst über. Selbständige Übertragung ist ausgeschlossen.

3. Die Zuerkennung der Veröffentlichung setzt gemäß der allgemeinen Regel des § 308 C.P.O. einen hierauf gerichteten **Antrag** voraus (Wolff S. 21). Den Antrag kann sowohl der Kläger, wenn er obgesiegt hat, als der Beklagte, wenn die Klage abgewiesen ist, stellen; dies ergibt aus der allgemeinen Fassung des Gesetzes („ist — Klage erhoben" und „der unterliegenden Partei") im Gegensatz zu den Worten des Entwurfs („Wird . . . auf Unterlassung erkannt" und „des Beklagten"). Wird die Klage zurückgenommen, so ist nach der Bestimmung des § 271 Abs. 3 C.P.O. der Rechtsstreit als nicht anhängig geworden anzusehen; es kann, da auch nach der bezeichneten Vor-

schrift nur ein Urteil wegen der Kosten ergehen kann, auf Veröffentlichung nicht erkannt werden (dagegen Wolff S. 23). Anders liegt es, wenn bei Zurücknahme nach Beginn der mündlichen Verhandlung Beklagter nicht einverstanden ist und die Klage abgewiesen wird.

Der **Tod** einer der Parteien hat, soweit die Unterlassungsklage selbst nicht fortfällt, keinen Einfluß.

4. **Die Zuerkennung der Befugnis liegt im Ermessen des Gerichts** („kann"). Das Gericht wird die Zuerkennung bei der Verurteilung davon abhängig machen, ob die Veröffentlichung zur Beseitigung der nachteiligen Wirkung der verbreiteten Behauptung erforderlich erscheint. Auf das Verschulden kommt es an sich, wie überhaupt bei der Unterlassungsklage, nicht an. Stehen aber für den Kläger nur geringe Nachteile in Frage und hat der Beklagte weder arglistig noch fahrlässig gehandelt, so wird unter Abwägung dieser Umstände gegeneinander von der Veröffentlichung abgesehen werden (O.L. Hamburg bei Mugdan II S. 273). In Betracht gezogen wird auch werden, ob der Beklagte das Mögliche getan hat, um die Wirkung der Verbreitung zu beseitigen (zit. Erk. des O.L. Hamburg und K.G. in U.W. I S. 31). Ferner ist wichtig, ob der Geschäftsbetrieb des ehrlichen Konkurrenten in erheblicher Weise gestört ist (O.L. Karlsruhe in U.W. II S. 34), andererseits, ob dem Kläger sonstige Mittel zur Klarstellung nicht zu Gebote stehen (O.L. Dresden ebenda S. 35).

Diese aus der Praxis entnommenen Grundsätze ergeben, daß der Richter unter sorgfältiger Abwägung der Vorteile und Nachteile beider Parteien, unter Berücksichtigung des mehr oder minder schuldhaften Verhaltens zu prüfen hat, ob der durch die Veröffentlichung entstehende Nachteil durch die Umstände und das Verhalten des im Rechtsstreit Unterliegenden geboten ist. Immerhin muß das Interesse des durch den unlauteren Wettbetrieb Geschädigten den Vorrang erhalten.

Die Befugnis wird durch Urteil zuerkannt. Ist trotz gestellten Antrags eine Entscheidung über die Veröffentlichung nicht ergangen, so kann Antrag auf Ergänzung des Urteils binnen einer Woche nach Zustellung beantragt werden (§ 321 C.P.O.).

6. Es darf nach der ausdrücklichen Bestimmung des Gesetzes nur die Veröffentlichung des **verfügenden Teils** des Urteils angeordnet werden (dagegen Kohler in A.P. 1898 S. 261 ff., der aus allgemeinen Grundsätzen auch Publikation der Gründe für zulässig erachtet).

7. Die **Art** der Bekanntmachung und die **Frist**, innerhalb deren die Veröffentlichung zu geschehen hat, bestimmt das Gericht. Da ein Anfangspunkt der Frist nicht vorgeschrieben ist, so kann das Gericht dieselbe auch von dem ersten Erkenntnis an erstrecken, eine Befugnis, von der es allerdings schwerlich Gebrauch machen wird. Ist der Beginn der Frist nicht bestimmt, so ist sie von der Rechtskraft an zu bemessen (A.D. 1899 S. 32).

8. Die **Ausführung** der Veröffentlichung innerhalb der vom Urteil gezogenen Grenzen, ist Sache der Partei. Eine Mitwirkung der unterliegenden Partei kann, falls z. B. Veröffentlichung in den Geschäftsräumen des Beklagten angeordnet ist, in Frage kommen, in welchem Fall gemäß § 888 C.P.O. zu verfahren ist (Fuld S. 178, dagegen Finger S. 327).

9. **Die Kosten hat die unterliegende Partei zu tragen;** da sie nicht eigentliche Kosten der Zwangsvollstreckung sind (§ 788 C.P.O.), so sind sie im Wege des Festsetzungsverfahrens beizutreiben (Wolff S. 22 und O.L. Dresden im Recht 1902 S. 62).

§ 14.

Neben einer nach Maßgabe dieses Gesetzes verhängten Strafe kann auf Verlangen des Verletzten auf eine an ihn zu erlegende Buße bis zum Betrage von zehntausend Mark erkannt werden. Für diese Buße haften die zu derselben Verurteilten als Gesamtschuldner. Eine erkannte Buße schließt die Geltendmachung eines weiteren Entschädigungsanspruchs aus.

Inhaltsangabe.

A. Allgemeines.

1. Entsprechend vielfachen Bestimmungen in früheren Gesetzen (z. B. §§ 188, 231 Str.G.B., ferner in den Urheberrechts- und gewerblichen Schutzgesetzen, besonders vgl. § 37 Patentgesetz, § 18 Warenzeichengesetz) **gibt auch § 14 dem Verletzten das Recht, Buße zu verlangen.** Sie ist „neben der Strafe" zulässig; ist also, worüber die Praxis jetzt einig ist, keine Strafe, sondern eine in der Entschädigung des Verletzten bestehende Privatgenugtuung (R.G. Str. Bd. 31 S. 335, Bd. 15 S. 353, Dernburg Bd. 2 S. 84, Olshausen Anm. 1 zu § 188 und die dort zitierte Literatur). Demnach ist die Begnadigung, die nur von der Strafe befreit, auf die erkannte Buße ohne Einfluß; es kann ferner, wenn ein Urteil nur auf Revision des Angeklagten aufgehoben ist, in der anderweitigen Entscheidung auf eine im ersten Urteil nicht zugebilligte Buße trotz § 398 Abs. 2 Str.P.O. erkannt werden (R.G. Str. Bd. 15 S. 439).

2. **Bestritten ist, ob sich § 14 auf alle Fälle des Gesetzes erstreckt.** Wo die Entschädigungspflicht aus dem Gesetze selbst hervorgeht (für die Vergehen des § 4 aus § 1, für die des § 7 meist aus § 6, vgl. S. 103 Nr. C, für die des § 9 aus § 9 Abs. 3) kann dies keinem Zweifel unterliegen. Für § 10 gibt das Gesetz einen Schadensersatzanspruch nicht, wohl aber kann nach allgemeinen Grundsätzen, insbesondere aus § 823 B.G.B., der Anspruch auf Ersatz des Schadens auch im Falle des § 10 gegeben sein. Da nun § 14 nicht, wie viele der früheren Gesetze die Buße „statt jeder aus diesem Gesetz entspringenden Entschädigung", sondern ganz allgemein nur „neben einer nach Maßgabe dieses Gesetzes verhängten Strafe" zubilligt, so findet die Vorschrift auch Anwendung, wenn das Gesetz selbst eine Schadensersatzpflicht nicht aufstellt, eine solche aber bei Berücksichtigung anderer Rechtsnormen begründet ist (R.G. Str. Bd. 35 S. 27). Sie kann daher, falls durch die in § 10 erwähnte Handlung ein Schade entstanden ist, zugebilligt werden.

Anders liegt die Frage im *Falle* des § 5. Dieser Paragraph hat, wie S. 81 Nr. 3 ausgeführt, lediglich gewerbepolizeilichen Charakter, bei dessen Übertretung es begrifflich auf eine Verletzung bestimmter Personen nicht ankommt. Ein „Verletzter" ist daher hier nicht vorhanden, so daß auch für Anwendung des § 14 kein Raum ist (so Lobe S. 163, Daniel S. 122, ferner G.R. 98 S. 126; dagegen Finger S. 380, M. M. Kohler S. 226).

3. **Der Anspruch auf Buße geht nicht auf die Erben des Verletzten**

über (§ 444 Abs. 2 Str.P.O., R.G. Str. Bd. 29 S. 140); er vererbt sich erst, wenn er rechtskräftig zuerkannt ist (R.G. C. Bd. 16 S. 15). Ebenso geht der Anspruch unter, wenn der Täter vor Rechtskraft des die Buße aussprechenden Erkenntnisses stirbt; der Tod nach Rechtskraft dagegen läßt auch hier das Recht bestehen (vgl. zit. R.G. C. Bd. 16 S. 15).

4. **In gleicher Weise ist die Übertragung des Anspruchs vor Rechtskraft ausgeschlossen** (R.G. Str. Bd. 28 S. 301); nur der Verletzte selbst kann den Anspruch erheben. Selbstverständlich gilt dies nur inbetreff der Buße als solcher, der Entschädigungsanspruch unterliegt diesen Grundsätzen nicht.

5. Dem Verletzten steht nach dem Gesetz **wahlweise** das Recht, im Zivilrechtswege Entschädigung oder im Strafverfahren Buße zu fordern, zu. Der Vorteil der letzteren ist, daß der Verletzte nicht selbst zu klagen braucht, daß er vom Anwaltszwang befreit ist und im allgemeinen keine Kosten riskiert, auch, daß die Strafbehörde bei der Ermittelung, Erhebung und Würdigung der Beweise freier gestellt ist; gegen die Geltendmachung der Buße spricht dagegen die beschränkte Höhe (10000 Mk.), die Versagung der Eideszuschiebung, die wohl im Zivilprozeß, nicht aber im Strafverfahren zulässig ist; endlich, daß die vom Strafrichter in noch so geringem Maße erkannte Buße jeden weiteren Schadensersatz ausschließt. Alle diese Umstände wird der Verletzte zu erwägen haben, ehe er sich je nach den Umständen des Falls für den einen oder den anderen Weg entscheidet.

B. Voraussetzungen.

1. **Zunächst ist die Verhängung einer Strafe nötig.** Es muß also ein Strafverfahren anhängig sein und in diesem eine Verurteilung erfolgen („Neben einer . . . . . Strafe"). Wird das Verfahren, aus welchem Grunde auch immer, eingestellt, so ist auf Buße nicht zu erkennen.

Im Zivilverfahren gibt es keine Buße; ist dort irrtümlich ein solcher Antrag gestellt, so kann er als Antrag auf Zuerkennung einer Entschädigung aufgefaßt und als solcher behandelt werden (R.G. C. Bd. 6 S. 78).

2. **Notwendig ist ferner ein Verlangen des Verletzten.** Entgegen der sonst in ähnlichen Gesetzesbestimmungen (z. B. § 18 des Warenzeichengesetzes) gebrauchten Bezeichnung „Beschädigter" ist hier das Wort „Verletzter" (vgl. § 65 Str.G.B.) gewählt. Da aber die Zuerkennung der Buße einen Schaden voraussetzt, ist hier das Wort nicht in dem Sinne zu verstehen, in dem es bei der Frage der Legitimation zum Strafantrag (s. S. 147 Nr. II, 1) auszulegen ist, sondern es ist der Begriff als identisch mit dem des Beschädigten anzusehen (M. M. Kohler S. 226). Verletzter ist danach derjenige, der durch eine nach dem Gesetz strafbare Handlung Schaden erlitten hat. (Inkorrekt ist daher die Definition des O.L. Dresden bei Birkenbihl Nr. 386, die als Verletzten den ansieht, der nach § 1 zur Unterlassungsklage befugt ist. Dieser Anspruch setzt keinen Schaden voraus.) Die in § 1 bezeichneten Verbände sind, obwohl sie § 12 ausdrücklich als antragsberechtigt bezeichnet, nicht befugt, Buße zu verlangen, da ihnen ein Schadensersatzrecht nicht zusteht (Finger S. 331, Stenglein Anm. 3 zu § 14).

Die besondere Bestimmung des Abs. 2 Satz 2 des § 1 für Redakteure 2c., die den Schadensersatzanspruch beschränkt, gilt an sich in gleicher Weise auch für den Anspruch auf Buße (M. M. Kohler S. 281). Dies ist aber insofern ohne Bedeutung, als § 4, dessen Anwendung in diesem Fall Voraussetzung der Zuerkennung einer Buße ist, in jedem Fall Wissentlichkeit fordert.

Der Verletzte hat das Verlangen in der prozessual notwendigen Form und zwar entweder in der Privatklage oder bei erhobener öffentlicher Anklage als Nebenkläger zu stellen.

3. **Weitere Voraussetzung ist das Vorhandensein eines Schadens.** Es folgt dies aus dem Begriffe der Buße als Privatgenugtuung, die den Schädiger nur so weit treffen soll, als der Verletzte geschädigt ist; es folgt aber ferner vor allem aus dem letzten Satz des § 14, nach welchem eine zuerkannte Buße einen „weiteren" Entschädigungsanspruch ausschließt. Dieser Satz enthält implicite die Begriffsbestimmung der Buße als Forderung auf Ersatz entstandenen Schadens.

Streitig ist die Frage, ob nur ein Vermögensschaden oder auch immaterieller Schaden z. B. an dem guten Ruf, der Ehre 2c. bei Festsetzung der Buße zu berücksichtigen ist. Zunächst ist bei der Beantwortung dieser Frage abzusehen von den Entscheidungen der Gerichte insbesondere des Reichsgerichts zu § 231 Str.G.B. (z. B. Str. Bd. 15 S. 354 Bd. 24 S. 398), die in diesem Fall, dem der Körperverletzung, den Ersatz auch anderer als Vermögensnachteile zulassen, da diese wesentlich auf Erwägungen beruhen, die nur für diese Bestimmung von Bedeutung sind. Es ist lediglich die Entscheidung aus den Grundsätzen des vorliegenden Gesetzes zu treffen. Wenn nun auch davon auszugehen ist, daß der Rechtsgrund des Gesetzes die Verletzung eines Individualrechts ist (vgl. S. 1 ff.), wenn auch ferner nicht bestritten werden kann, daß an sich die Zuerkennung einer Entschädigung für Verletzung immaterieller Güter dem Prinzip nicht widersprechen, sondern im Gegenteil dem Zwecke des Gesetzes förderlich sein würde, so gibt doch das bestehende Gesetz keine Handhabe. Wie bemerkt, ist die Buße als Entschädigungsanspruch charakterisiert. Nach allgemeinen Grundsätzen aber (§ 253 B.G.B., die Ausnahme des § 847 kommt hier nicht in Betracht), ist für den zivilrechtlichen Ersatzanspruch nur der Vermögensschade zu beachten; es muß dies daher in gleicher Weise auch für die Buße gelten (so auch Finger S. 331, ferner Schöffengericht Erfurt bei G.R. 1898 S. 288, dagegen Müller S. 189 und Seligsohn S. 354).

C. Die Zuerkennung der Buße.

I. Ermessen des Gerichts.

1. **Es „kann" auf Buße erkannt werden.** Damit soll nach konstanter Praxis nicht gesagt sein, daß die Zuerkennung von der Willkür des Richters abhängt. Es ist vielmehr nach pflichtmäßigem Ermessen zu prüfen, ob ein Hindernis entgegensteht, welches nach den Grundsätzen und Zweck des Gesetzes als solches gelten kann (R.G. Str. Bd. 17 S. 191, Bd. 30 S. 367). Als ein solches Hindernis ist nicht die bloße Unsicherheit der Festsetzung des Schadensbetrages anzusehen (zit. R.G. Bd. 17); wohl aber kann der Antrag abgelehnt werden, wenn die Verhandlung gar keine Anhaltspunkte für das bei Feststellung des Betrages der Entschädigung eintretende freie Ermessen gewährt hat (R.G. Str. Bd. 6 S. 399, dagegen Stenglein Anm. 4) ferner, wenn der Fortgang des Verfahrens aufgehalten werden würde (Str.P.O. § 438, 1, Fuld S. 181).

Wird der Antrag abgelehnt, so sind die Gründe im Urteil darzulegen. Beruht die Abweisung auf einem Rechtsgrunde, so ist Revision zulässig und ist der Nebenkläger berechtigt, nur wegen dieser Abweisung das Rechtsmittel einzulegen (R.G. Str. Bd. 7. S. 12).

2. **Über die Höhe der Buße entscheidet das Gericht nach freiem Ermessen** (§ 287 C.P.O., § 260 Str.P.O.). Das Institut der Buße war ursprünglich eingeführt gerade wegen der aus den Landesgesetzen sich ergebenden Schwierigkeit, im Zivilprozeß einen Schaden strikt nachzuweisen (R.G. Str. Bd. 17 S. 192). Es sollte

die freie Überzeugung des Gerichts an Stelle fester Beweisregeln treten. Nachdem jetzt auch im Zivilprozeß bei Schadensersatzklagen die freie Beweiswürdigung gesetzlich vorgeschrieben ist (§ 287 C.P.O. vgl. S. 58ff.), ist rechtlich eine Differenz nicht mehr vorhanden; in der Praxis wird aber im Zivilprozeß noch sehr vielfach davon ausgegangen, daß der beanspruchte Betrag genau nachzuweisen ist, während im Strafprozeß eine freiere Auffassung zu herrschen pflegt.

Die vom Berechtigten beantragten Beweise hat das Gericht, soweit sie von Bedeutung sind, zu erheben, Eideszuschiebung ist unzulässig.

Da nur der Betrag des wirklich erlittenen Schadens festzusetzen ist, so muß dasjenige abgezogen werden, was der Beschädigte anderweitig erhalten hat (R.G. Str. Bd. 9 S. 223).

II. Höhe der Buße.

1. **Der Berechtigte hat einen bestimmten Betrag zu bezeichnen;** über diesen Betrag hinaus darf nicht erkannt werden (§ 445 Str.P.O.); wohl aber kann das Gericht auf eine geringere Summe erkennen (R.G. Str. Bd. 30 S. 368). Daß der Berechtigte bis zum Urteil den Antrag erhöht oder vermindert, ist nicht verboten (Stenglein Anm. 6 zu § 14).

2. **Es darf nur auf Zahlung einer bestimmten Summe erkannt werden,** nicht etwa auf Zahlung einer Rente (R.G. Str. Bd. 17 S. 178).

3. **Der Höchstbetrag ist 10000 Mark,** auf mehr ist im Strafprozeß in keinem Fall zu erkennen. Wer seinen Schaden höher bemißt, muß denselben im Zivilprozeß fordern.

Liegen mehrere selbständige Handlungen vor, so kann für jede besondere Handlung, soweit durch dieselbe Schaden zugefügt ist, bis zum Höchstbetrag erkannt werden.

Sind bereits anderweit geleistete Entschädigungen anzurechnen, so vermindert sich der Höchstbetrag entsprechend, da die „zu erlegende" Buße höchstens 10000 Mk. betragen darf.

4. **Mehrere Berechtigte können jeder für sich Buße fordern** und zwar jeder bis zum Höchstbetrage von 10000 Mk., selbstverständlich aber jeder nur insoweit, als er selbst geschädigt ist.

5. **Bei mehreren Mittätern einer strafbaren Handlung** kann das Gericht entweder gegen alle auf Buße erkennen, in welchem Fall sie als Gesamtschuldner haften (Satz 2 des § 14); es kann aber auch nur einzelne, oder jeden zu verschiedenen Beträgen verurteilen (R.G. Str. Bd. 30 S. 368). Die gegen alle erkannte Gesamtsumme darf 10000 Mk. nicht übersteigen, da die Höhe der Forderung des Verletzten beschränkt ist (Wolff S. 72). Selbstverständlich gelten diese Grundsätze nur gegen die Teilnehmer an einem Vergehen; liegen mehrere selbständige Strafhandlungen vor, so fällt die Gesamthaft fort (R.G. Str. Bd. 33 S. 14). Über die zivilrechtlichen Folgen der Gesamtverhaftung und den Regreß der Täter untereinander vgl. §§ 421ff. B.G.B.

III. Verhältnis der Buße zur Entschädigungsforderung.

1. **Rechtskräftig zuerkannte Buße schließt weiteren Entschädigungsanspruch aus.** Wenn also der Strafrichter auf Buße in irgend einer Höhe oder gegen irgend einen Verpflichteten erkannt hat, so fällt damit jeder weitere Entschädigungsanspruch aus derselben Tat auch gegen andere Mittäter, selbst wenn gegen diese ein Strafverfahren nicht geschwebt hat, fort (dagegen Wolff S. 76). Es gilt dies selbst dann, wenn der, gegen den die Buße erkannt ist, dieselbe nicht zu zahlen in der Lage ist.

Der Ausschluß erfolgt, da jeder Berechtigte ein selbständiges Recht auf Entschädigung hat, nur gegen den, der Buße beantragt hatte. Wer sich am Strafprozeß nicht beteiligt hat, kann trotz der erkannten Buße Entschädigung im Zivilprozeß fordern (Wolff S. 77).

2. **Ist der Antrag auf Buße abgewiesen** oder das Strafverfahren vor Rechtskraft eingestellt, so kann Entschädigung gefordert werden.

3. **Der Zivilprozeß auf Entschädigung hat keinen Einfluß auf die Zuerkennung der Buße.** Schwebt der Prozeß, so macht ihm die Verurteilung zur Buße bis auf die Kosten ein Ende. Ist die Klage auf Entschädigung abgewiesen, so ist trotzdem der Strafrichter nicht gehindert, auf Buße zu erkennen; ist im Zivilprozeß eine Entschädigung zu erstatten und beigetrieben, so nimmt im Strafprozeß das Verfahren über die Buße seinen Fortgang, nur ist der beigetriebene Betrag anzurechnen (R.G. Str. Bd. 9 S. 226, dagegen Wolff S. 75).

4. **Vergleich über die Entschädigung und Verzicht** schließen den Anspruch auf Buße aus (R.G. Str. Bd. 31 S. 335).

5. **Die Verjährung der Entschädigungsforderung** wird durch den Antrag auf Buße nicht unterbrochen (R.G. C. Bd. 16 S. 6).

D. Verfahren.

1. Wird **Privatklage** erhoben, so ist in dieser das Verlangen auf Buße zu stellen und folgt das Verfahren den allgemeinen Vorschriften (§§ 414 ff. Str.P.O.).

2. Ist öffentliche Anklage erhoben, so muß sich der, der Buße verlangt, dem Verfahren als **Nebenkläger** anschließen (§ 443 Abs. 2 Str.P.O., vgl. auch O.L. Dresden in A.D. 1898 S. 193). Der Antrag kann mit der Erklärung, als Nebenkläger sich anzuschließen, verbunden werden; er kann auch später, bis zur Verkündung des Urteils I. Instanz, gestellt werden (§ 444 Abs. 1 Str.P.O.); ohne Wirkung ist ein vor dem Beitritt als Nebenkläger gestellter Antrag (R.G. Str. Bd. 21 S. 156). Ist der Antrag gestellt und nicht zurückgenommen, so ist über ihn zu erkennen, selbst wenn der Nebenkläger nicht in der Hauptverhandlung erscheint (R.G. Str. Bd. 7 S. 376).

Gegen ein freisprechendes Urteil ist der Nebenkläger berechtigt, Revision einzulegen (R.G. Str. Bd. 11 S. 90).

3. **Der Antrag kann bis zur Verkündung des Urteils zurückgenommen werden** (§ 444 Abs. 2 Str.P.O.) und zwar nicht nur des Urteils I. Instanz, sondern auch des der Berufungs- oder Revisionsinstanz (so Löwe Anm. zu § 444, Müller S. 190, dagegen Wolff S. 71). Ein zurückgenommener Antrag kann nicht erneuert werden (§ 444 Abs. 2 Str.P.O.), doch gilt dies nur von einem formell gültig erhobenen Antrag (R.G. Str. Bd. 1 S. 286)

4. **Die Vollstreckung einer zuerkannten Buße** erfolgt nach den Vorschriften der C.P.O. (§ 495 Str P.O.). Es ist daher eine vollstreckbare Ausfertigung des Urteils zu erfordern, diese dem Gerichtsvollzieher zur Zustellung und Vollstreckung zu übergeben (R.G. C. Bd. 1 S. 288, Wolff S. 74); eine nochmalige Zustellung ist nicht nötig, wenn der Strafrichter das Urteil bereits zugestellt hatte.

5. **Die Kosten des Nebenklägers** hat der Angeklagte, wenn er verurteilt wird, zu tragen (Str. Bd. 15 S. 190), selbst wenn eine Buße nicht zuerkannt ist (R.G. Str. Bd. 6 S. 237). Ist der Angeklagte freigesprochen, so sind dem Nebenkläger die Kosten des Verfahrens nicht aufzuerlegen, es sei denn, daß der Fall der §§ 501, 504 Str.P.O. vorliege (R.G. Str. Bd. 15 S. 191).

Der **Privatkläger** hat, wenn der Angeklagte freigesprochen wird, die Kosten des Verfahrens zu tragen (§ 503 Str.P.O.). Wird der Angeklagte verurteilt, der Antrag auf Buße aber verworfen, so kann das Gericht die Kosten angemessen verteilen (§ 503 Abs. 3 Str.P.O.).

§ 15.

Bürgerliche Rechtsstreitigkeiten, in welchen durch Klage ein Anspruch auf Grund dieses Gesetzes geltend gemacht ist, gehören, insoweit in erster Instanz die Zuständigkeit der Landgerichte begründet ist, vor die Kammer für Handelssachen. Die Verhandlung und Entscheidung letzter Instanz im Sinne des § 8 des Einführungsgesetzes zum Gerichtsverfassungsgesetze wird dem Reichsgericht zugewiesen.

1. **§ 15 behandelt die sachliche Zuständigkeit** in den bürgerlichen Rechtsstreitigkeiten aus Ansprüchen auf Grund dieses Gesetzes (über die örtliche Zuständigkeit s. S. 64, 96, 121).

Es handelt sich bei den Klagen auf Grund dieses Gesetzes um vermögensrechtliche Ansprüche (R.G. C. Bd. 40 S. 413). Soweit der Gegenstand 300 Mk. nicht übersteigt (über die Höhe des Streitgegenstandes vgl. S. 56 Nr. II k 2), sind daher gemäß § 23 Ziffer 1 G.V.G. die Amtsgerichte zuständig.

2. Soweit der Anspruch danach vor die Landgerichte gehört, sind die **Kammern für Handelssachen** zuständig. In der Begründung wird dies, wie folgt, motiviert:

„Da der Entwurf es mit Verhältnissen zu tun hat, für deren Beurteilung eine genauere Kenntnis der Gepflogenheiten des geschäftlichen und gewerblichen Verkehrs von Wichtigkeit ist, so sollen die auf Grund der Bestimmungen des Entwurfs anhängig gemachten bürgerlichen Rechtsstreitigkeiten, soweit sie in erster Instanz zur Zuständigkeit der Landgerichte gehören, den Kammern für Handelssachen zugewiesen werden."

3. **Der Kläger hat in der Klageschrift die Verhandlung vor der Kammer für Handelssachen zu beantragen** (§ 102 G.V.G.) Stellt er diesen Antrag nicht, so geht die Klage an die Zivilkammer, der Beklagte ist aber berechtigt, die Verweisung an die Handelskammer zu beantragen (§ 109 G.V.G.). Es ist in diesem vom Gesetz ausdrücklich bestimmten Fall gleichgültig, ob der Beklagte Kaufmann ist. Eine Verweisung von Amtswegen an die Handelskammer findet nicht statt (§ 104 Abs. 3 G.V.G.).

4. **Widerklage** ist im Gesetz nicht erwähnt (anders § 21 Warenzeichengesetz). Nach § 33 C.P.O. ist sie beim Gericht der Hauptklage zu erheben. Wenn also der bei der Zivilkammer Beklagte eine Widerklage auf Grund von Ansprüchen aus diesem Gesetz erhebt, so bleibt die Zivilkammer zuständig (Gaupp u. Stein Anm. III, 5 zu § 33). Wird in einem bei dem Amtsgericht anhängigen Rechtsstreit eine vor das Landgericht gehörige Widerklage auf Grund dieses Gesetzes erhoben, so hat der Widerkläger vor dem Amtsgericht den Antrag zu stellen, daß der Rechtsstreit der Handelskammer überwiesen wird (§ 506 C.P.O., § 102 Abs. 2 G.V.G.).

5. **Einstweilige Verfügungen** sind bei dem Gericht der Hauptsache, d. h. falls das Landgericht zuständig ist, der Handelskammer zu beantragen (§ 937 C.P.O., vgl. jedoch auch § 3 dieses Gesetzes). Gericht der Hauptsache ist das Gericht, bei dem der Prozeß bereits anhängig ist, oder bei dem es, wenn die Klage angestellt wäre, schweben würde (R.G. C. Bd. 31 S. 372, Gaupp u. Stein Anm. I, 1b zu § 919, dagegen Müller S. 194).

6. In **letzter Instanz entscheidet das Reichsgericht**, soweit Revision nach den Vorschriften der C.P.O. zulässig ist. Die Überweisung an das Reichsgericht ist trotz § 8 E.G. zum G.V.G., der praktisch nur für Bayern von Bedeutung ist, erfolgt, um, wie die Begründung ausführt, die nötige Einheitlichkeit der Rechtsprechung sicherzustellen.

§ 16.

Wer im Inlande eine Hauptniederlassung nicht besitzt, hat auf den Schutz dieses Gesetzes nur insoweit Anspruch, als in dem Staate, in welchem seine Hauptniederlassung sich befindet, nach einer im Reichs-Gesetzblatt enthaltenen Bekanntmachung deutsche Gewerbetreibende einen entsprechenden Schutz genießen.

Allgemeines.

1. **§ 16 regelt die Frage, inwiefern Ausländer auf den Schutz des Gesetzes Anspruch haben.** Vorbildlich waren die in den verschiedenen Gesetzen zum Schutz immaterieller Güter enthaltenen Bestimmungen, insbesondere die Vorschriften in § 28 Abs. 1 des Warenzeichengesetzes. Das Prinzip war nicht, den Ausländer schlechter zu stellen, als den Inländer, sondern nur, zu verhüten, daß ein Ausländer, dessen Staat Gegenseitigkeit nicht übt, in Deutschland den Schutz des Gesetzes genieße. Indirekt soll also dadurch veranlaßt werden, daß die ausländischen Staaten, soweit dies noch nicht geschehen ist, auch den Deutschen Schutz gegen unlauteren Wettbewerb gewähren. Hierüber sagt die Begründung:

> „Es besteht kein Anlaß, die Rechtsbehelfe, durch welche der Entwurf dem reellen Geschäftsbetriebe den Kampf mit dem unlauteren Wettbewerbe erleichtern will, ohne weiteres und unabhängig von dem Nachweise der Gegenseitigkeit auch dem Ausländer zuzugestehen. Je häufiger der Deutsche in seinen geschäftlichen Beziehungen zu dem Auslande Übervorteilungen sich preisgegeben sieht, um so wichtiger ist es für uns, daß den Reichsangehörigen auch durch die ausländische Gesetzgebung ein Schutz gegen unredliche Machenschaften gewährt wird. Nur in dem Maße, wie dies geschieht, werden wir die im Auslande ansässigen Gewerbetreibenden unter den Schutz des vorliegenden Gesetzes stellen können."

2. **Der Schutz dieses Gesetzes wird gewährt,** wenn die Voraussetzungen des § 16 erfüllt sind. Das Gesetz schützt gegen die in ihm bezeichneten Handlungen in zweierlei Weise. Es gibt zivilrechtliche Unterlassungs- und Schadensersatzklagen und gewährt ferner das Recht, Bestrafung zu verlangen. In beiden Beziehungen fällt der Schutz für diejenigen, die nach § 16 nicht schutzberechtigt sind, fort. Sie können weder Zivilklagen noch Privatklagen anstellen; sie sind auch nicht berechtigt, den für alle Fälle, mit Ausnahme des § 5, nötigen Strafantrag zu stellen. Die Folge davon ist, daß Deutsche berechtigt sind, unlauteren Wettbewerb, in dem in diesem Gesetz gebrauchten Sinne, gegen Ausländer zu treiben, die nicht den Schutz des Gesetzes genießen, ohne befürchten zu müssen, zivil- oder strafrechtlich zur Verantwortung gezogen zu werden.

3. Die Frage, **inwiefern Ausländer aus diesem Gesetze haftbar gemacht werden können,** ist weder im § 16 noch sonst im Gesetz behandelt. Sie ist nach allgemeinen Grundsätzen zu entscheiden und setzt keinerlei Gegenseitigkeit voraus. (Näheres S. 13 Nr. VI.)

D. Voraussetzung des Schutzes dieses Gesetzes.

I. Hauptniederlassung im Inlande.

1. **Ohne Bedeutung ist die Staatsangehörigkeit** (vgl. R.G. Str. Bd. 35 S. 415, C. Bd. 41 S. 69 für § 23 des Warenzeichengesetzes). Der Ausländer, der im Inlande eine Hauptniederlassung hat, genießt denselben Schutz wie der Inländer. Dem Deutschen dagegen, der seine Hauptniederlassung im Auslande hat, ist der Schutz des Gesetzes versagt.

2. **Wesentlich ist lediglich eine Hauptniederlassung im Inlande.** Unter letzterem ist das Gebiet des Deutschen Reiches einschließlich Elsaß-Lothringens und Helgolands zu verstehen, ferner nach fast allgemein angenommener Ansicht das Gebiet der deutschen Kolonien und Schutzgebiete, da diese den Gesetzen Deutschlands unterworfen sind.

Dasselbe gilt für diejenigen Länder, in denen deutsche Konsulargerichtsbarkeit besteht, inbetreff der Deutschen und Schutzgenossen (Wassermann in G.R. 1902 S. 91, derselbe in „Der Anschluß des Deutschen Reichs an die internationale Union" S. 193, Wolff S. 46, Finger S. 91 und den dort zitierten, dagegen Lobe S. 131).

3. **Nötig ist eine Hauptniederlassung** (im Gegensatz zu § 23 des Warenzeichengesetzes, welches nur eine „Niederlassung" erfordert). Dies bezeichnet im geschäftlichen Sinne den Mittelpunkt der gewerblichen Tätigkeit, nicht genügt eine Zweigniederlassung (O.L. Colmar bei Bauer VIII S. 55), eine Verkaufsstätte, eine Übertragung zum Generalvertrieb (R.G. in J.W. 1900 S. 841 Nr. 8). Über den Begriff der Niederlassung vgl. S. 65 Nr. B.

Der Begriff „gewerbliche" Niederlassung ist aber nicht eng zu interpretieren. Der Begriff des Gewerbetreibenden umfaßt, wie S. 9 ausgeführt, alle Zweige menschlicher Tätigkeit, die ganz oder zum Teil des Erwerbs wegen ausgeübt wird. Wo derjenige, der diese Tätigkeit ausübt, den Mittelpunkt derselben hat, ist seine Hauptniederlassung. Bei denen, die eines Geschäftslokals nicht benötigen, wird die Niederlassung mit dem Wohnsitz zusammenfallen. Nähme man dies nicht an, so würde man dem Schriftsteller, dem Maler, der etwa durch Vergehen gegen § 8 verletzt wird, nicht den Schutz des Gesetzes gewähren können, was sicherlich nicht der Absicht des Gesetzgebers entspräche.

Unterstützt wird diese Ansicht noch durch den Gegensatz der Ausdrucksweise in § 16 gegen die in § 2; in letzterem Paragraph sind gewerbliche Niederlassung und Wohnsitz als zwei verschiedene Begriffe gebraucht, § 16 verwendet allgemein, also beides umfassend, den Ausdruck „Niederlassung".

4. Auch **ausländische juristische Personen** sind bei Verbürgung der Gegenseitigkeit berechtigt, den Schutz des Gesetzes zu verlangen (Fuld in G.R. 1897 S. 208, derselbe in U.W. II S. 3, vgl. O.L. Colmar bei Bauer VIII S. 55).

II. Verbürgte Gegenseitigkeit.

1. Ausländer, d. h. nach obigen Ausführungen die, die keine Hauptniederlassung im Inland haben, genießen den Schutz des Gesetzes nur, **wenn der Staat Gegenseitigkeit gewährleistet,** in dem sie ihre Hauptniederlassung haben. Die Frage, ob dies der Fall ist, hat der Richter materiell nicht zu prüfen. Für ihn ist die Gewährung vorhanden, wenn im Reichsgesetzblatt eine dies bestätigende Bekanntmachung ergangen ist. Eine Nachprüfung steht ihm nicht zu (R.G. Str. Bd. 34 S. 277), ebensowenig eine Untersuchung darüber, ob tatsächlich eine Gegenseitigkeit besteht.

2. **Die Wirkung der Bekanntmachung** beginnt sofort mit der Ausgabe der betreffenden Nummer des Reichsgesetzblattes, da die Bestimmung des Art. 2 der Reichsverfassung hier nicht zur Anwendung kommt (Finger S. 342).

3. **Der Schutz muß ein „entsprechender" sein** (nicht wie in § 28 Warenzeichengesetzes „in gleichem Umfang"). Soweit der Schutz im Auslande gewährt ist, soweit hat ihn der Ausländer auch in Deutschland, ohne daß es auf vollständige Identität ankäme (Fuld S. 186). Im übrigen wird auch die Prüfung dieses Punktes im allgemeinen den Gerichten entzogen sein, weil anzunehmen ist, daß in der Bekanntmachung die Grenze der Gegenseitigkeit genau gezogen sein wird.

4. An sich ist anzunehmen, daß gehörig publizierte **Staatsverträge** des Deutschen Reichs mit anderen Staaten, in denen die Gegenseitigkeit inbetreff des unlauteren Wettbewerbs gewährleistet wird, der Bekanntmachung in § 16 gleichstehen, so daß eine erneute Bestätigung im Reichsanzeiger unnötig ist.

Notwendig ist aber, daß der Staatsvertrag materiell das enthält, was in § 16 gefordert ist, nämlich die Bestätigung eines diesem Gesetze entsprechenden Schutzes. Nicht erst im Wege der Interpretation darf dies sich aus anderen Bestimmungen ergeben, sondern es muß eine derartige Erklärung ausdrücklich im Vertrage vorhanden sein. Nur dann ersetzt der Vertrag die in § 16 geforderte Bekanntmachung. Vor allem kommen danach alle die Verträge nicht in Betracht, die vor Erlaß des Gesetzes geschlossen sind, da diese einen diesem Gesetz entsprechenden Schutz nicht geben konnten, so z. B. nicht die Handelsverträge (vgl. mit England, O.L. Hamburg in G.R. 1898 S. 313), ferner nicht die bisherigen Übereinkommen mit anderen Staaten, betreffend Namen- und Firmenschutz (z. B. mit Österreich vom 6. 12. 1891, vgl. R.G. in J.W. 1900 S. 841 Nr. 8, Fuld in G.R. 1899 S. 160).

5. Bisher ist keine Bekanntmachung, im Sinne des § 16 ergangen, auch kein Staatsvertrag publiziert, der eine derartige Bekanntmachung ersetzt.

Dagegen steht ein bedeutsamer Schritt zur internationalen Regelung der Frage bevor. Am 20. März 1883 wurde die **Pariser Übereinkunft** für den internationalen Schutz des gewerblichen Eigentums geschlossen, welche durch die **Brüsseler Zusatzakte** vom 14. Dezember 1900 ergänzt wurde. In letzterer befindet sich folgende Bestimmung:

> „Les ressortissants de la convention jouiront, dans tous les Etats de l'Union de la protection accordée aux nationaux contre la concurrence déloyale.

und in der amtlichen Übersetzung:

> „Die unter der Übereinkunft stehenden Personen sollen in allen Verbandsstaaten den den Staatsangehörigen gegen den unlauteren Wettbewerb zugesicherten Schutz gewähren" (vgl. „Der Anschluß des Deutschen Reiches an die internationale Union" Berlin 1902 und Fuld in U.W. II S. 2).

Der Pariser convention sind beigetreten Belgien, Brasilien, Dänemark, Dominikanische Republik, Spanien, Vereinigte Staaten von Nordamerika, Frankreich mit Algier und den Kolonien, Großbritannien mit Neuseeland und Queensland, Italien, Japan, Norwegen, Niederlande, Portugal, Serbien, Schweden, Schweiz und Tunis (Lau in G.R. 1902 S. 92).

Von diesen Staaten haben die Brüsseler Zusatzakte ratifiziert: Belgien, Italien, Frankreich, Portugal, Dänemark, Schweden, Norwegen, Schweiz, Niederlande, Großbritannien, Vereinigte Staaten, Japan und Tunis (Bl. 1902 S. 176).

Deutschland hat sich entschlossen, dem Vertrage beizutreten, und hat der Reichstag nach erfolgter Zustimmung des Bundesrats am 10. Mai 1901 den Beitritt beschlossen. Der Beitritt erfolgt nach Artikel 16 der Konvention auf diplomatischem Wege und tritt für Deutschland am 1. Mai 1903 in Kraft. Die Publikation ist im Reichsgesetzblatt vom 18. April 1903 erfolgt.

Es ist nun zu untersuchen, ob nach Publikation des Vertrages im Reichsgesetzblatt den Angehörigen eines Staates, welcher der Union beigetreten ist, die Rechte aus dem Gesetze vom 27. Mai 1896 ohne weiteres zustehen, auch wenn sie eine Hauptniederlassung in Deutschland nicht haben, oder ob noch eine Bekanntmachung nach § 16 nötig ist. An sich ersetzt die oben angeführte Bestimmung der Brüsseler Zusatzakte die Bekanntmachung nach § 16 nicht, denn es ist in ihr nicht erklärt, daß in den Vertragsstaaten ein dem deutschen Gesetze entsprechender Schutz gewährt ist. Die Vereinbarung geht vielmehr dahin, daß die Angehörigen der Vertragsstaaten dieselben Rechte haben, wie die Inländer des betreffenden Staates. Wenn also in diesem Staate ein Schutz gegen unlauteren Wettbewerb nicht gegeben ist, haben auch die Ausländer diesen Schutz nicht; es liegt dann also kein dem deutschen Recht entsprechender Schutz vor. Wenn demnach die formelle Voraussetzung des § 16 nicht erfüllt ist, so ist doch aus anderen Gründen durch den Vertrag das Recht der Angehörigen der Unionstaaten gewährleistet. Die bezeichnete Bestimmung der Brüsseler Zusatzakte gewährt vorbehaltslos jedem Angehörigen eines Staates die Rechte des den Staatsangehörigen zugesicherten Schutzes. Der Vertrag gilt, wenn er publiziert ist, als Reichsrechtsnorm, er derogiert früheren Gesetzen, insofern also auch dem § 16. Die Bestimmung dieses Paragraphen, daß Ausländer nur nach erfolgter Bekanntmachung die Vorteile des Gesetzes genießen, ist damit für die Angehörigen der Unionsstaaten aufgehoben. (Zu demselben Resultat aus anderen Gründen gelangt Fuld in U.W. II S. 5.)

C. Anwendung des ausländischen Rechts.

1. Steht nach obigen Darlegungen einem Ausländer der Rechtsschutz des Gesetzes zu, und klagt er auf Grund einer Verletzung gegen einen Inländer, so hat der Richter nur **das deutsche Gesetz** anzuwenden (Finger S. 344).

2. Nur die Frage, ob dem Ausländer ein Individualrecht, wegen dessen Verletzung er klagt, zusteht, entscheidet nach den Grundsätzen des internationalen Privatrechts das Recht des Heimatsstaats des Verletzten. Wer nach seinem Recht eine Befugnis zur Führung eines Namens, einer Firma nicht hat, kann wegen Verletzung dieses Namens 2c. auch im Auslande nicht klagen (R.G. C. Bd. 40 S. 61, vgl. R.G. C. Bd. 46 S. 125).

§ 17.

Dies Gesetz tritt am 1. Juli 1896 in Kraft.

Über **Rückwirkung** s. S. 8 Nr. IV und S. 115.

Anhang.

Die ergänzenden Bestimmungen des Bürgerlichen Gesetzbuchs.

A. Das Verhältnis des Gesetzes zum B.G.B.

1. Es ist in der Einleitung (S. 8) des näheren dargelegt worden, daß der unlautere Wettbewerb im Gesetz nicht erschöpfend geregelt ist, sondern daß nur Einzelfälle, die nicht einmal sämtlich zum unlauteren Wettbewerb in direkter Beziehung stehen, behandelt sind. Auch in Betreff dieser Einzelfälle ist eine ausschließliche Regelung weder beabsichtigt noch erfolgt. Da nun nach feststehender, insbesondere bei dem Verhältnis dieses Gesetzes zum Warenzeichengesetze (S. 116) dargelegter Praxis nur dann eine Einwirkung späterer Gesetze auf frühere ausgeschlossen ist, wenn das frühere Gesetz als wesentliche und ausschließliche Regelung, als Kodifikation eines Instituts anzusehen ist, so ist die Frage, ob das B.G.B. den Bestimmungen des Gesetzes vom 27. 5. 1896 ergänzend zur Seite zu treten hat, unbedenklich zu bejahen. Es ist dies jetzt auch fast unbestritten (vgl. z. B. Planck, Kommentar Anm. 2b zu § 826, Cosack, Handelsrecht Anm. zu § 18; Dernburg Bd. 2 S. 642 Anm. 4; Fuld in U.W. I S. 48; Axter in U.W. I S. 119, Biberfeld in Gruchot Bd. 42 S. 367, Lobe in Sächsisches Archiv 1897 S. 19, Finger in E.L. Bd. 21 S. 565, Marcus im Recht 1901 S. 425 und die meisten Kommentatoren; ferner R.G. Bd. 48 S. 114ff., O.L. Hamburg in Bl. 1902 S. 257, besprochen von Wassermann in U.W. II S. 49).

2. Hieraus sind nachstehend bezeichnete Folgerungen zu ziehen:

a) Das B.G.B. stellt allgemeine Regeln auf, das Gesetz enthält Spezialbestimmungen eines bestimmten Reichsgebietes. Letzteres würde demnach gemäß Art. 32 E.G. z. B.G.B. nur dann außer Kraft treten, wenn sich aus dem B.G.B. dessen Aufhebung ergeben würde. Nach der allgemein anerkannten Regel: lex posterior generalis non derogat legi priori speciali (vgl. Dernburg Bd. I S. 81) und bei dem Fehlen einer ausdrücklichen Bestimmung ist dies nicht der Fall. **Das Gesetz bleibt also trotz der Vorschriften des B.G.B. in ganzem Umfange in Kraft.**

Schmid S. 273 macht hiervon eine Ausnahme. Da § 823 Abs. 2 die Schadensersatzpflicht bei Verletzung eines Schutzgesetzes nur für den Fall des Verschuldens eintreten läßt, so folgert er, daß nunmehr auch für § 6 des Gesetzes Voraussetzung der Schadensersatzpflicht ein Verschulden ist. Dieser Ansicht kann nicht beigetreten werden. Zwar ist Schmid (im Gegensatz zu Finger S. 175) insofern recht zu geben, daß § 6 ein den Schutz eines anderen bezweckendes Gesetz ist. Nicht nur dem Gebiete des Strafrechts angehörende Gesetze sind unter dieser Bestimmung zu verstehen, sondern auch Zivilgesetze, die den Schutz eines einzelnen bezwecken. Würde also nur die Bestimmung des § 823, 2 vorhanden sein, so würde dieselbe auf § 6 einwirken. Nun ist aber sedes materiae für das im § 6 bezeichnete Delikt nicht § 823, sondern dies ist besonders geregelt in § 824, welcher keine Bestimmung darüber enthält, daß frühere Vorschriften abgeändert werden sollen. Ob das neue Gesetz das alte aufhebt, ist nach

§ 82 E.G. lediglich durch Interpretation des ersteren festzustellen. Wenn nun, wie im vorliegenden Fall, für einen bestimmten Tatbestand eine generelle Regel (§ 823, 2) und eine Spezialbestimmung (§ 824) vorhanden ist, so ist anzunehmen, daß der Gesetzgeber diesen Fall speziell ohne Rücksicht auf die allgemeine Regel hat feststellen wollen; es kommt daher für die Interpretation nur die spezielle Vorschrift zur Anwendung (ähnlich Finger S. 175).

b) **Das B.G.B. tritt ergänzend ein, wo das Gesetz vom 27. 5. 1896 eine Lücke hat** (R.G. C. Bd. 48 S. 119). Eine Lücke liegt aber nicht nur vor, wenn ein Tatbestand überhaupt nicht im Gesetz berührt ist, z. B. bei der Frage der Kartelle, des Kontraktsbruchs rc., sondern auch, wenn bei Materien, die behandelt sind, gewisse Fälle dem Gesetz nicht unterliegen. Die Bestimmungen des B.G.B. können danach auch Anwendung finden, z. B. im Fall der unlauteren Reklame, der Geheimnisverletzung rc.; denn auch diese Einzelfälle sind nur in gewissen Erscheinungsformen und nicht einheitlich geregelt.

c) **Soweit eine Bestimmung des B.G.B. zur Anwendung kommt, ist dieselbe lediglich aus sich und nicht aus dem Gesetz zu interpretieren.** Das B.G.B. wollte bewußt, insbesondere in § 826, das illoyale Verhalten generell treffen. Es ist, wenn dessen Anwendung in Frage steht, lediglich zu untersuchen, ob nach den Vorschriften des B.G.B. ein Recht zur Klage vorhanden ist; der Einwand, daß das Gesetz vom 27. 5. 1896 den Fall nicht treffe, oder, daß dies Gesetz seinem Inhalte nach zeige, daß er nicht getroffen werden solle, ist nicht zu beachten (vgl. Marcus im Recht 1901 S. 425, dagegen Dernburg Bd. 2 S. 642).

d) **Wenn ein Tatbestand sowohl den Bestimmungen des Gesetzes, wie denen des B.G.B. entspricht**, ein Fall, der bei der allgemeinen Fassung der letzteren häufig vorkommen wird, so ist der Verletzte berechtigt, aus beiden Gesetzen nach seiner Wahl vorzugehen. Dies folgt aus der oben dargelegten Regel, daß das B.G.B. das Gesetz nicht abändert. Es ändert es weder da, wo es neue Bestimmungen gibt, noch da, wo es generell das ausspricht, was speziell im Gesetze geordnet ist. Die Frage ist deswegen praktisch wichtig, weil, wie nachgewiesen werden wird, das B.G.B. in verschiedenen formalen Punkten vom Gesetz abweicht.

B. Unterschied der Rechtsverfolgung in formeller Beziehung zwischen Gesetz und B.G.B.

1. Wie bemerkt, sind die Bestimmungen des B.G.B. nur aus sich zu interpretieren. Besondere Vorschriften, die im Gesetz gegeben sind, sind nicht auf die Vorschriften des B.G.B. anzuwenden. So ergeben sich eine Reihe von Verschiedenheiten zwischen beiden Gesetzen.

2. Von den meisten Kommentatoren ist als Hauptunterschied hervorgehoben, daß das B.G.B. nur Schadensersatz- nicht **Unterlassungsklagen** gibt. Dies ist nicht mehr als richtig anzuerkennen. Das Reichsgericht geht in konstanter Praxis davon aus, daß, wenn das Gesetz ein Recht gewährt oder eine Verpflichtung auferlegt, es auch die Möglichkeit gewähren muß, den Anspruch auf Unterlassung zu verfolgen (vgl. für früheres Recht R.G. C. Bd. 25 S. 347, Bd. 38 S. 879, für die Vorschriften des B.G.B. R.G. C. Bd. 48 S. 120, ferner O.L. Dresden bei Mugdan Bd. 2 S. 482, O.L. Celle bei Mugdan Bd. 5 S. 239, R.G. in J.W. 1902 Beilage S. 264 Nr. 192, R.G. in U.W. II S. 50). Voraussetzung ist nur, daß das schädigende Verhalten schon verwirklicht und eine Fortsetzung zu erwarten ist (zit. O.L. Dresden).

3. Die **Verjährungsfristen des Gesetzes gelten nicht für die Bestimmungen**

des B.G.B. Es gilt vielmehr lediglich die dreijährige Verjährung des § 852 B.G.B. (Dagegen ohne Angabe von Gründen Dernburg II S. 644 Anm. 10.)

4. **Die Beschränkungen der Ausländer** in der Rechtsverfolgung (§ 16 Gesetz) treten nicht ein, wenn ein Anspruch nach den Vorschriften des B.G.B. verfolgt wird.

5. **Die in § 15 gegebene Bestimmung über die Zuständigkeit der Handelskammern** gilt nicht, auch nicht die des § 2 über den dort bezeichneten Gerichtsstand und die des § 3 über die Erleichterung einstweiliger Verfügungen.

6. **Eine Veröffentlichung des Urteils** (§ 12 Abs. 3) ist im B.G.B. nicht vorgeschrieben, daher für dessen Bestimmungen nicht anwendbar.

C. Die einzelnen Bestimmungen des B.G.B.

1. Im allgemeinen ist vorweg zu bemerken, daß es wesentlich Sache der Praxis sein wird, zu entscheiden, in welchem Umfange die Bestimmungen des B.G.B. auf das Gebiet des unlauteren Wettbewerbs Anwendung finden. Es kann in folgendem, da naturgemäß sich eine feste Praxis noch nicht entwickelt hat, lediglich auf die leitenden Gesichtspunkte hingewiesen werden. Auf die Einzelbestimmungen des B.GB. wird nur insoweit eingegangen, als es der vorliegende Zweck erfordert.

2. In Betracht kommen besonders folgende Paragraphen:

§. 226. Die Ausübung eines Rechtes ist unzulässig, wenn sie nur den Zweck haben kann, einem anderen Schaden zuzufügen.

§. 823. Wer vorsätzlich oder fahrlässig das Leben, den Körper, die Gesundheit, die Freiheit, das Eigentum oder ein sonstiges Recht eines anderen widerrechtlich verletzt, ist dem anderen zum Ersatze des daraus entstehenden Schadens verpflichtet. Die gleiche Verpflichtung trifft denjenigen, welcher gegen ein den Schutz eines anderen bezweckendes Gesetz verstößt. Ist nach dem Inhalte des Gesetzes ein Verstoß gegen dieses auch ohne Verschulden möglich, so tritt die Ersatzpflicht nur im Falle des Verschuldens ein.

§. 824. Wer der Wahrheit zuwider eine Tatsache behauptet oder verbreitet, die geeignet ist, den Kredit eines anderen zu gefährden oder sonstige Nachteile für dessen Erwerb oder Fortkommen herbeizuführen, hat dem anderen den daraus entstehenden Schaden auch dann zu ersetzen, wenn er zwar die Unwahrheit nicht kennt, aber kennen muß. Durch eine Mitteilung, deren Unwahrheit dem Mitteilenden unbekannt ist, wird dieser nicht zum Schadensersatze verpflichtet, wenn er oder der Empfänger der Mitteilung an ihr ein berechtigtes Interesse hat.

§. 826. Wer in einer gegen die guten Sitten verstoßenden Weise einem anderen vorsätzlich Schaden zufügt, ist dem anderen zum Ersatze des Schadens verpflichtet.

3. **§ 226** wird für die vorliegende Materie kaum große praktische Bedeutung haben. Nicht, wie in § 826, genügt der Vorsatz, Schaden zuzufügen; es ist vielmehr nötig, daß die Ausübung des Rechts nur den Zweck haben kann, einem anderen Schaden zuzufügen; es muß also jeder andere Zweck ausgeschlossen sein (vgl. R.G. in Beilage zu J.W. 1900 S. 24).

Da aber beim Wettbewerb das Charakteristische im allgemeinen die Erlangung eigener Vorteile durch Schädigung der anderen ist, so wird hier eine Handlung, die nichts weiter ist und nichts weiter sein kann, als chikanös, selten vorkommen. Eine Entscheidung über die Anwendung des § 226 auf das Gebiet des Wettbewerbs ist auch bisher nicht bekannt geworden.

4. **§ 823 Abs. 1** wird ebenfalls nicht allzuhäufig zur Anwendung kommen. Er setzt Rechtswidrigkeit voraus und beschränkt die Schadensersatzpflicht auf die Verletzung bestimmter Güter, von denen hier Freiheit, Eigentum, oder ein „sonstiges Recht" in Frage käme. Was zunächst den Begriff Freiheit betrifft, so ist derselbe

keinesfalls soweit auszulegen, daß Einwirkungen auf den Willen eines anderen als Freiheitsverletzungen sich darstellen (R.G. C. Bd. 48 S. 123). Es fallen also Drohungen, um bestimmte Handlungen zu erwecken, nicht unter den Begriff. Über die Frage, wie der Begriff „sonstiges Recht" auszulegen ist, herrscht lebhafter Streit. Für die vorliegende Frage interessiert vor allem, ob die Ausübung des Gewerbebetriebes als sonstiges Recht anzusehen ist. Geht man davon aus, daß ein Individualrecht vorliegt (s. S. 3), geht man ferner davon aus, daß § 823 sich auch auf derartige Persönlichkeitsrechte bezieht (Dernburg II S. 613), so wird man allerdings die Störung des Gewerbebetriebs als unter § 823 fallend ansehen. Das Reichsgericht ist (Beilage zu J.W. 1902 S. 227 Nr. 88) zu dieser Folgerung gekommen und hat das „Recht auf Ausübung des Gewerbebetriebs" durch § 823 für geschützt erachtet. In einer anderen Entscheidung (R.G. C. Bd. 51 S. 373) verwirft es dagegen die Auffassung des Rechts auf freie Erwerbstätigkeit als Persönlichkeitsrecht und schützt nur durch § 823 die bestehende Ausübung eines Gewerbes gegen Eingriffe Dritter, nicht aber die Verwertung der Arbeitskraft und nicht eine bloße Erwerbsaussicht.

Schließt man sich auch nur dieser beschränkten Ansicht an, so kommt man zu dem wichtigen Resultat, daß jeder auch fahrlässige rechtswidrige Angriff gegen einen bestehenden Gewerbebetrieb schadensersatzpflichtig macht.

5. **§ 823 Abs. 2.** Hierbei ist hervorzuheben, daß das Gesetz vom 27. 5. 1896 wohl unzweifelhaft als ein den Schutz eines anderen bezweckendes Gesetz anzusehen ist (inbetreff des § 7 ausdrücklich entschieden vom O.L. Celle bei Mugdan Bd. 5 S. 239). Daraus folgt, daß, wo das Gesetz eine Schadensersatzforderung nicht statuiert, derselbe nach § 823 Abs. 2 eintritt: vor allem also im Fall des § 7 (s. S. 103 Nr. C) und § 10.

Im Falle des § 5 dürfte eine Klage auch aus § 823 nicht gegeben sein, da es an einem Verletzten mangelt (s. Seite 159 Nr. A 2).

Selbstverständlich muß zur Anwendung des § 823 Rechtswidrigkeit vorliegen. Geschieht die Maßregel z. B. zum Schutz gegen Entwertung der Ware, oder gegen Preisdrückerei, so liegt Rechtswidrigkeit nicht vor (R.G. in J.W 1902 Beilage S. 283 Nr. 237). Ferner muß auch bei Anwendung des § 823 Abs. 2 ein Kausalzusammenhang zwischen unerlaubter Handlung und dem Schaden vorhanden sein (R.G. C. Bd. 52 S. 126).

6. **§ 824** (vgl. Biberfeld bei Gruchot Bd. 42 S. 367) unterscheidet sich zunächst durch die viel allgemeinere Fassung von § 6 des Gesetzes. Weder ist nach B.G.B. nötig, daß die üble Nachrede zu Zwecken des Wettbewerbs geschieht, noch braucht sie sich auf die einzelnen, in § 6 bezeichneten, Gegenstände zu beschränken. Außerdem genügt es auch, wenn die aufgestellte Behauptung geeignet ist, „sonstige Nachteile" für Erwerb und Fortkommen herbeizuführen. Ist so der Kreis der unter § 824 fallenden Delikte größer, als der von § 6 betroffenen, so ist letztere Bestimmung insofern leichter anzuwenden, als den Beweis der Wahrheit der Beklagte zu führen hat, während nach § 824 Kläger den Beweis der Unwahrheit zu erbringen hat (R.G. C. Bd. 51 S. 380) und ferner den Beweis, daß Beklagter die Unwahrheit kannte oder kennen mußte. Die Schwierigkeit dieses Beweises wird dahin führen, daß, wenn die Handlung sowohl unter § 6 wie § 824 fällt, der Berechtigte die Erhebung des Anspruchs aus § 6 vorziehen wird.

7. **§ 826** ist vor allem sedes materiae der Bestimmungen über unlauteren Wettbewerb im B.G.B. Die Motive führen aus, daß es sich bei dieser Bestimmung um kraft der allgemeinen Freiheit erlaubte, aber illoyale, gegen die guten Sitten verstoßende Handlungsweise, die einem andern zum Schaden gereicht, handelt.

Die Bestimmung hat im Laufe der Beratungen vielfach Änderungen erfahren.

insbesondere ist die im 2. Entwurf enthaltene Beschränkung: „Wer durch eine Handlung, die er nicht in Ausübung eines ihm zustehenden Rechts vornimmt", schließlich gestrichen worden. Wie der Paragraph jetzt im Gesetz enthalten ist, hat er für den Fall der vorsätzlichen Schadenszufügung den Zweck, „den illoyalen Schädigungen im Verkehrsleben wirksam entgegenzutreten, ohne daß es auf die Natur des verletzten Rechtsgutes ankommt". (So das viel zitierte Erk. des R.G. C. Bd. 48 S. 124, welches zum erstenmal die Bedeutung des § 826 für das Gebiet des Wettbewerbs hervorhob.) § 826 ist daher clausula generalis für den unlauteren Wettbewerb. Er setzt vor allem voraus, daß eine Handlung gegen die guten Sitten gerichtet ist (über den Begriff vgl. S. 185 Nr. III, 1, b) daß sie einem anderen Schaden zugefügt hat, sowie daß der Schaden vorsätzlich zugefügt ist (R.G. C. Bd. 51 S. 381).

Im übrigen ist Rechtswidrigkeit nicht nötig (R.G. in J.W. Beilage 1902 S. 284 Nr. 237.

D. Beispiele für Anwendung der Bestimmungen des Gesetzes.

1. Innerhalb der durch das Gesetz geregelten Materien tritt das B.G.B. ergänzend insofern ein, als es absieht von dem genau spezifizierten Tatbestand der einzelnen Bestimmungen des Gesetzes. Wenn ein Fall nach den zu den einzelnen Paragraphen dargelegten Erläuterungen nicht als unter das Gesetz fallend anzusehen ist, weil das eine oder das andere Begriffsmerkmal fehlt, so ist immer zu untersuchen, ob er nicht von dem B.G.B. insbesondere vom § 826 betroffen wird.

2. Das **in § 1** behandelte Gebiet der Reklame ist im Gesetz von 27. 5. 1896 nur in einem Teil seiner Mißbräuche behandelt, weil nur inbetreff dieser dringendes Bedürfnis vorhanden war; insbesondere versagt das Gesetz bei jeder nicht öffentlichen Reklame. Hier tritt das B.G.B. ergänzend ein, allerdings mit der Maßgabe, daß, wenn § 826 in Frage kommt, vorsätzliches, nach § 823 vorsätzliches oder fahrlässiges Handeln Voraussetzung ist und nicht die nach § 1 Berechtigten, sondern nur die wirklich Geschädigten klagen können. Als Beispiel ist ein vom O.L. Hamburg entschiedener Fall (in Bl. 1902 S. 257 und Wassermann in U.W. II. S. 48) zu erwähnen. In einem Geschäft wird eine bestimmte Marke Margarine verlangt; der Verkäufer gibt eine andere Marke. Da es sich hier, wenn überhaupt um eine mündliche Mitteilung, jedenfalls nur um eine solche an den unmittelbar Beteiligten handelt, versagt § 1, wohl aber kommt, da die Handlung als Verstoß gegen die guten Sitten anzusehen ist, § 826 zur Anwendung.

Einen besonderen Fall hat ferner das Reichsgericht (U.W. II S. 50) dem § 826 zugewiesen. Ein Kaufmann preist Fabrikate eines anderen an, lockt damit das Publikum in sein Geschäft, rät dann von dem Kauf der angepriesenen Fabrikate ab und empfiehlt seine. Auch dieser Tatbestand war nach dem Gesetz nicht faßbar.

3. **§ 6.** Über dessen Verhältnis zu § 824 siehe oben. Es kommt nach dem B.G.B. nicht mehr darauf an, ob die Verbreitung zu Zwecken des Wettbewerbs geschieht, es können auch boshafte oder leichtfertige Klatschereien verfolgt werden, wenn sie nur geeignet sind, auf Erwerb oder Fortkommen einzuwirken.

4. **§ 7** wird ergänzt durch § 823, 2 (s. S. 172 Nr. 5).

5. Für **§ 8** wird der ergänzende Schutz des B.G.B. hauptsächlich da eintreten, wo bewußterweise Lücken gelassen sind, z. B. kann die Nachahmung der Ausstattung eines Geschäfts, von Ausstattungen der Dienerschaft eines Hotels, von Bezeichnungen gewerblicher Leistungen sehr wohl gegen die guten Sitten verstoßen und damit schadensersatzpflichtig machen. § 8 hat bestimmte Arten der Täuschung herausgegriffen, § 826 umfaßt, soweit nur sonst seine Voraussetzungen gegeben sind, jede Art

der Schädigung des Konkurrenten durch Anmaßung von ihm gehöriger Unterscheidungszeichen.

§ 9. Hier wird § 826 hauptsächlich dann eintreten, wenn es sich um zufällig zur Kenntnis gelangte Geheimnisse handelt, oder wenn sonst eine der Voraussetzungen des § 9 nicht vorhanden ist, wohl aber die Verwertung des Geheimnisses den guten Sitten widerspricht.

Sehr fraglich ist es, inwieweit § 826 anzuwenden ist, wenn ein Angestellter ein Geheimnis, dessen Kenntnis er während des Dienstverhältnisses in unerlaubter Weise erlangt hat, nach Auflösung des Dienstverhältnisses verwertet. An sich steht prinzipiell der Anwendung des § 826 nichts im Wege, da, wie oben ausgeführt, die Ergänzung durch das B.G.B. auch in solchen Fällen eintritt. Man wird aber im allgemeinen nach den zeitigen Begriffen von kaufmännischem Anstand nicht sagen können, daß das Verhalten gegen die gute Sitte verstößt. Der Angestellte ist darauf angewiesen, seine Kenntnisse, die er in seinem Beruf erlangt, anderweitig zu verwerten; eine Beschränkung dieses Rechts würde dem die neuere Gesetzgebung beherrschenden sozialen Zuge widersprechen.

Anders liegt es natürlich, wenn schon die Erlangung des Geheimnisses den guten Sitten widersprach; dann kommt schon Abs. 2. des § 9 zur Anwendung.

7. **§ 10** findet in § 823, 2 seine Ergänzung durch Gewährung von Schadensersatzansprachen.

8. Als besondere Fälle seien noch hervorgehoben:

a) Abspenstigmachen von Kunden kann, wenn unerlaubte Mittel angewendet werden, z. B. Mißbrauch geschäftlicher Stellung, als Delikt gegen § 826 angesehen werden (R.G. Bd. 48 S. 126).

b) Wenn Gewerbetreibende, die tatsächlich oder rechtlich ein Monopol besitzen, gewisse Personen von Vergünstigungen, die sie allgemein gewähren, ausschließen und zwar zum Zweck unlauterer Konkurrenz, so verletzt dies § 826 (R.G. C. Bd. 48 S. 127).

c) Für Streik, Boykott und die Ausübung des Koalitionsrechts hat das R.G. Bd. 51 S. 869 ein eingehend motiviertes Erkenntnis erlassen. Es erkennt ausdrücklich an, daß § 826 ein Mittel gebe, den Ausschreitungen und Auswüchsen des gewerblichen Wett- und Lohnkampfes entgegenzutreten. Ob ein unsittliches Verhalten vorliege, sei nach den Umständen zu entscheiden. In einem Rundschreiben, in dem eine Fabrik die andere ersucht, die von ihr entlassenen Arbeiter nicht aufzunehmen, wird ein Handeln wider die guten Sitten nicht gefunden.

d) Wissentliche Aufnahmen kontraktbrüchiger Angestellter ist vom K.G. (bei Mugdan Bd. 4 S. 54) nicht als gegen die guten Sitten verstoßend angesehen.

e) Noch völlig ungeklärt ist die Frage, inwieweit § 826 auf Ausschreitungen und Mißbräuche von Kartellen anzuwenden ist (vgl. Wendlandt in U.W. I S. 24, Bachem ebend. I S. 34, Bitta in D.J.Z. VII S. 253).

Dies über das Verhältnis des B.G.B. zum Gesetz vom 27. 5. 1896 gewonnene Resultat zeigt allerdings eine merkwürdige Entwickelung der Gesetzgebung und des Rechtsbewußtseins. Vor Geltung des Gesetzes bestanden partikularrechtlich ähnliche Bestimmungen, wie sie jetzt im B.G.B. enthalten sind; die Praxis wies aber in Deutschland dauernd deren Anwendung zurück (vgl. S. 4), weil spezielle Verbote fehlten. Dann kam das Gesetz vom 27. 5. 1896 und kurze Zeit darauf das B.G.B., das allgemeine Prinzipien aufstellte. Nunmehr wird angenommen, daß trotz der speziellen Bestimmungen die allgemeinen Prinzipien, selbst wenn sie weitergehen, Anwendung zu finden haben.

Ob man diese Entwickelung als einen Fortschritt betrachtet oder nicht, hängt von Beantwortung der alten Streitfrage ab, ob es besser ist, allgemeine Grundsätze, die die Praxis auszubilden hat, oder spezielle Vorschriften im Gesetze aufzustellen. Der Verfasser hält es für einen nicht hoch genug zu schätzenden Vorzug des B.G.B., daß es den ersteren Weg geschritten ist; die Aufstellung bezüglich Fortbildung der Begriffe „wider Treu und Glauben", „gegen die guten Sitten", die als Generalklauseln jedem Geschäft sowie jedem Tun anhaften, ist ein Vertrauensvotum für den deutschen Juristenstand. Es ist angenommen, daß der Richter unter sorgfältiger Prüfung aller in Betracht kommenden Lebensverhältnisse dem moralischen Elemente neben dem formal juristischen zum Siege verhelfen wird. In der Ausbildung dieses Prinzips, in der sachgemäßen Anwendung der Bestimmungen des B.G.B. liegt die Fortentwickelung der für das ehrliche Gewerbeleben so segensreichen Gesetzgebung über den unlauteren Wettbewerb.

Sachregister.

Die Zahlen bedeuten die Seiten, die eingeklammerten Zahlen und Buchstaben die betreffenden Anmerkungen.

Die **fettgedruckten** Zahlen weisen auf diejenigen Seiten hin, auf denen die Materie ausführlich behandelt ist.

A.

E.

F.

G.

R.

S.

T.

U.

V.

W.

Z.

Druck von A. W. Hayns Erben, Berlin und Potsdam.

FSC
www.fsc.org
MIX
Papier | Fördert gute Waldnutzung
FSC® C083411

Kolibri 360 GmbH
Ferdinand-Jühlke-Straße 7
99095 Erfurt, Deutschland
produktsicherheit@kolibri360.de